David Thomas & Andrew Hunt

Le Programmeur pragmatique

Comment devenir pro

Pearson

Authorized translation from the English language edition, entitled *The Pragmatic Programmer*, 20th Edition, by Dave Thomas and Andy Hunt, published by Pearson Education, Inc, publishing as Pearson, Copyright © 2020.

Avertissements
Les ressources (en anglais) proposées en téléchargement gratuit sont disponibles sur le site The Pragmatic Bookshelf : https://pragprog.com/titles/tpp20.
« The Pragmatic Programmer » et les ressources associées sont des marques déposées de The Pragmatic Programmers, LLC.

Édition : Christopher Nzuka
Supervision de la traduction/relecture : Fiona Sourisseau
Illustrations de couverture : Mihalec/Shutterstock, Stockish/Shutterstock
Maquette de couverture adaptée par Valérie Le Roux, pour l'édition française, d'après l'édition originale
Mise en page : Straive

Publié par Pearson France
2/12 rue des Pirogues de Bercy
75012 Paris

ISBN : 978-2-7440-6886-7
Dépôt légal : décembre 2024

Achevé d'imprimer en novembre 2024 par Neografia, Slovaquie

Pour Juliet et Ellie,
Zachary et Elizabeth,
Henry et Stuart

TABLE DES MATIÈRES

TABLE DES SIGLES ET ABRÉVIATIONS

AF	Automate fini – *Finite state machine* (FSM)
API	Interface de programmation applicative – *Application programming interface*
BNF	*Backus-Naur form* – Forme de Backus-Naur
DBC	*Design by contract*
EDI	Environnement de développement intégré
FER (principe)	Fuyez les effets de récurrence – *Don't repeat yourself* (DRY)
LdD	Loi de Démeter – *Law of Demeter* (LoD)
NDPE	Ne demandez pas, exigez – *Tell, don't ask* (TDA)
PEG	*Parsing expression grammar* – Analyseur syntaxique
REPL (boucle)	*Read-eval-print loop* – Boucle de lecture-évaluation-impression
SAM (principe)	Simple à modifier – *Easier to change* (ETC)
SSH	Secure Shell
TDD	*Test-driven development* – Développement piloté par les tests
UML	*Unified modeling language* – Langage de modélisation unifié
UTC	*Coordinated universal time* – Temps universel coordonné
VCS	*Version control system* – Système de contrôle de version

PRÉFACE

Je me souviens de la première fois où Dave et Andy ont tweeté sur la nouvelle édition de ce livre. C'était une grande nouvelle. J'ai vu la communauté des programmeurs réagir avec enthousiasme. Mon fil d'actualité bourdonnait d'impatience. Vingt ans plus tard, *The Pragmatic Programmer* est tout aussi pertinent qu'il l'était à l'époque.

Le fait qu'un livre ayant une telle histoire ait suscité une si grande réaction en dit long. J'ai eu le privilège de lire un exemplaire inédit pour rédiger cette préface, et j'ai compris pourquoi il a provoqué un tel émoi. Bien qu'il s'agisse d'un livre technique, ce n'est pas lui rendre service que de l'appeler ainsi. Les livres techniques intimident souvent. Ils sont truffés de grands mots, de termes obscurs, d'exemples alambiqués qui, sans le vouloir, vous donnent l'impression d'être stupide. Plus l'auteur est expérimenté, plus il lui est facile d'oublier ce que c'est que d'apprendre de nouveaux concepts, d'être un débutant.

Malgré leurs dizaines d'années d'expérience en programmation, Dave et Andy ont relevé le défi difficile de l'écriture avec le même enthousiasme que les personnes qui viennent d'apprendre ces leçons. Ils ne vous prennent pas de haut. Ils ne partent pas du principe que vous êtes un expert. Ils ne supposent même pas que vous avez lu la première édition. Ils vous prennent comme vous êtes – des programmeurs qui veulent simplement s'améliorer. Ils consacrent les pages de ce livre à vous aider à y parvenir, une étape actionnable à la fois.

Pour être honnête, ils l'avaient déjà fait auparavant. L'édition originale était pleine d'exemples tangibles, d'idées nouvelles et de conseils pratiques pour développer vos muscles et votre cerveau en matière de codage, qui sont toujours valables aujourd'hui. Mais cette édition mise à jour apporte deux améliorations au livre.

La première est la plus évidente : elle supprime certaines des anciennes références, les exemples dépassés, et les remplace par un contenu neuf et contemporain. Vous ne trouverez pas d'exemples d'invariants de boucle ou d'ordinateurs dédiés. Dave et Andy ont repris l'ensemble de leurs contenus percutants et se sont assurés que les enseignements ressortaient toujours une fois allégés des illustrations obsolètes. Ils ont dépoussiéré de vieilles idées comme FER (fuyez les effets de récurrence) et leur ont donné une touche de fraîcheur qui les ravive.

Mais c'est la seconde amélioration qui rend cette publication vraiment passionnante. Après avoir rédigé la première édition, ils ont eu l'occasion de réfléchir à ce qu'ils essayaient de dire, à ce qu'ils voulaient que leurs lecteurs retiennent et à la façon dont elle avait été accueillie. Ils ont obtenu des retours sur ces leçons. Ils ont vu ce qui collait, ce qui devait être affiné, ce qui était mal compris. Pendant vingt ans, ce livre est passé entre les mains et les cœurs des programmeurs du monde entier : Dave et Andy ont étudié ces réactions et formulé de nouvelles idées, de nouveaux concepts.

Ils ont appris l'importance du pouvoir d'action et reconnu que les développeurs ont sans doute une plus grande capacité à agir que la plupart des autres professionnels. Ils commencent ce livre par un message simple mais profond : « c'est votre vie ». Ce message nous rappelle notre propre pouvoir dans notre base de code, dans notre travail, dans notre carrière. Il donne le ton à tout le reste du livre, à savoir qu'il s'agit de bien plus qu'un simple ouvrage technique rempli d'exemples de code.

Ce qui le distingue vraiment, c'est qu'il comprend ce que signifie être un programmeur. Programmer, c'est essayer de rendre l'avenir moins douloureux. C'est rendre les choses plus faciles pour nos coéquipiers. C'est se tromper et être capable de rebondir. C'est prendre de bonnes habitudes. C'est comprendre sa panoplie d'outils. Le codage n'est qu'une partie de l'univers du programmeur, et ce livre explore cet univers.

Je passe beaucoup de temps à réfléchir au parcours de codage. Je n'ai pas grandi avec, je ne l'ai pas étudié à l'université. Je n'ai pas passé mon adolescence à bricoler avec la technologie. Je suis entré dans le monde du codage au milieu de la vingtaine et j'ai dû apprendre ce que signifiait être un programmeur. Cette communauté est très différente des autres dont j'ai fait partie. Il y a un dévouement unique à l'apprentissage et à l'aspect pratique qui est à la fois rafraîchissant et intimidant.

Pour moi, c'était vraiment comme si j'entrais dans un nouveau monde. Une nouvelle ville, en tout cas. J'ai dû faire connaissance avec les voisins, choisir mon épicerie, trouver les meilleurs cafés. Il m'a fallu un certain temps pour me familiariser avec le terrain, trouver les itinéraires les plus efficaces, éviter les rues les plus fréquentées, savoir quand les embouteillages risquaient de se produire. Le temps est différent, j'avais besoin d'une nouvelle garde-robe.

Les premières semaines, voire les premiers mois dans une nouvelle ville peuvent être effrayants. Ne serait-il pas merveilleux d'avoir un voisin amical et bien informé qui vit là depuis un certain temps ? Quelqu'un qui pourrait vous faire visiter la ville, vous montrer les cafés ? Quelqu'un qui est là depuis assez longtemps pour connaître la culture, comprendre le pouls de la ville, de sorte que vous vous sentiez non seulement chez vous, mais que vous deveniez aussi un membre à part entière de la communauté ? Dave et Andy sont ces voisins.

En tant que nouveau venu, il est facile d'être submergé non pas par l'acte de programmer, mais par le processus qui consiste à devenir un programmeur. C'est tout un changement d'état d'esprit qui doit s'opérer, un changement d'habitudes, de comportements et d'attentes. Le processus pour devenir un meilleur programmeur ne se produit pas simplement parce que vous savez coder ; il doit être abordé intentionnellement et délibérément. Ce livre est un guide pour devenir un meilleur programmeur de manière efficace.

Mais ne vous y trompez pas : il ne vous dit pas ce que la programmation devrait être. Il n'a pas cette dimension philosophique ou moralisatrice. Il vous explique, purement et simplement, ce qu'est un programmeur pragmatique, comment il fonctionne et comment il aborde le code. Il vous laisse le soin de décider si vous voulez en être un. Si vous pensez que ce n'est pas pour vous, ils ne vous en tiendront pas rigueur. Mais si vous décidez que c'est le cas, ils sont vos voisins amicaux, là pour vous montrer le chemin.

Saron Yitbarek

Fondateur et PDG de CodeNewbie
Animateur de *Command Line Heroes*

AVANT-PROPOS

Dans les années 1990, nous avons travaillé avec des entreprises dont les projets rencontraient des problèmes. Nous nous retrouvions à dire les mêmes choses à chacune d'entre elles : peut-être devriez-vous tester ceci avant de l'expédier ; pourquoi le code ne se construit-il que sur la machine de Marie ? Pourquoi personne n'a demandé l'avis des utilisateurs ?

Pour gagner du temps avec les nouveaux clients, nous avons commencé à prendre des notes. Ces notes sont devenues le *Programmeur pragmatique*. À notre grande surprise, le livre a semblé toucher une corde sensible, et il a continué à être populaire au cours des vingt dernières années.

Mais vingt ans, en matière de logiciels, c'est toute une vie. Prenez un développeur de 1999 et intégrez-le dans une équipe d'aujourd'hui, il aura du mal à s'adapter à ce nouveau monde singulier. Mais l'environnement des années 1990 est tout aussi étranger au développeur d'aujourd'hui. Les références du livre à des éléments tels que CORBA, les outils CASE et les boucles indexées étaient au mieux désuètes et plus probablement déroutantes.

D'un autre côté, ces deux décennies n'ont eu aucun impact sur le bon sens. La technologie a peut-être changé, mais pas les personnes. Les pratiques et les approches qui étaient une bonne idée à l'époque restent une bonne idée aujourd'hui. Ces aspects du livre ont bien vieilli.

Aussi, lorsque le moment est venu de créer cette *édition du 20e anniversaire*, nous avons dû prendre une décision. Nous pouvions passer en revue et mettre à jour les technologies auxquelles nous faisions référence et nous arrêter là. Ou bien nous pouvions réexaminer les hypothèses qui sous-tendent les pratiques que nous recommandons à la lumière de vingt années supplémentaires d'expérience.

Finalement, nous avons fait les deux.

En conséquence, ce livre est en quelque sorte un *bateau de Thésée*[1]. Environ un tiers des sujets abordés dans le livre sont entièrement nouveaux. Pour le reste, la majorité a été réécrite, partiellement ou totalement. Notre intention était de rendre les choses plus claires, plus pertinentes et, nous l'espérons, quelque peu intemporelles.

Nous avons pris des décisions difficiles. Nous avons abandonné l'annexe *Ressources*, à la fois parce qu'il serait impossible de la tenir à jour et parce qu'il est plus facile de rechercher ce que l'on veut. Nous avons réorganisé et réécrit les sujets relatifs à la congruence, compte tenu de l'abondance actuelle de matériel parallèle et de la pénurie de bonnes méthodes pour y faire face. Nous avons ajouté du contenu pour refléter l'évolution des attitudes et des environnements, du mouvement agile que nous avons contribué à lancer, à l'acceptation croissante des idiomes de programmation fonctionnelle et au besoin accru de prendre en compte la confidentialité et la sécurité.

Il est intéressant de noter que le contenu de cette édition a fait l'objet de beaucoup moins de débats entre nous que lors de la rédaction de la première. Nous avions tous deux le sentiment que les éléments importants étaient plus faciles à identifier.

Quoi qu'il en soit, ce livre en est le résultat. Appréciez-le. Peut-être adopterez-vous de nouvelles pratiques. Peut-être déciderez-vous que certaines de nos suggestions sont erronées. Impliquez-vous dans votre métier. Faites-nous part de vos commentaires.

Mais surtout, n'oubliez pas de faire en sorte que ce soit amusant.

COMMENT S'ORGANISE CE LIVRE

Cet ouvrage est rédigé sous la forme d'une collection de courtes thématiques. Chaque thème est autonome et aborde un sujet particulier. Vous trouverez de nombreuses références croisées qui vous aideront à replacer chaque thème

1 Si, au fil des ans, chaque composant d'un navire est remplacé au fur et à mesure qu'il s'abîme, le navire qui en résulte est-il le même ?

dans son contexte. N'hésitez pas à les lire dans l'ordre de votre choix – il ne s'agit pas d'un livre à lire d'un bout à l'autre.

Vous trouverez parfois un encadré intitulé *conseil x* (par exemple, le conseil 1, *Soyez attaché à votre métier*). En plus de mettre l'accent sur certains points du texte, nous pensons que les conseils ont leur propre vie – nous les appliquons au quotidien.

Nous avons inclus des exercices et des défis lorsque cela s'avérait nécessaire. Les exercices appellent normalement des réponses relativement simples, tandis que les défis sont plus ouverts. Pour vous donner une idée de notre réflexion, nous avons inclus nos réponses aux exercices dans une annexe, mais très peu d'entre eux ont une seule solution *correcte.* Les défis pourraient servir de base à des discussions de groupe ou à des dissertations dans le cadre de cours de programmation avancés.

Une courte bibliographie énumère également les livres et les articles auxquels nous faisons explicitement référence.

NOTE DE L'ÉDITEUR

Dans la version française, nous avons fait le choix de ne pas traduire le code d'origine. D'une part parce que la programmation se fait le plus souvent en anglais ; d'autre part, pour éviter d'éventuelles incohérences qui nuiraient à la compréhension.

Tous les exercices d'application proposés, à l'exception des numéros 11, 12 et 13, sont corrigés en fin d'ouvrage, dans la section *Exercices – pistes de résolution*.

Les ressources (en anglais) proposées en téléchargement gratuit sont disponibles sur le site The Pragmatic Bookshelf : https://pragprog.com/titles/tpp20.

QU'Y A-T-IL DANS UN NOM ?

> *Quand j'utilise un mot, dit Humpty Dumpty avec un certain mépris, il signifie exactement ce que j'ai décidé qu'il signifie – ni plus ni moins.*
>
> LEWIS CARROLL, *DE L'AUTRE CÔTÉ DU MIROIR*

Tout au long du livre, vous trouverez divers éléments de jargon – soit des mots courants parfaitement corrects qui ont été corrompus pour signifier quelque chose de technique, soit d'horribles mots inventés qui se sont vu attribuer des significations par des informaticiens ayant une dent contre la langue. La première fois que nous utilisons chacun de ces mots de jargon, nous essayons de le définir, ou au moins de donner une piste d'explication. Cependant, nous savons que certains sont passés à travers les mailles du filet, et d'autres, tels que *objet* et *base de données relationnelle*, sont d'un usage suffisamment courant pour qu'il soit ennuyeux d'ajouter une définition. Si vous rencontrez effectivement un terme que vous n'avez jamais vu auparavant, ne vous contentez pas de l'ignorer. Prenez le temps de le rechercher, peut-être sur le web ou dans un manuel d'informatique. Et, si vous en avez l'occasion, envoyez-nous un courriel pour vous plaindre, afin que nous puissions ajouter une définition à la prochaine édition.

Cela étant dit, nous avons décidé de nous venger des informaticiens. Il existe parfois de très bons mots de jargon pour désigner des concepts, termes que nous avons décidé d'ignorer. Pourquoi ? Parce que le vocabulaire existant est normalement limité à un domaine de problèmes particulier, ou à une phase de développement spécifique. Cependant, l'une des philosophies de base de ce livre est que la plupart des techniques que nous recommandons sont universelles : la modularité s'applique au code, à la conception, à la documentation et à l'organisation de l'équipe, par exemple. Lorsque nous avons voulu utiliser le terme conventionnel du jargon dans un contexte plus large, cela a prêté à confusion – nous n'avons pas réussi à surmonter le bagage que le terme original apportait avec lui. Dans ce cas, nous avons contribué au déclin du langage en inventant nos propres termes.

CODE SOURCE ET AUTRES RESSOURCES

La plupart des codes présentés dans ce livre sont extraits de fichiers sources compilables, disponibles en téléchargement sur notre site web[2].

Vous y trouverez également des liens vers des ressources que nous trouvons utiles, ainsi que des mises à jour du livre et des nouvelles concernant d'autres développements de *Pragmatic Programmer*.

DITES-NOUS CE QUE VOUS PENSEZ DE L'OUVRAGE

Nous serions heureux de vous entendre. Envoyez-nous un courriel à superieur.france@pearson.com.

REMERCIEMENTS

Au cours des vingt dernières années, nous avons eu des milliers de conversations intéressantes sur la programmation, en rencontrant des personnes lors de conférences, de cours et parfois même dans l'avion. Chacune d'entre elles nous a permis de mieux comprendre le processus de développement et a contribué aux mises à jour de cette édition. Merci à tous (et continuez à nous dire quand nous nous trompons).

Merci aux participants au processus bêta du livre. Vos questions et commentaires nous ont aidés à mieux expliquer les choses.

Avant de passer à la version bêta, nous avons partagé le livre avec quelques personnes pour qu'elles nous fassent part de leurs commentaires. Nous remercions VM (Vicky) Brasseur, Jeff Langr et Kim Shrier pour leurs commentaires détaillés, ainsi que José Valim et Nick Cuthbert pour leurs révisions techniques.

Merci à Ron Jeffries de nous avoir permis d'utiliser l'exemple du Sudoku.

Un grand merci aux responsables de Pearson qui ont accepté de nous laisser créer ce livre à notre manière.

2 https://pragprog.com/titles/tpp20.

Nous remercions tout particulièrement l'indispensable Janet Furlow, qui maîtrise tout ce qu'elle entreprend et nous tient en haleine.

Et enfin, un coup de chapeau à tous les programmeurs pragmatiques qui ont rendu la programmation meilleure pour tout le monde au cours des vingt dernières années. En avant pour les vingt prochaines.

EXTRAIT DE L'AVANT-PROPOS DE LA PREMIÈRE ÉDITION

Boostez vos capacités de programmation grâce à ce livre !

Vous pouvez être un développeur isolé, un membre d'une grande équipe de projet ou un consultant travaillant avec plusieurs clients à la fois. Peu importe : ce livre vous aidera, en tant qu'individu, à mieux travailler. Il n'est pas théorique – nous nous concentrons sur des sujets pratiques, sur l'utilisation de votre expérience pour prendre des décisions plus éclairées. Le mot *pragmatique* vient du latin *pragmaticus* – « habile dans les affaires » – qui est lui-même dérivé du grec πραγματικός, qui signifie « apte à l'emploi ».

Il s'agit d'un livre d'action.

La programmation est un métier. Dans sa forme la plus simple, elle consiste à faire faire à un ordinateur ce que vous voulez qu'il fasse (ou ce que votre utilisateur veut qu'il fasse). En tant que programmeur, vous êtes à la fois auditeur, conseiller, interprète et dictateur. Vous essayez d'appréhender des exigences insaisissables et de trouver un moyen de les exprimer de manière à ce qu'une simple machine puisse leur rendre justice. Vous essayez de documenter votre travail pour que d'autres puissent le comprendre, et vous essayez de le concevoir de manière à ce que d'autres puissent s'en inspirer. Qui plus est, vous vous efforcez de faire tout cela en dépit du temps de projet qui s'écoule. Chaque jour, vous accomplissez de petits miracles.

Il est question d'un travail exigeant.

De nombreuses personnes vous proposent de l'aide. Les éditeurs de logiciels vantent les miracles de leurs produits. Les gourous de la méthodologie promettent que leurs techniques garantissent des résultats. Chacun prétend que son langage de programmation est le meilleur et que chaque système d'exploitation est la réponse à tous les maux imaginables.

Bien sûr, rien de tout cela n'est vrai. Il n'y a pas de réponse facile. Il n'y a pas de *meilleure* solution, qu'il s'agisse d'un outil, d'un langage ou d'un système d'exploitation. Il ne peut y avoir que des systèmes plus appropriés dans un ensemble particulier de circonstances.

C'est là que le pragmatisme entre en jeu. Vous ne devez pas être attaché à une technologie particulière, mais disposer d'un bagage et d'une base d'expérience suffisamment larges pour vous permettre de choisir les bonnes solutions dans des situations particulières. Votre formation découle d'une compréhension des principes de base de l'informatique et votre expérience provient d'un large éventail de projets pratiques. La théorie et la pratique se combinent pour renforcer votre savoir-faire et votre savoir-être.

Vous devez adapter votre approche aux circonstances et à l'environnement, évaluer l'importance relative de tous les facteurs qui influencent un projet et mobiliser votre expérience pour trouver des solutions appropriées. Et vous le faites continuellement au fur et à mesure que le travail progresse. Les programmeurs pragmatiques savent travailler efficacement.

À QUI CE LIVRE S'ADRESSE-T-IL ?

Ce livre s'adresse aux personnes qui souhaitent devenir des programmeurs plus efficaces et plus productifs. Vous vous sentez peut-être frustré de ne pas exploiter votre plein potentiel. Peut-être avez-vous remarqué que des collègues, équipés d'outils précis, sont plus productifs. Vous êtes sans doute tributaire de technologies plus datées et vous êtes curieux de savoir comment appliquer de nouveaux concepts au quotidien.

Nous ne prétendons pas avoir toutes les réponses (ni même la plupart), et nos idées ne sont pas transférables à toutes les situations. Tout ce que nous pouvons dire, c'est que si vous suivez notre approche, vous acquerrez rapidement de l'expérience, votre productivité s'en trouvera augmentée et vous aurez une meilleure compréhension de l'ensemble du processus de développement. Et vous n'en coderez que mieux.

UN PROGRAMMEUR PRAGMATIQUE, C'EST QUOI ?

Chaque développeur est unique, avec ses forces et ses faiblesses, ses préférences et ses aversions. Au fil du temps, chacun créera son propre environnement. Ce dernier reflétera l'individualité du programmeur avec autant de force que ses loisirs, ses vêtements ou sa coupe de cheveux. Toutefois, si vous êtes un programmeur pragmatique, vous partagerez un grand nombre des caractéristiques suivantes.

Adopteur précoce/adaptateur rapide

Vous avez un instinct pour les technologies et les techniques, et vous aimez faire des essais. Lorsque l'on vous donne quelque chose de nouveau, vous vous en emparez rapidement et l'intégrez au reste de vos connaissances. Votre confiance en vous est le fruit de votre expérience.

Curieux

Vous avez tendance à poser des questions. *C'est bien, comment avez-vous fait ? Avez-vous rencontré des problèmes avec cette bibliothèque ? Qu'est-ce que l'informatique quantique dont j'ai entendu parler ? Comment les liens symboliques sont-ils mis en œuvre ?* Vous êtes un rat de bibliothèque qui traque le moindre détail, chacun pouvant avoir une répercussion dans quelques années.

Esprit critique

Vous considérez rarement les choses comme acquises sans vous être d'abord renseigné sur les faits. Lorsque vos collègues vous disent « parce que c'est comme ça » ou qu'un vendeur vous promet la solution à tous vos problèmes, vous sentez qu'il y a un défi à relever.

Réaliste

Vous essayez de comprendre la nature sous-jacente de chaque problème auquel vous êtes confronté. Ce réalisme vous donne une bonne idée de la difficulté des choses et du temps qu'elles prendront. Le fait de bien comprendre qu'un processus *est censé être* difficile ou qu'il *prendra* du temps vous donne l'énergie nécessaire pour le mener à bien.

Une personne à tout faire

Vous vous efforcez de vous familiariser avec un large éventail de technologies et d'environnements, et vous essayez de vous tenir au courant des nouveaux développements. Même si votre emploi actuel vous oblige à être un spécialiste, vous serez toujours en mesure d'évoluer vers de nouveaux domaines et de relever de nouveaux défis.

Nous avons laissé les caractéristiques les plus fondamentales pour la fin. Tous les programmeurs pragmatiques les partagent. Elles sont suffisamment élémentaires pour être énoncées comme des conseils :

Conseil 1 – Soyez attaché à votre métier

Nous pensons qu'il ne sert à rien de développer des logiciels si l'on n'a pas à cœur de bien faire.

Conseil 2 – Remettez en question vos pratiques

Pour devenir un programmeur pragmatique, nous vous mettons au défi de réfléchir à ce que vous faites en même temps que vous le faites. Il ne s'agit pas d'un audit ponctuel des pratiques actuelles, mais d'une évaluation critique permanente de chaque décision que vous prenez, chaque jour et sur chaque projet. Ne fonctionnez jamais en pilote automatique. Pensez constamment, critiquez votre travail en temps réel. L'ancienne devise d'IBM, « THINK ! », est le mantra du programmeur pragmatique.

Si vous avez l'impression que c'est un travail difficile, c'est que vous présentez une caractéristique *réaliste.* Cela va vous prendre une partie de votre temps précieux, qui est probablement déjà soumis à une pression énorme. La récompense est une participation plus active à un travail que vous aimez, un sentiment de maîtrise d'un nombre croissant de sujets et le plaisir d'un sentiment d'amélioration continue. À long terme, votre investissement en temps sera rentabilisé lorsque vous et votre équipe deviendrez plus efficaces, écrirez du code plus facile à maintenir et passerez moins de temps en réunion.

FORMER DES PERSONNES PRAGMATIQUES, POUR DE GRANDES ÉQUIPES

Certains pensent qu'il n'y a pas de place pour l'individualité dans les grandes équipes ou les projets complexes. « L'informatique, disent-ils, est une discipline d'ingénierie qui s'effondre si les membres de l'équipe prennent des décisions pour eux-mêmes. »

Nous ne sommes pas du tout d'accord.

La construction d'un logiciel *doit* faire appel à l'ingénierie. Toutefois, cela n'exclut pas le travail artisanal individuel. Pensez aux grandes cathédrales construites en Europe au Moyen Âge. Chacune d'entre elles a nécessité des milliers d'années-personnes d'efforts, répartis sur plusieurs décennies. Les leçons apprises ont été transmises aux bâtisseurs suivants, qui ont fait progresser l'ingénierie structurelle grâce à leurs réalisations. Mais les charpentiers, les tailleurs de pierre, les sculpteurs et les verriers étaient tous des artisans, qui interprétaient les exigences techniques pour produire un ensemble qui transcendait l'aspect purement mécanique de la construction. C'est leur foi en leurs contributions individuelles qui a soutenu les projets : *nous, qui taillons de simples pierres, devons toujours imaginer des cathédrales.*

Dans la structure globale d'un projet, il y a toujours une place pour l'individualité et le savoir-faire. Cela est particulièrement vrai au regard de l'état actuel de l'ingénierie logicielle. Dans cent ans, notre technologie pourra sembler aussi archaïque que les techniques utilisées par les bâtisseurs de cathédrales médiévales le sont pour les ingénieurs civils d'aujourd'hui, mais notre savoir-faire sera toujours honoré.

UN PROCESSUS CONTINU

Un touriste visitant le collège d'Eton, en Angleterre, demanda au jardinier comment il faisait pour obtenir des pelouses aussi parfaites. « C'est facile, répondit-il, il suffit de brosser la rosée tous les matins, de tondre tous les deux jours et de passer le rouleau une fois par semaine. »

« C'est tout ? » demande le touriste. « Absolument, répond le jardinier. Faites cela pendant cinq cents ans et vous aurez aussi une belle pelouse. »

Les grandes pelouses ont besoin de peu de soins quotidiens, et il en va de même pour les grands programmes. Les consultants en gestion aiment glisser le mot « kaizen » dans les conversations. Ce terme japonais exprime le concept de l'apport continu d'un grand nombre de petites améliorations. Il est considéré comme l'une des principales raisons des gains spectaculaires de productivité et de qualité dans l'industrie manufacturière japonaise et a été largement copié dans le monde entier. Le kaizen s'applique également aux individus. Chaque jour, travaillez à affiner les compétences que vous possédez et à ajouter de nouveaux outils à votre répertoire. Contrairement aux pelouses d'Eton, vous commencerez à voir des résultats en quelques jours. Au fil des ans, vous serez étonné de voir à quel point votre expérience s'est enrichie et vos compétences se sont développées.

Chapitre 1

UNE PHILOSOPHIE PRAGMATIQUE

Ce livre parle de vous.

Ne vous y trompez pas, il s'agit de votre carrière et, plus important encore, *de votre vie*. Elle vous appartient. Vous êtes ici parce que vous savez que vous pouvez devenir un meilleur développeur et aider les autres à le devenir aussi. Vous pouvez devenir un *programmeur pragmatique*.

Qu'est-ce qui distingue les programmeurs pragmatiques ? Nous pensons qu'ils sont dotés d'une attitude, d'un style, d'une philosophie d'approche des problèmes et de leurs solutions. Ils réfléchissent au-delà de l'obstacle immédiat, en le plaçant dans un contexte plus large et en cherchant à avoir une vision d'ensemble. Après tout, sans cette mise en perspective, comment être pragmatique ? Comment faire des compromis intelligents et prendre des décisions éclairées ?

Une autre clé du succès des programmeurs pragmatiques est qu'ils assument la responsabilité de tout ce qu'ils font, comme nous le verrons dans *Le chat a mangé mon code source*. En tant que responsables, ils ne restent pas inactifs et ne regardent pas leurs projets s'effondrer à cause de la négligence. Dans *Entropie logicielle*, nous vous expliquons comment garder vos projets intacts.

La plupart des individus trouvent le changement difficile, parfois pour de bonnes raisons, parfois par simple inertie. Dans *Soupe de pierres et grenouilles ébouillantées*, nous examinons une stratégie pour susciter le changement et (dans un souci d'équilibre) nous présentons l'histoire édifiante d'un amphibien qui a ignoré les dangers d'un changement progressif.

L'un des avantages à comprendre le contexte dans lequel vous travaillez est qu'il devient plus facile de savoir à quel point votre logiciel doit être bon. Parfois, la quasi-perfection est la seule option, mais il faut souvent faire des compromis. Nous explorons cette question dans *Un logiciel qui fait l'affaire*.

Bien entendu, vous devez disposer d'une large base de connaissances et d'expérience pour mener tout cela à bien. L'apprentissage est un processus continu et permanent. Dans *Votre portefeuille de connaissances*, nous abordons quelques stratégies pour maintenir l'élan.

Enfin, aucun d'entre nous ne travaille en vase clos. Nous passons tous beaucoup de temps à interagir avec les autres. La partie *Communiquez !* énumère les moyens d'améliorer ces échanges.

La programmation pragmatique découle d'une philosophie de la pensée pragmatique. Le présent chapitre pose les fondements de cette philosophie.

Thème 1 – C'est votre vie

> *Je ne suis pas dans ce monde pour répondre à vos attentes et vous n'êtes pas dans ce monde pour répondre aux miennes.*
>
> Bruce Lee

C'est *votre* vie. Elle vous appartient. Vous la menez. Vous la façonnez.

De nombreux développeurs à qui nous parlons sont frustrés. Leurs préoccupations sont variées. Certains ont l'impression de stagner dans leur travail, d'autres pensent que la technologie les a dépassés. Certains ont le sentiment d'être sous-estimés ou sous-payés, ou encore que leur équipe est toxique. Peut-être veulent-ils déménager en Asie ou en Europe, ou travailler à domicile.

Et la réponse que nous donnons est toujours la même.

« Pourquoi ne pouvez-vous pas changer cela ? »

Le développement de logiciels doit figurer en tête de liste des carrières sur lesquelles on a le contrôle. Nos compétences sont recherchées, nos connaissances dépassent les frontières géographiques, nous pouvons travailler à distance. Nous sommes bien payés. Nous pouvons vraiment faire à peu près tout ce que nous voulons.

Mais, pour une raison ou une autre, les développeurs semblent résister au changement. Ils se terrent et espèrent que les choses s'amélioreront. Ils regardent, passifs, leurs compétences devenir obsolètes et se plaignent que leur entreprise ne les forme pas. Ils regardent les publicités pour des lieux exotiques dans le bus, puis descendent sous une pluie glaciale pour se rendre au travail.

Voici donc le conseil le plus important du livre.

Conseil 3 – Prenez conscience de votre pouvoir d'agir

Votre environnement de travail est nul ? Votre travail est ennuyeux ? Essayez d'y remédier. Mais n'essayez pas indéfiniment. Comme le dit Martin Fowler, « vous pouvez changer votre entreprise ou changer d'entreprise[1] ».

Si la technologie semble vous échapper, prenez le temps (pendant votre temps libre) d'étudier les nouveautés qui vous semblent intéressantes. Vous investissez sur vous-même, il est donc raisonnable de le faire en dehors des heures de travail.

1 http://wiki.c2.com/?ChangeYourOrganization.

Vous souhaitez travailler à distance ? En avez-vous fait la demande ? Si l'on vous dit non, trouvez quelqu'un qui vous dira oui.

Ce secteur vous offre un ensemble remarquable d'opportunités. Soyez proactif et saisissez-les.

Sections connexes

- Thème 4, *Soupe de pierres et grenouilles ébouillantées.*
- Thème 6, *Votre portefeuille de connaissances.*

Thème 2 – Le chat a mangé mon code source

> *La plus grande de toutes les faiblesses est la peur de paraître faible.*
>
> J. B. BOSSUET, *POLITIQUE TIRÉE DE L'ÉCRITURE SAINTE*, 1709

L'une des pierres angulaires de la philosophie pragmatique est l'idée de prendre ses responsabilités et celles de ses actions en matière de progression de carrière, d'apprentissage et d'éducation, de projet et de travail quotidien. Les programmeurs pragmatiques prennent en charge leur propre carrière et n'ont pas peur d'admettre leur ignorance ou leurs erreurs. Ce n'est pas l'aspect le plus agréable de la programmation, certes, mais cela arrive, même dans les meilleurs projets. Malgré des tests approfondis, une bonne documentation et une automatisation solide, il arrive que les choses tournent mal. Les livraisons sont en retard. Des problèmes techniques imprévus surviennent.

Ces choses arrivent et nous essayons de les traiter de la manière la plus professionnelle possible. Cela implique d'être honnête et direct. Nous pouvons être fiers de nos compétences, mais nous devons assumer nos lacunes, notre ignorance et nos erreurs.

Cultiver une confiance mutuelle au sein de l'équipe

Avant tout, votre équipe doit pouvoir vous faire confiance et compter sur vous, et vous devez être à l'aise pour compter sur chacun. La confiance au sein d'une équipe est absolument essentielle à la créativité et à la collaboration, d'après la littérature scientifique[2]. Dans un environnement sain fondé sur la confiance, vous pouvez en toute sécurité dire ce que vous pensez, présenter vos idées et vous fier aux membres de votre équipe qui, à leur tour, peuvent se fier à vous. Sans confiance, eh bien...

Imaginez une équipe de ninjas furtifs, équipés de gadgets haute technologie, infiltrant le repaire du méchant. Après des mois de planification et d'exécution délicate, vous êtes arrivés sur place. C'est maintenant à vous d'installer la grille de guidage laser : « Désolé, tout le monde, je n'ai pas le laser. Le chat jouait avec le point rouge et je l'ai laissé à la maison. »

Ce type de rupture de confiance pourrait être difficile à réparer.

Prendre ses responsabilités

La responsabilité est quelque chose que vous acceptez activement. Vous vous engagez à faire en sorte qu'un travail soit bien fait, mais vous n'avez pas nécessairement un contrôle direct sur tous les aspects de la chose. En plus de faire de votre mieux, vous devez analyser la situation pour déceler les risques qui échappent à votre contrôle. Vous avez le droit de *ne pas* assumer la responsabilité d'une situation impossible, ou d'une situation dans laquelle les risques sont trop importants, ou les implications éthiques trop floues. Vous devez prendre la décision en fonction de vos propres valeurs et de votre propre jugement.

Lorsque vous acceptez *effectivement* la responsabilité d'un résultat, vous devez vous attendre à ce qu'on vous demande des comptes. Lorsque vous

2 Voir, par exemple, une bonne méta-analyse sur « Trust and team performance : A meta-analysis of main effects, moderators, and covariates », http://dx.doi.org/10.1037/apl0000110.

commettez un impair (comme nous le faisons tous) ou une erreur de jugement, admettez-les honnêtement et essayez de proposer des solutions.

N'accusez pas quelqu'un ou quelque chose d'autre, ou n'inventez pas d'excuse. N'imputez pas tous les problèmes à un fournisseur, à un langage de programmation, à la direction ou à vos collègues. Tous ces éléments peuvent jouer un rôle, mais c'est à *vous* de proposer des solutions, pas des excuses.

S'il y avait un risque que le fournisseur ne vous aide pas, vous auriez dû avoir un plan d'urgence. Si votre mémoire de masse fond – entraînant avec elle tout votre code source – et que vous n'avez pas de sauvegarde, c'est votre faute. Dire à votre patron « le chat a mangé mon code source » ne suffira pas.

Conseil 4 – Cherchez des options plutôt que des excuses

Avant de vous adresser à quelqu'un pour lui dire pourquoi quelque chose ne peut pas être fait, est en retard ou est dysfonctionnel, arrêtez-vous et écoutez-vous. Parlez au canard en plastique sur votre écran, ou au chat. Votre excuse vous semble-t-elle raisonnable ou stupide ? Quelle impression cela va-t-il donner à votre patron ?

Passez en revue la conversation dans votre esprit. Qu'est-ce que l'autre personne est susceptible de dire ? Demandera-t-il « Avez-vous essayé ceci… » ou : « N'avez-vous pas pensé à cela ? » Comment allez-vous répondre ? Avant d'annoncer la mauvaise nouvelle, y a-t-il autre chose à essayer ? Parfois, vous *savez* ce qu'ils vont dire, alors épargnez-leur cette peine.

Au lieu d'excuses, proposez des options. Ne dites pas que c'est impossible, mais expliquez ce qui *peut être* fait pour sauver la situation. Le code doit-il être supprimé ? Dites-le et expliquez l'intérêt du réusinage (voir le thème 40, *Réusinage*).

Avez-vous besoin de passer du temps à faire des prototypes pour déterminer la meilleure façon de procéder (voir le thème 13, *Prototypes et Post-it*) ? Avez-vous besoin d'améliorer les tests (voir le thème 41, *Testez pour coder*, et la section *Tests impitoyables et continus*) ou l'automatisation pour éviter que cela ne se reproduise ?

Peut-être avez-vous besoin de ressources supplémentaires pour mener à bien cette tâche. Ou peut-être avez-vous besoin de passer plus de temps avec les utilisateurs ? Ou peut-être s'agit-il simplement de vous : avez-vous besoin d'apprendre une technique ou une technologie de manière plus approfondie ? Un livre ou un cours vous aiderait-il ? N'ayez pas peur de demander ou d'admettre que vous avez besoin d'aide.

Essayez d'éliminer les excuses bidon avant de les exprimer à haute voix. Si avez absolument besoin de le faire, déversez-les sur votre chat, histoire qu'il sache de quoi on l'accuse lorsque vous lui ferez porter le chapeau pour vos propres erreurs.

Section connexe

- Thème 49, *Équipes pragmatiques*.

Défis

- Comment réagissez-vous lorsqu'un employé de banque, un mécanicien automobile ou un employé de bureau vous présente une excuse bidon ? Que pensez-vous d'eux et de leur entreprise ?
- Lorsque vous vous retrouvez à dire « Je ne sais pas », n'oubliez pas de faire suivre cette phrase de « Mais je vais me renseigner ». C'est un excellent moyen d'admettre ce que vous ne savez pas, mais aussi d'en assumer la responsabilité comme un pro.

Thème 3 – Entropie logicielle

Bien que le développement de logiciels soit à l'abri de presque toutes les lois physiques, l'augmentation inexorable de l'*entropie* nous touche de plein fouet. L'*entropie* est un terme de physique qui désigne la quantité de « désordre » dans un système. Malheureusement, les lois de la thermodynamique garantissent que l'entropie dans l'univers tend vers un maximum. Lorsque le désordre augmente dans un logiciel, on parle de « pourriture logicielle ». Certaines personnes pourraient l'appeler par le terme plus optimiste de « dette technique », avec l'idée implicite qu'elles la rembourseront un jour. Ce ne sera probablement pas le cas.

Quel que soit leur nom, la dette et la pourriture peuvent se propager de manière incontrôlée.

De nombreux facteurs peuvent contribuer au pourrissement des logiciels. Le plus important semble être la psychologie, ou la culture, à l'œuvre dans un projet. Même si vous êtes seul dans votre équipe, la psychologie de votre projet peut être très délicate. Même en réunissant les plans les mieux conçus et les personnes les plus compétentes, un projet peut toujours connaître la ruine et la décadence au cours de son existence. Pourtant, il existe d'autres projets qui, malgré d'énormes difficultés et des revers constants, parviennent à lutter contre la tendance au désordre de la nature et s'en sortent plutôt bien.

Qu'est-ce qui fait la différence ?

Dans les centres-villes, certains bâtiments sont beaux et propres, tandis que d'autres sont en ruine. Pourquoi ? Des chercheurs dans le domaine de la criminalité et de la dégradation urbaine ont découvert un mécanisme de déclenchement fascinant, qui transforme très rapidement un bâtiment propre, intact et habité en une ruine abandonnée[3].

3 Voir « Broken windows. The police and neighborhood safety » [WH82].

Un carreau cassé.

Une seule vitre brisée, non réparée pendant un certain temps, donne aux habitants de l'immeuble un sentiment d'abandon, l'impression que les pouvoirs en place ne se soucient pas de l'immeuble. Un autre carreau est donc cassé. Les gens commencent à jeter des détritus. Des graffitis apparaissent. De graves dommages structurels voient le jour. En un laps de temps relativement court, le bâtiment est endommagé au-delà de la volonté du propriétaire de le réparer, et le sentiment d'abandon devient réalité.

Pourquoi cela ferait-il une différence ? Des psychologues ont mené des études[4] qui montrent que le désespoir peut être contagieux. Pensez au virus de la grippe dans un environnement proche. Ignorer une situation manifestement défaillante renforce l'idée que *rien* ne peut être réglé, que personne ne s'en soucie, que tout est condamné ; autant de pensées négatives qui peuvent se propager parmi les membres de l'équipe, créant ainsi un cercle vicieux.

Conseil 5 – N'ignorez pas les carreaux cassés

Ne laissez pas les « carreaux cassés » (mauvaise conception, mauvaises décisions ou code erroné) en l'état. Réparez chacune d'entre elles dès qu'elle est découverte. Si vous n'avez pas le temps de le faire correctement, *placardez-la*. Vous pouvez peut-être commenter le code incriminé, afficher un message « En cours » ou remplacer les données par des données fictives. Prenez des mesures pour éviter d'autres dommages et pour montrer que vous maîtrisez la situation.

Nous avons vu des systèmes propres et fonctionnels se détériorer assez rapidement lorsque les carreaux commencent à se briser. D'autres éléments peuvent contribuer au pourrissement des logiciels, et nous en aborderons certains ailleurs, mais la négligence *accélère* le pourrissement plus rapidement que tout autre facteur.

4 Voir « Contagious depression: existence, specificity to depressed symptoms, and the role of reassurance seeking » [Joi94].

Vous pensez peut-être que personne n'a le temps de nettoyer tous les débris de verre d'un projet. Si c'est le cas, vous feriez mieux de prévoir une benne à ordures ou de déménager dans un autre quartier. Ne laissez pas l'entropie gagner.

D'abord, ne pas nuire

Andy a connu un jour un homme d'une richesse inouïe. Sa maison était immaculée, remplie d'antiquités inestimables, d'objets d'art, etc. Un jour, une tapisserie accrochée un peu trop près de la cheminée prit feu. Les pompiers se précipitèrent pour sauver la situation et la maison. Mais avant de faire entrer leurs gros tuyaux sales dans la maison, ils s'arrêtèrent – avec le chiffon à incendie – pour dérouler un tapis entre la porte d'entrée et le foyer de l'incendie.

Ils ne voulaient pas salir la moquette.

Cela semble assez extrême. Certes, la priorité des pompiers est d'éteindre l'incendie, sans se soucier des dommages collatéraux. Mais il est clair qu'ils ont évalué la situation, qu'ils étaient confiants dans leur capacité à maîtriser l'incendie et qu'ils ont veillé à ne pas infliger de dommages inutiles à la propriété. C'est ainsi qu'il doit en être avec les logiciels : ne pas causer de dommages collatéraux simplement parce qu'il y a une crise quelconque. Un carreau cassé, c'est déjà trop.

Il suffit d'une vitre brisée – un morceau de code mal conçu, une mauvaise décision de gestion avec laquelle l'équipe doit vivre pendant toute la durée du projet – pour que le déclin s'amorce. Si vous travaillez sur un projet comportant plusieurs carreaux cassés, il est très facile de se dire : « Tout le reste du code est merdique, je vais suivre le mouvement. » Peu importe que le projet se soit bien déroulé jusqu'à présent. Dans l'expérience originale qui a conduit à la « théorie du carreau cassé », une voiture abandonnée est restée intacte pendant une semaine. Mais dès qu'une seule vitre a été brisée, la voiture a été démontée et mise sens dessus dessous en l'espace de *quelques heures*.

De même, si vous vous retrouvez sur un projet dont le code est d'une beauté irréprochable – écrit proprement, bien conçu et élégant – vous ferez sans doute très attention à ne pas le gâcher, tout comme les pompiers. Même si l'incendie fait rage (date limite, date de sortie, démo de salon, etc.), *vous* ne voulez pas être le premier à mettre le bazar et à infliger des dégâts supplémentaires.

Dites-vous simplement : « Pas de vitre cassée. »

Sections connexes

- Thème 10, *Orthogonalité*.
- Thème 40, *Réusinage*.
- Thème 44, *Nommage*.

Défis

- Renforcez votre équipe en examinant le quartier où se déroule votre projet. Choisissez deux ou trois carreaux cassés et discutez avec vos collègues de la nature des problèmes et de ce qui pourrait être fait pour les résoudre.
- Pouvez-vous déterminer quand un carreau est cassé pour la première fois ? Quelle est votre réaction ? S'il s'agit d'une décision prise par quelqu'un d'autre ou d'un ordre hiérarchique, que pouvez-vous faire ?

Thème 4 – Soupe de pierres et grenouilles ébouillantées

Les trois soldats qui rentraient de la guerre avaient faim. Lorsqu'ils aperçurent le village devant eux, leur moral remonta : ils étaient sûrs que les villageois leur offriraient un repas. Mais lorsqu'ils arrivèrent, ils trouvèrent les portes verrouillées et les fenêtres fermées. Après de nombreuses années de guerre, les villageois manquaient de nourriture et gardaient en réserve ce qu'ils avaient.

Sans se décourager, les soldats firent bouillir de l'eau et y placèrent trois pierres avec précaution. Les villageois, stupéfaits, sortirent pour observer la scène.

« C'est de la soupe de pierres », expliquèrent les soldats. « C'est tout ce que vous mettez dedans ? » demandèrent les villageois. « Absolument, mais certains disent qu'elle est encore meilleure avec quelques carottes... » Un villageois partit en courant et revint en un rien de temps avec un panier de carottes.

Quelques minutes plus tard, les villageois demandèrent à nouveau : « C'est tout ? »

« Eh bien, dirent les soldats, quelques pommes de terre lui donnent du corps. » Un autre villageois s'enfuit.

Au cours de l'heure suivante, les soldats énumérèrent d'autres ingrédients susceptibles d'améliorer la soupe : bœuf, poireaux, sel et herbes. À chaque fois, un villageois différent s'enfuit pour piller ses propres réserves.

Ils finirent par produire une grande marmite de soupe fumante. Les soldats enlevèrent les pierres et ils s'assirent avec tout le village pour savourer le premier repas équilibré qu'ils mangeaient depuis des mois.

L'histoire de la soupe de pierres comporte quelques morales. Les villageois sont trompés par les soldats, qui profitent de la curiosité des habitants pour leur soutirer de la nourriture. Mais surtout, les soldats agissent comme un catalyseur, rassemblant les villageois pour qu'ils produisent ensemble quelque chose qu'ils n'auraient pas pu faire seuls – un résultat synergique. Au bout du compte, tout le monde est gagnant.

De temps en temps, vous devriez imiter les soldats.

Vous vous trouvez peut-être dans une situation où vous savez exactement ce qu'il faut faire et comment le faire. Tout le système apparaît devant vos yeux – vous savez que c'est la bonne solution. Mais dès lors que vous demanderez l'autorisation de vous attaquer à l'ensemble, vous serez confronté à des retards et à des regards vides. Les gens formeront des comités, les budgets devront être approuvés et les choses deviendront compliquées. Chacun gardera ses propres ressources. C'est ce qu'on appelle parfois la « fatigue du démarrage ».

Il est temps de sortir les pierres. Déterminez ce que vous *pouvez* raisonnablement demander. Développez-le bien. Une fois que vous avez obtenu ce premier résultat, montrez-le aux gens et laissez-les s'émerveiller. Puis dites : « Bien sûr, ce *serait* mieux si nous ajoutions... » Faites comme si ce n'était pas important. Asseyez-vous et attendez qu'ils commencent à vous demander d'ajouter la fonctionnalité que vous vouliez à l'origine. Il est plus facile pour les gens de se joindre à un succès en cours. Montrez-leur un aperçu de l'avenir et vous obtiendrez leur adhésion[5].

Conseil 6 – Soyez un catalyseur de changement

Le point de vue des villageois

D'un autre côté, l'histoire de la soupe de pierres est aussi une histoire de tromperie douce et graduelle. Il s'agit d'une focalisation trop étroite. Les villageois pensent aux pierres et oublient le reste du monde. Nous tombons tous dans le panneau, tous les jours. Les choses s'insinuent en nous.

Nous avons tous vu les symptômes. Les projets deviennent lentement et inexorablement totalement incontrôlables. La plupart des désastres logiciels commencent à un niveau trop bas pour être remarqués, et la plupart des dépassements de projet se produisent un jour à la fois. Les systèmes s'éloignent de leurs spécifications, fonctionnalité par fonctionnalité, tandis que des correctifs sont ajoutés à un morceau de code jusqu'à ce qu'il ne reste

5 Ce faisant, vous serez peut-être réconforté par la phrase attribuée à la contre-amirale Grace Hopper : « Il est plus facile de demander le pardon que d'obtenir la permission. »

plus rien de l'original. C'est souvent l'accumulation de petites choses qui brise le moral et les équipes.

Conseil 7 – Prenez du recul sur la situation

Nous n'avons jamais essayé – honnêtement. Mais « on » dit que si vous plongez une grenouille dans de l'eau bouillante, elle en ressortira aussitôt. En revanche, si vous placez la grenouille dans une casserole d'eau froide, puis que vous la faites chauffer progressivement, la grenouille ne remarquera pas la lente augmentation de la température et restera en place jusqu'à ce qu'elle soit cuite.

Notez que le problème de la grenouille est différent de celui des carreaux cassés abordé dans le thème 3, *Entropie logicielle*. Dans la théorie du carreau cassé, les gens perdent la volonté de lutter contre l'entropie parce qu'ils ont l'impression que personne d'autre ne s'en préoccupe. La grenouille ne remarque tout simplement pas le changement.

Ne soyez pas comme la grenouille de la fable. Gardez une vue d'ensemble. Examinez constamment ce qui se passe autour de vous, et pas seulement ce que vous faites personnellement.

Sections connexes

- Thème 1, *C'est votre vie*.
- Thème 38, *Programmation par coïncidences*.

Défis

- Lors de l'examen d'une version préliminaire de la première édition, John Lakos a soulevé la question suivante : les soldats trompent progressivement les villageois, mais le changement qu'ils déclenchent leur fait du bien. Cependant, en trompant progressivement la grenouille, vous lui causez du tort. Pouvez-vous déterminer si vous faites de la soupe de pierres ou de la soupe de grenouille lorsque vous essayez de catalyser le changement ? La décision est-elle subjective ou objective ?

- Vite, sans regarder, combien de lumières y a-t-il au plafond au-dessus de vous ? Combien d'issues dans la pièce ? Combien de personnes ? Y a-t-il quelque chose hors contexte, quelque chose qui semble ne pas être à sa place ? Il s'agit d'un exercice de *connaissance de la situation*, une technique pratiquée par des personnes allant des scouts aux Navy Seal. Prenez l'habitude de regarder et de remarquer votre environnement. Faites de même pour votre projet.

Thème 5 – Un logiciel qui fait l'affaire

> *En nous efforçant de faire mieux, nous gâchons souvent ce qui est bien.*
>
> Shakespeare, Le Roi Lear 1.4

Une vieille blague parle d'une entreprise qui passe une commande de cent mille circuits intégrés auprès d'un fabricant japonais. Le taux de défectuosité fait partie des spécifications : une puce sur dix mille. Quelques semaines plus tard, la commande arrive : une grande boîte contenant des milliers de circuits intégrés et une petite boîte n'en contenant que dix. Une étiquette est attachée à la petite boîte : « Voici ceux qui sont défectueux. »

Si seulement nous pouvions réellement exercer un tel contrôle sur la qualité. Mais le monde réel ne nous permet pas de produire beaucoup de choses vraiment parfaites, en particulier des logiciels sans bogues. Le temps, la technologie et le tempérament conspirent tous contre nous.

Cependant, cela ne doit pas être une source de frustration. Comme Edward Yourdon l'a décrit dans un article paru dans *IEEE Software*, « When good-enough software is best » [You95], vous pouvez vous discipliner à écrire un logiciel qui fait l'affaire – pour vos utilisateurs, pour les futurs éditeurs, pour votre propre tranquillité d'esprit. Vous constaterez que vous êtes plus productif et que vos utilisateurs sont plus heureux. Et vous pourriez bien constater que vos programmes sont en fait meilleurs du fait de leur incubation plus courte.

Avant d'aller plus loin, il convient de préciser ce que nous allons dire. L'expression « qui fait l'affaire » n'implique pas un code bâclé ou mal produit. Pour qu'il soit réussi, tous les systèmes doivent répondre aux exigences de leurs utilisateurs et satisfaire aux standards de performance, de respect de la vie privée et de sécurité. Nous préconisons simplement que les utilisateurs aient la possibilité de participer au processus de décision pour déterminer si ce que vous avez produit fait bien l'affaire pour répondre à leurs besoins.

Impliquer les utilisateurs dans l'arbitrage

A priori, vous écrivez des logiciels pour d'autres personnes. La plupart du temps, vous pensez à vérifier ce qu'ils veulent[6] ; mais leur avez-vous déjà demandé *à quel point* ils voulaient que leur logiciel soit *bon* ? Parfois, il n'y a pas d'autre choix. Si vous travaillez sur des stimulateurs cardiaques, un pilote automatique ou une bibliothèque de bas niveau destinée à être largement diffusée, les exigences seront plus strictes et vos options plus limitées.

Cependant, si vous travaillez sur un tout nouveau produit, vous aurez des contraintes différentes. Les responsables du marketing auront des promesses à tenir, les utilisateurs finaux auront peut-être établi des plans fondés sur un calendrier de livraison, et votre entreprise aura certainement des contraintes de trésorerie. Il serait peu professionnel d'ignorer les exigences de ces utilisateurs simplement pour ajouter de nouvelles fonctionnalités au programme ou pour peaufiner le code une fois de plus. Nous ne prônons pas la panique : il est tout aussi peu professionnel de promettre des délais impossibles à tenir et de faire des économies de bouts de chandelle pour respecter une échéance.

6 C'était censé être une blague !

La portée et la qualité du système que vous produisez doivent être discutées dans le cadre des exigences de ce système.

Conseil 8 – Faites de la qualité une question d'exigences

Vous vous trouverez souvent dans des situations où il faudra faire des compromis. Étonnamment, de nombreux utilisateurs préfèrent utiliser *aujourd'hui* un logiciel ayant quelques défauts plutôt que d'attendre un an la version la plus brillante (et en fait, ce dont ils auront besoin dans un an peut être complètement différent de toute façon). De nombreux services informatiques aux budgets serrés seraient d'accord. Un bon logiciel aujourd'hui est souvent préférable au fantasme d'un logiciel parfait demain. Si vous donnez rapidement à vos utilisateurs une première version sur laquelle se faire la main, leurs commentaires vous conduiront souvent à une meilleure solution (voir le thème 12, *Balles traçantes*).

Savoir s'arrêter

D'une certaine manière, la programmation s'apparente à la peinture. Vous commencez avec une toile vierge et certaines matières premières de base. Vous utilisez une combinaison de science, d'art et d'artisanat pour déterminer ce qu'il faut en faire. Vous esquissez une forme générale, peignez l'environnement sous-jacent, puis ajoutez les détails. Vous prenez constamment du recul, avec un œil critique, pour examiner ce que vous avez fait. De temps en temps, vous jetez une toile et recommencez.

Les artistes vous diront que tout ce travail est gâché si vous ne savez pas quand vous arrêter. Si vous ajoutez couche sur couche, détail sur détail, *le tableau se perd dans la peinture*.

Ne gâchez pas un programme parfaitement bon en l'embellissant et en le raffinant à l'excès. Passez à autre chose et laissez votre code se débrouiller seul pendant un certain temps. Il ne sera peut-être pas parfait. Ne vous inquiétez pas : il ne pourra jamais l'être. (Dans le chapitre 7, *Lorsque vous codez*, nous discutons des philosophies de développement de code dans un monde imparfait.)

Sections connexes

- Thème 45, *La fosse aux exigences*.
- Thème 46, *Résoudre des casse-tête impossibles*.

Défis

- Examinez les outils logiciels et les systèmes d'exploitation que vous utilisez régulièrement. Pouvez-vous trouver des preuves que ces organisations et/ou développeurs n'hésitent pas à livrer des logiciels dont ils savent qu'ils ne sont pas parfaits ? En tant qu'utilisateur, préféreriez-vous : (1) attendre qu'ils éliminent tous les bogues, (2) avoir un logiciel complexe et accepter quelques bogues, ou (3) opter pour un logiciel plus simple avec moins de défauts ?
- Considérez l'effet de la modularisation sur la livraison des logiciels. Faudra-t-il plus ou moins de temps pour qu'un bloc de logiciel monolithique étroitement couplé atteigne la qualité requise par rapport à un système conçu sous forme de modules ou de microservices très faiblement couplés ? Quels sont les avantages ou les inconvénients de chaque approche ?
- Pouvez-vous penser à un logiciel populaire qui souffre d'une *surabondance de fonctionnalités* ? Il s'agit de logiciels contenant beaucoup plus de fonctionnalités que nécessaire, chacune introduisant davantage de possibilités de bogues et de failles de sécurité, et rendant les fonctionnalités que vous utilisez effectivement plus difficiles à trouver et à gérer. Risquez-vous de tomber vous-même dans ce piège ?

Thème 6 – Votre portefeuille de connaissances

> *L'investissement dans la connaissance est toujours le plus rentable.*
>
> BENJAMIN FRANKLIN

Ah, ce bon vieux Ben Franklin, jamais à court d'une homélie lapidaire. Si nous pouvions nous coucher tôt et nous lever tôt, nous serions d'excellents programmeurs, n'est-ce pas ? L'oiseau qui se lève tôt a peut-être la chance d'avoir le ver, mais qu'arrive-t-il au ver qui se lève tôt ?

Dans ce cas, cependant, Ben a vraiment mis le doigt sur le problème. Vos connaissances et votre expérience sont vos atouts professionnels quotidiens les plus importants.

Malheureusement, il s'agit d'*actifs périssables*[7]. Vos connaissances deviennent obsolètes à mesure que de nouvelles techniques, de nouveaux langages et de nouveaux environnements sont mis au point. L'évolution des forces du marché peut rendre votre expérience désuète ou non pertinente. Étant donné le rythme de plus en plus rapide des changements dans notre société technologique, cela peut se produire assez rapidement.

Lorsque la valeur de vos connaissances diminue, il en va de même de votre valeur pour votre entreprise ou votre client. Évitons que cela ne se produise.

Votre capacité à apprendre de nouvelles choses est votre atout stratégique le plus important. Mais comment *apprendre à apprendre* et comment savoir *quoi* apprendre ?

Votre portefeuille de connaissances

Nous aimons considérer tous les faits que les programmeurs connaissent sur l'informatique, les domaines d'application dans lesquels ils travaillent et toute leur expérience comme leur *portefeuille de connaissances.* Sa gestion est très similaire à celle d'un portefeuille financier :

1. Les investisseurs sérieux investissent régulièrement, par habitude ;
2. La diversification est la clé du succès à long terme ;

7 Un *actif périssable* est un bien dont la valeur diminue avec le temps. Par exemple, un entrepôt rempli de bananes ou un billet pour un match de football.

3. Les investisseurs avisés équilibrent leurs portefeuilles entre des investissements prudents et des investissements à haut risque et à haut rendement ;
4. Les investisseurs essaient d'acheter à bas prix et de vendre à prix élevé pour obtenir un rendement maximal ;
5. Les portefeuilles doivent être revus et rééquilibrés périodiquement.

Pour réussir dans votre carrière, vous devez investir dans votre portefeuille de connaissances en suivant ces mêmes lignes directrices.

La bonne nouvelle, c'est que la gestion de ce type d'investissement est une compétence comme une autre, qui s'apprend. Le tout est de se forcer à le faire au début et d'en faire une habitude. Mettez en place une routine que vous suivrez jusqu'à ce que votre cerveau l'intériorise. À ce moment-là, vous vous apercevrez que vous absorbez automatiquement les nouvelles connaissances.

Construire votre portefeuille

Investir régulièrement

Comme pour les placements financiers, vous devez investir *régulièrement* dans votre portefeuille de connaissances, même avec de petits montants. L'habitude est aussi importante que les sommes, aussi prévoyez-vous un temps et un lieu constants, à l'abri des interruptions. Quelques exemples d'objectifs sont présentés dans la section suivante.

Diversifier vos actifs

Plus vous connaissez de choses *différentes*, plus vous avez de valeur. En principe, vous devez maîtriser les arcanes de la technologie spécifique avec laquelle vous travaillez actuellement. Mais ne vous arrêtez pas là. Le visage de l'informatique évolue rapidement – une technologie de pointe aujourd'hui pourrait bien devenir inutile ou presque (ou du moins ne pas être demandée) demain. Plus vous serez à l'aise avec un grand nombre de technologies, plus vous serez en mesure de vous adapter au changement.

Et n'oubliez pas toutes les *autres* compétences dont vous avez besoin, y compris dans des domaines non techniques.

Gérer les risques

La technologie existe sur un spectre allant de normes risquées, potentiellement très rémunératrices, à des normes peu risquées et peu rémunératrices. Ce n'est pas une bonne idée d'investir tout votre argent dans des actions à haut risque qui pourraient s'effondrer soudainement, mais vous ne devriez pas non plus adopter une attitude excessivement prudente et passer à côté d'éventuelles opportunités. Ne mettez pas tous vos œufs techniques dans le même panier.

Acheter à bas prix, vendre à prix élevé

Apprendre une technologie émergente avant qu'elle ne devienne populaire peut être aussi difficile que de trouver une action sous-évaluée, mais le résultat peut être tout aussi gratifiant. Apprendre Java au moment de son introduction et de sa méconnaissance était peut-être risqué à l'époque, mais les premiers utilisateurs ont été largement récompensés lorsqu'il est devenu un pilier du secteur par la suite.

Réviser et rééquilibrer

Il s'agit d'un secteur très dynamique. La technologie en vogue que vous avez commencé à étudier le mois dernier n'est peut-être plus d'actualité. Peut-être avez-vous besoin de vous remettre à niveau sur cette technologie de base de données que vous n'avez pas utilisée depuis un certain temps. Ou peut-être que vous seriez mieux positionné pour ce nouveau poste si vous essayiez cet autre langage…

De toutes ces lignes directrices, voici la plus importante est la plus simple à mettre en œuvre :

Conseil 9 – Investissez régulièrement dans votre portefeuille de connaissances

---

Objectifs

Maintenant que vous disposez de quelques lignes directrices sur ce qu'il convient d'ajouter à votre portefeuille de connaissances et sur le moment où il convient de le faire, quelle est la meilleure façon d'acquérir le capital intellectuel nécessaire pour financer votre portefeuille ? Voici quelques suggestions :

Apprendre au moins un nouveau langage chaque année

Différents langages résolvent les mêmes problèmes de différentes manières. En apprenant plusieurs approches différentes, vous pouvez élargir votre champ de réflexion et éviter de vous enfermer dans une routine. En outre, il est facile d'apprendre de nombreux langages grâce à la richesse des logiciels disponibles gratuitement.

Lire un livre technique chaque mois

Bien qu'il y ait une abondance d'essais courts et de réponses parfois fiables sur le web, pour une compréhension approfondie, vous avez besoin de livres longs. Parcourez les librairies à la recherche de livres techniques sur des sujets intéressants liés à votre projet actuel[8]. Une fois que vous en aurez pris l'habitude, lisez un livre par mois. Lorsque vous aurez maîtrisé les technologies que vous utilisez actuellement, élargissez votre champ d'action et étudiez celles qui ne sont *pas* liées à votre projet.

Lire aussi des ouvrages non techniques

Il est important de se rappeler que les ordinateurs sont utilisés par des *personnes* – des personnes dont vous essayez de satisfaire les besoins. Vous travaillez avec des personnes, vous êtes employé par des personnes

8 Nous sommes peut-être partiaux, mais il y a une belle sélection disponible sur https://pragprog.com.

et vous êtes piraté par des personnes. N'oubliez pas l'aspect humain de l'équation, qui requiert un ensemble de compétences entièrement différent (nous appelons cela ironiquement des compétences *non techniques*, mais elles sont en fait très difficiles à maîtriser).

Prendre des cours

Recherchez des cours intéressants dans une école supérieure ou une université locale ou en ligne, ou peut-être au prochain salon professionnel ou à une conférence.

Participer à des groupes d'utilisateurs locaux et à des réunions

L'isolement peut être fatal à votre carrière ; découvrez ce sur quoi les gens travaillent en dehors de votre entreprise. Ne vous contentez pas d'écouter : participez activement.

Expérimenter différents environnements

Si vous n'avez travaillé qu'avec Windows, passez un peu de temps avec Linux. Si vous n'avez utilisé que des makefiles et un éditeur, essayez un environnement de développement intégré sophistiqué avec des fonctionnalités de pointe, et *vice versa*.

Rester à jour

Lisez les actualités et les articles en ligne sur des technologies différentes de celles de votre projet actuel. C'est un excellent moyen de découvrir les expériences des autres, le jargon qu'ils utilisent, etc.

Il est important de continuer à investir. Une fois que vous vous sentez à l'aise avec un nouveau langage ou une nouvelle technologie, passez à autre chose. Apprenez-en un autre.

Peu importe que vous utilisiez ou non l'une de ces technologies dans le cadre d'un futur projet, ou même que vous l'inscriviez sur votre curriculum vitae. Le processus d'apprentissage élargira votre réflexion, vous ouvrant à de nouvelles possibilités et à de nouvelles façons de faire les choses. La pollinisation croisée des idées est importante ; essayez d'appliquer les leçons que vous avez apprises à votre projet actuel. Même si votre projet n'utilise pas cette technologie, vous pouvez peut-être lui emprunter quelques idées. Familiarisez-vous avec l'orientation objet, par exemple, et vous écrirez des programmes procéduraux différemment. Comprenez le paradigme de la programmation fonctionnelle et vous écrirez différemment du code orienté objet, et ainsi de suite.

Possibilités d'apprentissage

Vous lisez avec voracité, vous êtes au courant de tous les derniers développements dans votre domaine (ce qui n'est pas facile), et quelqu'un vous pose une question. Vous n'avez pas la moindre idée de la réponse et vous l'admettez volontiers.

Ne vous arrêtez pas là. Prenez cela comme un défi personnel pour trouver la réponse. Renseignez-vous. Faites des recherches sur le web – sur des sites académiques également, pas seulement sur les pages grand public.

Si vous ne trouvez pas la réponse vous-même, trouvez quelqu'un qui *peut le faire*. Ne laissez pas le problème en suspens. Parler à d'autres personnes vous aidera à construire votre réseau personnel, et vous pourriez vous surprendre à trouver des solutions à d'autres problèmes sans rapport avec le vôtre. Et ce vieux portefeuille ne cesse de s'agrandir...

Toutes ces lectures et recherches prennent du temps, et le temps manque déjà. Il faut donc être prévoyant. Ayez toujours quelque chose à lire dans les moments creux. Le temps passé dans la salle d'attendre de votre médecin ou de votre dentiste peut être une excellente occasion de rattraper votre retard de lecture – mais assurez-vous d'apporter votre propre liseuse, ou vous pourriez vous retrouver à feuilleter un article de 1973 sur la Papouasie-Nouvelle-Guinée qui a été déchiré.

Pensée critique

Le dernier point important est de réfléchir de *manière critique* à ce que vous lisez et entendez. Vous devez vous assurer que les connaissances contenues dans votre portefeuille sont exactes et qu'elles ne sont pas influencées par les vendeurs ou le battage médiatique. Méfiez-vous des fanatiques qui insistent sur le fait que leur dogme fournit la *seule* réponse – elle peut ou non s'appliquer à vous et à votre projet.

Ne sous-estimez jamais le pouvoir du mercantilisme. Le fait qu'un moteur de recherche sur le web place un résultat en tête de liste ne signifie pas qu'il s'agit du plus pertinent ; le fournisseur de contenu peut payer pour obtenir la première place. Le fait qu'une librairie mette un livre en évidence ne signifie pas qu'il s'agit d'un bon livre, ni même qu'il est populaire ; il se peut que la boutique soit rémunérée pour le placer là.

Conseil 10 – Soyez critique de ce que vous lisez et entendez

L'esprit critique est une discipline à part entière, et nous vous encourageons à lire et à étudier tout ce que vous pouvez à ce sujet. En attendant, voici quelques questions à poser et auxquelles réfléchir.

Les cinq Pourquoi

> Un des trucs préférés des consultants : demander « pourquoi ? » au moins cinq fois. Posez une question et obtenez une réponse. Approfondissez la question en demandant « pourquoi ? ». Répétez la question comme si vous étiez un enfant de quatre ans irritable (mais poli). De cette façon, vous pourrez peut-être vous rapprocher de la cause première.

À qui profite le crime ?

> Cela peut sembler cynique, mais *suivre l'argent* peut être une voie d'analyse très utile. Les avantages pour quelqu'un d'autre ou pour une autre organisation peuvent être alignés sur les vôtres, ou non.

Quel est le contexte ?

Toute chose se produit dans un contexte donné ; c'est pourquoi, souvent, les solutions « uniques » ne conviennent pas. Prenons l'exemple d'un article ou d'un livre vantant les mérites d'une « meilleure pratique ». Il convient de se poser les questions suivantes : la meilleure pour qui ? Quelles sont les conditions préalables, quelles sont les conséquences à court et à long terme ?

Où et quand cela fonctionnerait-il ?

Dans quelles circonstances ? Est-ce trop tard ? trop tôt ? Ne vous arrêtez pas à la réflexion de premier ordre (*ce qui va se passer ensuite*), mais utilisez la réflexion de second ordre : *que se passera-t-il dans un second temps ?*

Pourquoi est-ce un problème ?

Existe-t-il un modèle sous-jacent ? Comment fonctionne le modèle sous-jacent ?

Malheureusement, il n'y a plus beaucoup de réponses simples. Mais grâce à votre vaste portefeuille et en appliquant une analyse critique au torrent d'articles techniques que vous lirez, vous pourrez comprendre les réponses *complexes.*

Sections connexes

- Thème 1, *C'est votre vie.*
- Thème 22, *Carnets d'ingénieurs.*

Défis

- Commencez à apprendre un nouveau langage cette semaine. Vous avez toujours programmé dans le même langage ? Essayez Clojure, Elixir, Elm, F#, Go, Haskell, Python, R, ReasonML, Ruby, Rust, Scala, Swift, TypeScript, ou tout autre langage qui vous intéresse et/ou qui pourrait vous plaire[9].

9 Vous n'avez jamais entendu parler de l'un de ces langages ? N'oubliez pas que le savoir est un bien qui s'épuise, tout comme les technologies populaires. La liste des langages nouveaux et expérimentaux était très différente pour la première édition, et le sera probablement encore au moment où vous lirez ces lignes. Raison de plus pour continuer à apprendre.

- Commencez à lire un nouveau livre (mais finissez d'abord celui-ci !). Si vous faites de la mise en œuvre et du codage très détaillés, lisez un livre sur la conception et l'architecture. Si vous pratiquez la conception de haut niveau, plongez-vous dans un livre sur les techniques de programmation.
- Sortez et parlez technologies avec des personnes qui ne sont pas impliquées dans votre projet actuel ou qui ne travaillent pas dans la même entreprise. Créez un réseau à la cafétéria de votre entreprise ou cherchez à rencontrer d'autres passionnés à l'occasion d'un événement.

Thème 7 – Communiquez !

> *Je crois qu'il vaut mieux être regardé qu'ignoré.*
>
> MAE WEST, *CE N'EST PAS UN PÉCHÉ*, 1934

Peut-être pouvons-nous tirer une leçon de Mme West. Ce qui compte, ce n'est pas seulement ce que l'on a, mais aussi la manière dont on le présente. Avoir les meilleures idées, le meilleur code ou la pensée la plus pragmatique est en fin de compte stérile si l'on ne peut pas communiquer avec d'autres personnes. Une bonne idée est orpheline sans une communication efficace.

En tant que développeurs, nous devons communiquer à plusieurs niveaux. Nous passons des heures en réunion, à écouter et à parler. Nous travaillons avec les utilisateurs finaux, en essayant de comprendre leurs besoins. Nous écrivons du code, qui communique nos intentions à une machine et documente notre pensée pour les générations futures de développeurs. Nous rédigeons des propositions et des mémos pour demander et justifier des ressources, rendre compte de notre état d'avancement et suggérer de nouvelles approches. Et nous travaillons quotidiennement au sein de nos équipes pour défendre nos idées, modifier les pratiques existantes et en suggérer de nouvelles. Nous passons une grande partie de notre journée à communiquer : nous devons donc le faire habilement.

Traitez le français (ou votre langue maternelle) comme un autre langage de programmation. Écrivez la langue naturelle comme vous écririez du code :

respectez les principes de conception FER et SAM, l'automatisation, etc. (Nous abordons les principes FER et SAM dans le chapitre suivant.)

Conseil 11 – Abordez le français comme un langage de programmation

---

Nous avons dressé une liste d'idées supplémentaires que nous trouvons utiles.

Apprenez à connaître votre public

Vous ne communiquez que si vous transmettez ce que vous vouliez transmettre – il ne suffit pas de parler. Pour ce faire, vous devez comprendre les besoins, les intérêts et les capacités de votre public. Nous avons tous assisté à des réunions au cours desquelles un geek du développement submerge le vice-président du marketing avec un long monologue sur les mérites d'une technologie obscure. Ce n'est pas communiquer, c'est parler, et c'est ennuyeux.

Supposons que vous souhaitiez modifier votre système de télésurveillance afin d'utiliser un courtier de messages tiers pour diffuser des notifications d'état. Vous pouvez présenter cette mise à jour de différentes manières, en fonction de votre public. Les utilisateurs finaux apprécieront que leurs systèmes puissent désormais interopérer avec d'autres services utilisant le courtier. Votre service marketing pourra utiliser ce fait pour stimuler les ventes. Les responsables du développement et des opérations seront satisfaits car l'entretien et la maintenance de cette partie du système sont désormais pris en charge par quelqu'un d'autre. Enfin, les développeurs apprécieront d'acquérir de l'expérience avec de nouvelles interfaces de programmation applicative (API, ou *application programming interface* en anglais) et pourront même trouver de nouvelles utilisations pour le courtier de messages. En vous adressant à chaque groupe de manière appropriée, vous parviendrez à tous les faire adhérer à votre projet.

Comme pour toutes les formes de communication, l'astuce consiste à recueillir des informations en retour. N'attendez pas que l'on vous pose des questions : posez-les. Observez le langage corporel et les expressions faciales. L'un des présupposés de la programmation neurolinguistique est le suivant : « La signification de votre communication est la réponse que vous obtenez. » Améliorez continuellement votre connaissance de votre public au fur et à mesure que vous communiquez.

Sachez ce que vous voulez dire

La partie la plus difficile des styles de communication plus formels utilisés dans les entreprises est probablement de déterminer exactement ce que l'on veut dire. Les écrivains de fiction planifient souvent leur livre en détail avant de commencer, mais les personnes qui rédigent des documents techniques se contentent souvent de s'asseoir devant un clavier, d'écrire :

1. Introduction

et de commencer à taper ce qui leur passe par la tête.

Planifiez ce que vous voulez dire. Rédigez un plan. Puis posez-vous la question suivante : « Est-ce que cela transmet ce que je veux exprimer à mon public d'une manière qui lui convienne ? » Peaufinez votre texte jusqu'à ce que ce soit le cas.

Cette approche ne s'applique pas qu'aux documents. Lorsque vous êtes confronté à une réunion importante ou à un entretien avec un client majeur, notez les idées que vous souhaitez communiquer et prévoyez quelques stratégies pour les faire passer.

Maintenant que vous savez ce que veut votre public, il s'agit de le lui apporter.

Choisissez votre moment

Il est 18 heures, vendredi après-midi, après une semaine où les auditeurs sont passés. Le plus jeune des enfants de votre patronne est à l'hôpital, dehors il pleut des cordes et le trajet pour rentrer chez vous risque d'être un cauchemar.

Ce n'est probablement pas le bon moment pour lui réclamer une mise à niveau de la mémoire de votre ordinateur portable.

Pour comprendre ce que votre public a besoin d'entendre, vous devez déterminer quelles sont ses priorités. Si vous vous adressez à un cadre qui vient de subir les foudres de son patron parce qu'un code source s'est égaré, vous aurez une oreille plus réceptive à vos idées sur les référentiels de code source. Faites en sorte que ce que vous dites soit pertinent dans le temps et dans le contenu. Parfois, il suffit d'une simple question : « Est-ce le bon moment pour parler de... ? »

Optez pour le bon style

Adaptez le style de votre présentation à votre public. Certaines personnes souhaitent un briefing formel, « juste les faits ». D'autres préfèrent une longue discussion avant d'entrer dans le vif du sujet. Quel est leur niveau de compétence et d'expérience dans ce domaine ? Sont-ils des experts ? Des débutants ? Ont-ils besoin d'un coup de main ou d'une explication rapide ? En cas de doute, demandez.

N'oubliez pas, cependant, que vous représentez la moitié du processus de communication. Si quelqu'un vous dit qu'il a besoin d'un paragraphe décrivant quelque chose et que vous ne voyez aucun moyen de le faire en moins de plusieurs pages, dites-le-lui. N'oubliez pas que ce type de retour d'information est également une forme de communication.

Soignez la forme

Vos idées sont importantes. Elles méritent un beau véhicule pour les transmettre à votre public.

Trop de développeurs (et leurs responsables) se concentrent uniquement sur le contenu lorsqu'ils produisent des documents écrits. Nous pensons que c'est une erreur. Tout chef cuisinier (ou téléspectateur de Food Network) vous dira qu'il est possible de passer des heures dans la cuisine et de voir ses efforts gâchés par un mauvais dressage.

Aujourd'hui, si vous produisez encore des documents imprimés de mauvaise qualité, vous n'avez plus d'excuse. Les logiciels modernes permettent d'obtenir des résultats époustouflants, que vous écriviez en Markdown ou à l'aide d'un logiciel de traitement de texte. Il vous suffit d'apprendre quelques commandes de base. Si vous utilisez un logiciel de traitement de texte, utilisez ses feuilles de style pour assurer la cohérence. (Il se peut que votre entreprise ait déjà défini des styles que vous pouvez utiliser.) Apprenez à définir des en-têtes et des pieds de page. Consultez les exemples de documents fournis avec votre logiciel pour vous faire une idée du style et de la mise en page. *Vérifiez l'orthographe*, d'abord automatiquement, puis à la main : « À prête où, île y a des faute d'orthographe que le corps recteur haut taux ma tique peu m'en quai. »

Impliquez votre public

Nous constatons souvent que les documents que nous produisons finissent par être moins importants que le processus *via* lequel nous les produisons. Si possible, faites participer vos lecteurs aux premières versions de votre document. Demandez leur avis et mettez-les à contribution. Vous établirez ainsi une bonne relation de travail et vous produirez probablement un meilleur document.

Soyez à l'écoute

Il y a une technique que vous devez utiliser si vous voulez que les gens vous écoutent : *écoutez-les.* Même s'il s'agit d'une situation où vous disposez de toutes les informations, même s'il s'agit d'une réunion formelle où vous vous tenez devant vingt personnes en costume, si vous ne les écoutez pas, ils ne vous écouteront pas.

Encouragez les gens à parler en leur posant des questions ou en leur demandant de reformuler la discussion avec leurs propres mots. Transformez la réunion en un dialogue et vous parviendrez plus efficacement à faire valoir votre point de vue. Qui sait, vous pourriez même apprendre quelque chose.

Tenez les autres informés

Lorsque vous posez une question à quelqu'un, si cette personne ne vous répond pas, vous aurez tendance à penser qu'elle est malpolie. Mais vous-même, combien de fois ne répondez-vous pas aux personnes qui vous envoient un courriel ou un mémo pour vous demander des informations ou réclamer une action ? Dans la précipitation de la vie quotidienne, il est facile d'oublier. Répondez toujours aux courriels et aux messages vocaux, même si la réponse est simplement « Je vous rappellerai plus tard ». Le fait de tenir les gens informés les rend beaucoup plus indulgents à l'égard des oublis occasionnels et leur donne le sentiment que vous ne les avez pas laissés tomber.

Conseil 12 – Soignez la forme autant que le fond

À moins de travailler dans le vide, vous devez être capable de communiquer. Plus cette communication est efficace, plus vous êtes influent.

Conservez ensemble le code et la documentation

Enfin, il y a la question de la communication par le biais de la documentation. En général, les développeurs n'accordent pas beaucoup d'importance à la documentation. Au mieux, il s'agit d'une nécessité malencontreuse ; au pire, elle est traitée comme une tâche de faible priorité dans l'espoir que la direction l'oubliera à la fin du projet.

Les programmeurs pragmatiques considèrent que la documentation fait partie intégrante du processus de développement global. La rédaction de la documentation peut être facilitée en évitant de dupliquer les efforts ou de perdre du temps, et en la gardant à portée de main, dans le code lui-même. En fait, nous devons appliquer *tous* nos principes pragmatiques à la documentation aussi bien qu'au code.

Conseil 13 – Intégrez la documentation, ne la reléguez pas au second plan

---

Il est facile de produire une documentation de qualité à partir des commentaires du code source, et nous recommandons d'ajouter des commentaires aux modules et aux fonctions exportées afin de donner aux autres développeurs une longueur d'avance lorsqu'ils l'utiliseront.

Cependant, cela ne signifie pas que nous sommes d'accord avec ceux qui disent que *chaque* fonction, structure de données, déclaration de type, etc. a besoin de son propre commentaire. Ce type d'écriture mécanique de commentaires rend en fait plus difficile la maintenance du code : il y a maintenant deux choses à mettre à jour lorsque vous faites un changement. Limitez donc vos commentaires non liés à l'API à l'explication de la *raison* d'être d'une action, de son but et de son objectif. Le code montre déjà *comment* cela est fait, donc commenter est redondant et constitue une violation du principe FER.

Commenter le code source vous donne l'occasion idéale de documenter ces éléments insaisissables d'un projet qui ne peuvent être documentés nulle part ailleurs : les compromis techniques, les raisons pour lesquelles des décisions ont été prises, les autres solutions qui ont été écartées, etc.

En résumé

- Apprenez à connaître votre public.
- Sachez ce que vous voulez dire.
- Choisissez votre moment.
- Optez pour le bon style.
- Soignez la forme.

- Impliquez votre public.
- Soyez à l'écoute.
- Tenez les autres informés.
- Conservez ensemble le code et la documentation.

Sections connexes

- Thème 15, *Estimation*.
- Thème 18, *La puissance du texte*.
- Thème 45, *La fosse aux exigences*.
- Thème 49, *Équipes pragmatiques*.

Défis

- Plusieurs ouvrages de qualité contiennent des sections sur la communication au sein des équipes, notamment *The Mythical Man-Month: Essays on Software Engineering* [Bro96][10] et *Peopleware: Productive Projects and Teams* [DL13][11]. Essayez de les lire au cours des dix-huit prochains mois. En outre, *Dinosaur Brains: Dealing with All Those Impossible People at Work* [BR89] traite du bagage émotionnel que nous apportons tous à l'environnement de travail.
- La prochaine fois que vous devrez faire une présentation ou rédiger un mémo défendant une position, essayez de suivre les conseils de cette section avant de commencer. Identifiez explicitement le public et ce que vous devez communiquer. Le cas échéant, discutez avec votre public par la suite et vérifiez si votre évaluation de ses besoins était exacte.

---

10 Titre de l'édition en français : *Le Mythe du mois-homme. Essais sur le génie logiciel*, International Thomson Publishing France, 2001. (NdÉ.)

11 Titre de l'édition en français : *Les Hommes de l'ordinateur. Les conditions de la productivité des équipes de projets informatiques*, Elsevier Masson, 1991. (NdÉ.)

Communication en ligne

Tout ce que nous avons dit sur la communication écrite s'applique également aux courriels, aux messages sur les réseaux sociaux, aux blogs, etc. Le courrier électronique, en particulier, a évolué au point de devenir un pilier de la communication d'entreprise ; il est utilisé pour discuter des contrats, régler les différends et servir de preuve au tribunal. Mais pour une raison ou une autre, des personnes qui n'enverraient jamais un document papier non soigné n'ont aucun problème à envoyer des courriels incohérents et de mauvaise qualité à travers le monde.

Nos conseils sont simples :

- Relisez avant d'appuyer sur le bouton ENVOYER ;
- Vérifiez votre orthographe et recherchez les erreurs accidentelles de correction automatique ;
- Le format doit être simple et clair ;
- Limitez les *verbatim* au minimum. Personne n'aime recevoir en retour son propre courriel de cent lignes assorties d'un « OK » ;
- Si vous réagissez aux propos d'une autre personne, veillez à la mentionner explicitement et à la citer dans le corps du message (plutôt qu'en pièce jointe). Il en va de même pour les citations sur les plateformes de médias sociaux ;
- N'insultez pas et ne trollez pas, sauf si vous voulez que cela revienne vous hanter plus tard. Ce que vous ne diriez pas en face, ne le dites pas en ligne ;
- Vérifiez la liste des destinataires avant l'envoi. Il est souvent arrivé qu'un collaborateur critique le patron dans un courriel interne au service sans se rendre compte qu'il figure sur la liste des destinataires. Le mieux, c'est encore de ne pas critiquer le patron par courriel.

Comme l'ont découvert d'innombrables grandes entreprises et hommes politiques, les courriels et les messages sur les réseaux sociaux sont éternels. Essayez d'accorder la même attention et le même soin aux courriels qu'à un mémo ou à un rapport écrit.

Chapitre 2

UNE APPROCHE PRAGMATIQUE

Certains trucs et astuces s'appliquent à tous les niveaux du développement logiciel. Ce sont des processus pratiquement universels et des idées quasi axiomatiques. Toutefois, ces approches sont rarement documentées en tant que telles ; vous les trouverez surtout sous forme de phrases bizarres dans des discussions sur la conception, la gestion de projet ou le codage. Mais pour vous faciliter la tâche, nous rassemblons ici ces idées et processus.

Le premier thème, et peut-être le plus important, *L'essence d'une bonne conception*, touche au cœur du développement logiciel. Tout repose sur ce pilier.

Les deux sections suivantes, *FER, ou le fléau de la duplication* et *Orthogonalité*, sont étroitement liées. La première vous enjoint à ne pas dupliquer les connaissances dans l'ensemble de vos systèmes, la seconde à ne pas répartir un même élément de connaissance entre plusieurs composants du système.

À mesure que le rythme des changements s'accélère, il devient de plus en plus difficile de maintenir la pertinence de nos applications. Dans *Réversibilité*, nous examinons quelques techniques qui vous aideront à isoler vos projets de leur environnement changeant.

Les deux sections suivantes sont également liées. Dans *Balles traçantes*, nous parlons d'un style de développement qui vous permet de recueillir les besoins, de tester les conceptions et d'implémenter le code en même temps. C'est le seul moyen de suivre le rythme de la vie moderne.

Prototypes et Post-it vous montre comment utiliser le prototypage pour tester des architectures, des algorithmes, des interfaces et des idées. Dans le monde moderne, il est essentiel de tester les idées et d'obtenir un retour d'information avant de s'y engager à fond.

Au fur et à mesure que l'informatique mûrit, les concepteurs produisent des langages de plus en plus élaborés. Et puisque le compilateur qui accepte une consigne « faire en sorte que ça fonctionne » n'a pas encore été inventé, nous présentons dans *Langages de domaine* quelques suggestions plus modestes que vous pouvez mettre en œuvre vous-même.

Enfin, nous travaillons tous dans un monde où le temps et les ressources sont limités. Vous pourrez mieux survivre à cette contrainte (et satisfaire vos patrons ou vos clients) si vous apprenez à calculer la durée des travaux, ce que nous abordons dans *Estimation*.

Gardez ces principes fondamentaux à l'esprit pendant le développement et vous écrirez un code meilleur, plus rapide et plus solide. Vous pourrez même donner l'impression que c'est facile.

Thème 8 – L'essence d'une bonne conception

Le monde est rempli de gourous et d'experts, tous désireux de transmettre leur sagesse durement acquise en matière de conception de logiciels. On trouve des acronymes, des listes (qui semblent privilégier les cinq entrées), des modèles, des diagrammes, des vidéos, des conférences et (l'Internet étant l'Internet) probablement une série intéressante sur la loi de Demeter expliquée à l'aide d'une danse d'interprétation.

Et nous, vos gentils auteurs, sommes coupables du même défaut. Mais nous aimerions nous racheter en expliquant quelque chose qui ne nous est apparu que très récemment. Tout d'abord, voici la déclaration générale :

Conseil 14 – Rappelez-vous qu'une bonne conception est plus simple à modifier

Un objet est bien conçu s'il s'adapte aux personnes qui l'utilisent. Pour le code, cela signifie qu'il doit s'adapter en changeant. C'est pourquoi nous croyons au principe SAM : *Simple à modifier.* SAM suffit.

Pour autant que nous puissions en juger, tout principe de conception existant est un cas particulier du principe SAM.

Pourquoi le découplage est-il pertinent ? Parce qu'en isolant les préoccupations, nous les rendons chacune plus simple à modifier. SAM.

Pourquoi le principe de la responsabilité unique est-il utile ? Parce qu'une modification des exigences se traduit par la modification d'un seul module. SAM.

Pourquoi le nommage est-il important ? Parce que le choix des bons termes rend le code plus facile à lire, et qu'il faut le lire pour le modifier. SAM !

Le principe SAM est une valeur, pas une règle intangible

Les valeurs sont des éléments qui vous aident à prendre des décisions : dois-je faire ceci ou plutôt cela ? Lorsque vous concevez un logiciel, le principe SAM est un guide qui vous aide à choisir entre plusieurs voies. Comme toutes vos autres valeurs, il devrait flotter à la lisière de votre conscience, vous poussant subtilement dans la bonne direction.

Mais comment y parvenir ? D'après notre expérience, il faut d'abord un renforcement conscient. Il se peut que vous deviez passer une semaine ou deux à vous demander délibérément si la chose que vous venez de faire a rendu le système global plus facile ou plus difficile à changer. Faites-le lorsque vous enregistrez un fichier. Faites-le lorsque vous écrivez un test. Faites-le lorsque vous corrigez un bogue.

Le principe SAM repose sur une prémisse implicite. Il suppose qu'une personne est capable de déterminer, parmi de nombreux chemins, celui qui sera le plus simple à modifier à l'avenir. La plupart du temps, le bon sens est de mise et il est possible de faire une supposition éclairée.

Parfois, cependant, vous n'en aurez pas la moindre idée. Ce n'est pas grave. Dans ce cas, nous pensons que vous pouvez agir de deux manières.

Tout d'abord, étant donné que vous n'êtes pas sûr de la forme que prendra le changement, vous pouvez toujours vous rabattre sur la voie ultime du « facile à changer » : essayez de faire en sorte que ce que vous écrivez soit remplaçable. Ainsi, quoi qu'il arrive à l'avenir, ce morceau de code ne sera pas un obstacle. Cela semble extrême, mais c'est en fait ce que vous devriez faire tout le temps, de toute façon. Il s'agit simplement de penser à garder le code découplé et cohérent.

Ensuite, considérez cela comme un moyen de développer votre instinct. Notez la situation dans votre carnet de bord d'ingénieur : les choix qui s'offrent à vous et quelques suppositions sur les changements qui pourraient intervenir. Laissez une étiquette dans le code source. Plus tard, lorsque ce code devra être modifié, vous pourrez regarder en arrière et vous apporter vous-même un retour d'information. Cela pourrait vous aider la prochaine fois que vous serez confronté à une situation similaire.

Les autres sections de ce chapitre présentent des idées spécifiques sur la conception, mais toutes sont motivées par ce principe.

Sections connexes

- Thème 9, *FER, ou le fléau de la duplication*.
- Thème 10, *Orthogonalité*.
- Thème 11, *Réversibilité*.

- Thème 14, *Langages de domaine*.
- Thème 28, *Découplage*.
- Thème 30, *Transformer la programmation*.
- Thème 31, *Taxe sur l'héritage*.

Défis

- Pensez à un principe de conception que vous utilisez régulièrement. Est-il destiné à rendre les choses plus faciles à changer ?
- Pensez également aux langages et aux paradigmes de programmation (OO, FP, Reactive, etc.). En matière d'écriture de code SAM, certains d'entre eux présentent-ils des avantages ou inconvénients majeurs, ou les deux à la fois ?

  Lors du codage, que pouvez-vous faire pour éliminer le négatif et accentuer le positif[1] ?

- De nombreux éditeurs disposent d'une fonction (intégrée ou *via* des extensions) permettant d'exécuter des commandes lorsque vous enregistrez un fichier. Demandez à votre éditeur d'afficher un message « SAM ? » à chaque fois que vous enregistrez[2] et utilisez-le pour réfléchir au code que vous venez d'écrire. Est-il facile à modifier ?

Thème 9 – FER, ou le fléau de la duplication

Fournir à un ordinateur deux informations contradictoires était le meilleur moyen qu'avait trouvé le capitaine James T. Kirk pour mettre hors d'état de nuire une intelligence artificielle en maraude. Malheureusement, votre propre code peut tout aussi bien se trouver paralysé par ce même principe.

En tant que programmeurs, nous collectons, organisons, entretenons et exploitons les connaissances. Nous documentons ces dernières dans les

1 Pour paraphraser la vieille chanson de Arlen et Mercer, *Accentuate the positive*...
2 Ou, peut-être, pour garder la raison, une fois sur dix...

spécifications, nous les faisons vivre dans le code en cours d'exécution et nous les utilisons pour fournir les vérifications nécessaires pendant les tests.

Malheureusement, la connaissance n'est pas stable. Elle évolue, souvent rapidement. Votre compréhension d'une exigence peut changer à l'issue d'une réunion avec le client. Le gouvernement modifie une réglementation et une partie du fonctionnement des entreprises devient obsolète. Les tests peuvent montrer que l'algorithme choisi ne fonctionne pas. Toute cette instabilité implique de passer une grande partie de son temps en mode maintenance, à réorganiser et à réexprimer les connaissances dans nos systèmes.

Beaucoup pensent que la maintenance commence lorsqu'une application est publiée, qu'elle consiste à corriger les bogues et à améliorer les fonctionnalités. Nous pensons que cette conception est erronée. Les programmeurs sont constamment en mode maintenance. Notre compréhension évolue quotidiennement. De nouvelles contraintes voient le jour, et les exigences existantes évoluent à mesure que nous travaillons sur le projet. Peut-être l'environnement change-t-il. Quelle qu'en soit la raison, la maintenance n'est pas une activité distincte, mais une étape constituante de la routine propre au processus de développement.

Lorsque nous faisons de la maintenance, nous devons trouver et modifier les représentations des choses, ces capsules de connaissances intégrées dans l'application. Le problème est qu'il est facile de dupliquer les connaissances dans les spécifications, les processus et les programmes que nous développons, et lorsque nous le faisons, nous provoquons un cauchemar de maintenance – qui commence bien avant que l'application ne soit livrée.

Nous pensons que la seule façon de concevoir des logiciels de manière fiable, et de rendre nos développements plus faciles à comprendre et à maintenir, est de suivre ce que nous appelons le principe FER :

Chaque élément de connaissance doit avoir une représentation unique, sans ambiguïté et faisant autorité au sein d'un système.

Pourquoi l'appelle-t-on FER ?

Conseil 15 – FER, fuyez les effets de récurrence

L'option alternative au principe FER consiste à exprimer la même chose à deux endroits ou plus. Si vous changez l'une des entrées, vous devez vous rappeler de modifier les autres, ou, comme les ordinateurs extraterrestres, votre programme s'autodétruira à cause d'une contradiction. La question n'est pas de savoir *si* vous vous souviendrez de toutes les occurrences à actualiser, mais *quand* vous les oublierez.

Vous trouverez de nombreuses références au principe FER à travers cet ouvrage, souvent dans des contextes qui n'ont rien à voir avec le codage. Nous pensons qu'il s'agit de l'une des clés les plus importants de la boîte à outils du programmeur pragmatique.

Dans cette section, nous décrirons les problèmes liés à la duplication et proposerons des stratégies générales pour y remédier.

Le principe FER, c'est plus que du code

Mettons tout de suite les choses au clair. Dans la première édition de ce livre, nous avons mal expliqué ce que nous entendions par « fuyez les effets de récurrence ». De nombreuses personnes ont cru que cette expression se référait uniquement au code : elles pensaient que FER signifiait « ne pas copier-coller des lignes de code source ».

Cela fait certes partie du principe FER, mais ce n'est qu'une petite facette de tout ce qui la définit.

Le principe FER concerne la duplication de la *connaissance*, de l'*intention*. Il s'agit d'exprimer la même chose à deux endroits différents, potentiellement de deux manières totalement différentes.

Voici l'épreuve de vérité : lorsqu'une facette du code doit être modifiée, vous arrive-t-il d'effectuer ce changement à plusieurs endroits et dans plusieurs formats différents ? Devez-vous modifier le code et la documentation, ou un schéma de base de données et une structure qui le contient, ou... ? Si c'est le cas, votre code n'est pas conforme au principe FER.

Examinons donc quelques cas typiques de duplication.

Duplication dans le code

Ça paraît peut-être trivial, pourtant la duplication de code est ô combien fréquente. En voici un exemple :

```
def print_balance(account)
  printf "Debits:  %10.2f\n", account.debits
  printf "Credits: %10.2f\n", account.credits
  if account.fees < 0
    printf "Fees:    %10.2f-\n", -account.fees
  else
    printf "Fees:    %10.2f\n", account.fees
  end
  printf "         ———-\n"
  if account.balance < 0
    printf "Balance: %10.2f-\n", -account.balance
  else
    printf "Balance: %10.2f\n", account.balance
  end
end
```

Pour l'instant, mettez de côté le fait que nous commettons l'erreur de débutant qui consiste à stocker les devises dans des virgules flottantes. Voyez plutôt si vous pouvez repérer des doublons dans ce code. (De notre côté, nous voyons au moins trois choses, mais vous pouvez en voir davantage.)

Qu'avez-vous trouvé ? Voici notre liste.

Tout d'abord, il y a clairement une duplication par copier-coller de la gestion des nombres négatifs. Nous pouvons y remédier en ajoutant une autre fonction :

```
def format_amount(value)
  result = sprintf("%10.2f", value.abs)
  if value < 0
    result + "-"
  else
    result + " "
  end
end

def print_balance(account)
  printf "Debits:  %10.2f\n", account.debits
  printf "Credits: %10.2f\n", account.credits
  printf "Fees:    %s\n",     format_amount(account.fees)
  printf "         ——-\n"
  printf "Balance: %s\n",     format_amount(account.balance)
end
```

Une autre duplication est la répétition de la largeur du champ dans tous les appels de printf. Nous pourrions y remédier en introduisant une constante et en la passant à chaque appel, mais pourquoi ne pas simplement utiliser la fonction existante ?

```
def format_amount(value)
  result = sprintf("%10.2f", value.abs)
  if value < 0
    result + "-"
  else
    result + " "
  end
end

def print_balance(account)
  printf "Debits:  %s\n", format_amount(account.debits)
  printf "Credits: %s\n", format_amount(account.credits)
  printf "Fees:    %s\n", format_amount(account.fees)
  printf "         ——-\n"
  printf "Balance: %s\n", format_amount(account.balance)
end
```

Autre chose ? Et si le client demandait un espace supplémentaire entre les étiquettes et les chiffres ? Nous devrions modifier cinq lignes. Supprimons cette duplication :

```
def format_amount(value)
  result = sprintf("%10.2f", value.abs)
  if value < 0
    result + "-"
  else
    result + " "
  end
end

def print_line(label, value)
  printf "%-9s%s\n", label, value
end

def report_line(label, amount)
  print_line(label + ":", format_amount(amount))
end

def print_balance(account)
  report_line("Debits",  account.debits)
  report_line("Credits", account.credits)
  report_line("Fees",    account.fees)
  print_line("",         "——-")
  report_line("Balance", account.balance)
end
```

Si nous devons modifier le formatage des montants, nous modifions format_amount. Si nous voulons modifier le format de l'étiquette, nous modifions report_line.

Il reste encore une violation implicite du principe FER : le nombre de traits d'union dans la ligne de séparation est lié à la largeur du champ du montant. Mais il ne s'agit pas d'une correspondance exacte : il est actuellement plus court d'un caractère, de sorte que tous les signes « moins » qui suivent dépassent la colonne. C'est l'intention du client, et c'est une intention différente du formatage réel des montants.

La duplication de code n'est pas systématiquement synonyme de duplication de connaissance

Pour une application de commande de vin en ligne, vous requérez et validez l'âge de l'utilisateur, ainsi que la quantité qu'il commande. Selon le propriétaire du site, les deux doivent être des nombres et supérieurs à zéro. Vous codez donc les validations :

```
def validate_age(value):
    validate_type(value, :integer)
    validate_min_integer(value, 0)

def validate_quantity(value):
    validate_type(value, :integer)
    validate_min_integer(value, 0)
```

Lors de l'examen du code, votre collègue je-sais-tout rejette ce code en prétendant qu'il s'agit d'une violation du principe FER : les deux corps de fonction sont identiques.

Cette personne se trompe. Le code est le même, mais la connaissance qu'il représente est différente. Les deux fonctions valident deux choses distinctes qui se trouvent avoir les mêmes règles. Il s'agit d'une coïncidence, pas d'une duplication.

Duplication dans la documentation

Curieusement, il existe un mythe tenace selon lequel il faudrait commenter toutes ses fonctions. Ceux qui croient en cette folie produisent alors quelque chose comme ceci :

```
# Calculate the fees for this account.
#
# * Each returned check costs $20
# * If the account is in overdraft for more than 3 days,
#   charge $10 for each day
# * If the average account balance is greater that $2,000
#   reduce the fees by 50%

def fees(a)
  f = 0
  if a.returned_check_count > 0
    f += 20 * a.returned_check_count
  end
  if a.overdraft_days > 3
    f += 10*a.overdraft_days
  end
  if a.average_balance > 2_000
    f /= 2
  end
  f
end
```

L'intention de cette fonction est donnée deux fois : une fois dans le commentaire et une autre fois dans le code. Le client modifie sa politique de frais et nous devons mettre à jour les deux. Avec le temps, nous pouvons pratiquement garantir que le commentaire et le code ne seront plus en phase.

Demandez-vous ce que le commentaire apporte au code. De notre point de vue, il compense simplement un nommage et une présentation de piètre qualité. Que diriez-vous de ceci ?

```
def calculate_account_fees(account)
  fees  = 20 * account.returned_check_count
  fees += 10 * account.overdraft_days  if account.overdraft_days > 3
  fees /= 2                            if account.average_balance > 2_000
  fees
end
```

Le nom dit ce qu'il fait, et si quelqu'un a besoin de détails, ils sont exposés dans la source. Ça, c'est FER !

Violations du principe FER dans les données

Nos structures de données représentent des connaissances, et elles peuvent enfreindre le principe FER. Examinons une classe représentant une ligne :

```
class Line {
  Point  start;
  Point  end;
  double length;
};
```

À première vue, cette classe peut sembler raisonnable. Une ligne a clairement un début et une fin, et aura toujours une longueur (même si elle est nulle). Mais il y a duplication. La longueur est définie par les points de départ et d'arrivée : si l'on modifie l'un des points, la longueur change. Il est préférable de faire de la longueur un champ calculé :

```
class Line {
  Point  start;
  Point  end;
  double length() { return start.distanceTo(end); }
};
```

Plus tard dans le processus de développement, vous pourrez choisir d'enfreindre le principe FER pour des raisons de performance. C'est souvent le cas lorsqu'il faut mettre des données en cache pour éviter de répéter des opérations coûteuses. L'astuce consiste à limiter l'impact. La violation n'est pas visible du monde extérieur ; seules les méthodes au sein de la classe de données doivent être irréprochables :

```
class Line {
  private double length;
  private Point  start;
  private Point  end;

  public Line(Point start, Point end) {
    this.start = start;
    this.end   = end;
    calculateLength();
  }

  // public
  void setStart(Point p) { this.start = p; calculateLength(); }
  void setEnd(Point p)   { this.end   = p; calculateLength(); }

  Point getStart()       { return start; }
  Point getEnd()         { return end;   }

  double getLength()     { return length; }

  private void calculateLength() {
    this.length  = start.distanceTo(end);
  }
};
```

Cet exemple illustre également un point important : chaque fois qu'un module expose une structure de données, tout le code qui utilise cette structure est couplé à l'implémentation du module. Dans la mesure du possible, utilisez toujours des fonctions d'accesseurs pour lire et écrire les attributs des objets. Il sera ainsi plus facile d'ajouter des fonctionnalités à l'avenir.

Cette utilisation de fonctions d'accesseurs est conforme au *principe d'accès uniforme* de Meyer, décrit dans *Object-Oriented Software Construction* [Mey97][3], qui stipule :

3 Titre de l'édition en français : *Conception et programmation orientées objet*, Eyrolles, 2017. (NdÉ.)

> *Tous les services offerts par un module devraient être disponibles par le biais d'une notation uniforme, qui ne trahit pas le fait qu'ils soient mis en œuvre par le biais du stockage ou de l'informatique.*

Duplication de la représentation

Votre code constitue une interface avec le monde extérieur : d'autres bibliothèques *via* des API, d'autres services *via* des appels à distance, des données dans des sources externes, etc. Et pratiquement à chaque fois que vous le faites, vous introduisez une sorte de violation du principe FER : votre code doit avoir des connaissances qui sont également présentes dans la *chose* externe. Il doit connaître l'API, le schéma, la signification des codes d'erreur, etc. Il y a duplication puisque deux éléments (votre code et l'entité externe) doivent avoir connaissance de la représentation de leur interface. Il suffit que vous la changiez d'un côté pour que l'autre ne tienne plus la route.

Cette duplication est inévitable, mais elle peut être atténuée. Voici quelques stratégies.

Duplication dans les API internes

Pour les API internes, recherchez des outils qui vous permettent de spécifier l'API dans un format neutre. Ces outils engendrent généralement de la documentation, des API fictives, des tests fonctionnels et des clients d'API, ces derniers dans un certain nombre de langages différents. Idéalement, l'outil stockera toutes vos API dans un référentiel central, ce qui permettra de les partager entre les équipes.

Duplication dans les API externes

De plus en plus souvent, les API publiques sont documentées de manière formelle à l'aide d'un outil comme OpenAPI[4], ce qui vous permet d'importer la spécification de l'API dans vos outils d'API locaux et d'intégrer le service de manière plus fiable.

4 https://github.com/OAI/OpenAPI-Specification.

Si vous ne trouvez pas une telle spécification, envisagez d'en créer une et de la publier. Non seulement d'autres personnes la trouveront utile, mais vous pourrez même obtenir de l'aide pour sa maintenance.

Duplication et sources de données

De nombreuses sources de données vous permettent d'explorer leur schéma. Cela peut permettre de supprimer une grande partie de la duplication entre les sources de données et votre code. Plutôt que de créer manuellement le code pour contenir ces données stockées, vous pouvez générer les conteneurs directement à partir du schéma. De nombreux frameworks de persistance se chargeront de cette tâche pour vous.

Il existe une autre option, que nous préférons souvent. Plutôt que d'écrire du code qui représente les données externes dans une structure fixe (une instance d'une structure ou d'une classe, par exemple), il suffit de les placer dans une structure de données clé/valeur (votre langage peut l'appeler « carte », « hachage », « dictionnaire » ou même « objet »).

En elle-même, cette solution est risquée : vous perdez une grande partie de la sécurité qu'apporte la connaissance des données avec lesquelles vous travaillez. Nous recommandons donc d'ajouter une deuxième couche à cette solution : une simple suite de validation, fondée sur des tableaux, qui vérifie que la carte que vous avez créée contient au moins les données dont vous avez besoin, dans le format requis. Votre outil de documentation de l'API peut être en mesure de générer cela pour vous.

Duplication entre développeurs

Le type de duplication le plus difficile à détecter et à gérer est probablement celui qui se produit entre les différents développeurs d'un projet. Des ensembles entiers de fonctionnalités peuvent être dupliqués par inadvertance, et cette duplication peut passer inaperçue pendant des années, entraînant des problèmes de maintenance. Nous avons entendu parler d'un État américain dont les systèmes informatiques gouvernementaux ont fait l'objet d'un audit de conformité lors du passage à l'an 2000. L'audit a révélé l'existence de plus de dix mille programmes contenant chacun une version différente du code de validation du numéro de sécurité sociale.

À un niveau poussé, il convient de traiter le problème en constituant une équipe forte et soudée, douée d'une bonne communication.

Toutefois, au niveau des modules, le problème est plus insidieux. Des fonctionnalités ou des données souvent requises et qui ne relèvent pas d'un domaine de responsabilité clairement défini peuvent être mises en œuvre plusieurs fois.

Nous pensons que la meilleure façon de résoudre ce problème est d'encourager une communication active et fréquente entre les développeurs.

N'hésitez pas à organiser une réunion quotidienne au format scrum. Créez des forums (tels que les canaux Slack) pour discuter des problèmes communs. Cela fournit un moyen de communication non intrusif, même à travers plusieurs sites, tout en conservant un historique permanent des échanges.

Désignez un membre de l'équipe comme documentaliste : son travail consistera à faciliter les échanges de connaissances. Veillez à disposer d'un lieu central dans l'arborescence de la documentation : les procédures et les scripts pourront y être déposés. Et faites-vous un devoir de lire le code source et la documentation des autres, que ce soit de manière informelle ou lors des revues de code. Il ne s'agit pas de témoigner d'une curiosité malsaine mais d'apprendre. Gardez en tête que l'accès est réciproque : ne prenez pas mal que d'autres personnes examinent (ou tripotent ?) *votre* code.

Conseil 16 – Facilitez la réutilisation

Ce que vous essayez de faire, c'est de favoriser un environnement dans lequel il est plus facile de trouver et de réutiliser des éléments existants que de les écrire soi-même. *Si ce n'est pas facile, personne ne le fera.* Et si vous ne parvenez pas à mobiliser l'existant, vous risquez de dupliquer les connaissances.

Sections connexes

- Thème 8, *L'essence d'une bonne conception.*
- Thème 28, *Découplage.*
- Thème 32, *Configuration.*
- Thème 38, *Programmation par coïncidences.*
- Thème 40, *Réusinage.*

Thème 10 – Orthogonalité

L'orthogonalité est un concept essentiel si l'on veut produire des systèmes faciles à concevoir, à construire, à tester et à étendre. Cependant, le concept d'orthogonalité est rarement enseigné directement. Il s'agit souvent d'une caractéristique implicite de diverses autres méthodes et techniques que vous apprenez. C'est une erreur. Une fois que vous aurez appris à appliquer directement le principe d'orthogonalité, vous constaterez une amélioration immédiate de la qualité des systèmes que vous produisez.

Qu'est-ce que l'orthogonalité ?

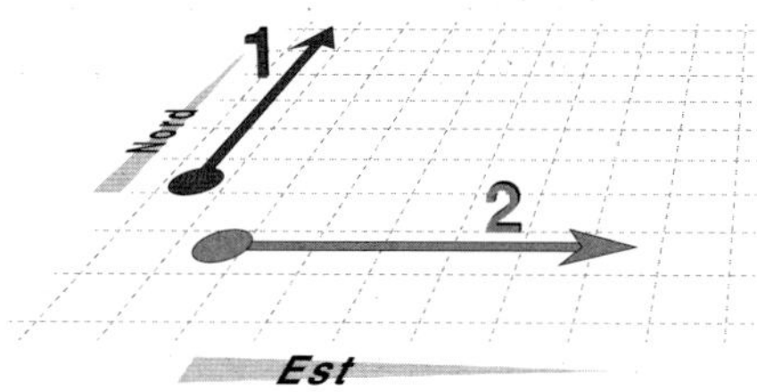

L'« orthogonalité » est un terme emprunté à la géométrie. Deux lignes sont orthogonales si elles se rencontrent à angle droit, comme les axes d'un graphique. En termes vectoriels, les deux lignes sont *indépendantes*. Lorsque le chiffre 1 sur le diagramme se déplace vers le nord, sa position à l'est ou à l'ouest ne change pas. Le chiffre 2 se déplace vers l'est, mais pas vers le nord ou le sud.

En informatique, le terme a fini par signifier une sorte d'indépendance ou de découplage. Deux ou plusieurs éléments sont orthogonaux si les modifications apportées à l'un d'eux n'affectent aucun des autres. Dans un système bien conçu, le code de la base de données sera orthogonal à l'interface utilisateur : vous pouvez modifier l'interface sans affecter la base de données, et changer de base de données sans modifier l'interface.

Avant d'examiner les avantages des systèmes orthogonaux, examinons d'abord un système qui n'est pas orthogonal.

Un système non orthogonal

Vous faites le tour du Grand Canyon en hélicoptère lorsque le pilote, qui a commis l'erreur manifeste de manger du poisson au déjeuner, gémit soudain et s'évanouit. Heureusement, il vous a laissé en vol stationnaire à trente mètres au-dessus du sol.

Par chance, vous avez lu la nuit précédente une page Wikipédia sur les hélicoptères. Vous savez que les hélicoptères ont quatre commandes de base. Le *pas cyclique* est le manche que vous tenez dans votre main droite. Déplacez-le et l'hélicoptère se déplace dans la direction correspondante. Votre main gauche tient le levier de *pas collectif*. En tirant ce levier vers le haut, vous augmentez le pas de toutes les pales, ce qui génère de la portance. La commande des *gaz* se trouve à l'extrémité du levier de pas collectif. Enfin, vous disposez de deux *pédales*, qui font varier la poussée du rotor de queue et aident ainsi à faire tourner l'hélicoptère.

« Facile », pensez-vous. « Abaissez doucement le levier du pas collectif et vous descendrez gracieusement vers le sol, en héros. » Mais lorsque vous essayez, vous découvrez que la vie n'est pas si simple. Le nez de l'hélicoptère s'abaisse et vous commencez à descendre en spirale vers la gauche. Vous vous apercevez soudain que vous pilotez un système dans lequel chaque commande a des effets secondaires. Si vous abaissez le levier gauche, vous devez ajouter un mouvement compensatoire vers l'arrière sur le manche de droite et appuyer sur la pédale droite. Mais chacun de ces changements affecte à nouveau toutes les autres commandes. Vous vous retrouvez soudain à jongler avec un système incroyablement complexe, où chaque changement a une incidence sur toutes les autres actions. Votre charge de travail est phénoménale : vos mains et vos pieds sont constamment en mouvement, essayant d'équilibrer toutes les forces en interaction.

Les commandes des hélicoptères ne sont décidément pas orthogonales.

Avantages de l'orthogonalité

Comme l'illustre l'exemple de l'hélicoptère, les systèmes non orthogonaux sont par nature plus complexes à modifier et à contrôler. Lorsque les composants d'un système sont fortement interdépendants, il n'existe pas de solution locale.

Conseil 17 – Décorrélez ce qui doit l'être

Nous devons concevoir des composants autonomes, indépendants et ayant un objectif unique et spécifique (ce que Yourdon et Constantine appellent la *cohésion* dans *Structured Design: Fundamentals of a Discipline of Computer Program and Systems Design* [YC79]). Lorsque les composants sont isolés les uns des autres, vous savez que vous pouvez en modifier un sans avoir à vous préoccuper des autres. Tant que vous ne modifiez pas les interfaces externes de ce composant, vous pouvez être sûr de ne provoquer aucun problème qui se répercuterait sur l'ensemble du système.

L'écriture de systèmes orthogonaux présente deux avantages majeurs : une productivité accrue et une réduction des risques.

Gagner en productivité

- Les modifications sont localisées, ce qui réduit le temps de développement et de test. Il est plus facile d'écrire des composants relativement courts et autonomes qu'un seul gros bloc de code. Les composants simples peuvent être conçus, codés, testés, puis oubliés. Il n'est pas nécessaire de modifier le code existant à mesure que l'on ajoute du nouveau code.

- Une approche orthogonale favorise également la réutilisation. Si les composants ont des responsabilités spécifiques et bien définies, ils peuvent être combinés avec de nouveaux composants d'une manière qui n'avait pas été envisagée par leurs concepteurs initiaux. Plus vos systèmes sont faiblement couplés, plus il est facile de les reconfigurer et de les remanier.
- Il existe un gain de productivité assez subtil lorsque vous combinez des composants orthogonaux. Supposons qu'un composant fasse M choses distinctes et qu'un autre fasse N choses. S'ils sont orthogonaux et que vous les combinez, le résultat fait $M \times N$ choses. Toutefois, si les deux composants ne sont pas orthogonaux, il y aura un chevauchement et le résultat sera moins efficace. En combinant des composants orthogonaux, on obtient plus de fonctionnalités pour un même effort.

Réduire les risques

Une approche orthogonale réduit les risques inhérents à tout développement.

- Les sections de code défectueuses sont isolées. Si un module est malade, il est moins susceptible de propager les symptômes au reste du système. Il est également plus facile de l'éliminer et de le remplacer par quelque chose de nouveau et de sain.
- Le système qui en résulte est moins fragile. Apportez de petites modifications et des correctifs à un domaine particulier, et les problèmes que vous rencontrerez seront limités à ce domaine.
- Un système orthogonal sera probablement mieux testé, car il sera plus facile de concevoir et d'exécuter des tests sur ses composants.
- Vous ne serez pas aussi étroitement lié à un fournisseur, à un produit ou à une plateforme en particulier, car les interfaces avec ces composants tiers seront isolées dans des parties plus petites du développement global.

Voyons quelques façons d'appliquer le principe d'orthogonalité à votre travail.

Conception

La plupart des développeurs sont conscients de la nécessité de concevoir des systèmes orthogonaux, même s'ils peuvent utiliser des termes tels que

« modulaire », « fondé sur des composants » et « en couches » pour décrire le processus. Les systèmes doivent être composés d'un ensemble de modules coopératifs, dont chacun met en œuvre une fonctionnalité indépendante des autres. Parfois, ces composants sont organisés en couches, chacune fournissant un niveau d'abstraction. Cette approche par couches est un moyen puissant de concevoir des systèmes orthogonaux. Étant donné que chaque couche n'utilise que les abstractions fournies par les couches inférieures, vous disposez d'une grande souplesse pour modifier les implémentations sous-jacentes sans affecter le code. La superposition de couches réduit également le risque d'emballement des dépendances entre les modules. Vous verrez souvent la stratification exprimée dans des diagrammes :

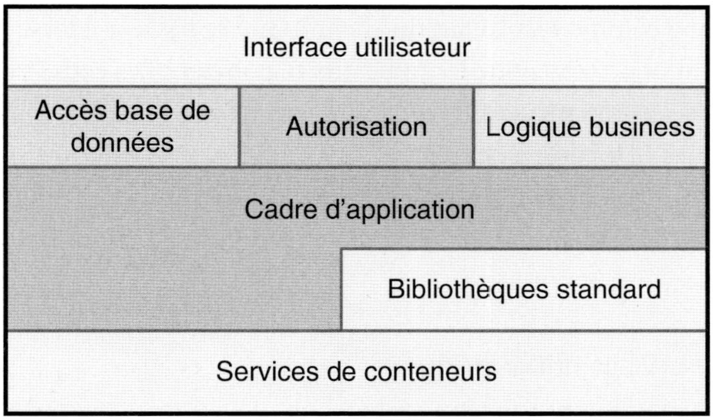

Il existe un test facile pour vérifier si la conception est orthogonale. Une fois que vous avez dressé la carte de vos composants, posez-vous la question suivante : *si je modifie drastiquement les exigences d'une fonction en particulier, combien de modules sont affectés ?* Dans un système orthogonal, la réponse devrait être « un[5] ». Le déplacement d'un bouton sur un panneau d'interface graphique ne devrait pas nécessiter de modification du schéma de la base de données. L'ajout d'une aide contextuelle n'est pas censé modifier le sous-système de facturation.

5 En réalité, il est naïf d'espérer pouvoir répondre cela. À moins d'avoir une chance inouïe, la plupart des modifications apportées aux exigences dans le monde réel affecteront plusieurs fonctions du système. Toutefois, si vous analysez le changement en matière de fonctions, chaque changement fonctionnel ne devrait idéalement affecter qu'un seul module.

Prenons l'exemple d'un système complexe de surveillance et de contrôle d'une installation de chauffage. Le cahier des charges initial prévoyait une interface utilisateur graphique, mais il a été modifié pour ajouter une interface mobile qui permet aux ingénieurs de surveiller les valeurs clés. Dans un système conçu de manière orthogonale, seuls les modules associés à l'interface utilisateur devraient être modifiés : la logique sous-jacente du contrôle de l'installation resterait inchangée. En fait, si vous structurez votre système avec soin, vous devriez être en mesure de prendre en charge les deux interfaces avec la même base de code sous-jacente.

Demandez-vous également dans quelle mesure votre conception est découplée des changements survenant dans le monde réel. Utilisez-vous un numéro de téléphone comme identifiant du client ? Que se passe-t-il lorsque l'opérateur téléphonique réattribue les indicatifs régionaux ? Les codes postaux, les numéros de sécurité sociale ou les identifiants gouvernementaux, les adresses électroniques et les domaines sont autant d'identifiants externes sur lesquels vous n'avez aucun contrôle et qui peuvent changer à tout moment et pour n'importe quelle raison. *Ne vous fiez pas aux propriétés de ce que vous ne pouvez pas contrôler.*

Boîtes à outils et bibliothèques

Veillez à préserver l'orthogonalité de votre système lorsque vous introduisez des boîtes à outils et des bibliothèques tierces. Choisissez judicieusement vos technologies.

Lorsque vous apportez une boîte à outils (ou même une bibliothèque provenant d'autres membres de votre équipe), demandez-vous si elle impose à votre code des changements qui ne devraient pas y figurer. Si un schéma de persistance des objets est transparent, il est orthogonal. S'il vous oblige à créer des objets ou à y accéder d'une manière particulière, il ne l'est pas. Le fait d'isoler ces détails de votre code présente l'avantage supplémentaire de faciliter le changement de fournisseur à l'avenir.

Le système Enterprise Java Beans (EJB) est un exemple intéressant d'orthogonalité. Dans la plupart des systèmes orientés transaction, le code de l'application doit délimiter le début et la fin de chaque transaction. Avec EJB, ces informations sont exprimées de manière déclarative sous forme d'annotations, en dehors des méthodes qui effectuent le travail. Le même code d'application peut être exécuté dans différents environnements transactionnels EJB sans aucun changement.

D'une certaine manière, l'EJB est un exemple du décorateur, ou patron de conception : il s'agit d'ajouter des fonctionnalités aux objets sans les modifier. Ce style de programmation peut être utilisé dans pratiquement tous les langages de programmation et n'exige pas nécessairement un framework ou une bibliothèque. Il faut juste un peu de discipline dans la programmation.

Codage

Chaque fois que vous écrivez du code, vous courez le risque de réduire l'orthogonalité de votre application. Si vous ne surveillez pas en permanence non seulement ce que vous faites, mais aussi le contexte plus large de l'application, vous risquez de dupliquer involontairement une fonctionnalité dans un autre module, ou d'exprimer deux fois des connaissances existantes.

Il existe plusieurs techniques pour maintenir l'orthogonalité.

Maintenir votre code découplé

> Écrivez un code « timide » : des modules qui ne révèlent rien d'inutile aux autres modules et qui ne dépendent pas de leurs implémentations. Essayez la loi de Demeter, dont nous parlons dans le thème 28, *Découplage*. Si vous devez modifier l'état d'un objet, faites en sorte que l'objet le fasse pour vous. De cette façon, votre code reste isolé de l'implémentation de l'autre code et augmente vos chances de rester orthogonal.

Éviter les données globales

> Chaque fois que votre code fait référence à des données globales, il se lie aux autres composants qui partagent ces données. Même les données

globales que vous avez seulement l'intention de lire peuvent entraîner des problèmes (par exemple, si vous devez soudainement modifier votre code pour qu'il soit multithreadé). En général, votre code est plus facile à comprendre et à maintenir si vous passez explicitement tout contexte requis dans vos modules. Dans les applications orientées objet, le contexte est souvent transmis en tant que paramètre aux constructeurs d'objets. Dans d'autres codes, vous pouvez créer des structures contenant le contexte et leur transmettre des références.

Le modèle singleton dans *Design Patterns: Elements of Reusable Object-Oriented Software* [GHJV95] est un moyen de s'assurer qu'il n'existe qu'une seule instance d'un objet d'une classe particulière. De nombreuses personnes utilisent ces objets singletons comme une sorte de variable globale (en particulier dans les langages, tels que Java, qui ne prennent pas en charge le concept de variables globales). Soyez prudent avec les singletons, ils peuvent également conduire à des liens inutiles.

Éviter les fonctions similaires

Vous rencontrerez souvent un ensemble de fonctions qui se ressemblent toutes – peut-être partagent-elles un code commun au début et à la fin, mais chacune a un algorithme central différent. La duplication du code est un symptôme de problèmes structurels. Pour une meilleure mise en œuvre, consultez le modèle de stratégie dans *Design Patterns*.

Prenez l'habitude d'être constamment critique à l'égard de votre code. Cherchez toutes les occasions de le réorganiser pour en améliorer la structure et l'orthogonalité. Ce processus s'appelle le *réusinage*, et il est si important que nous lui avons consacré une section (voir le thème 40, *Réusinage*).

Tests

Un système conçu et mis en œuvre de manière orthogonale est plus facile à tester. Comme les interactions entre les composants du système sont formalisées et limitées, une plus grande partie des tests du système peut être effectuée au niveau des modules individuels. C'est une bonne nouvelle, car les tests au niveau du module (ou de l'unité) sont beaucoup plus faciles à spécifier et à réaliser que les tests d'intégration. En fait, nous suggérons que ces tests soient effectués automatiquement dans le cadre du processus de construction normal (voir le thème 41, *Testez pour coder*).

L'écriture de tests unitaires est en soi un test intéressant d'orthogonalité. Que faut-il pour qu'un test unitaire se construise et s'exécute ? Devez-vous importer un pourcentage important du reste du code du système ? Si c'est le cas, vous avez trouvé un module qui n'est pas correctement découplé du reste du système.

La résolution des bogues est également une bonne occasion d'évaluer l'orthogonalité du système dans son ensemble. Lorsque vous rencontrez un problème, évaluez dans quelle mesure la correction est localisée. Modifiez-vous un seul module ou les changements sont-ils dispersés dans l'ensemble du système ? Lorsque vous apportez une modification, celle-ci corrige-t-elle tout ou d'autres problèmes apparaissent-ils mystérieusement ? Il s'agit là d'une bonne occasion d'utiliser l'automatisation. Si vous utilisez un système de contrôle de version (et vous ne manquerez pas de le faire lorsque vous aurez lu le thème 19, *Contrôle de version*), marquez les corrections de bogues quand vous vérifiez le code après l'avoir testé. Vous pouvez ensuite produire des rapports mensuels analysant les tendances du nombre de fichiers sources affectés par chaque correction de bogue.

Documentation

Il peut être surprenant de constater que l'orthogonalité s'applique également à la documentation. Les axes sont le contenu et la présentation. Avec une documentation véritablement orthogonale, vous devriez être en mesure de modifier radicalement l'apparence sans changer le contenu. Les traitements de texte proposent des feuilles de style et des macros qui facilitent la tâche. Personnellement, nous préférons utiliser un système de balisage tel que Markdown : lorsque nous écrivons, nous nous concentrons uniquement sur le contenu et déléguons la partie présentation à l'outil que nous utilisons à cet effet[6].

Vivre avec l'orthogonalité

L'orthogonalité est étroitement liée au principe FER. Avec ce dernier, vous cherchez à minimiser la duplication au sein d'un système, alors qu'avec l'orthogonalité, vous réduisez l'interdépendance entre les composants du système. Le terme est peut-être maladroit, mais si vous utilisez le principe d'orthogonalité, associé étroitement au principe FER, vous constaterez que les systèmes que vous développez sont plus souples, plus compréhensibles et plus faciles à déboguer, à tester et à maintenir.

Si vous êtes impliqué dans un projet où les gens luttent désespérément pour apporter des changements et où chaque changement semble entraîner quatre autres problèmes, rappelez-vous le cauchemar de l'hélicoptère. Le projet n'est probablement pas conçu et codé de manière orthogonale. Il est temps de le réusiner.

Et, si vous êtes pilote d'hélicoptère, évitez le poisson au déjeuner...

Sections connexes

- Thème 3, *Entropie logicielle.*
- Thème 8, *L'essence d'une bonne conception.*
- Thème 11, *Réversibilité.*
- Thème 28, *Découplage.*
- Thème 31, *Taxe sur l'héritage.*
- Thème 33, *Rompre le couplage temporel.*
- Thème 34, *L'état partagé est un état incorrect.*
- Thème 36, *Tableaux noirs.*

---

6 Le manuscrit du présent ouvrage a été produit, dans sa version originale, sous Markdown et composé directement à partir de la source Markdown.

Défis

- Considérez la différence entre les outils dotés d'une interface graphique et les utilitaires de ligne de commande, petits mais combinables, utilisés à l'invite d'un shell (interpréteur de commandes). Quel est l'ensemble le plus orthogonal, et pourquoi ? Lequel est le plus facile à utiliser dans le but précis pour lequel il a été conçu ? Quel ensemble est plus facile à combiner avec d'autres outils pour relever de nouveaux défis ? Quel ensemble est le plus facile à apprendre ?
- C++ prend en charge l'héritage multiple et Java permet à une classe d'implémenter plusieurs interfaces. Ruby dispose de mixins (classe non mère contenant des fonctionnalités destinées à être utilisées par d'autres classes). Quel est l'impact de l'utilisation de ces fonctions sur l'orthogonalité ? Y a-t-il une différence d'impact entre l'utilisation de l'héritage multiple et des interfaces multiples ? Y a-t-il une différence entre l'utilisation de la délégation et l'utilisation de l'héritage ?

Exercices

Exercice 1

On vous demande de lire un fichier ligne par ligne. Pour chaque ligne, vous devez la diviser en champs. Lequel des ensembles suivants de pseudo-définitions de classes est susceptible d'être le plus orthogonal ?

```
class Split1 {
  constructor(fileName)    # opens the file for reading
  def readNextLine()       # moves to the next line
  def getField(n)          # returns nth field in current line
}
```

ou

```
class Split2 {
  constructor(line)        # splits a line
  def getField(n)          # returns nth field in current line
}
```

Exercice 2

Quelles sont les différences d'orthogonalité entre les langages orientés objet et les langages fonctionnels ? Ces différences sont-elles inhérentes aux langages eux-mêmes ou simplement à la manière dont nous les utilisons ?

Thème 11 – Réversibilité

> *Rien n'est plus dangereux qu'une idée si c'est la seule que l'on a.*
>
> ÉMILE-AUGUSTE CHARTIER (ALAIN), *PROPOS SUR LA RELIGION*, 1938

Les ingénieurs préfèrent les solutions simples et uniques aux problèmes. Les tests de mathématiques qui vous permettent de proclamer avec une grande confiance que $x = 2$ sont beaucoup plus confortables que les essais flous et fiévreux sur les innombrables causes de la Révolution. Les équipes encadrantes ont tendance à être d'accord avec les ingénieurs : les réponses singulières et faciles s'intègrent bien dans les feuilles de calcul et les plans de projet.

Si seulement le monde réel voulait bien coopérer ! Malheureusement, si x vaut 2 aujourd'hui, demain il faudra peut-être qu'il vaille 5, et la semaine prochaine 3. Rien n'est éternel et si vous vous appuyez fortement sur un fait, vous pouvez presque garantir qu'il finira par changer.

Il existe toujours plusieurs manières de mettre en œuvre quelque chose, tout comme il existe généralement plusieurs fournisseurs disponibles pour fournir un produit tiers. Si vous vous lancez dans un projet en étant aveuglément convaincu qu'il n'y a qu'*une seule* façon de faire, vous risquez d'avoir de mauvaises surprises. De nombreuses équipes de projet sont contraintes d'ouvrir les yeux à mesure que l'avenir se dessine :

« Mais vous avez dit que nous utiliserions la base de données XYZ ! Nous avons terminé le codage du projet à 85 %, nous ne pouvons pas changer maintenant », protesta le programmeur. « Désolé, mais notre entreprise a décidé d'utiliser la base de données DQP pour tous les projets. Je n'y peux rien. Nous allons devoir recoder. Vous travaillerez tous pendant le week-end jusqu'à nouvel ordre. »

Les changements ne doivent pas nécessairement être aussi draconiens, ni même aussi immédiats. Mais au fur et à mesure que le temps passe et que votre projet progresse, vous pouvez vous retrouver coincé dans une position intenable. À chaque décision critique, l'objectif de l'équipe de projet se précise, tendant vers une version plus étroite de la réalité qui offre moins d'options.

Lorsque de nombreux choix décisifs ont été faits, votre cible devient si petite que si elle bouge, si le vent change de direction ou si un papillon bat des ailes à Tokyo, vous la ratez[7], et vous pouvez la rater de beaucoup.

Le problème vient du fait que les décisions critiques ne sont pas facilement réversibles.

Une fois que vous avez décidé d'utiliser la base de données de tel fournisseur, tel modèle architectural ou tel modèle de déploiement, vous vous engagez sur un chemin qu'il est impossible de rebrousser, sauf à grands frais.

Réversibilité

De nombreux sujets abordés dans ce livre sont axés sur la production de logiciels flexibles et adaptables. En suivant ces recommandations – en particulier le principe FER, le découplage et l'utilisation de configurations externes – nous avons moins besoin de prendre des décisions au caractère critique et irréversible. C'est une bonne chose, car nous ne prenons pas toujours les meilleures décisions du premier coup. Nous nous engageons à utiliser une certaine technologie pour découvrir ensuite que nous ne pouvons pas embaucher suffisamment de personnes possédant les compétences nécessaires. Nous choisissons un fournisseur tiers juste avant qu'il ne soit racheté par son

7 Prenez un système non linéaire ou chaotique, et appliquez une petite modification à l'une de ses entrées. Vous obtiendrez un résultat important et souvent imprévisible. Le cliché du papillon battant des ailes à Tokyo peut être le point de départ d'une chaîne d'événements qui aboutit à la formation d'une tornade au Texas. Cela ressemble-t-il à des projets que vous connaissez ?

concurrent. Les exigences, les utilisateurs et le matériel changent plus vite que nous ne développons.

Supposons que vous décidiez, au début d'un projet, d'utiliser la base de données relationnelle du fournisseur A. Beaucoup plus tard, lors des tests de performance, vous découvrez que la base de données est tout simplement trop lente, mais que la base de données documentaire du fournisseur B est plus rapide. Dans la plupart des projets classiques, ce ne serait vraiment pas de chance : souvent, les appels à des produits tiers sont enchevêtrés dans le code. Mais si, en amont, vous avez *vraiment* abstrait l'idée d'une base de données – au point qu'elle fournit simplement une persistance en tant que service – vous êtes en mesure de changer votre fusil d'épaule en cours de projet.

De même, supposons que le projet commence par une application fondée sur un navigateur, mais que, sur le tard, le service marketing décide que ce qu'il veut vraiment, c'est une application mobile. À quel point cette décision vous impacte-t-elle ? Dans un monde idéal, cela ne devrait pas avoir trop de répercussions négatives, du moins du côté du serveur. Vous supprimeriez le rendu HTML et le remplaceriez par une API.

L'erreur consiste à supposer que tout choix est immuable et à ne pas se préparer aux éventualités qui pourraient survenir. Au lieu de graver les décisions dans la pierre, considérez-les plutôt comme écrites dans le sable sur la plage. Une grosse vague peut venir les effacer à tout moment.

Conseil 18 – Ne croyez pas en l'illusion de la décision finale

---

Architecture flexible

Si de nombreuses personnes s'efforcent de maintenir la flexibilité de leur *code*, il faut également penser à maintenir la flexibilité dans les domaines de l'architecture, du déploiement et de l'intégration des fournisseurs.

Nous écrivons ceci en 2019. Depuis le début du siècle, voici les « meilleures pratiques » que nous avons constatées en matière d'architecture côté serveur :

- de grosses barres de fer ;
- des fédérations de la grosse fonte ;
- des grappes de matériel de base à charge équilibrée ;
- des machines virtuelles fondées sur le cloud exécutant des applications ;
- des machines virtuelles fondées sur le cloud exécutant des services ;
- des versions conteneurisées des éléments ci-dessus ;
- des applications sans serveur prises en charge par le cloud ;
- et, inévitablement, un retour apparent à des grosses barres de fer pour certaines tâches.

Ajoutez à cette liste les dernières tendances dominantes, puis considérez tout cela avec admiration : c'est finalement un miracle que quoi que ce soit ait jamais fonctionné.

Comment prévoir une telle volatilité architecturale ? C'est impossible.

Ce que vous pouvez faire, c'est faciliter les changements. Cachez les API de tiers derrière vos propres couches d'abstraction. Divisez votre code en composants : même si vous finissez par les déployer sur un seul serveur massif, cette approche est beaucoup plus facile que de prendre une application monolithique et de la diviser. (Nos cicatrices peuvent en témoigner.)

Et, bien qu'il ne s'agisse pas particulièrement d'une question de réversibilité, voici un dernier conseil.

Conseil 19 – Ne cédez pas aux effets de mode

Personne ne sait ce que l'avenir nous réserve, et surtout pas nous ! Faites en sorte que votre code puisse voguer paisiblement quand la mer est calme, et qu'il soit toujours prêt à affronter les assauts des vagues en cas de tempête.

Sections connexes

- Thème 8, *L'essence d'une bonne conception.*
- Thème 10, *Orthogonalité.*
- Thème 19, *Contrôle de version.*
- Thème 28, *Découplage.*
- Thème 45, *La fosse aux exigences.*
- Thème 51, *Kit de démarrage pragmatique.*

Défi

- Il est temps de faire un peu de mécanique quantique avec le chat de Schrödinger.

Supposons qu'un chat se trouve dans une boîte fermée contenant une particule radioactive. La particule a exactement 50 % de chances de générer une fission. Si cela se produit, le chat sera tué. Dans le cas contraire, le chat s'en sortira. Alors, le chat est-il mort ou vivant ? Selon Schrödinger, la bonne réponse est *les deux* (du moins tant que la boîte reste fermée). Chaque fois que se produit une réaction subnucléaire ayant deux issues possibles, l'univers est cloné en deux versions. Dans l'une, l'événement s'est produit, dans l'autre, il n'a pas eu lieu. Le chat est vivant dans un univers, mort dans l'autre. Ce n'est qu'en ouvrant la boîte que l'on sait dans quel univers *on* se trouve.

Il n'est donc pas étonnant qu'il soit difficile de coder pour l'avenir.

Mais voyez l'évolution du code comme une boîte remplie de chats de Schrödinger : chaque décision crée une version différente de l'avenir. Combien de futurs possibles votre code peut-il supporter ? Lesquels sont les plus probables ? Sera-t-il difficile de s'y adapter le moment venu ?

Osez-vous ouvrir la boîte ?

Thème 12 – Balles traçantes

> *Prêt, feu, en joue…*
>
> ANON

Nous parlons souvent d'atteindre des cibles lorsque nous développons des logiciels. Nous ne tirons pas vraiment au stand de tir, mais c'est une métaphore utile et très visuelle. En particulier, il est intéressant de se demander *comment* atteindre une cible dans un monde complexe et changeant.

La réponse dépend bien sûr de la nature de l'objet avec lequel vous visez. La plupart du temps, vous n'avez qu'une seule occasion de viser, et vous ne voyez qu'après si vous avez fait mouche ou non. Mais il y a mieux.

Vous connaissez tous ces films, émissions de télévision et jeux vidéo dans lesquels des personnes tirent à la mitrailleuse ? Dans ces scènes, vous verrez souvent la trajectoire des balles sous forme de traînées lumineuses dans l'air. Ces traînées proviennent des balles traçantes.

Les balles traçantes sont chargées à intervalles réguliers avec les munitions ordinaires. Lorsqu'elles sont tirées, leur phosphore s'enflamme et laisse une traînée pyrotechnique depuis l'arme jusqu'à la cible. Si les balles traçantes atteignent la cible, les balles normales le font également. Les soldats utilisent ces balles traçantes pour affiner leur visée : il s'agit d'un retour d'information pragmatique, en temps réel, dans des conditions réelles.

Le même principe s'applique aux projets, en particulier lorsque vous construisez quelque chose qui n'a jamais été fait auparavant. Nous utilisons l'expression « développement par balle traçante » pour illustrer visuellement la nécessité d'un retour d'information immédiat dans des conditions réelles avec un objectif en mouvement.

Comme les tireurs, vous essayez d'atteindre une cible dans l'obscurité. Parce que vos utilisateurs n'ont jamais vu un tel système auparavant, leurs exigences peuvent être vagues. Parce que vous pouvez utiliser des algorithmes, des techniques, des langages ou des bibliothèques qui ne vous sont pas familiers, vous êtes confronté à un grand nombre d'inconnues. Et comme il faut du temps pour mener à bien un projet, vous pouvez être certain que l'environnement dans lequel vous travaillez aura évolué avant que vous n'ayez terminé.

La réponse classique consiste à spécifier le système à l'extrême. Produire des rames de papier détaillant chaque exigence, liant chaque inconnue et contraignant l'environnement. Tirer à l'aveugle. Un grand calcul au départ, puis on tire et on croise les doigts.

Les programmeurs pragmatiques, cependant, ont tendance à préférer utiliser l'équivalent logiciel des balles traçantes.

Un code qui brille dans l'obscurité

Les balles traçantes fonctionnent parce qu'elles opèrent dans le même environnement et sous les mêmes contraintes que les vraies balles. Elles atteignent rapidement la cible, ce qui permet au tireur d'obtenir un retour d'information immédiat. D'un point de vue pratique, elles constituent une solution relativement bon marché.

Pour obtenir le même effet dans le code, nous cherchons quelque chose qui nous permette de passer d'une exigence à un aspect du système final rapidement, visiblement et de manière répétée.

Recherchez les exigences importantes, celles qui définissent le système. Cherchez les domaines où vous avez des doutes et où vous voyez les plus grands risques. Ensuite, priorisez votre développement de manière à ce que ces domaines soient les premiers à être codés.

Conseil 20 – Utilisez des balles traçantes pour identifier votre cible

En réalité, étant donné la complexité de la configuration des projets d'aujourd'hui, avec des essaims de dépendances et d'outils externes, les balles traçantes deviennent encore plus importantes. Pour nous, la première étape consiste simplement à *créer le projet, à ajouter un « bonjour tout le monde » et à s'assurer qu'il se compile et s'exécute*. Ensuite, nous recherchons les zones d'incertitude dans l'application globale et ajoutons le squelette nécessaire pour la faire fonctionner.

Jetez un œil au schéma suivant. Ce système comporte cinq couches architecturales. Nous nous préoccupons de la manière dont elles s'intègrent, c'est pourquoi nous recherchons une fonctionnalité simple qui nous permette de les exercer ensemble. La ligne diagonale indique le chemin emprunté par cette fonctionnalité dans le code. Pour que cela fonctionne, il nous suffit d'implémenter les zones solidement ombrées dans chaque couche : les parties gribouillées seront faites plus tard.

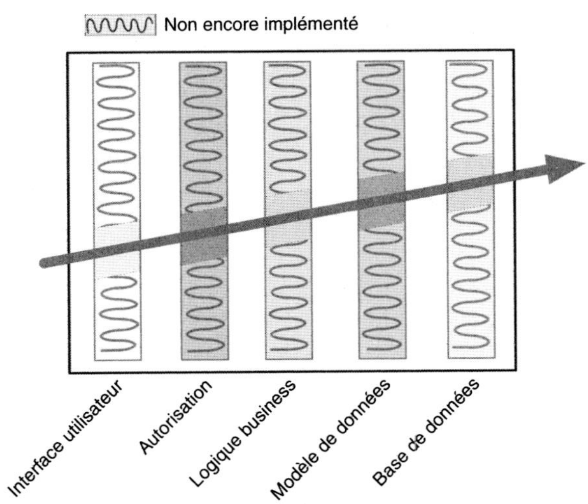

Nous avons un jour entrepris un projet marketing complexe sur une base de données client-serveur. Ce projet nécessitait de pouvoir spécifier et exécuter des requêtes temporelles. Les serveurs étaient constitués d'une série de bases de données relationnelles et spécialisées. L'interface utilisateur du client, écrite dans le langage aléatoire A, utilisait un ensemble de bibliothèques écrites dans un autre langage pour fournir une interface aux serveurs. La requête de l'utilisateur était stockée sur le serveur dans une notation de type Lisp avant d'être convertie en SQL optimisé juste avant l'exécution. Il y avait beaucoup d'inconnues et beaucoup d'environnements différents, et personne n'était sûr de la façon dont l'interface utilisateur devait se comporter.

Ce fut une excellente occasion d'utiliser le code traceur. Nous avons développé le framework pour l'interface, les bibliothèques pour représenter les requêtes et une structure pour convertir une requête stockée en une requête spécifique à la base de données. Nous avons ensuite assemblé le tout et vérifié que cela fonctionnait. Pour cette première version, tout ce que nous pouvions faire était de soumettre une requête listant toutes les lignes d'un tableau, mais cela prouvait que l'interface utilisateur pouvait communiquer avec les bibliothèques, que les bibliothèques pouvaient sérialiser et désérialiser une requête, et que le serveur pouvait générer du code SQL à partir du résultat. Au cours des mois suivants, nous avons progressivement étoffé cette structure de base, en ajoutant de nouvelles fonctionnalités en augmentant chaque composant du code traceur en parallèle. Lorsque l'interface utilisateur ajoutait un nouveau type de requête, la bibliothèque s'agrandissait et la génération de code SQL devenait plus sophistiquée.

Le code traceur n'est pas jetable : vous l'écrivez pour le conserver. Il contient toutes les vérifications d'erreurs, la structuration, la documentation et l'autocontrôle que tout morceau de code de production possède. Simplement, il n'est pas entièrement fonctionnel. Cependant, une fois que vous avez établi une connexion de bout en bout entre les composants de votre système, vous pouvez vérifier à quel point vous êtes proche de l'objectif, et l'ajuster si nécessaire. Une fois l'objectif atteint, il est facile d'ajouter des fonctionnalités.

Le développement de code traceur va de pair avec l'idée qu'un projet n'est jamais terminé : il y aura toujours des changements nécessaires et des fonctions à ajouter. Il s'agit d'une approche incrémentale.

L'option alternative conventionnelle est une sorte d'approche d'ingénierie lourde : le code est divisé en modules, qui sont codés dans le vide. Les modules sont combinés en sous-ensembles, qui sont à leur tour combinés, jusqu'à ce que l'on obtienne un jour une application complète. Ce n'est qu'à ce moment-là que l'application dans son ensemble peut être présentée à l'utilisateur et testée.

L'approche du code traceur présente de nombreux avantages :

Les utilisateurs peuvent voir rapidement de premiers résultats

Si vous avez réussi à communiquer sur ce que vous êtes en train de faire (voir le thème 52, *Faites plaisir à vos utilisateurs*), vos utilisateurs sauront qu'ils voient quelque chose qui n'est pas mûr. Ils ne seront pas déçus par le manque de fonctionnalités ; ils seront enchantés de voir des progrès visibles vers le résultat final. Ils pourront également contribuer à l'avancement du projet, ce qui renforcera leur adhésion. Ces mêmes utilisateurs seront probablement ceux qui vous diront à quel point chaque itération est proche de l'objectif.

Les développeurs construisent une structure pour travailler

Rien de plus intimidant qu'une page blanche. Si vous avez élaboré toutes les interactions de bout en bout de votre application et que vous les avez incorporées dans le code, votre équipe n'aura pas besoin de tout créer à partir de zéro. Cela rend tout le monde plus productif et encourage la cohérence.

Vous disposez d'une plateforme d'intégration

Le système étant connecté de bout en bout, vous disposez d'un environnement auquel vous pouvez ajouter de nouveaux éléments de code une fois qu'ils ont été testés de manière unitaire. Plutôt que de tenter une intégration de type Big Bang, vous procéderez à une intégration quotidienne (souvent plusieurs fois par jour). L'impact de chaque nouvelle modification est plus visible et les interactions sont plus limitées, de sorte que le débogage et les tests sont plus rapides et plus précis.

Vous avez quelque chose à montrer

Les responsables de projets et les personnes haut placées ont tendance à demander des démonstrations aux moments les plus mal choisis. Avec le code traceur, vous aurez toujours quelque chose à leur montrer.

Vous avez une meilleure idée des progrès réalisés

Dans le cadre du développement d'un code traceur, les développeurs s'attaquent aux cas d'utilisation l'un après l'autre. Lorsqu'un cas est terminé, ils passent au suivant. Il est beaucoup plus facile de mesurer les performances et de montrer les progrès à l'utilisateur. Comme chaque développement individuel est plus petit, vous évitez de créer ces blocs de code monolithiques dont on dit, semaine après semaine, qu'ils sont terminés à 95 %.

Les balles traçantes n'atteignent pas toujours leur cible

Les balles traçantes vous indiquent ce que vous avez touché, et ce n'est pas toujours la cible. Vous devez alors ajuster votre tir jusqu'à viser en plein dans le mille. C'est tout l'objectif.

C'est la même chose avec le code traceur. Vous utilisez cette technique dans des situations où vous n'êtes pas certain à 100 % de la direction que vous prenez. Vous ne devez pas être surpris si vos premières tentatives échouent : l'utilisateur dit « ce n'est pas ce que je voulais dire », les données dont vous avez besoin ne sont pas disponibles au moment où vous en avez besoin, ou des problèmes de performance semblent probables. Modifiez donc ce que vous avez pour vous rapprocher de l'objectif, et soyez reconnaissant d'avoir utilisé une méthodologie de développement allégée ; un petit corps de code a une faible inertie – il est simple et rapide à modifier. Vous serez en mesure de recueillir des commentaires sur votre application et de générer une nouvelle version plus précise rapidement et à moindre coût. Et comme tous les principaux composants de l'application sont représentés dans votre code traceur, vos utilisateurs peuvent être sûrs que ce qu'ils voient est fondé sur la réalité, et non sur une simple spécification papier.

Code traceur *versus* prototypage

On pourrait penser que ce concept de code traceur n'est rien d'autre que du prototypage sous un nom flatteur. Il y a une différence. Avec un prototype, vous cherchez à explorer des aspects spécifiques du système final ; vous jetez tout ce que vous avez assemblé en essayant le concept, et vous le recodez correctement en utilisant les leçons que vous avez apprises.

Supposons, par exemple, que vous produisiez une application qui aide les expéditeurs à déterminer comment emballer des boîtes de taille irrégulière dans des conteneurs. Entre autres problèmes, l'interface utilisateur doit être intuitive et les algorithmes que vous utilisez pour déterminer l'emballage optimal sont très complexes.

Vous pourriez créer un prototype d'interface utilisateur pour vos utilisateurs finaux à l'aide d'un outil d'interface utilisateur. Vous ne coderiez que ce qu'il faut pour que l'interface réagisse aux actions de l'utilisateur. Une fois qu'ils auraient accepté la présentation, vous pourriez la jeter et la recoder, cette fois avec la logique d'entreprise qui la sous-tend, en utilisant le langage cible. De la même manière, vous voudriez peut-être prototyper un certain nombre d'algorithmes qui effectuent l'emballage à proprement parler. Vous pourriez coder des tests fonctionnels dans un langage de haut niveau, tolérant, tel que Python, et coder des tests de performance de bas niveau dans un langage plus proche de la machine. Quoi qu'il en soit, une fois votre décision prise, vous recommenceriez à coder les algorithmes dans leur environnement final, en interface avec le monde réel. C'est ce qu'on appelle le *prototypage*, et c'est très utile.

L'approche du code traceur répond à un problème différent. Vous avez besoin de savoir comment l'application dans son ensemble s'articule. Vous voulez montrer à vos utilisateurs comment les interactions fonctionneront en pratique, et vous voulez donner à vos développeurs un squelette architectural sur lequel accrocher le code. Dans ce cas, vous pourriez construire un traceur consistant en une implémentation triviale de l'algorithme de remplissage des conteneurs (peut-être quelque chose comme « premier arrivé, premier servi ») et une interface utilisateur simple mais fonctionnelle. Une fois que tous les composants de l'application sont réunis, vous disposez d'un framework à montrer à vos utilisateurs et à vos développeurs. Au fil du temps, vous lui ajoutez de nouvelles fonctionnalités, en complétant les bouchons. Mais il reste intact, et vous savez que le système continuera à se comporter comme il le faisait lorsque votre premier code traceur a été achevé.

La différence entre ces deux procédés est suffisamment importante pour que nous nous répétions ici : le prototypage génère un code jetable. Le code traceur est maigre mais complet, et fait partie du squelette du système final. Imaginez le prototypage comme la reconnaissance et la collecte de renseignements qui ont lieu avant qu'une seule balle traçante ne soit tirée.

Sections connexes

- Thème 13, *Prototypes et Post-it.*
- Thème 27, *Ne dépassez pas vos phares.*
- Thème 40, *Réusinage.*
- Thème 49, *Équipes pragmatiques.*
- Thème 50, *Les noix de coco ne suffisent pas.*
- Thème 51, *Kit de démarrage pragmatique.*
- Thème 52, *Faites plaisir à vos utilisateurs.*

Thème 13 – Prototypes et Post-it

De nombreuses secteurs ont recours à des prototypes pour tester des idées spécifiques ; le prototypage est beaucoup moins coûteux que la production à grande échelle. Les constructeurs automobiles, par exemple, peuvent construire de nombreux prototypes différents d'un nouveau modèle. Chacun d'entre eux est conçu pour tester un aspect spécifique de la voiture : aérodynamisme, style, caractéristiques structurelles, etc. Les adeptes de la vieille école peuvent utiliser un modèle en argile pour les essais en soufflerie, un modèle en balsa et en ruban adhésif peut faire l'affaire pour le département artistique, et ainsi de suite. Les moins romantiques feront leur modélisation sur un écran d'ordinateur ou en réalité virtuelle, ce qui réduira encore les coûts. De cette manière, les éléments risqués ou incertains peuvent être testés sans engagement à construire l'objet réel.

Nous construisons des prototypes de logiciels de la même manière et pour les mêmes raisons – pour analyser et exposer les risques, et pour offrir des possibilités de correction à un coût considérablement réduit. Comme les constructeurs automobiles, nous pouvons cibler un prototype pour tester un ou plusieurs aspects spécifiques d'un projet.

Nous avons tendance à penser que les prototypes sont fondés sur des codes, mais ce n'est pas toujours le cas. Comme les constructeurs automobiles, nous pouvons construire des prototypes à partir de différents matériaux. Les Post-it sont parfaits pour prototyper des éléments dynamiques tels que le workflow et la logique d'application. Une interface utilisateur peut être prototypée sous la forme d'un dessin sur un tableau blanc, d'une maquette non fonctionnelle dessinée à l'aide d'un programme de peinture ou d'un constructeur d'interface.

Les prototypes sont conçus pour apporter des réponses à un nombre limité de questions, ils sont donc beaucoup moins chers et plus rapides à développer que les applications destinées à la production. Le code peut se permettre d'ignorer des détails sans importance – sans importance pour vous sur le moment, mais probablement très importants pour l'utilisateur plus tard. Si vous êtes en train de prototyper une interface utilisateur, par exemple, vous pouvez vous en tirer même si vous obtenez des résultats ou des données incorrects. À l'inverse, si vous étudiez simplement les aspects liés au calcul ou aux performances, vous pouvez vous contenter d'une interface utilisateur médiocre, voire inexistante.

En revanche, si vous vous trouvez dans un environnement où vous *ne pouvez pas* renoncer aux détails, vous devez vous demander si construire un prototype est vraiment judicieux. En l'occurrence, il serait peut-être plus approprié d'adopter un style de développement de type « balle traçante » (voir le thème 12, *Balles traçantes*).

Quels éléments prototyper ?

Quels types de sujets pourriez-vous choisir d'étudier à l'aide d'un prototype ? Tout ce qui comporte un risque. Tout ce qui n'a pas été essayé auparavant ou qui est absolument essentiel pour le système final. Tout ce qui n'a pas été prouvé, qui est de nature expérimentale ou incertaine. Tout ce avec quoi vous n'êtes pas à l'aise. Vous pouvez créer un prototype pour :

- l'architecture ;
- une nouvelle fonctionnalité dans un système existant ;
- la structure ou le contenu des données externes ;
- les outils ou composants tiers ;
- des problèmes de performance ;
- la conception de l'interface utilisateur.

Le prototypage est une expérience d'apprentissage. Sa valeur ne réside pas dans le code produit, mais dans les leçons apprises. C'est là tout l'intérêt du prototypage.

Conseil 21 – Prototypez pour apprendre

Comment utiliser les prototypes

Lors de la construction d'un prototype, quels sont les détails que vous pouvez ignorer ?

La correction

Vous pouvez, le cas échéant, utiliser des données fictives.

La complétude

Le prototype peut fonctionner de manière très limitée, peut-être avec un seul élément de données présélectionné et un seul élément de menu.

La robustesse

La vérification des erreurs est susceptible d'être incomplète ou de manquer complètement. Si vous vous écartez du chemin prédéfini, le prototype peut s'écraser et brûler dans un glorieux spectacle pyrotechnique. Ce n'est pas grave.

Le style

Le code d'un prototype ne devrait pas comporter beaucoup de commentaires ou de documentation (bien que vous puissiez produire des tonnes de documentation à la suite de votre expérience avec le prototype).

Les prototypes ne s'attardent pas sur les détails et se concentrent sur des aspects spécifiques du système envisagé. Vous pouvez donc les mettre en œuvre à l'aide d'un langage de script de haut niveau – plus élevé que le reste du projet (peut-être un langage comme Python ou Ruby), car ces langages peuvent s'écarter de votre chemin. Vous pouvez choisir de continuer à développer dans le langage utilisé pour le prototype, ou vous pouvez changer ; de toute manière, ce prototype finira à la poubelle.

Pour prototyper des interfaces utilisateur, utilisez un outil qui vous permet de vous concentrer sur l'apparence et/ou les interactions sans vous soucier du code ou du balisage.

Les langages de script fonctionnent également très bien comme « colle » pour combiner des éléments de bas niveau et former de nouvelles combinaisons. Grâce à cette approche, vous pouvez rapidement assembler des composants existants dans de nouvelles configurations pour voir comment les choses fonctionnent.

Prototyper l'architecture

De nombreux prototypes sont construits pour modéliser l'ensemble du système envisagé. Contrairement aux balles traçantes, aucun des modules individuels du système prototypé ne doit être particulièrement fonctionnel. En fait, il n'est même pas nécessaire de coder pour créer un prototype d'architecture – vous pouvez le faire sur un tableau blanc, avec des Post-it ou des fiches. Ce que vous recherchez, c'est la manière dont le système s'articule dans son ensemble, en remettant encore une fois les détails à plus tard. Voici quelques domaines spécifiques que vous pouvez rechercher dans le prototype architectural.

- Les responsabilités des principaux domaines sont-elles bien définies et appropriées ?
- Les collaborations entre les principales composantes sont-elles correctement spécifiées ?
- Le couplage est-il réduit au minimum ?
- Pouvez-vous identifier les sources potentielles de duplication ?
- Les définitions et les contraintes de l'interface sont-elles acceptables ?
- Chaque module dispose-t-il d'un chemin d'accès aux données pour pouvoir s'exécuter ? Y accède-t-il lorsqu'il en a besoin ?

Ce dernier point tend à générer le plus de surprises et les résultats les plus précieux de l'expérience de prototypage.

Comment *ne pas* utiliser les prototypes

Avant de vous lancer dans un prototypage fondé sur le code, assurez-vous que tout le monde comprend que vous écrivez du code jetable. L'attractivité des prototypes peut être trompeuse pour les personnes qui ne savent pas qu'il ne s'agit que de prototypes. Vous devez faire comprendre *très* clairement que ce code est jetable, incomplet et inachevable.

Il est facile de se laisser berner par l'apparente complétude d'un prototype en démonstration, et les sponsors du projet ou la direction peuvent insister pour déployer le prototype (ou sa descendance) si vous ne définissez pas les bonnes attentes. Rappelez-leur que vous pouvez construire un excellent prototype de nouvelle voiture avec du bois de balsa et du ruban adhésif, mais que vous n'essaieriez pas de le conduire dans les embouteillages aux heures de pointe !

Si vous estimez qu'il existe une forte probabilité, dans l'environnement ou la culture qui vous entoure, que l'objectif d'un prototype de code soit mal interprété, il est préférable d'adopter l'approche de la balle traçante. Vous disposerez ainsi d'un framework solide sur lequel vous pourrez fonder vos développements futurs.

Des prototypes bien utilisés peuvent vous faire gagner énormément de temps, d'argent et de peine en identifiant et en corrigeant les problèmes potentiels dès le début du cycle de développement, c'est-à-dire à un moment où la correction des erreurs est à la fois facile et peu coûteuse.

Sections connexes

- Thème 12, *Balles traçantes*.
- Thème 14, *Langages de domaine*.
- Thème 17, *Jouez avec les shells*.
- Thème 27, *Ne dépassez pas vos phares*.
- Thème 37, *Écoutez votre cerveau reptilien*.
- Thème 45, *La fosse aux exigences*.
- Thème 52, *Faites plaisir à vos utilisateurs*.

Exercice

Exercice 3

Le service marketing aimerait réfléchir avec vous à la conception de quelques pages web. Ils pensent à des images cliquables pour vous emmener sur d'autres pages, etc. Mais ils n'arrivent pas à choisir un modèle d'image – peut-être une voiture, ou un téléphone ou une maison. Vous avez une liste de pages et de contenus cibles ; ils aimeraient voir quelques prototypes. Ah et au fait, vous disposez de quinze minutes. Quels outils pourriez-vous utiliser ?

Thème 14 – Langages de domaine

> *Les limites de la langue sont les limites du monde.*
>
> LUDWIG WITTGENSTEIN

Les langages informatiques influencent la façon dont vous abordez les problèmes et la communication. Chaque langage est accompagné d'une liste de caractéristiques : des mots à la mode tels que typage statique ou dynamique, liaison précoce ou tardive, fonctionnel ou orienté objet, modèles d'héritage, mixins, macros, qui peuvent tous suggérer ou obscurcir certaines solutions. Concevoir une solution en pensant à C++ produira des résultats différents de ceux d'une solution fondée sur le style Haskell, et *vice versa*. Inversement, et c'est peut-être le plus important, le langage du domaine du problème peut également suggérer une solution de programmation.

Nous essayons toujours d'écrire du code en utilisant le vocabulaire du domaine d'application (voir la section *Tenir à jour un glossaire*). Dans certains cas, les programmeurs pragmatiques peuvent aller plus loin et programmer en utilisant le vocabulaire, la syntaxe et la sémantique – le langage – du domaine.

Conseil 22 – Programmez en restant proche du domaine du problème

---

Quelques langages du monde réel

Examinons quelques exemples de cas où c'est précisément ce que les personnes concernées ont fait.

RSpec

RSpec[8] est une bibliothèque de tests pour Ruby. Elle a inspiré des versions pour la plupart des autres langages modernes. Un test dans RSpec est censé refléter le comportement que vous attendez de votre code.

```
describe BowlingScore do
  it "totals 12 if you score 3 four times" do
    score = BowlingScore.new
    4.times { score.add_pins(3) }
    expect(score.total).to eq(12)
  end
end
```

Cucumber

Cucumber[9] est un moyen neutre de spécifier des tests en fonction du langage de programmation. Vous exécutez les tests à l'aide d'une version de Cucumber adaptée au langage que vous utilisez. Afin de prendre en charge la syntaxe du langage naturel, vous devez également écrire des outils de correspondance spécifiques qui reconnaissent les phrases et extraient les paramètres pour les tests.

```
Feature: Scoring

Background:
  Given an empty scorecard

Scenario: bowling a lot of 3s
  Given I throw a 3
  And I throw a 3
  And I throw a 3
  And I throw a 3
  Then the score should be 12
```

Les tests Cucumber ont été conçus pour être lus par les utilisateurs du logiciel (bien que cela se produise assez rarement dans la pratique ; l'aparté suivant examine les raisons de cette situation).

8 https://rspec.info.
9 https://cucumber.io/.

> **Pourquoi la plupart des utilisateurs professionnels ne lisent pas les fonctionnalités de Cucumber ?**
>
> L'une des raisons pour lesquelles l'approche classique *recueillir les besoins, concevoir, coder, expédier* ne fonctionne pas est qu'elle est ancrée dans le concept selon lequel les besoins sont identifiés. Or, c'est rarement le cas. Vos utilisateurs professionnels auront une vague idée de ce qu'ils veulent obtenir, mais ils ne connaissent pas les détails et ne s'en soucient pas. Là réside une partie de notre valeur ajoutée : nous avons l'intuition de l'intention et la convertissons en code.
>
> Ainsi, lorsque vous obligez un professionnel à signer un cahier des charges ou à accepter un ensemble de fonctionnalités Cucumber, cela revient à lui demander de vérifier l'orthographe d'un essai écrit en sumérien. Il fera quelques changements au hasard pour faire bonne figure et signera le document pour vous faire sortir de son bureau.
>
> Plutôt, donnez-lui un code qui fonctionne : il pourra jouer avec, et c'est là que les besoins réels apparaîtront.

Les routes de Phoenix

De nombreux frameworks web disposent d'une fonction de routage, qui permet de faire correspondre les requêtes HTTP entrantes à des fonctions de traitement dans le code. Voici un exemple de Phoenix[10].

```
scope "/", HelloPhoenix do
  pipe_through :browser # Use the default browser stack

  get "/", PageController, :index
  resources "/users", UserController
end
```

Cela signifie que les requêtes commençant par « / » seront passées par une série de filtres adaptés aux navigateurs. Une requête vers « / » elle-même sera traitée par la fonction `index` du module `PageController`. Le module `UsersController` implémente les fonctions nécessaires à la gestion d'une ressource accessible *via* l'URL `/users`.

10 https://phoenixframework.org/.

Ansible

Ansible[11] est un outil qui configure des logiciels, généralement sur un ensemble de serveurs distants. Pour ce faire, il lit une spécification que vous lui fournissez, puis fait le nécessaire sur les serveurs pour qu'ils reflètent cette spécification. La spécification peut être écrite en YAML[12], un langage qui construit des structures de données à partir de descriptions textuelles :

```
---
- name: install nginx
  apt: name=nginx state=latest

- name: ensure nginx is running (and enable it at boot)
  service: name=nginx state=started enabled=yes

- name: write the nginx config file
  template: src=templates/nginx.conf.j2 dest=/etc/nginx/nginx.conf
  notify:
  - restart nginx
```

Cet exemple garantit que la dernière version de nginx est installée sur les serveurs, qu'elle est démarrée par défaut et qu'elle utilise un fichier de configuration que vous avez fourni.

Caractéristiques des langages de domaine

Examinons ces exemples de plus près.

RSpec et le routeur Phoenix sont écrits dans leurs langages d'accueil (Ruby et Elixir). Ils emploient du code assez retors, notamment de la métaprogrammation et des macros, mais ils sont finalement compilés et exécutés comme du code normal.

Les tests Cucumber et les configurations Ansible sont écrits dans leurs propres langages. Un test Cucumber est converti en code à exécuter ou en structure de données, tandis que les spécifications Ansible sont toujours converties en structure de données qui est exécutée par Ansible lui-même.

11 https://www.ansible.com/.
12 https://yaml.org/.

Par conséquent, RSpec et le code du routeur sont intégrés au code que vous exécutez : ce sont de véritables extensions du vocabulaire de votre code. Cucumber et Ansible sont *lus* par le code et convertis en une forme que le code peut utiliser.

RSpec et le routeur sont des exemples de langages de domaine *internes*, tandis que Cucumber et Ansible utilisent des langages *externes*.

Compromis entre les langages internes et externes

En général, un langage de domaine interne peut tirer parti des caractéristiques de son langage hôte : le langage de domaine que vous créez est plus puissant, et cette puissance est gratuite. Par exemple, vous pouvez utiliser du code Ruby pour créer automatiquement un certain nombre de tests RSpec. Dans ce cas, nous pouvons tester des scores où il n'y a pas de spares ni de strikes :

```
describe BowlingScore do
  (0..4).each do |pins|
    (1..20).each do |throws|
      target = pins * throws

      it "totals #{target} if you score #{pins} #{throws} times" do
        score = BowlingScore.new
        throws.times { score.add_pins(pins) }
        expect(score.total).to eq(target)
      end
    end
  end
end
```

Vous venez d'écrire cent tests. Prenez le reste de la journée.

L'inconvénient des langages de domaine internes est que vous êtes lié à la syntaxe et à la sémantique de ces langages. Bien que certains soient remarquablement flexibles sur cet aspect, vous êtes toujours obligé de faire un compromis entre le langage que vous voulez et celui que vous pouvez mettre en œuvre.

En fin de compte, tout ce que vous inventez doit rester une syntaxe valide dans le langage cible. Les langages avec des macros (comme Elixir, Clojure et Crystal) vous donnent un peu plus de flexibilité, mais en fin de compte, la syntaxe reste la syntaxe.

Les langages externes n'ont pas de telles restrictions. Tant que vous pouvez écrire un analyseur syntaxique pour le langage, vous pouvez y aller. Parfois, vous pouvez utiliser un analyseur tiers (comme Ansible l'a fait en utilisant YAML), mais vous devez alors faire un compromis.

L'écriture d'un analyseur syntaxique implique probablement l'ajout de nouvelles bibliothèques, et éventuellement d'outils à votre application. Et écrire un bon analyseur n'est pas une tâche aisée. Mais si vous avez le cœur bien accroché, vous pouvez vous tourner vers des générateurs d'analyseurs tels que Bison ou ANTLR, et des frameworks d'analyse tels que les nombreux analyseurs PEG existants.

Notre suggestion est assez simple : ne dépensez pas plus d'efforts que vous n'en économisez. L'écriture d'un langage de domaine ajoute un certain coût à votre projet, et vous devrez être certain que cela génèrera des sources d'économie compensatoire (potentiellement à long terme).

En général, utilisez des langages externes prêts à l'emploi (tels que YAML, JSON ou CSV) si vous le pouvez. Si ce n'est pas le cas, envisagez des langages internes. Nous recommandons d'utiliser des langages externes uniquement dans les cas où votre langage sera écrit par les utilisateurs de votre application.

Un langage de domaine interne bon marché

Enfin, il existe une astuce pour créer des langages de domaine internes si la syntaxe du langage hôte ne vous dérange pas. Ne faites pas de métaprogrammation. Au lieu de cela, écrivez simplement des fonctions pour faire le boulot. En fait, c'est à peu près ce que fait RSpec :

```
describe BowlingScore do
  it "totals 12 if you score 3 four times" do
    score = BowlingScore.new
    4.times { score.add_pins(3) }
    expect(score.total).to eq(12)
  end
end
```

Dans ce code, describe, it, expect, to et eq ne sont que des méthodes Ruby. Il y a un peu de plomberie dans les coulisses pour ce qui est de la façon dont les objets sont transmis, mais ce n'est que du code. Nous étudierons cela un peu plus en détail dans les exercices.

Sections connexes

- Thème 8, *L'essence d'une bonne conception.*
- Thème 13, *Prototypes et Post-it.*
- Thème 32, *Configuration.*

Défis

- Certaines des exigences de votre projet actuel pourraient-elles être exprimées dans un langage spécifique au domaine ? Serait-il possible d'écrire un compilateur ou un traducteur capable de générer la majeure partie du code requis ?
- Si vous décidez d'adopter des mini-langages comme moyen de programmation plus proche du domaine du problème, vous acceptez qu'un certain effort soit nécessaire pour les mettre en œuvre. Voyez-vous comment le framework que vous développez pour un projet pourrait être réutilisé dans d'autres ?

Exercices

Exercice 4

Nous voulons implémenter un mini-langage pour contrôler un système de tortue graphique simple. Le langage consiste en des commandes d'une seule lettre, certaines suivies d'un seul chiffre. Par exemple, la commande suivante dessine un rectangle :

```
P 2  # select pen 2
D    # pen down
W 2  # draw west 2cm
N 1  # then north 1
E 2  # then east 2
S 1  # then back south
U    # pen up
```

Implémentez le code qui analyse ce langage. Il doit être conçu de manière à ce qu'il soit facile d'ajouter de nouvelles commandes.

Exercice 5

Dans l'exercice précédent, nous avons implémenté un analyseur syntaxique pour le langage de dessin – il s'agissait d'un langage de domaine externe. À présent, implémentez-le à nouveau en tant que langage interne. Ne cherchez pas à faire quelque chose de recherché : écrivez simplement une fonction pour chacune des commandes. Il se peut que vous deviez changer les noms des commandes en minuscules, et peut-être les envelopper dans quelque chose pour fournir un certain contexte.

Exercice 6

Concevez une grammaire BNF pour analyser une spécification de temps. Tous les exemples suivants devraient être acceptés :

```
4pm, 7:38pm, 23:42, 3:16, 3:16am
```

Exercice 7

Implémentez un analyseur pour la grammaire BNF (forme de Backus-Naur ou *Backus-Naur form* en anglais) de l'exercice précédent en utilisant un générateur d'analyseur PEG (*parsing expression grammar* en anglais) dans le langage de votre choix. La sortie doit être un nombre entier contenant le nombre de minutes après minuit.

Exercice 8

Implémentez l'analyseur temporel en utilisant un langage de script et des expressions régulières.

Thème 15 – Estimation

La bibliothèque du Congrès à Washington, DC, possède actuellement environ 75 To d'informations numériques en ligne. Vite ! Combien de temps faudra-t-il pour envoyer toutes ces informations sur un réseau de 1 Gbps ? Quelle est la capacité de stockage nécessaire pour un million de noms et d'adresses ? Combien de temps faut-il pour compresser 100 Mo de texte ? Combien de mois faudra-t-il pour réaliser votre projet ?

D'une certaine manière, ces questions n'ont pas de sens – il manque des informations. Pourtant, il est possible d'y répondre, à condition d'être à l'aise avec le fait de fournir une estimation. En outre, en vous efforçant de produire une estimation, vous comprendrez mieux le monde dans lequel vos programmes évoluent.

En apprenant à estimer, et en développant cette compétence au point d'avoir une compréhension intuitive des ordres de grandeur, vous pourrez faire preuve d'une capacité en apparence magique à déterminer leur faisabilité. Lorsque quelqu'un vous dira « nous enverrons la sauvegarde sur S3 *via* une connexion réseau », vous serez en mesure de savoir intuitivement si c'est faisable. Lorsque vous coderez, vous saurez quels sous-systèmes doivent être optimisés et lesquels peuvent être laissés en l'état.

Conseil 23 – Estimez pour éviter les surprises

En prime, à la fin de cette section, nous vous révélons la seule réponse correcte à donner chaque fois que quelqu'un vous demande un devis.

Quel degré de précision est nécessaire ?

Dans une certaine mesure, toutes les réponses sont des estimations. Simplement, certaines sont plus précises que d'autres. La première question que vous devez vous poser lorsque quelqu'un vous demande une estimation est donc de savoir dans quel contexte votre réponse sera reçue. La personne a-t-elle besoin d'un chiffre très précis ou plutôt d'une fourchette ?

L'un des aspects intéressants de l'estimation est que les unités utilisées créent une différence dans l'interprétation du résultat. Si vous dites que quelque chose prendra environ 130 jours ouvrables, vos interlocuteurs s'attendront à ce que le résultat soit assez proche. En revanche, si vous dites « Oh, environ 6 mois », ils sauront qu'il leur faudra attendre entre 5 et 7 mois. Les deux réponses représentent pourtant la même durée, mais « 130 jours » suggère implicitement un degré de précision plus élevé que vous ne le pensez. Nous vous recommandons d'échelonner les estimations de temps comme suit :

DURÉE	UNITÉ SUR LE DEVIS
1-15 jours	jours
3-6 semaines	semaines
8-20 semaines	mois
20+ semaines	réfléchissez bien avant de fournir une estimation

Les mêmes concepts s'appliquent aux estimations de n'importe quelle quantité : choisissez les unités de votre réponse en fonction de la précision que vous souhaitez donner.

D'où viennent les estimations ?

Toutes les estimations sont fondées sur des modèles du problème. Mais avant d'entrer dans le détail des techniques de construction des modèles, nous devons mentionner une astuce d'estimation de base qui donne toujours de bonnes réponses : s'adresser à quelqu'un qui l'a déjà fait. Avant de vous lancer dans l'élaboration d'un modèle, cherchez quelqu'un qui s'est déjà trouvé dans une situation similaire. Voyez comment son problème a été résolu. Il est peu probable que vous trouviez une correspondance exacte, mais vous seriez étonné du nombre de fois où vous pouvez vous inspirer avec succès de l'expérience des autres.

Comprendre ce qui vous est demandé

La première partie de tout exercice d'estimation consiste à comprendre ce qui est demandé. Outre les questions de précision évoquées plus haut, vous devez avoir une idée de la portée du domaine. C'est souvent implicite dans la question, mais vous devez prendre l'habitude de réfléchir à la portée de la demande avant de commencer à deviner. Souvent, celle que vous choisirez fera partie de la réponse que vous donnerez : « En supposant qu'il n'y ait pas d'accidents de la circulation et qu'il y ait de l'essence dans la voiture, je devrais arriver à destination dans vingt minutes. »

Construire un modèle du système

C'est la partie la plus amusante de l'estimation. À partir de votre compréhension de la question posée, construisez un modèle mental rudimentaire et prêt à l'emploi. Si vous estimez les temps de réponse, votre modèle peut impliquer un serveur et un certain type de trafic entrant. Dans le cas d'un projet, le modèle peut être constitué des étapes que votre entreprise utilise pendant le développement, ainsi que d'une image très approximative de la manière dont le système pourrait être mis en œuvre.

La construction de modèles peut être à la fois créative et utile à long terme. Souvent, la démarche conduit à la découverte de modèles et de processus sous-jacents qui n'étaient pas visibles de prime abord. Il se peut même que vous souhaitiez réexaminer la question initiale : « Vous avez demandé un devis pour réaliser *X*. Cependant, il semble que *Y*, une variante de *X*, pourrait être réalisée en moitié moins de temps, et que vous ne perdriez qu'une seule caractéristique. »

La construction du modèle introduit des imprécisions dans le processus d'estimation. C'est inévitable, mais c'est aussi bénéfique. Vous sacrifiez un peu de précision pour davantage de simplicité du modèle. Doubler l'effort sur le modèle peut ne déboucher que sur une légère augmentation de la précision. L'expérience vous apprendra jusqu'où affiner le modèle.

Découper le modèle en composants

Une fois que vous avez un modèle, vous pouvez le découper en composants. Vous devrez découvrir les règles mathématiques qui décrivent la manière dont ces composants interagissent. Parfois, un composant ne fournit qu'une seule valeur qui est ajoutée au résultat. Certains composants peuvent fournir des facteurs multiplicateurs, tandis que d'autres peuvent être plus complexes (comme ceux qui simulent l'arrivée du trafic à un nœud).

Vous constaterez que chaque composant possède généralement des paramètres qui influencent sa contribution au modèle global. À ce stade, il suffit d'identifier chaque paramètre.

Donner une valeur à chaque paramètre

Une fois les paramètres décomposés, vous pouvez passer en revue chacun d'entre eux et leur attribuer une valeur. Attendez-vous à introduire quelques erreurs au cours de cette étape. L'astuce consiste à déterminer les paramètres qui ont le plus d'impact sur le résultat et à s'efforcer de leur donner une valeur à peu près correcte. En règle générale, les paramètres dont les valeurs sont ajoutées à un résultat sont moins importants que ceux qui sont multipliés ou divisés. Doubler la vitesse d'une file d'attente peut doubler la quantité de données reçues en une heure, alors qu'ajouter un délai de transit de cinq millisecondes n'aura pas d'effet notable.

Vous devez disposer d'un moyen justifiable de calculer ces paramètres critiques. Pour l'exemple de la file d'attente, vous pourriez mesurer le taux d'arrivée réel des transactions du système existant ou trouver un système similaire à mesurer. De même, vous pourriez mesurer le temps nécessaire pour répondre à une demande ou faire une estimation à l'aide des techniques décrites dans cette section. En fait, vous vous retrouverez souvent à fonder une estimation sur d'autres sous-estimations. C'est là que se glissent les plus grosses erreurs.

Calculer les réponses

Ce n'est que dans les cas les plus simples qu'une estimation sera caractérisée par une réponse unique. Vous pouvez vous contenter de dire « Je peux marcher cinq pâtés de maisons en quinze minutes ». Toutefois, à mesure que les systèmes deviennent plus complexes, vous devez nuancer vos réponses. Effectuez plusieurs calculs, en faisant varier les valeurs des paramètres critiques, jusqu'à ce que vous sachiez quels sont ceux qui déterminent réellement le modèle. Un tableur peut être d'une grande aide. Formulez ensuite votre réponse en fonction de ces paramètres. « Le temps de réponse est d'environ trois quarts de seconde si le système est équipé de disques SSD et de 32 Go de mémoire, et d'une seconde avec 16 Go de mémoire. » (Remarquez que « trois quarts de seconde » donne une impression de précision différente de « 750 ms ».)

Pendant la phase de calcul, vous obtiendrez des réponses qui vous paraîtront étranges. Ne les écartez pas trop vite. Si vos calculs sont corrects, cela peut signifier que votre compréhension du problème ou votre modèle sont probablement erronés. Il s'agit d'une information précieuse.

Garder la trace de vos prouesses en matière d'estimation

Nous pensons qu'enregistrer vos estimations afin que vous puissiez voir à quel point vous étiez proche du but est un bon réflexe à acquérir. Si une estimation globale implique le calcul de sous-estimations, notez-les également. Souvent, vous constaterez que vos estimations sont assez bonnes – en fait, au bout d'un certain temps, vous finirez par vous y attendre.

Lorsqu'une estimation se révèle erronée, ne vous contentez pas de hausser les épaules et de vous en aller : cherchez pourquoi. Peut-être avez-vous choisi des paramètres qui ne correspondent pas à la réalité du problème. Votre modèle était peut-être erroné. Quelle que soit la raison, prenez le temps de découvrir ce qui s'est passé. Si vous y parvenez, votre prochaine estimation sera meilleure.

Estimation des calendriers de projets

Normalement, on vous demande d'estimer la durée d'un projet. Si ce « quelque chose » est complexe, l'estimation peut être très difficile à réaliser. Dans cette section, nous examinons deux techniques permettant de réduire cette incertitude.

Peindre le missile

« Combien de temps faut-il pour peindre la maison ? »

« Si tout se passe bien et que cette peinture a le pouvoir couvrant qu'elle revendique, le délai pourrait n'être que de dix heures. Mais c'est peu probable : je pense qu'un chiffre plus réaliste est plus proche de dix-huit heures. Et, bien sûr, si le temps se gâte, le délai pourrait atteindre trente heures, voire plus. »

C'est ainsi que les gens font des estimations dans le monde réel. Pas avec un seul chiffre (sauf si vous les forcez à vous en donner un), mais avec une série de scénarios.

Lorsque la marine américaine a dû planifier le projet de sous-marin Polaris, elle a adopté ce style d'estimation avec une méthodologie appelée « technique de révision du programme d'évaluation » (*Program Evaluation Review Technique* ou PERT).

Chaque tâche PERT est assortie d'une *estimation optimiste*, d'une *estimation la plus probable* et d'une *estimation pessimiste*. Les tâches sont organisées en un réseau de dépendances, puis l'on utilise quelques statistiques simples pour identifier les meilleurs et les pires délais probables pour l'ensemble du projet.

L'utilisation d'une fourchette de valeurs comme celle-ci est un excellent moyen d'éviter l'une des causes les plus courantes d'erreur d'estimation : gonfler un chiffre parce que l'on n'est pas sûr de soi. Au contraire, les statistiques qui sous-tendent la méthode PERT répartissent l'incertitude pour nous, ce qui permet d'obtenir de meilleures estimations pour l'ensemble du projet.

Cependant, nous ne sommes pas de grands adeptes de cette méthode. Certains ont tendance à produire des tableaux de la taille d'un mur représentant toutes les tâches d'un projet ; ils ont tendance à penser que, sous prétexte qu'ils ont eu recours à des *formules*, ils disposent d'une estimation précise. Il y a fort à parier que ce n'est pas le cas, car ils n'ont jamais fait cela auparavant.

Comment manger un éléphant

Nous constatons que la seule façon de déterminer le calendrier d'un projet est souvent d'acquérir de l'expérience sur le projet en question. Il ne s'agit pas d'un paradoxe si vous pratiquez le développement incrémental, en répétant les étapes suivantes avec des tranches de fonctionnalité très fines :

- vérifier les exigences ;
- analyser les risques (et prioriser les éléments les plus risqués) ;
- concevoir, mettre en œuvre, intégrer ;
- valider avec les utilisateurs.

Au départ, il se peut que vous n'ayez qu'une vague idée du nombre d'itérations nécessaires ou de leur durée. Certaines méthodes exigent que vous fixiez ces éléments dans le cadre du plan initial ; cependant, pour tous les projets hormis les plus triviaux, c'est une erreur. À moins que vous ne réalisiez une application similaire à une précédente, avec la même équipe et la même technologie, vous ne feriez que deviner.

Vous terminez donc le codage et les tests de la fonctionnalité initiale et vous marquez la fin de la première itération. Sur la base de cette expérience, vous pouvez affiner votre estimation initiale du nombre d'itérations et de ce qui peut être inclus dans chacune d'elles. L'affinement s'améliore à chaque fois et la confiance dans le calendrier s'accroît en même temps. Ce type d'estimation est souvent réalisé lors de la revue de l'équipe à la fin de chaque cycle itératif.

C'est aussi comme cela que l'on mange un éléphant, d'après une blague populaire : une bouchée à la fois.

Conseil 24 – Itérez aussi le calendrier du projet

Cela risque de ne pas plaire à la direction, qui veut généralement un chiffre unique et définitif avant même que le projet ne commence. Vous devrez les aider à comprendre que ce sont l'équipe, sa productivité et l'environnement qui détermineront le calendrier. En formalisant cela et en affinant le calendrier à chaque itération, vous leur fournirez les estimations le plus précises possibles.

Que répondre lorsqu'on vous demande une estimation ?

Dites : « Je vous rappellerai. »

Vous obtiendrez presque toujours de meilleurs résultats en ralentissant le processus et en prenant le temps de suivre les étapes décrites dans cette section. Les estimations faites à la machine à café reviendront (comme le café) vous hanter.

Sections connexes

- Thème 7, *Communiquez !*
- Thème 39, *Vitesse de l'algorithme*.

Défi

- Commencez à tenir un journal de vos estimations. Pour chacune d'entre elles, notez le degré d'exactitude de votre estimation. Si votre erreur est supérieure à 50 %, essayez de trouver l'origine de votre erreur d'estimation.

Exercices

Exercice 9

On vous pose la question suivante : « Qu'est-ce qui a le plus de bande passante : une connexion Internet de 1 Gbps ou une personne qui se déplace entre deux ordinateurs avec une unité de stockage de 1 To dans sa poche ? » Quelles contraintes imposerez-vous à votre réponse pour vous assurer que sa portée est correcte ? (Par exemple, vous pourriez dire que le temps d'accès au périphérique de stockage n'est pas pris en compte.)

Exercice 10

Au bout du compte, quelle est donc la bande passante la plus élevée ?

Chapitre 3

LES OUTILS DE BASE

Chaque artisan se lance avec quelques outils de base de bonne qualité. Un menuisier peut avoir besoin de règles, de calibres, de quelques scies, de bons rabots, de ciseaux fins, de perceuses et d'équerres, de maillets et de serre-joints. Ils seront choisis avec amour, faits pour durer ; ils accompliront des tâches spécifiques, sans se concurrencer entre eux, et – c'est peut-être le plus important – seront agréables à manier pour notre menuisier en herbe.

Commence alors un processus d'apprentissage et d'adaptation. Chaque outil aura sa propre personnalité et ses particularités bien à lui, et nécessitera une manipulation spéciale. Il devra être aiguisé d'une manière unique, ou tenu exactement comme il faut. Au fil du temps, il s'usera selon la manière dont il aura été utilisé, jusqu'à ce que la poignée ressemble à un moulage des mains de son propriétaire et que la surface de coupe s'aligne parfaitement avec l'angle préféré. À ce stade, l'outil sera devenu un intermédiaire entre le cerveau du menuisier et le produit fini – de véritables extensions des mains de l'artisan. Au fil du temps, celui-ci ajoutera de nouveaux outils, tels que des emporte-pièces, des scies à onglets guidées par laser, des gabarits à queue d'aronde, autant de technologies merveilleuses. Mais vous pouvez parier qu'il ne sera jamais aussi épanoui que lorsqu'il maniera l'un de ses premiers outils, qu'il entendra le rabot chanter lorsqu'il glissera contre le bois.

Les outils amplifient votre talent. Plus vos outils sont performants, mieux vous savez les utiliser, et plus vous pouvez être productif. Commencez par quelques outils élémentaires d'usage assez large. Au fur et à mesure que vous acquerrez de l'expérience et que vous rencontrerez des besoins particuliers, vous compléterez cette première collection. Comme l'artisan, attendez-vous à enrichir régulièrement votre boîte à outils. Soyez toujours à la recherche de meilleures manières de faire votre travail. Si vous vous retrouvez dans une situation où vous avez l'impression que vos outils actuels ne suffisent pas, prenez note de chercher quelque chose de différent ou de plus puissant qui aurait pu vous aider. Laissez le besoin guider vos acquisitions.

De nombreux programmeurs débutants commettent l'erreur d'adopter un outil unique, tel qu'un environnement de développement intégré (EDI) particulier, et de ne jamais quitter son interface confortable. C'est vraiment une erreur. Vous devez être à l'aise au-delà des limites imposées par un EDI. La seule façon d'y parvenir est de garder l'ensemble des outils de base bien aiguisés et prêts à l'emploi.

Dans ce chapitre, nous parlons de l'investissement dans votre propre boîte à outils primordiale. Comme pour toute bonne discussion sur les outils, nous commençons (dans *Le pouvoir du texte brut*) par examiner vos matières premières, c'est-à-dire les éléments que vous allez façonner. De là, nous passons à l'établi ou, dans notre cas, à l'ordinateur. Comment pouvez-vous utiliser votre ordinateur pour tirer le meilleur parti des outils que vous utilisez ? Nous en discutons dans *Jouez avec les shells*. Lorsque nous disposons de matériel et d'un support pour travailler, nous nous tournons vers l'outil que vous utilisez probablement le plus, à savoir votre éditeur. Dans *La puissance du texte*, nous vous proposons des moyens de devenir plus efficace.

Pour nous assurer de ne jamais perdre notre précieux travail, nous devrions toujours utiliser un système de *Contrôle de version*, même pour des choses personnelles telles que des recettes ou des notes. Et, puisque Murphy était après tout foncièrement optimiste, vous ne pourrez être un programmeur digne de ce nom tant que vous n'aurez pas acquis une grande maîtrise du *Débogage*.

Vous aurez besoin d'un peu de colle pour donner du liant à toute cette magie. Nous examinons quelques possibilités dans *Manipulation de texte*.

Enfin, même une impression fanée ou jaunie est plus fiable que vos souvenirs. Conservez un historique de votre raisonnement et de vos aventures, inspirez-vous des *Carnets d'ingénieurs*.

Prenez le temps d'apprendre à utiliser ces outils et, à un moment donné, vous serez surpris de voir vos doigts se déplacer sur le clavier, manipulant le texte sans même y penser. Les outils seront devenus des extensions de vos mains.

Thème 16 – Le pouvoir du texte brut

En tant que programmeurs pragmatiques, notre matière première n'est ni le bois ni le fer, mais la connaissance. Nous rassemblons les exigences en tant que connaissances, puis nous exprimons ces connaissances dans nos conceptions, nos implémentations, nos tests et nos documents. Et nous pensons que le meilleur format pour stocker des connaissances de manière durable est le *texte brut*. Avec ce dernier, nous nous donnons la possibilité de manipuler la connaissance, à la fois manuellement et par programme, en utilisant pratiquement tous les outils à notre disposition.

Le problème de la plupart des formats binaires est que le contexte nécessaire à la compréhension des données est séparé des données elles-mêmes. Vous éloignez artificiellement les données de leur signification. Les données pourraient tout aussi bien être cryptées ; elles n'ont absolument aucune signification sans la logique d'application qui permet de les analyser. En revanche, avec du texte brut, vous pouvez obtenir un flux de données autodescriptif indépendant de l'application qui l'a créé.

Qu'est-ce que le texte brut ?

Le *texte brut* est composé de caractères imprimables sous une forme qui transmet l'information. Il peut s'agir d'une simple liste de courses :

```
* milk
* lettuce
* coffee
```

ou de quelque chose d'aussi complexe que la source de ce livre (oui, elle est en texte brut, au grand dam de l'éditeur, qui voulait que nous utilisions un logiciel de traitement de texte).

L'aspect information est important. Le texte suivant n'est pas un texte brut utile :

```
hlj;uijn bfjxrrctvh jkni'pio6p7gu;vh bjxrdi5rgvhj
```

Celui-ci non plus :

```
Field19=467abe
```

Le lecteur n'a aucune idée de la signification de `467abe`. On veut que les textes en clair soient *compréhensibles* pour les humains.

Conseil 25 – Conservez les connaissances en texte brut

Le pouvoir du texte

« Brut » n'est pas synonyme de « non structuré » ; HTML, JSON, YAML et compagnie sont tous du texte brut. Il en va de même pour la majorité des protocoles fondamentaux du réseau, tels que HTTP, SMTP, IMAP, etc., et ce, pour de bonnes raisons :

- assurance contre l'obsolescence ;
- exploitation des outils existants ;
- facilitation des tests.

Une assurance contre l'obsolescence

Les formes de données lisibles par l'homme et les données autodécrites survivront à toutes les autres formes de données et aux applications qui les ont créées. Point. Tant que les données survivent, vous aurez une chance de pouvoir les utiliser, potentiellement longtemps après que l'application originale qui les a écrites aura disparu.

Vous pouvez analyser un tel fichier avec une connaissance partielle de son format ; avec la plupart des fichiers binaires, vous devez connaître tous les détails du format complet pour réussir à l'analyser.

Considérez un fichier de données provenant d'un ancien système que l'on vous a remis[1]. Vous savez peu de choses sur l'application d'origine ; tout ce qui vous importe, c'est qu'elle contient une liste des numéros de sécurité sociale des clients, que vous devez trouver et extraire. Parmi les données, vous voyez :

```
<FIELD10>123-45-6789</FIELD10>
...
<FIELD10>567-89-0123</FIELD10>
...
<FIELD10>901-23-4567</FIELD10>
```

En reconnaissant le format d'un numéro de sécurité sociale, vous pouvez rapidement écrire un petit programme pour extraire ces données, même si vous n'avez aucune information sur les autres éléments du fichier.

Mais imaginez que le fichier ait été formaté de cette manière :

```
AC27123456789B11P
...
XY43567890123QTYL
...
6T2190123456788AM
```

Vous n'avez peut-être pas reconnu aussi facilement la signification des chiffres. C'est la différence entre *lisible par l'homme* et *compréhensible par l'homme*.

Pendant que nous y sommes, `FIELD10` n'est pas très utile non plus. Quelque chose comme :

```
<SOCIAL-SECURITY-NO>123-45-6789</SOCIAL-SECURITY-NO>
```

serait infiniment plus univoque et transparent, et garantirait que les données survivent au projet qui les a créées.

1 Tous les logiciels deviennent des logiciels anciens dès qu'ils sont écrits.

Un effet de levier

Pratiquement tous les outils de l'univers informatique, depuis les systèmes de contrôle de version jusqu'aux éditeurs en passant par les outils de ligne de commande, peuvent fonctionner avec du texte brut.

Par exemple, supposons que vous ayez déployé en production une grande application avec un fichier de configuration complexe spécifique à un site. Si ce fichier est en texte brut, vous pouvez le placer sous un système de contrôle de version (voir le thème 19, *Contrôle de version*), de manière à conserver automatiquement un historique de toutes les modifications. Les outils de comparaison de fichiers tels que diff et fc vous permettent de voir d'un coup d'œil les modifications apportées, tandis que sum vous permet de générer une somme de contrôle pour surveiller le fichier en cas de modification accidentelle (ou malveillante).

Des tests plus faciles

Si vous utilisez du texte brut pour créer des données synthétiques afin de conduire des tests système, il est alors très simple d'ajouter, de mettre à jour ou de modifier les données de test *sans avoir à créer d'outils spéciaux*. De même, les résultats en texte brut des tests de régression peuvent être analysés de manière rudimentaire à l'aide de commandes shell (interpréteur de commande) ou d'un simple script.

La philosophie Unix

Unix est célèbre pour avoir été conçu autour d'une philosophie des outils petits, pointus, chacun destiné à faire impeccablement une seule tâche. Cette approche est rendue possible par l'utilisation d'un format sous-jacent commun, le fichier en texte brut orienté ligne. Les bases de données utilisées pour l'administration du système (utilisateurs et mots de passe, configuration du réseau, etc.) sont toutes conservées sous forme de fichiers en texte brut. (Quelques systèmes conservent également une forme binaire de certaines bases de données afin d'optimiser les performances. La version en texte brut est conservée en tant qu'interface avec la version binaire.)

> Lorsqu'un système tombe en panne, il se peut que vous ne disposiez que d'un environnement minimal pour le restaurer (il est possible que vous ne puissiez pas accéder aux pilotes graphiques, par exemple). De telles situations peuvent vraiment vous faire apprécier la simplicité du texte brut.
> Le texte brut est également plus facile à rechercher. Si vous ne vous souvenez plus du fichier de configuration qui gère les sauvegardes de votre système, un rapide `grep -r backup /etc` devrait vous le dire.

Le plus petit dénominateur commun

Même dans un futur où des agents intelligents sur la blockchain parcourront l'Internet sauvage et dangereux de manière autonome en négociant des échanges de données entre eux, le fichier texte omniprésent sera toujours là. En fait, dans les environnements hétérogènes, les avantages du texte brut peuvent l'emporter sur tous les inconvénients. Il faut s'assurer que toutes les parties peuvent communiquer à l'aide d'une norme commune. Le texte brut est cette norme.

Sections connexes

- Thème 17, *Jouez avec les shells*.
- Thème 21, *Manipulation de texte*.
- Thème 32, *Configuration*.

Défi

- Concevez une petite base de données de carnet d'adresses (nom, numéro de téléphone, etc.) en utilisant une représentation binaire simple dans le langage de votre choix. Faites-le avant de lire le reste de ce défi.
  - Traduisez ce format en texte brut à l'aide de XML ou de JSON ;
  - Pour chaque version, ajoutez un nouveau champ de longueur variable appelé « indications », dans lequel vous pouvez indiquer la route à suivre pour se rendre chez chaque personne.

Quelles sont les questions qui se posent en matière de version et d'extensibilité ? Quel formulaire était le plus facile à modifier ? Qu'en est-il de la conversion des données existantes ?

Thème 17 – Jouez avec les shells

Tout menuisier a besoin d'un bon établi, solide et fiable, à une hauteur adéquate pour qu'il façonne ses pièces. L'établi devient le centre de l'atelier, notre artisan y revenant sans cesse à mesure que son travail prend forme.

Pour un programmeur manipulant des fichiers de texte, cet établi est la commande shell. À partir de l'invite de shell, vous pouvez invoquer tout votre répertoire d'outils, en formant des combinaisons desquelles les développeurs originaux n'auraient jamais osé rêver. Depuis le shell, vous pouvez lancer des applications, des débogueurs, des navigateurs, des éditeurs et des utilitaires. Vous pouvez rechercher des fichiers, interroger l'état du système et filtrer les sorties. En programmant le shell, vous pouvez créer des commandes macro complexes pour les activités que vous effectuez souvent.

Pour les programmeurs qui ont grandi avec les interfaces graphiques et les environnements de développement intégrés (EDI), cette position peut sembler extrême. Après tout, ne peut-on pas tout faire aussi bien en pointant et en cliquant ?

La réponse courte, c'est « non ». Les interfaces graphiques sont merveilleuses et peuvent être plus rapides et plus pratiques pour certaines opérations simples. Déplacer des fichiers, lire et écrire des emails, construire et déployer votre projet sont autant de choses que vous devriez réaliser dans un environnement graphique. Mais si vous effectuez tout votre travail à l'aide d'interfaces graphiques, vous ne profiterez pas de toutes les capacités de votre environnement. Vous ne pourrez pas automatiser les tâches courantes, ni utiliser toute la puissance des outils mis à votre disposition. Vous ne pourrez pas non plus combiner vos outils pour créer des *macro-outils* personnalisés.

L'un des avantages des interfaces graphiques est que vous obtenez ce que vous voyez ; l'inconvénient, c'est que vous n'obtenez *que* ce que vous voyez.

Les environnements d'interface graphique sont normalement limités aux capacités prévues par leurs concepteurs. Si vous avez besoin d'aller au-delà du modèle fourni par le concepteur, vous êtes dans de beaux draps – et le plus souvent, vous avez effectivement besoin d'aller au-delà du modèle. Les programmeurs pragmatiques ne se contentent pas de découper du code, de développer des modèles d'objets, de rédiger de la documentation ou d'automatiser le processus de construction – ils font *tout cela*. La portée d'un outil est généralement limitée aux tâches que l'outil est censé accomplir. Par exemple, supposons que vous ayez besoin d'intégrer un préprocesseur de code (pour mettre en œuvre la programmation par contrat, ou les directives de multitraitement, ou autre) dans votre EDI. À moins que le concepteur de l'EDI n'ait explicitement prévu des boucles pour cette fonctionnalité, vous ne pouvez pas le faire.

Conseil 26 – Utilisez la puissance des commandes shell

Apprenez à vous familiariser avec le shell, vous verrez votre productivité grimper en flèche. Vous avez besoin de créer une liste de tous les noms de packages uniques explicitement importés par votre code Java ? La procédure suivante la stocke dans un fichier appelé « list » :

sh/packages.sh

```
grep '^import ' *.java |
  sed -e's/^import  *//' -e's/;.*$//' |
  sort -u >list
```

Si vous n'avez pas passé beaucoup de temps à explorer les capacités de la commande shell que vous utilisez, cela peut sembler décourageant. Cependant, consacrez un peu d'énergie pour vous familiariser avec votre shell et les choses se mettront rapidement en place. Jouez avec votre commande shell et vous serez surpris de constater à quel point elle vous rendra plus productif.

Un shell bien à vous

De la même manière qu'un menuisier personnalise son espace de travail, un développeur doit personnaliser son shell. Cela implique généralement de modifier la configuration du programme de terminal que vous utilisez.

Les changements les plus courants sont les suivants.

- *Définition des thèmes colorimétriques.* Vous pouvez passer de très nombreuses heures à essayer *tous* les thèmes disponibles en ligne pour votre shell particulier.
- *Configuration d'une invite.* L'invite qui vous indique que le shell est prêt à saisir une commande peut être configurée pour afficher à peu près toutes les informations que vous souhaitez (et un tas de choses que vous ne voudriez absolument pas). Les préférences personnelles sont importantes ici : nous avons tendance à aimer les invites simples, avec un nom de répertoire courant abrégé et un état de contrôle de version, ainsi que l'heure.
- *Alias et fonctions du shell.* Simplifiez votre travail en transformant les commandes que vous utilisez souvent en de simples alias. Vous mettez peut-être régulièrement à jour votre système Linux, mais vous ne vous souvenez jamais si vous mettez à jour et mettez à niveau, ou si vous mettez à niveau et mettez à jour. Créez un alias :

  ```
  alias apt-up='sudo apt-get update && sudo apt-get upgrade'
  ```

  Vous avez peut-être supprimé accidentellement des fichiers à l'aide de la commande rm une fois de trop. Écrivez un alias pour que cette commande vous soit toujours proposée à l'avenir :

  ```
  alias rm ='rm -iv'
  ```

- *Complétion de commandes.* La plupart des shells complètent les noms de commandes et de fichiers : tapez les premiers caractères, appuyez sur la touche tabulation et le shell complétera ce qu'il peut. Mais vous pouvez aller beaucoup plus loin, en configurant le shell pour qu'il reconnaisse la commande que vous saisissez et propose des compléments spécifiques au contexte. Certains personnalisent même la complétion en fonction du répertoire courant.

Vous passerez beaucoup de temps dans l'un de ces shells. Rendez-le confortable et accueillant comme si c'était votre maison.

Sections connexes

- Thème 13, *Prototypes et Post-it.*
- Thème 16, *Le pouvoir du texte brut.*
- Thème 21, *Manipulation de texte.*
- Thème 30, *Transformer la programmation.*
- Thème 51, *Kit de démarrage pragmatique.*

Défis

- Y a-t-il des choses que vous faites actuellement manuellement dans une interface graphique ? Vous arrive-t-il de transmettre à vos collègues des instructions qui impliquent un certain nombre d'étapes individuelles du type « clique sur ce bouton », « sélectionne cet élément » ? Ces opérations pourraient-elles être automatisées ?
- Chaque fois que vous vous installez dans un nouvel environnement, renseignez-vous sur les shells disponibles. Voyez si vous pouvez apporter la vôtre avec vous.
- Recherchez des options alternatives à votre shell actuel. Si vous rencontrez un problème qu'il ne peut pas résoudre, voyez si une solution alternative ne pourrait pas mieux faire l'affaire.

Thème 18 – La puissance du texte

Nous avons déjà parlé des outils comme d'un prolongement de la main. Eh bien, cela s'applique aux éditeurs plus qu'à tout autre outil logiciel. Vous devez être en mesure de manipuler du texte aussi facilement que possible, car le texte est la matière première de base de la programmation.

Dans la première édition de ce livre, nous recommandions d'utiliser un seul éditeur pour tout : le code, la documentation, les mémos, l'administration du système, etc. Nous avons quelque peu assoupli cette position. Utilisez autant d'éditeurs que vous le souhaitez, cela ne nous pose aucun problème. Nous aimerions simplement que vous vous efforciez de maîtriser chacun d'entre eux.

Conseil 27 – Développez une aisance rédactionnelle

Pourquoi est-ce si important ? Sommes-nous en train de dire que vous allez gagner beaucoup de temps ? En fait, oui : au cours d'une année, vous pourriez gagner une semaine supplémentaire si vous rendez votre travail d'édition 4 % plus efficace en éditant vingt heures par semaine.

Mais le véritable avantage réside ailleurs : en gagnant en aisance, vous n'avez plus à penser aux mécanismes de l'édition. L'écart entre le moment où l'on pense quelque chose et le moment où cela apparaît dans le tampon de l'éditeur diminue considérablement. Vos pensées couleront de source et votre programmation en bénéficiera. (Si vous avez déjà appris à conduire à quelqu'un, vous connaissez la différence entre une personne qui doit réfléchir à chacune de ses actions et un conducteur plus expérimenté qui contrôle la voiture instinctivement.)

Qu'entend-on par « aisance rédactionnelle » ?

Qu'est-ce qui fait que l'on s'exprime avec aisance ? Voici la liste des défis à relever :

- Lorsque vous éditez du texte, déplacez et effectuez des sélections par caractère, par mot, par ligne et par paragraphe ;
- Lorsque vous éditez du code, déplacez-vous en fonction des différentes unités syntaxiques (champs de correspondance, fonctions, modules...) ;
- Restaurez l'affichage en retrait du code après les modifications ;
- Commentez et décommentez des blocs de code avec une seule commande ;
- Annulez et rétablissez les modifications ;
- Divisez la fenêtre de l'éditeur en plusieurs panneaux et naviguez entre eux ;

- Naviguez vers un numéro de ligne particulier ;
- Triez des lignes sélectionnées ;
- Recherchez des chaînes de caractères et des expressions régulières, et répétez les recherches précédentes ;
- Créez temporairement plusieurs curseurs sur la base d'une sélection ou d'une correspondance de contenus, et modifiez le texte dans chacun d'eux en parallèle ;
- Affichez les erreurs de compilation dans le projet en cours ;
- Exécutez les tests du projet en cours.

Pouvez-vous faire tout cela sans utiliser votre souris ni votre pavé tactile ?

Vous pourriez arguer que votre éditeur actuel n'offre pas la possibilité de réaliser un de ces défis ; si c'est le cas, il est peut-être temps d'en changer ?

Allez vers toujours plus d'aisance

Nous nous doutons bien que peu de monde connaît *toutes* les commandes d'un éditeur puissant particulier. Nous ne nous attendons pas non plus à ce que vous atteigniez ce niveau de maîtrise. Nous vous proposons plutôt une approche plus pragmatique : apprenez les commandes qui vous facilitent la vie.

La recette est assez simple.

Tout d'abord, observez-vous pendant que vous éditez. Chaque fois que vous vous apercevez que vous faites quelque chose de répétitif, prenez l'habitude de vous dire « il doit bien y avoir une meilleure façon de procéder ». Puis trouvez-la.

Une fois que vous avez découvert une nouvelle fonction utile, vous devez l'installer dans votre mémoire musculaire afin de pouvoir l'utiliser sans y penser. Le seul moyen que nous connaissons pour y parvenir est la répétition. Cherchez consciemment des occasions d'utiliser votre nouveau superpouvoir, idéalement plusieurs fois par jour. Au bout d'une semaine environ, vous vous apercevrez que vous l'utilisez sans y penser.

Faire évoluer votre solution

La plupart des éditeurs de code puissants sont construits autour d'un noyau de base qui est ensuite complété par des extensions. Nombre d'entre elles sont fournies avec la solution et d'autres peuvent être ajoutées ultérieurement.

Lorsque vous vous heurtez à une limitation apparente de la solution que vous utilisez, recherchez une extension qui fera l'affaire. Il y a de fortes chances que vous ne soyez pas le seul à avoir besoin de cette fonctionnalité, et si vous avez de la chance, quelqu'un d'autre aura publié sa solution.

Allez plus loin. Plongez dans le langage d'extension de votre éditeur. Déterminez comment l'utiliser pour automatiser certaines des tâches répétitives que vous effectuez. Souvent, vous n'aurez besoin que d'une ligne ou deux de code.

Parfois, vous irez encore plus loin et vous vous retrouverez à écrire une véritable extension. Dans ce cas, publiez-la : si vous en avez eu besoin, elle pourra aussi rendre service à d'autres personnes.

Section connexe

- Thème 7, *Communiquez !*

Défis

- Plus de répétition automatique.

C'est quelque chose que tout le monde fait : quand vous devez effacer le dernier mot que vous avez tapé, vous appuyez sur la touche effacement arrière et attendez que la répétition automatique se mette en marche. Nous sommes prêts à parier que vous avez fait cela tellement souvent que votre cerveau sait presque exactement à quel moment relâcher la touche.

Désactivez donc la répétition automatique et apprenez plutôt les séquences de touches pour déplacer, sélectionner et supprimer des caractères, des mots, des lignes et des blocs.

- Celle-ci va faire mal.

Laissez tomber la souris ou le pavé tactile. Pendant une semaine entière, éditez en utilisant uniquement le clavier. Vous découvrirez un tas de choses que vous ne pouvez pas faire sans pointer et cliquer : les conditions idéales pour apprendre. Prenez des notes (nous vous recommandons d'utiliser, à l'ancienne, un crayon et du papier) sur les séquences de touches que vous apprenez.

Votre productivité en sera affectée pendant quelques jours. Mais au fur et à mesure que vous apprendrez à faire des choses sans éloigner vos mains de leur position initiale, vous constaterez que votre travail d'édition devient plus rapide et plus fluide qu'il ne l'a jamais été.

- Recherchez les intégrations. Lors de la rédaction de ce chapitre, Dave s'est demandé s'il pouvait prévisualiser la mise en page finale (un fichier PDF) dans une mémoire tampon de l'éditeur. Un téléchargement plus tard, la mise en page côtoyait le texte original, le tout dans l'éditeur. Dressez donc une liste des éléments que vous aimeriez intégrer dans votre éditeur, puis recherchez-les.
- De manière un peu plus ambitieuse, si vous ne trouvez pas de plugin ou d'extension qui fasse ce que vous voulez, écrivez-en un. Andy aime bien créer des plugins wiki personnalisés, fondés sur des fichiers locaux, pour ses éditeurs préférés. Si vous ne trouvez pas les outils dont vous avez besoin, créez-les !

Thème 19 – Contrôle de version

> *Le progrès, loin de consister en un changement, dépend de la rétention. Ceux qui ne se souviennent pas du passé sont condamnés à le répéter.*
>
> George Santayana, *La Vie de la raison*

L'un des éléments importants que nous recherchons dans une interface utilisateur est la touche `annulation`, un simple bouton qui nous pardonne nos erreurs. C'est encore mieux si l'environnement prend en charge plusieurs niveaux d'annulation et de rétablissement, de sorte que vous puissiez faire machine arrière et revenir au stade où vous en étiez quelques minutes plus tôt.

Mais que se passe-t-il si l'erreur s'est produite la semaine dernière et que vous avez allumé et éteint votre ordinateur dix fois depuis ? Eh bien, c'est l'un des nombreux avantages de l'utilisation d'un système de contrôle de version (VCS) : il s'agit d'un bouton annulation géant – une machine à remonter le temps à l'échelle du projet qui peut vous ramener au temps béni de la semaine dernière, lorsque le code se compilait et fonctionnait.

Pour beaucoup, c'est la limite de leur utilisation d'un VCS. Ces personnes passent à côté de tout un monde de collaboration, de pipelines de déploiement, de suivi des problèmes et d'interaction générale au sein de l'équipe.

Examinons donc le VCS, d'abord en tant que dépôt de modifications, puis en tant que lieu de rencontre central pour votre équipe et son code.

Les répertoires partagés ne sont PAS des contrôles de version

Il arrive encore que des équipes partagent les fichiers sources de leurs projets sur un réseau : soit en interne, soit en utilisant une forme de stockage sur cloud.

Cette approche n'est pas viable.

Les équipes qui agissent de la sorte sont constamment en train de gâcher le travail des uns et des autres, de perdre des modifications, de détruire des constructions et de se battre sur le parking. C'est comme écrire du code congruent avec des données partagées sans mécanisme de synchronisation. Utilisez le contrôle de version.

Mais ce n'est pas tout ! Certaines personnes utilisent bel et bien le contrôle de version et conservent leur référentiel principal sur un réseau ou un disque sur le cloud. Ils pensent obtenir ainsi le beurre et l'argent du beurre : leurs fichiers sont accessibles partout et (dans le cas du stockage sur le cloud) ils sont sauvegardés hors site.

Il s'avère que c'est encore pire et qu'ils risquent surtout de tout perdre. Le logiciel de contrôle de version utilise un ensemble de fichiers et de répertoires en interaction.

> Si deux instances apportent simultanément des modifications, l'état général peut être corrompu, et il est impossible d'anticiper l'ampleur des dégâts. Et personne n'aime voir les développeurs pleurer.

Tout commence à la source

Les systèmes de contrôle de version (VCS) conservent la trace de chaque modification apportée à votre code source et à votre documentation. Avec un système de contrôle du code source correctement configuré, *vous pouvez toujours revenir à une version antérieure de votre logiciel.*

Mais un système de contrôle de version ne se contente pas d'annuler les erreurs. Un bon système de contrôle de version vous permet de suivre les modifications, en répondant à des questions telles que : qui a modifié cette ligne de code ? Quelle est la différence entre la version actuelle et celle de la semaine dernière ? Combien de lignes de code avons-nous modifiées dans cette version ? Quels sont les fichiers le plus souvent modifiés ? Ce type d'information est inestimable pour le suivi des bogues, l'audit, les performances et la qualité.

Un VCS vous permettra également d'identifier les versions de votre logiciel : vous serez toujours en mesure de revenir en arrière et de régénérer la bonne version, indépendamment des modifications qui ont pu être apportées ultérieurement.

Les systèmes de contrôle de version peuvent conserver les fichiers qu'ils gèrent dans un référentiel central – un excellent candidat pour l'archivage.

Enfin, les systèmes de contrôle de version permettent à deux utilisateurs ou plus de travailler simultanément sur le même ensemble de fichiers, voire d'apporter des modifications simultanées au même fichier. Le système gère ensuite la fusion de ces modifications lorsque les fichiers sont renvoyés au dépôt. Bien qu'apparemment risqués, ces systèmes fonctionnent bien dans la pratique pour des projets de toutes tailles.

Conseil 28 – Utilisez toujours le contrôle de version

Toujours. Même s'il s'agit d'une équipe d'une seule personne travaillant sur un projet d'une semaine. Même s'il s'agit d'un prototype « jetable ». Même si ce sur quoi vous travaillez n'est pas un code source. Assurez-vous que *tout* est sous contrôle de version : la documentation, les listes de numéros de téléphone, les mémos aux fournisseurs, les makefiles, les procédures d'architecture et de publication, ce petit script shell qui met de l'ordre dans les fichiers journaux – tout. Nous utilisons régulièrement le contrôle de version pour pratiquement tout ce que nous tapons (y compris le texte de ce livre). Même si nous ne travaillons pas sur un projet, notre travail quotidien est sécurisé dans un référentiel.

Pour éviter de tout planter, restez branché

Les systèmes de contrôle de version ne se contentent pas de conserver un historique unique de votre projet. L'une de leurs caractéristiques les plus puissantes et les plus utiles est la façon dont ils vous permettent d'isoler des îlots de développement dans ce que l'on appelle des *branches*. Vous pouvez créer une branche à n'importe quel moment de l'histoire de votre projet, et tout travail effectué dans cette branche sera isolé de toutes les autres branches. À un moment donné, vous pouvez *fusionner* la branche sur laquelle vous travaillez avec une autre, de sorte que la branche cible contienne les modifications que vous avez apportées à votre branche. Plusieurs personnes peuvent même travailler sur une branche : d'une certaine manière, ce sont des sortes de petits projets clonés.

L'un des avantages des branches est l'isolement qu'elles procurent. Si vous développez la fonctionnalité A dans une branche et qu'un coéquipier travaille sur la fonctionnalité B dans une autre branche, vous ne risquez pas d'interférer l'un avec l'autre.

Un second avantage, qui peut surprendre, est que les branches sont souvent au cœur du processus de travail d'une équipe.

Et c'est là que les choses deviennent un peu confuses. Les branches de contrôle de version et l'organisation des tests ont un point commun : des milliers de personnes vont essayer de vous expliquer comment vous y prendre. Et ces conseils sont largement dénués de sens, car ce qu'ils disent en réalité, c'est « voici ce qui a marché pour moi ».

Utilisez donc le contrôle de version dans votre projet et si vous rencontrez des problèmes de processus de travail, cherchez des solutions possibles. Et n'oubliez pas de revoir et d'ajuster ce que vous faites au fur et à mesure que vous gagnez en expérience.

Une expérience de pensée

Renversez une pleine tasse de thé (choisissez de l'English breakfast, avec un nuage de lait) sur le clavier de votre ordinateur portable. Apportez l'ordinateur à un comptoir d'experts, faites-les hocher la tête d'un air réprobateur. Achetez un nouvel ordinateur. Ramenez-le chez vous.

Combien de temps faudrait-il pour remettre cette machine dans le même état que celui dans lequel elle se trouvait (avec toutes les clés SSH, la configuration de l'éditeur, la configuration du shell, les applications installées, etc.). C'est un problème auquel l'un d'entre nous a été confronté récemment.

Presque tout ce qui définissait la configuration et l'utilisation de la machine d'origine était stocké dans le système de contrôle de version, y compris :

- toutes les préférences utilisateur et les dotfiles ;
- la configuration de l'éditeur ;
- la liste des logiciels installés à l'aide de Homebrew ;
- le script Ansible utilisé pour configurer les applications ;
- tous les projets en cours.

La machine a été rétablie en fin d'après-midi.

Le contrôle de version au cœur de vos projets

Bien que le contrôle de version soit incroyablement utile pour les projets personnels, il dévoile vraiment toute son importance dans le cadre des travaux en équipe. Et une grande partie de cette valeur provient de la manière dont vous hébergez votre référentiel.

Aujourd'hui, de nombreux systèmes de contrôle de version ne nécessitent aucun hébergement. Ils sont complètement décentralisés, chaque développeur coopérant sur une base peer-to-peer. Mais même avec ces systèmes, il vaut la peine d'envisager un dépôt central, car une fois que cela est mis en place, vous pouvez profiter d'une tonne d'intégrations pour faciliter le déroulement du projet.

De nombreux systèmes de dépôt sont en open source, de sorte que vous puissiez les installer et les utiliser dans votre entreprise. Mais ce n'est pas vraiment votre domaine d'activité, c'est pourquoi nous avons tendance à recommander à la plupart des gens de confier l'hébergement à un tiers. Recherchez des caractéristiques telles que :

- une sécurité et un contrôle d'accès satisfaisants ;
- une interface utilisateur intuitive ;
- la possibilité de tout faire à partir de la ligne de commande également (parce que vous pourriez avoir besoin de l'automatiser) ;
- des constructions et tests automatisés ;
- une bonne prise en charge de la fusion de branches (parfois appelée *pull requests*) ;
- la gestion des problèmes (idéalement intégrée dans les soumissions (ou *commits*) et les fusions (ou *merges*), de manière à pouvoir conserver les indicateurs de suivi) ;
- des rapports de qualité (un affichage des problèmes et des tâches en cours sous la forme d'une présentation type tableau kanban peut s'avérer très utile) ;
- une bonne communication au sein de l'équipe : courriels ou autres notifications sur les changements, wiki, etc.

De nombreuses équipes ont un VCS configuré de manière à ce qu'une poussée vers une branche particulière construise automatiquement le système, exécute les tests et, en cas de succès, déploie le nouveau code en production.

Cela vous paraît effrayant ? Pas si vous prenez conscience que vous êtes justement en train d'utiliser le contrôle de version. Vous pouvez toujours revenir en arrière.

Sections connexes

- Thème 11, *Réversibilité.*
- Thème 49, *Équipes pragmatiques.*
- Thème 51, *Kit de démarrage pragmatique.*

Défis

- Savoir que l'on peut revenir à n'importe quel état antérieur en utilisant le VCS est une chose, mais savez-vous réellement le faire ? Connaissez-vous les commandes nécessaires pour le faire correctement ? Apprenez-les dès maintenant, et non pas lorsque qu'une catastrophe surviendra et que vous serez sous pression.
- Prenez le temps de réfléchir à la récupération de votre propre environnement informatique en cas de sinistre. De quoi auriez-vous besoin ? La plupart des éléments qui vous sont nécessaires ne sont que des fichiers texte. S'ils ne se trouvent pas dans un VCS (sur votre ordinateur portable), trouvez un moyen de les ajouter. Pensez ensuite aux autres éléments : applications installées, configuration du système, etc. Comment pouvez-vous exprimer tous ces éléments dans des fichiers texte afin qu'ils puissent également être sauvegardés ? Une fois que vous aurez progressé, une expérience intéressante consistera à trouver un vieil ordinateur que vous n'utilisez plus et à voir si votre nouveau système peut être utilisé pour le configurer.
- Explorez consciemment les fonctionnalités de votre VCS et de votre hébergeur actuels que vous n'utilisez pas. Si votre équipe n'utilise pas de branches de fonctionnalités, essayez de les introduire. Il en va de même

pour les demandes de fusion et d'extraction. L'intégration continue. Les pipelines de construction. Même le déploiement continu. Examinez également les outils de communication de l'équipe : wikis, tableaux kanban, etc. Vous n'êtes pas obligé de les utiliser. Mais vous devez savoir quelles fonctionnalités offre votre VCS pour décider de vous en servir ou non.

- Utilisez également le contrôle de version pour des activités autres que des projets.

Thème 20 – Débogage

> *C'est une chose douloureuse*
> *Que de regarder ses propres problèmes et de savoir*
> *Que c'est vous, et personne d'autre, qui les avez créés.*

SOPHOCLE, AJAX

Chez les Anglo-Saxons, le mot *bug* (bogue) est utilisé pour décrire un « objet de terreur » depuis le XIVe siècle. La contre-amirale Grace Hopper, inventrice du cobol, aurait observé le premier *bogue informatique* – littéralement –, un papillon de nuit pris dans un relais d'un des premiers systèmes informatiques. Lorsqu'on lui a demandé d'expliquer pourquoi la machine ne se comportait pas comme prévu, un technicien a déclaré qu'il y avait « un bogue dans le système » et l'a consciencieusement collé – avec les ailes et tout – sur le journal de bord.

Malheureusement, nous avons encore aujourd'hui des bogues dans nos systèmes, même s'ils n'ont pas d'ailes. Pourtant, la signification du XIVe siècle – « objet de terreur », faisant figure de croque-mitaine – est peut-être encore plus applicable aujourd'hui qu'elle ne l'était à l'époque. Les défauts des logiciels se manifestent de diverses manières, depuis les exigences mal comprises jusqu'aux erreurs de codage. Malheureusement, les systèmes informatiques modernes se limitent encore à faire ce que vous leur *dites* de faire, et pas vraiment ce que vous *voulez* qu'ils fassent.

Personne n'écrit des logiciels parfaits, il est donc évident que le débogage occupera une grande partie de votre temps. Examinons quelques-uns des problèmes liés au débogage et quelques stratégies générales pour trouver des bogues insaisissables.

Psychologie du débogage

Le débogage est un sujet sensible, voire émouvant pour de nombreux développeurs. Au lieu de l'aborder comme une énigme à résoudre, vous ressentez peut-être du déni, de l'apathie, le besoin de désigner des coupables ou de dégainer des excuses bancales.

Acceptez le fait que le débogage n'est rien d'autre que la *résolution d'un problème* et abordez-le comme tel.

Après avoir trouvé le bogue de quelqu'un d'autre, vous pouvez consacrer du temps et de l'énergie à blâmer l'immonde coupable qui l'a créé. Dans certains environnements professionnels, cela fait partie de la culture d'entreprise et peut avoir un effet cathartique. Toutefois, dans le domaine technique, il est préférable de se concentrer sur la résolution du *problème*, et non sur son auteur.

Conseil 29 – Réglez le problème, plutôt que de chercher un coupable

---

Peu importe que le bogue soit de votre fait ou de celui d'autrui : cela reste votre problème.

Un état d'esprit de débogage

> *La personne la plus facile à décevoir, c'est nous-même.*
>
> EDWARD BULWER-LYTTON, *LE DÉSAVOUÉ*

Avant de commencer à déboguer, il est important d'adopter le bon état d'esprit. Vous devez désactiver la plupart des défenses que vous utilisez chaque jour pour protéger votre ego, faire abstraction des pressions que vous pourriez subir dans le cadre du projet et vous mettre à l'aise. Surtout, n'oubliez pas la première règle du débogage :

Conseil 30 – Ne paniquez pas

Il est facile de paniquer, surtout si vous devez respecter une échéance, ou si un patron ou un client nerveux vous harcèle pendant que vous essayez de trouver la cause du bogue. Mais il est très important de prendre un peu de recul et de *réfléchir* à ce qui pourrait être à l'origine des symptômes qui, selon vous, indiquent la présence d'un bogue.

Si votre première réaction face à un bogue ou à un rapport de bogue est de dire « c'est impossible », vous avez tout bonnement tort. Ne gaspillez pas un seul neurone dans un cheminement de pensée qui commencerait par « mais cela ne peut pas arriver », car il est clair que c'est *possible* et que cela s'est même produit.

Méfiez-vous de la myopie lors du débogage. Résistez à l'envie de réparer uniquement les symptômes que vous voyez : il est plus probable que le véritable problème se situe au-delà de ce que vous observez et qu'il implique un certain nombre d'autres éléments connexes. Essayez toujours de découvrir la racine d'un problème, et pas seulement son aspect en surface.

Par où commencer ?

Avant de *commencer* à examiner le bogue, assurez-vous que vous travaillez sur un code qui s'est construit proprement, sans avertissement. Nous avons l'habitude de régler les niveaux d'avertissement du compilateur aussi haut que possible. Il est absurde de perdre du temps à essayer de trouver un problème que l'ordinateur pourrait trouver pour vous ! Nous devons nous concentrer sur les problèmes les plus complexes.

Lorsque vous essayez de résoudre un problème, vous devez rassembler toutes les données pertinentes. Malheureusement, le signalement des bogues n'est pas une science exacte. Il est facile d'être induit en erreur par des coïncidences, et vous ne pouvez pas vous permettre de perdre du temps à déboguer des coïncidences. Vous devez d'abord être précis dans vos observations.

La précision des rapports de bogue est encore réduite lorsqu'ils proviennent d'un tiers – il peut être nécessaire d'*observer* l'utilisateur qui a signalé le bogue en action pour obtenir un niveau de détail suffisant.

Andy a travaillé un jour sur une grande application graphique. À l'approche de la sortie, les testeurs ont signalé que l'application plantait chaque fois qu'ils peignaient un trait avec un pinceau particulier. Le programmeur responsable soutenait qu'il n'y avait aucun problème à ce niveau-là ; qu'il avait essayé de peindre avec ce pinceau et que cela fonctionnait parfaitement. Ce dialogue s'est poursuivi pendant plusieurs jours, les esprits s'échauffant rapidement.

Enfin, nous les avons réunis dans la même pièce. Le testeur a sélectionné l'outil pinceau et a peint un trait du coin supérieur droit au coin inférieur gauche. L'application a explosé. Le programmeur a dit « Oh » d'une petite voix, puis a admis, penaud, qu'il n'avait fait des tests que du coin inférieur gauche vers le coin supérieur droit, ce qui n'avait pas révélé le bogue.

Il y a deux leçons à tirer de cette histoire :

- Vous devrez peut-être interroger l'utilisateur qui a signalé le bogue afin de recueillir davantage de données que celles fournies initialement ;
- Les tests artificiels (comme le simple coup de pinceau du programmeur de bas en haut) ne mettent pas suffisamment l'application à l'épreuve. Vous devez tester brutalement les conditions limites et les modèles d'utilisation réalistes de l'utilisateur final. Vous devez le faire systématiquement (voir la section *Tests impitoyables et continus*).

Stratégies de débogage

Une fois que *vous* pensez savoir ce qui se passe, il est temps de découvrir ce que le *programme* pense qu'il se passe.

Reproduction des bogues

Non, nos bogues ne se multiplient pas réellement (même si certains d'entre eux sont probablement assez âgés pour le faire légalement). Il s'agit d'un autre type de reproduction.

La meilleure façon de commencer à corriger un bogue est de le rendre reproductible. Après tout, si vous ne pouvez pas le reproduire, comment saurez-vous qu'il a été corrigé ?

Mais nous voulons plus qu'un bogue qui peut être reproduit en suivant une longue série d'étapes ; nous voulons un bogue qui peut être reproduit avec *une seule commande*. Il est beaucoup plus difficile de corriger un bogue s'il faut suivre quinze étapes pour parvenir au point où le bogue apparaît.

Voici donc la règle la plus importante en matière de débogage :

Conseil 31 – Échouez au test avant de corriger le code

Parfois, en vous forçant à isoler les circonstances qui font apparaître le bogue, vous aurez même une idée de la manière de le corriger. L'acte d'écrire le test informe de la solution.

Codage en terre inconnue

Mais face à 50 000 lignes de code et à une horloge qui tourne, que peut faire un pauvre codeur ?

Tout d'abord, examinez le problème. S'agit-il d'un plantage ? Lorsque nous donnons des cours de programmation, il est toujours surprenant de constater le nombre de développeurs qui voient une exception s'afficher en rouge et qui passent immédiatement au code.

Conseil 32 – Lisez ce satané message d'erreur

Pas besoin d'en dire davantage.

Mauvais résultats

Et si ce n'était pas un accident ? Et si ce n'était qu'un mauvais résultat ?

Utilisez un débogueur et servez-vous de votre test défaillant pour déclencher le problème.

Avant toute chose, assurez-vous que vous voyez également la valeur incorrecte dans le débogueur. Nous avons tous les deux perdu des heures à essayer de trouver un bogue pour finir par découvrir que cette exécution particulière du code fonctionnait parfaitement.

Parfois, le problème est évident : par exemple, `interest_rate` vaut de `4,5` alors qu'il devrait être de `0,045`. Le plus souvent, il faut chercher plus loin pour comprendre pourquoi la valeur est erronée. Assurez-vous de savoir comment monter et descendre dans la pile d'appels et examinez l'environnement local de la pile.

Nous pensons qu'il est souvent utile de garder un stylo et du papier à proximité afin de pouvoir prendre des notes. En particulier, il nous arrive souvent de trouver un indice et de nous lancer à sa poursuite, pour finalement nous apercevoir qu'il ne débouche sur rien de concret. Si nous ne notons pas l'endroit où nous nous trouvions au début de la poursuite, nous risquons de perdre beaucoup de temps pour y revenir.

Il arrive parfois que vous regardiez une trace d'appels qui semble défiler à l'infini. Dans ce cas, il existe souvent un moyen plus rapide de trouver le problème que d'examiner chaque trame de pile : utiliser une *recherche dichotomique*. Mais avant d'en parler, examinons deux autres scénarios de bogues courants.

Sensibilité aux valeurs d'entrée

Ça vous est déjà arrivé : votre programme fonctionne parfaitement avec toutes les données de test et survit honorablement à sa première semaine de production. Puis il se bloque soudainement lorsqu'il est alimenté par un jeu de données particulier.

Vous pouvez essayer d'examiner l'endroit où il se bloque et remonter le temps. Mais il est parfois plus facile de commencer par les données. Obtenez une copie de l'ensemble des données et faites-les passer par une copie locale de l'application, en vous assurant qu'elle plante toujours. Ensuite, effectuez une recherche dichotomique jusqu'à ce que vous puissiez isoler exactement les valeurs d'entrée qui conduisent au plantage.

Régressions d'une version à l'autre

Vous faites partie d'une bonne équipe et vous mettez votre logiciel en production. À un moment donné, un bogue apparaît dans un code qui fonctionnait correctement il y a une semaine. Ne serait-ce pas confortable de pouvoir identifier le changement spécifique qui l'a introduit ? Devinez quoi ? C'est l'heure de la recherche dichotomique.

La recherche dichotomique

Tous les étudiants en informatique ont été contraints de coder une recherche dichotomique (parfois appelée recherche binaire). L'idée est simple. Vous recherchez une valeur particulière dans une série triée. Vous pourriez simplement regarder chaque valeur à tour de rôle, mais vous finiriez par regarder environ la moitié des entrées en moyenne jusqu'à ce que vous trouviez la valeur que vous voulez, ou que vous trouviez une valeur supérieure à celle-ci, ce qui signifierait que la valeur n'est pas dans la série en question.

Mais il est plus rapide d'utiliser l'approche « diviser pour mieux régner ». Choisissez une valeur au milieu de la série. Si c'est celle que vous recherchez, arrêtez-vous. Sinon, vous pouvez couper le tableau en deux. Si la valeur trouvée est supérieure à la valeur cible, vous savez qu'elle doit se trouver dans la première moitié de la série, sinon elle se trouve dans la seconde moitié. Répétez la procédure dans la sous-série appropriée et ainsi de suite : vous obtiendrez rapidement un résultat. (Comme nous le verrons lorsque nous parlerons de la *notation Big O*, une recherche linéaire est $O(n)$ et une recherche binaire est $O(\log n)$.)

Ainsi, la méthode binaire est beaucoup, beaucoup plus rapide pour tout problème de taille décente. Voyons comment l'appliquer au débogage.

Lorsque vous êtes confronté à une énorme trace d'appels et que vous essayez de trouver exactement quelle fonction a déformé la valeur en erreur, vous faites une recherche en choisissant une trame de pile quelque part au milieu et en regardant si l'erreur est manifeste à cet endroit. Si c'est le cas, vous savez que vous devez vous concentrer sur les images précédentes, sinon le problème se situe dans les images suivantes. Coupez à nouveau. Même si vous avez soixante-quatre images dans la trace d'appels, cette approche vous donnera une réponse après six tentatives au maximum.

Si vous trouvez des bogues qui apparaissent sur certains ensembles de données, vous pouvez peut-être faire la même chose. Divisez l'ensemble de données en deux et voyez si le problème se produit si vous alimentez l'un ou l'autre par l'intermédiaire de l'application. Continuez à diviser les données jusqu'à ce que vous obteniez un ensemble minimum de valeurs qui présentent le problème.

Si votre équipe a introduit un bogue au cours d'une série de versions, vous pouvez utiliser le même type de technique. Créez un test qui provoque l'échec de la version actuelle. Choisissez ensuite une version à mi-chemin entre la version actuelle et la dernière version fonctionnelle connue. Exécutez à nouveau le test et décidez comment restreindre votre recherche. D'ailleurs, avoir la possibilité de procéder ainsi est l'un des nombreux avantages d'un bon système de contrôle de version pour vos projets. En effet, de nombreux systèmes de contrôle de version vont plus loin et automatisent le processus, en choisissant les versions pour vous en fonction du résultat du test.

Journalisation et/ou traçage

Les débogueurs se concentrent généralement sur l'état *actuel* du programme. Parfois, vous avez besoin de plus – vous devez observer l'état d'un programme ou d'une structure de données au fil du temps. Une trace d'appels ne peut que vous indiquer comment vous êtes arrivé là directement. Typiquement, elle ne peut pas vous dire ce que vous faisiez avant cette chaîne d'appels, en particulier dans les systèmes fondés sur les événements[2].

Les *instructions de traçage* sont ces petits messages de diagnostic que vous imprimez à l'écran ou dans un fichier et qui indiquent des informations telles que « arrivé ici » et « valeur de $x = 2$ ». Il s'agit d'une technique primitive comparée aux débogueurs de type EDI, mais elle est particulièrement efficace pour diagnostiquer plusieurs catégories d'erreurs que les débogueurs ne peuvent pas détecter. Le traçage est inestimable dans tout système où le temps lui-même est un facteur : processus congruents, systèmes en temps réel et applications fondées sur des événements.

Vous pouvez utiliser les instructions de traçage pour descendre dans le code. En d'autres termes, vous pouvez ajouter des instructions de traçage au fur et à mesure que vous descendez dans l'arbre des appels.

Les traçages doivent être présentés dans un format régulier et cohérent, car vous pourriez vouloir les analyser automatiquement. Par exemple, si vous avez besoin de localiser une fuite de ressources (telle que des ouvertures/fermetures déséquilibrées de fichiers), vous pouvez tracer chaque `open` et chaque `close` dans un fichier de journalisation. En manipulant ce dernier à l'aide d'outils de traitement de texte ou de commandes shell, vous pouvez facilement identifier l'endroit où l'`open` incriminé s'est produit.

2 Bien que le langage Elm dispose d'un débogueur qui voyage dans le temps.

Technique du canard en plastique

Une technique très simple mais particulièrement utile pour trouver la cause d'un problème consiste simplement à l'expliquer à quelqu'un d'autre. Cette personne doit regarder l'écran par-dessus votre épaule et hocher constamment la tête (comme un canard en plastique qui monte et descend dans une baignoire). Elle n'a pas besoin de dire un mot ; le simple fait d'expliquer, étape par étape, ce que le code est censé faire permet souvent au problème de jaillir de l'écran et de se révéler[3].

Cela semble simple, mais en expliquant le problème à une autre personne, vous devez expliciter des choses que vous tenez peut-être pour acquises lorsque vous parcourez le code vous-même. En étant forcé de verbaliser certaines de ces hypothèses, vous pouvez soudainement acquérir une nouvelle compréhension du problème. Et si vous n'avez personne à qui parler, un canard en plastique, un ours en peluche ou une plante en pot feront très bien l'affaire.

Processus d'élimination

Dans la plupart des projets, le code que vous déboguez peut être un mélange de code d'application écrit par vous et d'autres membres de votre équipe de projet, de produits tiers (base de données, connectivité, framework web, communications ou algorithmes spécialisés, et ainsi de suite) et de l'environnement de la plateforme (système d'exploitation, bibliothèques système et compilateurs).

Il est possible qu'un bogue existe dans le système d'exploitation, le compilateur ou un produit tiers, mais ce n'est pas la première chose à laquelle vous devriez penser. Il est beaucoup plus probable que le bogue se trouve dans le code de l'application en cours de développement. Il est généralement plus rentable de supposer que le code de l'application fait un appel incorrect à une bibliothèque que de supposer que la bibliothèque elle-même est défectueuse. Même si le problème provient effectivement d'un tiers, vous devrez toujours éliminer votre code avant de soumettre le rapport de bogue.

3 Pourquoi le canard en plastique ? Alors qu'il était étudiant à l'Imperial College de Londres, Dave a beaucoup travaillé avec un assistant de recherche nommé Greg Pugh, l'un des meilleurs développeurs qu'il ait connus. Pendant plusieurs mois, Greg s'est promené avec un petit canard en plastique jaune qu'il plaçait sur son écran pendant qu'il codait. Il a fallu un certain temps avant que Dave n'ait le courage de demander…

Nous avons travaillé sur un projet dans lequel un ingénieur senior était convaincu que l'appel système select était défectueux sur un système Unix. Aucun argument logique ou persuasif ne pouvait le faire changer d'avis (le fait que toutes les autres applications réseau de la boîte fonctionnaient correctement n'avait aucune importance). Il a passé des semaines à écrire des solutions de contournement qui, pour une raison étrange, ne semblaient pas résoudre le problème. Lorsqu'il a finalement été contraint de s'asseoir et de lire la documentation sur select, il a découvert le problème et l'a corrigé en quelques minutes. Nous utilisons désormais l'expression « select est défectueux » comme une piqûre de rappel chaque fois que l'un d'entre nous commence à blâmer le système pour une faute qui est probablement la sienne.

Conseil 33 – Rappelez-vous que « select » n'est pas défectueux

---

N'oubliez pas, si vous voyez des empreintes de sabots, pensez à des chevaux et non à des zèbres. Le système d'exploitation n'est probablement pas en panne. Et select est probablement parfait.

Si vous n'avez « changé qu'une seule chose » et que le système a cessé de fonctionner, cette chose est probablement, directement ou indirectement, le coupable que vous cherchez, aussi farfelu que cela puisse paraître. Parfois, la chose qui a changé est hors de votre contrôle : de nouvelles versions du système d'exploitation, du compilateur, de la base de données ou d'autres logiciels tiers peuvent faire des ravages dans un code jusqu'ici tout à fait correct. De nouveaux bogues peuvent apparaître. Les bogues pour lesquels vous disposiez d'une solution de contournement sont corrigés, ce qui met fin à la solution de contournement. Les API changent, les fonctionnalités changent ; en bref, c'est une toute nouvelle partie, et vous devez retester le système dans ces nouvelles conditions. Gardez donc un œil attentif sur le calendrier lorsque vous envisagez une mise à niveau ; il se peut que vous souhaitiez attendre la prochaine version.

Effet de surprise

Lorsque vous êtes surpris par un bogue (peut-être même en marmonnant « c'est impossible » dans votre barbe, là où nous ne pouvons pas vous entendre), vous devez réévaluer les vérités qui vous sont chères. Dans l'algorithme de calcul de l'escompte – celui dont vous saviez qu'il était à toute épreuve et qu'il ne pouvait pas être la cause de ce bogue – avez-vous testé *toutes* les conditions limites ? Et cet autre morceau de code que vous utilisez depuis des années, il ne peut pas avoir encore de bogue, n'est-ce pas ?

Bien sûr que c'est possible. Le degré de surprise que vous ressentez lorsque quelque chose ne fonctionne pas est proportionnel à la confiance et à la foi que vous avez dans le code que vous exécutez. C'est pourquoi, lorsque vous êtes confronté à un échec « surprenant », vous devez accepter qu'une ou plusieurs de vos hypothèses sont erronées. Ne passez pas sous silence une routine ou un morceau de code impliqué dans le bogue parce que vous « savez » qu'il fonctionne. Prouvez-le. Prouvez-le dans *ce* contexte, avec *ces* données, avec *ces* conditions limites.

Conseil 34 – Ne faites pas de suppositions : cherchez des preuves

---

Lorsque vous tombez sur un bogue inattendu, vous devez non seulement le corriger, mais aussi déterminer pourquoi cette défaillance n'a pas été détectée plus tôt. Examinez si vous devez modifier les tests unitaires ou d'autres éléments pour qu'ils soient capables de le détecter.

De plus, si le bogue est le résultat de mauvaises données qui ont été propagées à travers quelques niveaux avant de provoquer l'explosion, voyez si une meilleure vérification des paramètres dans ces routines aurait permis de l'isoler plus tôt (voir les discussions sur les plantages précoces et les assertions page 154 et page 155, respectivement).

Pendant que vous y êtes, y a-t-il d'autres endroits dans le code qui sont susceptibles d'être affectés par ce même bogue ? Il est temps de les trouver et de les corriger. Assurez-vous que, *quoi qu'il soit arrivé*, vous serez alerté si cela se reproduit.

Si la correction de ce bogue a pris beaucoup de temps, demandez-vous pourquoi. Y a-t-il quelque chose que vous puissiez faire pour faciliter la résolution de ce bogue la prochaine fois ? Peut-être pourriez-vous intégrer des boucles de tests plus efficaces ou programmer un analyseur de fichiers journaux.

Enfin, si le bogue résulte d'une hypothèse erronée, discutez du problème avec l'ensemble de l'équipe : si une personne a mal compris, il est possible que ce soit le cas de beaucoup d'autres.

Faites tout cela et, avec un peu de chance, vous ne serez pas surpris la prochaine fois.

Liste de contrôle pour le débogage

- Le problème signalé est-il le résultat direct du bogue sous-jacent ou un simple symptôme ?
- Le bogue se trouve-t-il *vraiment* dans le framework que vous utilisez ? Est-il dans le système d'exploitation ? Ou dans votre code ?
- Si vous expliquiez ce problème en détail à un collègue, que diriez-vous ?
- Si le code suspect réussit ses tests unitaires, les tests sont-ils suffisamment complets ? Que se passe-t-il si vous exécutez les tests avec *ces* données ?
- Les conditions à l'origine de ce bogue existent-elles ailleurs dans le système ? Y a-t-il d'autres bogues larvés, qui n'attendent que d'éclore ?

Section connexe

- Thème 24, *Les programmes morts ne mentent pas.*

Défi

- Le débogage est déjà un défi en lui-même.

Thème 21 – Manipulation de texte

Les programmeurs pragmatiques manipulent le texte de la même manière que les menuisiers façonnent le bois. Dans les sections précédentes, nous avons abordé certains outils spécifiques – shells, éditeurs, débogueurs – que nous utilisons. Ces outils sont similaires aux ciseaux, scies et rabots d'un menuisier : ils sont conçus pour réaliser une ou deux tâches bien spécifiques. Cependant, de temps en temps, nous avons besoin d'effectuer une transformation que notre collection d'outils spécialisés aura du mal à assurer. Nous avons alors besoin d'un outil de manipulation de texte polyvalent.

Les langages de manipulation de texte sont à la programmation ce que les défonceuses sont à la menuiserie. Ils sont bruyants, encombrants et ne font pas dans la dentelle. En cas d'erreur, des pièces entières peuvent être détruites. Certains jurent qu'ils n'ont pas leur place dans la boîte à outils. Pourtant, entre de bonnes mains, les défonceuses et les langages de manipulation de texte peuvent être incroyablement puissants et polyvalents. Vous pouvez rapidement donner une forme à un objet, faire des jointures et sculpter. Utilisés correctement, ces outils sont d'une finesse et d'une subtilité surprenantes. Mais il faut du temps pour les maîtriser.

Heureusement, il existe un certain nombre d'excellents langages de manipulation de texte. Les développeurs Unix (et nous incluons ici les utilisateurs de macOS) aiment souvent utiliser la puissance de leurs commandes shell, complétées par des outils tels que `awk` et `sed`. Les personnes qui préfèrent un outil plus structuré préfèrent des langages tels que Python ou Ruby.

Ces langages sont des technologies habilitantes importantes. Ils permettent de créer rapidement des utilitaires et des prototypes d'idées, ce qui prendrait cinq ou dix fois plus de temps avec des langages conventionnels. Et ce facteur multiplicateur est d'une importance cruciale pour le type d'expérimentation que nous faisons. Il vaut mieux passer trente minutes à essayer une idée folle que cinq heures. Passer une journée à automatiser des éléments importants d'un projet est acceptable ; passer une semaine ne l'est peut-être pas. Dans leur livre *The Practice of Programming* [KP99][4], Kernighan et Pike ont construit le même programme dans cinq langages différents. La version Perl était la plus courte (17 lignes, contre 150 avec C). Avec Perl, vous pouvez manipuler du texte, interagir avec des programmes, parler sur des réseaux, piloter des pages web, effectuer des opérations arithmétiques de précision arbitraire et écrire des programmes qui ressemblent à des jurons de Snoopy.

Conseil 35 – Apprenez un langage de manipulation de texte

Pour montrer l'étendue des possibilités d'application des langages de manipulation de texte, voici un échantillon de ce que nous avons fait avec Ruby et Python dans le cadre de la création de ce livre.

Construction d'un livre

Le système de construction de Pragmatic Bookshelf[5] est écrit en Ruby. Les auteurs, les éditeurs, les personnes chargées de la mise en page et les équipes support utilisent des tâches Rake pour coordonner la construction des PDF et des e-books.

Inclusion du code et ton général

Nous pensons qu'il est important que tout code présenté dans un livre ait été testé au préalable. La plupart du code de ce livre l'a été. Cependant, en appliquant le principe FER (voir le thème 9, *FER, ou le fléau de la duplication*), nous ne voulions pas copier et coller dans le livre des lignes de code provenant des programmes testés. Cela aurait signifié que nous aurions dupliqué du code, et nous aurions été à peu près certains d'oublier de mettre à jour un exemple lorsque le programme correspondant aurait été modifié. Nous ne voulions pas non plus vous ennuyer avec tout le code

4 Titre de l'édition en français : *La Programmation en pratique*, Vuibert, 2001. (NdÉ.)

5 Pragmatic Bookshelf est une maison d'édition spécialisée dans les ouvrages pédagogiques pratiques. (NdÉ.)

du framework nécessaire à la compilation et à l'exécution de certains exemples. Nous nous sommes tournés vers Ruby. Un script relativement simple est invoqué lorsque nous formatons le livre – il extrait un segment nommé d'un fichier source, fait de la coloration syntaxique et convertit le résultat dans le langage de composition que nous utilisons.

Mise à jour du site web

Nous disposons d'un script simple qui effectue une construction partielle du livre, extrait la table des matières, puis la télécharge sur la page du livre sur notre site web. Nous disposons également d'un script qui extrait des sections d'un livre et les télécharge en tant qu'échantillons.

Ajout des équations

Il existe un script Python qui convertit le balisage mathématique LaTeX en texte joliment formaté.

Génération d'index

La plupart des index sont créés en tant que documents séparés (ce qui complique leur mise à jour en cas de modification d'un document). Les nôtres sont marqués dans le texte lui-même, et un script Ruby rassemble et formate les entrées.

Et ainsi de suite. D'une manière très concrète, Pragmatic Bookshelf est construite autour de la manipulation de texte. Et si vous suivez notre conseil de garder les éléments en texte brut, alors l'utilisation de ces langages pour manipuler ce texte vous apportera toute une série d'avantages.

Sections connexes

- Thème 16, *Le pouvoir du texte brut*.
- Thème 17, *Jouez avec les shells*.

Exercices

Exercice 11

Vous réécrivez une application qui utilisait YAML comme langage de configuration. Votre entreprise s'est maintenant standardisée sur JSON, vous avez donc un tas de fichiers .yaml qui doivent être transformés en .json. Écrivez un script qui prend un répertoire et convertit chaque fichier .yaml en un fichier .json correspondant (ainsi database.yaml devient database.json, et le contenu est du JSON valide).

Exercice 12

Votre équipe a d'abord choisi d'utiliser des noms en camelCase pour les variables, mais elle a ensuite changé d'avis et opté pour snake_case. Écrivez un script qui analyse tous les fichiers sources à la recherche de noms en camelCase et qui les signale.

Exercice 13

Dans le prolongement de l'exercice précédent, ajoutez la possibilité de modifier automatiquement ces noms de variables dans un ou plusieurs fichiers. N'oubliez pas de conserver une copie de sauvegarde des originaux au cas où quelque chose se passerait très, très mal.

Thème 22 – Carnets d'ingénieurs

Dave a travaillé pour un petit fabricant d'ordinateurs, ce qui l'a amené à travailler avec des ingénieurs en électronique et parfois en mécanique.

Beaucoup d'entre eux se promenaient avec un carnet de notes, normalement muni d'un stylo accroché au dos. De temps en temps, lorsqu'ils parlaient, ils ouvraient le carnet et griffonnaient quelque chose.

Dave finit par poser la question qui s'imposait. Il s'est avéré qu'ils avaient été formés pour tenir un *carnet d'ingénieur*, une sorte de journal dans lequel ils notaient ce qu'ils faisaient, ce qu'ils avaient appris, des croquis d'idées, des relevés de compteurs : en fait, tout ce qui avait trait à leur travail. Lorsque le carnet était plein, ils inscrivaient la date sur le dos, puis le rangeaient sur l'étagère à côté des carnets précédents. Il se peut qu'il y ait eu entre eux une petite compétition pour savoir qui avait la collection la plus volumineuse.

Nous utilisons des carnets pour prendre des notes lors des réunions, pour noter ce sur quoi nous travaillons, pour inscrire les valeurs des variables lors du débogage, pour laisser des rappels sur l'endroit où nous avons rangé les choses, pour noter des idées folles et parfois simplement pour gribouiller[6].

Le carnet présente trois avantages principaux :

- Il est plus fiable que la mémoire. Les gens peuvent vous demander « Quel est le nom de la société que vous avez appelée la semaine dernière pour le problème d'alimentation électrique ? » et vous pouvez revenir une page ou deux en arrière et leur donner le nom et le numéro ;
- Il vous permet de stocker les idées qui ne sont pas immédiatement pertinentes sur le moment. Vous pouvez ainsi continuer à vous concentrer sur ce que vous faites, tout en sachant que l'idée géniale ne sera pas oubliée ;
- Il agit comme une sorte de canard en plastique (technique décrite page 129). Lorsque vous vous arrêtez pour noter quelque chose, votre cerveau peut changer de vitesse, comme si vous parliez à quelqu'un – une excellente occasion de réfléchir. Vous pouvez commencer à prendre une note et réaliser soudainement que ce que vous venez de faire, le sujet de la note, est tout simplement erroné.

Il y a aussi un avantage supplémentaire. De temps en temps, vous pouvez vous remémorer ce que vous faisiez il y a des années et repenser à ces personnes, projets, vêtements et coiffures horribles.

6 Il existe des preuves que le gribouillage aide à se concentrer et améliore les capacités cognitives, par exemple, voir « What does doodling do? » [And10].

Essayez donc de tenir un carnet d'ingénieur. Utilisez du papier, pas un fichier ni un wiki : l'acte d'écrire a quelque chose de spécial par rapport à la saisie. Essayez pendant un mois et voyez si vous en tirez des avantages.

Au moins, cela facilitera la rédaction de vos mémoires lorsque vous serez riche et célèbre.

Sections connexes

- Thème 6, *Votre portefeuille de connaissances*.
- Thème 37, *Écoutez votre cerveau reptilien*.

Chapitre 4

PARANOÏA PRAGMATIQUE

Conseil 36 – Ne cherchez pas à écrire un logiciel parfait

Est-ce que ça fait mal ? Cela ne devrait pas. Acceptez ce conseil comme un axiome de la vie. Embrassez-le. Célébrez-le. Parce que le logiciel parfait n'existe pas. Personne dans la brève histoire de l'informatique n'a jamais écrit un logiciel parfait. Il est peu probable que vous soyez le premier à y parvenir. Et si vous n'acceptez pas ce fait, vous finirez par perdre du temps et de l'énergie à poursuivre un rêve impossible.

Alors, face à cette réalité déprimante, comment un programmeur pragmatique peut-il en faire un avantage ? C'est le sujet de ce chapitre.

Nous pensons tous être le seul bon conducteur sur terre. Le reste du monde est là pour nous embêter, en grillant les panneaux stop, en passant d'une voie à l'autre, en ne mettant pas le clignotant, en envoyant des SMS au téléphone et, d'une manière générale, en n'étant pas à la hauteur de nos exigences. C'est pourquoi nous conduisons de manière défensive. Nous nous attendons aux problèmes avant qu'ils ne surviennent, nous anticipons l'inattendu et nous ne nous mettons jamais dans une situation dont nous ne pouvons pas nous sortir.

L'analogie avec le codage est assez évidente. Nous sommes constamment en contact avec le code d'autres personnes – un code qui pourrait ne pas être à la hauteur de nos normes élevées – et nous avons affaire à des entrées qui peuvent être valides ou non. On nous apprend donc à coder de manière défensive. En cas de doute, nous validons toutes les informations qui nous sont fournies. Nous utilisons des assertions pour détecter les mauvaises données et nous nous méfions des données provenant d'attaquants potentiels ou de trolls. Nous vérifions la cohérence, nous imposons des contraintes aux colonnes de la base de données et nous nous sentons généralement bien ainsi.

Mais les programmeurs pragmatiques vont encore plus loin. *Ils ne se font pas confiance non plus.* Sachant que personne n'écrit un code parfait, y compris eux-mêmes, ils mettent en place des défenses contre leurs propres erreurs. Nous décrivons la première mesure de défense dans *Programmation par contrat* : les clients et les fournisseurs doivent se mettre d'accord sur les droits et les responsabilités de chacun.

Dans *Les programmes morts ne mentent pas*, nous voulons nous assurer que nous ne causons pas de dommages lorsque que nous éliminons les bogues. Nous essayons donc faire de fréquentes vérifications et d'interrompre le programme si la situation dérape.

Programmation assertive décrit une méthode simple de vérification en cours de route : écrire du code qui vérifie activement vos hypothèses.

Au fur et à mesure que vos programmes deviennent plus dynamiques, vous vous retrouvez à jongler avec les ressources du système (mémoire, fichiers, périphériques, etc.). Dans *Comment équilibrer les ressources*, nous vous suggérons des moyens de vous assurer que vous ne perdez aucune balle.

Et surtout, nous nous en tenons toujours à de petites étapes, comme le décrit *Ne dépassez pas vos phares*, afin de ne pas tomber du bord de la falaise.

Dans un monde de systèmes imparfaits, d'échelles de temps ridicules, d'outils risibles et d'exigences impossibles, jouons la carte de la sécurité. Comme l'a dit Woody Allen : « Quand tout le monde veut votre peau, la paranoïa n'est que du bon sens. »

Thème 23 – Programmation par contrat

> *Rien n'étonne autant les hommes que le bon sens et l'honnêteté.*
>
> Ralph Waldo Emerson, *Essais*

Il est difficile de traiter avec des systèmes informatiques. Traiter avec les gens est encore plus difficile. Mais en tant qu'espèce, nous avons eu plus de temps pour résoudre les problèmes liés aux interactions humaines. Certaines des solutions que nous avons trouvées au cours des derniers millénaires peuvent également s'appliquer à l'écriture de logiciels. Le *contrat* est l'une des meilleures solutions pour garantir l'honnêteté des échanges.

Un contrat définit vos droits et vos responsabilités, ainsi que ceux de l'autre partie. En outre, il y a un accord concernant les répercussions en cas de non-respect du contrat par l'une ou l'autre des parties.

Vous avez peut-être un contrat de travail qui précise les heures de travail et les règles de conduite que vous devez respecter. En contrepartie, l'entreprise vous verse un salaire et d'autres avantages. Chaque partie respecte ses obligations et tout le monde en profite.

Il s'agit d'une idée utilisée dans le monde entier, de manière formelle et informelle, pour aider les humains à interagir. Pouvons-nous utiliser le même concept pour aider les modules logiciels à interagir ? La réponse est « oui ».

Programmation par contrat (*Design by contract* – DBC)

Bertrand Meyer (*Object-Oriented Software Construction* [Mey97]) a développé le concept de *programmation par contrat* pour le langage Eiffel[1]. Il s'agit d'une

1 Fondé en partie sur des travaux antérieurs de Dijkstra, Floyd, Hoare, Wirth et d'autres.

technique simple mais puissante qui se concentre sur la documentation (et l'acceptation) des droits et responsabilités des modules logiciels afin de garantir la correction du programme. Qu'est-ce qu'un programme correct ? Un programme qui ne fait ni plus ni moins que ce qu'il prétend faire. La documentation et la vérification de cette affirmation sont au cœur de la *programmation par contrat.*

Chaque fonction et méthode d'un système logiciel *fait quelque chose*. Avant de commencer ce *quelque chose*, la fonction peut avoir certaines attentes de l'état du monde, et elle peut être en mesure de faire une déclaration sur l'état du monde lorsqu'elle se termine. Meyer décrit ces attentes et ces affirmations comme suit.

Préconditions

Ce qui doit être vrai pour que la routine soit appelée ; les conditions de la routine. Une routine ne doit jamais être appelée si ses préconditions ne sont pas respectées. Il incombe à l'appelant de transmettre des données correctes (voir encadré *Qui est responsable ?*).

Post-conditions

Ce que la routine est garantie de faire ; l'état du monde lorsque la routine est terminée. Le fait que la routine ait une post-condition implique qu'elle a *une fin* : les boucles infinies ne sont pas autorisées.

Invariants de classe

Une classe garantit que cette condition est toujours vraie du point de vue de l'appelant. Pendant le traitement interne d'une routine, l'invariant peut ne pas s'appliquer, mais au moment où la routine se termine et que le contrôle revient à l'appelant, l'invariant doit être vrai (notez qu'une classe ne peut pas donner un accès en écriture illimité à un membre de données qui participe à l'invariant).

Le contrat entre une routine et tout appelant potentiel peut donc être lu comme suit :

Si toutes les préconditions de la routine sont remplies par l'appelant, la routine doit garantir que toutes les post-conditions et tous les invariants seront vrais lorsqu'elle s'achèvera.

Si l'une des parties ne respecte pas les termes du contrat, un recours (qui a été convenu précédemment) est invoqué – peut-être qu'une exception est levée ou que le programme s'arrête. Quoi qu'il en soit, il ne faut pas se leurrer : le non-respect du contrat est un bogue. C'est quelque chose qui n'est pas censé se produire ; c'est la raison pour laquelle les préconditions ne doivent pas être utilisées pour effectuer des opérations telles que la validation des données saisies par l'utilisateur.

Certains langages prennent mieux en charge ces concepts que d'autres. Clojure, par exemple, prend en charge les préconditions et les post-conditions ainsi que l'instrumentation plus complète fournie par les *spécifications*. Voici un exemple de fonction bancaire permettant d'effectuer un dépôt en utilisant de simples préconditions et post-conditions :

```
(defn accept-deposit [account-id amount]
   { :pre [  (> amount 0.00)
             (account-open? account-id) ]
     :post [ (contains? (account-transactions account-id) %) ] }
   "Accept a deposit and return the new transaction id"
   ;; Some other processing goes here...
   ;; Return the newly created transaction:
   (create-transaction account-id :deposit amount))
```

Il y a deux conditions préalables à la fonction accept-deposit. La première est que le montant soit supérieur à zéro, et la seconde est que le compte soit ouvert et valide, comme déterminé par une fonction nommée account-open?. Il existe également une post-condition : la fonction garantit que la nouvelle transaction (la valeur retour de cette fonction, représentée ici par « % ») peut être trouvée parmi les transactions de ce compte.

Si vous appelez accept-deposit avec un montant positif pour le dépôt et un compte valide, la fonction créera une transaction du type approprié et effectuera tout autre traitement qu'elle est censée réaliser. Toutefois, si le programme comporte un bogue et que vous avez, d'une manière ou d'une autre, transmis un montant négatif pour le dépôt, vous obtiendrez une exception d'exécution :

```
Exception in thread "main"...
Caused by: java.lang.AssertionError: Assert failed: (> amount 0.0)
```

De même, cette fonction exige que le compte spécifié soit ouvert et valide. S'il ne l'est pas, vous verrez cette exception à la place :

```
Exception in thread "main"...
Caused by: java.lang.AssertionError: Assert failed: (account-open? account-id)
```

D'autres langages ont des caractéristiques qui, bien que non spécifiques à la programmation par contrat, peuvent être utilisées à bon escient. Par exemple, Elixir utilise des *clauses de garde* pour répartir les appels de fonction entre plusieurs corps disponibles :

```
defmodule Deposits do
  def accept_deposit(account_id, amount) when (amount > 100000) do
    # Call the manager!
  end
  def accept_deposit(account_id, amount) when (amount > 10000) do
    # Extra Federal requirements for reporting
    # Some processing...
  end
  def accept_deposit(account_id, amount) when (amount > 0) do
    # Some processing...
  end
end
```

Dans ce cas, l'appel à accept_deposit avec un montant suffisamment élevé peut déclencher des étapes et des traitements supplémentaires. En revanche, si vous essayez de l'appeler avec un montant inférieur ou égal à zéro, vous obtiendrez une exception vous informant que vous ne pouvez pas le faire :

```
** (FunctionClauseError) no function clause matching in Deposits.accept_deposit/2
```

Il s'agit d'une meilleure approche que la simple vérification de vos entrées ; dans ce cas, vous ne pouvez *tout simplement pas* appeler cette fonction si vos arguments sont hors de portée.

Conseil 37 – Programmez avec des contrats

Dans *Orthogonalité*, nous avons recommandé d'écrire du code « timide ». Ici, l'accent est mis sur le code « paresseux » : soyez strict sur ce que vous acceptez avant de commencer, et promettez le moins possible en retour. N'oubliez pas que si votre contrat indique que vous acceptez n'importe quoi et que vous promettez le monde en retour, alors vous avez beaucoup de code à écrire !

Dans tout langage, qu'il soit fonctionnel, orienté objet ou procédural, la programmation par contrat vous oblige à *réfléchir*.

Invariants de classe et langages fonctionnels

C'est une question de nom. Eiffel étant un langage orienté objet, Meyer a nommé cette idée « invariant de classe ». Mais, en réalité, c'est plus général que cela. Cette idée se réfère en fait à l'*état*. Dans un langage orienté objet, l'état est associé à des instances de classes. Mais d'autres langages ont également des états.

Dans un langage fonctionnel, vous passez généralement d'un état à des fonctions et recevez en conséquence un état mis à jour. Les concepts d'invariants sont tout aussi utiles dans ces circonstances.

Programmation par contrat et développement piloté par les tests

La programmation par contrat (*design by contract* ou DBC en anglais) est-elle nécessaire dans un monde où les développeurs pratiquent les tests unitaires, le développement piloté par les tests (*test-driven development* ou TDD), les tests de propriété ou la programmation défensive ?

La réponse courte est « oui ».

La programmation par contrat et les tests sont des approches différentes du sujet plus large de la correction des programmes. Elles ont toutes deux de la valeur et peuvent être utilisées dans des situations différentes. La DBC offre plusieurs avantages par rapport aux approches de test spécifiques :

- La DBC ne nécessite pas d'installation ou de simulation ;
- La DBC définit les paramètres de réussite ou d'échec dans *tous* les cas, alors que les tests ne peuvent cibler qu'un seul cas spécifique à la fois ;
- Le TDD et les autres tests n'ont lieu qu'au moment des tests dans le cycle de construction. Mais la DBC et les assertions sont éternelles : pendant la conception, le développement, le déploiement et la maintenance ;
- Le TDD ne se concentre pas sur la vérification des invariants internes du code testé, mais plutôt sur la vérification de l'interface publique ;
- La DBC est plus efficace (et plus simple) que la programmation défensive, où *chacun* doit valider les données au cas où personne d'autre ne le ferait.

Le TDD est une excellente technique, mais comme beaucoup de techniques, elle peut vous inviter à vous concentrer sur l'idéal, et non un monde réel truffé de données erronées, d'acteurs incompétents, de versions et de spécifications inadaptées.

Mise en œuvre de la programmation par contrat

Le simple fait d'énumérer l'étendue du domaine d'entrée, les conditions aux limites et ce que la routine promet de fournir – ou, plus important encore, ce qu'elle ne promet pas de fournir – avant d'écrire le code constitue un énorme pas en avant dans l'écriture d'un meilleur logiciel. En ne précisant pas ces éléments, on en revient à la *programmation par coïncidences* (voir le débat ci-après), qui est le point de départ, d'arrivée et d'échec de nombreux projets.

Dans les langages qui ne prennent pas en charge la programmation par contrat dans le code, vous ne pourrez peut-être pas aller plus loin, ce qui n'est pas si mal. C'est, après tout, une technique de *programmation*. Même sans vérification automatique, vous pouvez placer le contrat dans le code sous forme de commentaires ou dans les tests unitaires et en tirer un avantage réel.

Assertions

Bien que documenter ces hypothèses soit un bon début, vous pouvez obtenir des avantages bien plus importants en demandant au compilateur de vérifier votre contrat pour vous. Vous pouvez partiellement émuler cela dans certains langages en utilisant des *assertions* : des vérifications de conditions logiques au moment de l'exécution (voir le thème 25, *Programmation assertive*). Pourquoi seulement partiellement ? Ne pouvez-vous pas utiliser les assertions pour faire tout ce que la programmation par contrat peut faire ?

Malheureusement, la réponse est non. Pour commencer, dans les langages orientés objet, il n'y a probablement pas de support pour propager les assertions dans une hiérarchie d'héritage. Cela signifie que si vous contournez une méthode de classe de base régie par un contrat, les assertions qui implémentent ce contrat ne seront pas appelées correctement (à moins que vous ne les dupliquiez manuellement dans le nouveau code). Vous devez vous rappeler d'appeler manuellement l'invariant de la classe (et tous les invariants de classe de base) avant de quitter chaque méthode. Le problème fondamental est que le contrat n'est pas automatiquement appliqué.

Dans d'autres environnements, les exceptions générées par les assertions de type programmation par contrat peuvent être désactivées globalement ou ignorées dans le code.

En outre, il n'existe pas de concept intégré d'« anciennes » valeurs, c'est-à-dire les valeurs telles qu'elles existaient à l'entrée d'une méthode. Si vous utilisez des assertions pour appliquer des contrats, vous devez ajouter du code à la précondition pour sauvegarder toutes les informations que vous voudrez utiliser dans la post-condition, si tant est que le langage le permette. Dans le langage Eiffel, où la programmation par contrat est née, vous pouvez simplement utiliser l'*expression* `old`.

Enfin, les bibliothèques et systèmes d'exécution conventionnels ne sont pas conçus pour prendre en charge les contrats, de sorte que ces appels ne sont pas vérifiés. Il s'agit d'une perte importante, car c'est souvent à la frontière entre votre code et les bibliothèques qu'il utilise que les problèmes les plus importants sont détectés (pour approfondir cette question, voir le thème 24, *Les programmes morts ne mentent pas*).

Programmation par contrat et plantage précoce

La programmation par contrat s'inscrit parfaitement dans notre concept de plantage précoce (voir le thème 24, *Les programmes morts ne mentent pas*). En utilisant une assertion ou la programmation par contrat pour valider les préconditions, les post-conditions et les invariants, vous pouvez vous planter tôt et rapporter des informations plus précises sur le problème.

Supposons par exemple que vous ayez une méthode qui calcule les racines carrées. Elle a besoin d'une précondition de programmation par contrat qui restreint le domaine aux nombres positifs. Dans les langages qui supportent la programmation par contrat, si vous passez en `sqrt` un paramètre négatif, vous obtiendrez une erreur informative telle que `sqrt_arg_must_be_positive`, ainsi qu'une trace d'appels.

C'est mieux que la solution alternative dans d'autres langages tels que Java, C et C++ où le fait de passer un nombre négatif à `sqrt` renvoie la valeur spéciale `NaN` (*Not a Number*). Il se peut qu'un peu plus tard dans le programme, vous essayiez d'effectuer des calculs sur `NaN`, avec des résultats surprenants.

Il est beaucoup plus facile de trouver et de diagnostiquer le problème en y étant confronté tôt, sur le lieu même du problème.

Qui est responsable ?

Qui est responsable de la vérification de la précondition, l'appelant ou la routine appelée ? Lorsqu'elle est mise en œuvre en faisant partie intégrante du langage, la réponse n'est ni l'un ni l'autre : la précondition est testée dans les coulisses après que l'appelant a invoqué la routine, mais avant que la routine elle-même ne soit saisie. Ainsi, si une vérification explicite des paramètres doit être effectuée, elle doit l'être par l'*appelant*, car la routine elle-même ne verra jamais de paramètres qui violent sa précondition. (Pour les langages qui ne disposent pas d'un support intégré, vous devrez mettre entre parenthèses la routine *appelée* avec un préambule et/ou un postambule qui vérifie ces assertions.)

> Considérons un programme qui lit un nombre sur la console, calcule sa racine carrée (en appelant sqrt) et imprime le résultat. La fonction sqrt a une condition préalable : son argument ne doit pas être négatif. Si l'utilisateur saisit un nombre négatif dans la console, c'est au code appelant de s'assurer qu'il n'est jamais transmis à sqrt. Ce code appelant a plusieurs options : il peut se terminer, il peut émettre un avertissement et lire un autre nombre, ou il peut rendre le nombre positif et ajouter un *i* au résultat retourné par sqrt. Quel que soit son choix, ce n'est absolument pas le problème de sqrt.
>
> En exprimant le domaine de la fonction racine carrée dans la précondition de la routine sqrt, vous transférez la charge de la correction à l'appelant – là où elle doit être. Vous pouvez alors concevoir la routine sqrt en sachant que son entrée sera dans le domaine.

Invariants sémantiques

Vous pouvez utiliser des *invariants sémantiques* pour exprimer des exigences inviolables, une sorte de « contrat philosophique ».

Nous avons un jour écrit un commutateur de transactions pour carte de débit. L'une des principales exigences était que l'utilisateur d'une carte de débit ne devait jamais voir la même transaction appliquée deux fois à son compte. En d'autres termes, quel que soit le mode de défaillance, l'erreur devait consister à *ne pas* traiter une transaction plutôt qu'à traiter une double transaction.

Cette loi simple, qui découle directement des exigences, s'est avérée très utile pour démêler les scénarios complexes de récupération des erreurs et a guidé la conception détaillée et la mise en œuvre dans de nombreux domaines.

Veillez à ne pas confondre les exigences qui sont des lois fixes et inviolables avec celles qui sont simplement des politiques susceptibles d'être modifiées par un nouveau management. C'est pourquoi nous utilisons le terme d'invariants *sémantiques* : ils doivent être au cœur de la *signification* même d'une chose et ne pas être soumis aux caprices de la politique (ce à quoi servent les règles de gestion plus mouvantes).

Lorsque vous trouvez une exigence qui remplit les conditions requises, veillez à ce qu'elle devienne un élément bien connu de la documentation que vous produisez, qu'il s'agisse d'une liste à puces dans le document d'exigences qui est signé en trois exemplaires ou simplement d'une grande note sur le tableau blanc commun que tout le monde voit. Essayez de l'énoncer clairement et sans ambiguïté. Par exemple, dans l'exemple de la carte de débit, nous pourrions écrire :

Privilégier le consommateur en cas d'erreur.

Il s'agit d'une déclaration claire, concise et sans ambiguïté qui s'applique à de nombreux domaines du système. C'est notre contrat avec tous les utilisateurs du système, la garantie de notre comportement.

Agents et contrats dynamiques

Jusqu'à présent, nous avons parlé des contrats comme de spécifications fixes et immuables. Mais dans le paysage des agents autonomes, ce n'est pas forcément le cas. Selon la définition du terme « autonome », les agents sont libres de *rejeter* les demandes qu'ils ne souhaitent pas honorer. Ils sont libres de renégocier le contrat : « Je ne peux pas fournir ceci, mais si vous me donnez cela, alors je pourrais fournir quelque chose d'autre. »

Il est certain que tout système reposant sur la technologie des agents dépend de manière *critique* des accords contractuels, même s'ils sont générés de manière dynamique.

Imaginez : avec suffisamment de composants et d'agents capables de négocier leurs propres contrats entre eux pour atteindre un objectif, nous pourrions résoudre la crise de la productivité logicielle en laissant le logiciel le faire à notre place.

Mais si nous ne pouvons pas utiliser les contrats à la main, nous ne pourrons pas les utiliser automatiquement. La prochaine fois que vous concevrez un logiciel, concevez également son contrat.

Sections connexes

- Thème 24, *Les programmes morts ne mentent pas.*
- Thème 25, *Programmation assertive.*
- Thème 38, *Programmation par coïncidences.*
- Thème 42, *Tests de propriété.*
- Thème 43, *Restez en sécurité.*
- Thème 45, *La fosse aux exigences.*

Défi

- Points de réflexion : si la programmation par contrat est si puissante, pourquoi son utilisation n'est-elle pas plus répandue ? Est-il difficile de trouver un contrat ? Cela vous fait-il réfléchir à des questions que vous préféreriez ignorer pour l'instant ? Cela vous oblige-t-il à *PENSER* ? Il s'agit manifestement d'un outil dangereux !

Exercices

Exercice 14

Concevez une interface pour un mixeur de cuisine. Il s'agira à terme d'un robot ménager relié au web en tant qu'objet connecté, mais pour l'instant, nous avons juste besoin d'une interface pour le contrôler. Il dispose de dix réglages de vitesse (0 signifie éteint). Vous ne pouvez pas le faire fonctionner à vide, et vous ne pouvez modifier la vitesse que d'une unité à la fois (c'est-à-dire de 0 à 1, puis de 1 à 2, et non de 0 à 2).

Voici les méthodes. Ajoutez les préconditions et post-conditions appropriées ainsi qu'un invariant.

```
int getSpeed()
void setSpeed(int x)
boolean isFull()
void fill()
void empty()
```

Exercice 15

Combien de nombres y a-t-il dans la série 0, 5, 10, 15, ..., 100 ?

Thème 24 – Les programmes morts ne mentent pas

Avez-vous remarqué que d'autres personnes peuvent parfois détecter que quelque chose ne va pas chez vous avant que vous ne soyez vous-même conscient du problème ? Il en va de même avec le code des autres. Si quelque chose commence à mal tourner dans l'un de nos programmes, c'est parfois une routine de la bibliothèque ou du framework qui le détecte en premier. Nous avons peut-être transmis une valeur `nil` ou une liste vide. Il manque peut-être une clé dans ce hachage, ou la valeur que nous pensions contenir un hachage contient en fait une liste. Il y a peut-être eu une erreur de réseau ou de système de fichiers que nous n'avons pas détectée, et nous avons obtenu des données vides ou corrompues. Une erreur de logique survenue il y a quelques millions d'instructions signifie que le sélecteur d'une instruction CASE n'est plus le 1, 2 ou 3 attendu. Nous tomberons sur le cas `default` de manière inattendue. C'est aussi l'une des raisons pour lesquelles chaque instruction CASE/switch doit comporter une clause défaut : nous voulons savoir quand l'« impossible » s'est produit.

Il est facile de tomber dans la mentalité du « ça ne peut pas arriver ». La plupart d'entre nous ont déjà écrit un code qui ne vérifiait pas qu'un fichier se fermait correctement ou qu'une instruction TRACE était écrite comme prévu. Et toutes choses étant égales par ailleurs, il est probable que nous n'ayons pas eu besoin de le faire – le code en question n'aurait pas échoué dans des conditions normales. Mais nous codons de manière défensive. Nous nous assurons que les données sont bien celles que nous pensons, que le code en production est bien celui que nous pensons. Nous vérifions que les versions correctes des dépendances ont bien été chargées.

Toute erreur vous donne des informations. Vous pourriez vous convaincre qu'elle ne peut pas se produire et choisir de l'ignorer. Au lieu de cela, les programmeurs pragmatiques se disent que s'il y a une erreur, c'est qu'il s'est passé quelque chose de très, très grave. N'oubliez pas de lire ce satané message d'erreur (voir la section *Codage en terre inconnue*).

Capturer et relâcher, c'est bon pour les poissons

Certains développeurs pensent qu'il est de bon ton de capturer ou de sauver toutes les exceptions, en les redéclenchant après avoir écrit une sorte de message. Leur code est rempli de choses comme celle-ci (où une simple instruction raise redéclenche l'exception en cours) :

```
try do
   add_score_to_board(score);
rescue InvalidScore
   Logger.error("Can't add invalid score. Exiting");
   raise
rescue BoardServerDown
   Logger.error("Can't add score: board is down. Exiting");
   raise
rescue StaleTransaction
   Logger.error("Can't add score: stale transaction. Exiting");
   raise
end
```

Voici comment les programmeurs pragmatiques écriraient cela :

```
add_score_to_board(score);
```

Nous préférons cette version pour deux raisons. Premièrement, le code de l'application n'est pas éclipsé par la gestion des erreurs. Deuxièmement, et c'est peut-être le plus important, le code est moins couplé. Dans l'exemple prolixe, nous devons énumérer toutes les exceptions que la méthode add_score_to_board pourrait déclencher. Si l'auteur de cette méthode ajoute une autre exception, notre code est subtilement rendu obsolète. Dans la deuxième version, plus pragmatique, la nouvelle exception est automatiquement propagée.

Conseil 38 – Préférez les crashs précoces

Mieux vaut se planter que tout jeter

L'un des avantages au fait de détecter les problèmes le plus tôt possible est que l'on peut se planter plus tôt, et le plantage est souvent la meilleure chose que l'on puisse faire. L'option alternative peut être de continuer, en écrivant des données corrompues dans une base de données vitale, ou de commander à la machine à laver son vingtième cycle d'essorage consécutif.

Les langages Erlang et Elixir adoptent cette philosophie. Joe Armstrong, inventeur d'Erlang et auteur de *Programming Erlang: Software for a Concurrent World* [Arm07], est souvent cité pour avoir dit : « La programmation défensive est une perte de temps. Laissons-la se planter[2]. » Dans ces environnements, les programmes sont conçus pour échouer, mais cet échec est géré par des *superviseurs*. Un superviseur est responsable de l'exécution du code et sait ce qu'il faut faire en cas d'échec du code, ce qui peut inclure le nettoyage, le redémarrage, etc. Que se passe-t-il lorsque le superviseur lui-même tombe en panne ? Son propre superviseur gère cet événement, ce qui conduit à une *hiérarchie de supervision*. Cette technique est très efficace et permet d'expliquer l'utilisation de ces langages dans les systèmes à haute disponibilité et tolérants aux erreurs.

Dans d'autres environnements, il peut être inapproprié de quitter simplement un programme en cours d'exécution. Il se peut que vous ayez réclamé des ressources qui pourraient ne pas être libérées, ou que vous ayez besoin d'écrire des messages de journal, de mettre de l'ordre dans les transactions ouvertes ou d'interagir avec d'autres processus.

Cependant, le principe de base reste le même : lorsque votre code découvre que quelque chose qui était censé être impossible s'est produit, votre programme

2 Citation originale : « Defensive programming is a waste of time. Let it crash ! »

n'est plus viable. Tout ce qu'il fait à partir de ce moment devient suspect, il faut donc y mettre fin dès que possible.

Un programme mort fait normalement beaucoup moins de dégâts qu'un programme endommagé.

Sections connexes

- Thème 20, *Débogage.*
- Thème 23, *Programmation par contrat.*
- Thème 25, *Programmation assertive.*
- Thème 26, *Comment équilibrer les ressources.*
- Thème 43, *Restez en sécurité.*

Thème 25 – Programmation assertive

> *Il y a une certaine volupté dans le fait de se reprocher quelque chose. Lorsque nous nous blâmons nous-mêmes, il nous semble que personne d'autre n'a le droit de le faire.*
>
> OSCAR WILDE, *LE PORTRAIT DE DORIAN GRAY*

Il semble qu'il existe un mantra que tout programmeur doit mémoriser au début de sa carrière. Il s'agit d'un principe fondamental de l'informatique, une croyance de base que nous apprenons à appliquer aux exigences, aux conceptions, au code, aux commentaires, à presque tout ce que nous faisons. Le voici :

Ça n'arrivera jamais…

« Cette application ne sera jamais utilisée à l'étranger, alors pourquoi l'internationaliser ? » « count ne peut pas être négatif. » « La journalisation ne peut pas échouer. »

Ne pratiquons pas ce genre d'aveuglement, en particulier lors du codage.

Conseil 39 – Utilisez des assertions pour vous préparer à l'impossible

---

Chaque fois que vous vous dites « mais bien sûr, cela n'arrivera jamais », ajoutez du code pour le vérifier. La façon la plus simple de le faire est d'utiliser des assertions. Dans de nombreuses implémentations de langages, vous trouverez une forme d'assert qui vérifie une condition booléenne[3]. Ces vérifications peuvent avoir une valeur inestimable. Si un paramètre ou un résultat ne doit jamais être null, vérifiez-le explicitement :

```
assert (result != null);
```

Dans l'implémentation Java, vous pouvez (et devriez) ajouter une chaîne descriptive :

```
assert result != null && result.size() > 0 : "Empty result from XYZ";
```

Les assertions sont également utiles pour vérifier le fonctionnement d'un algorithme. Vous avez peut-être écrit un algorithme de tri astucieux, appelé my_sort. Vérifiez qu'il fonctionne :

```
books = my_sort(find("scifi"))
assert(is_sorted?(books))
```

N'utilisez pas les assertions à la place d'une véritable gestion des erreurs. Les assertions vérifient des choses qui sont censées ne jamais se produire : vous ne devez pas écrire un code comme ceci :

```
puts("Enter 'Y' or 'N': ")
ans = gets[0] # Grab first character of response
assert((ch == 'Y') || (ch == 'N'))    # Very bad idea!
```

Et ce n'est pas parce que la plupart des implémentations assert terminent le processus lorsqu'une assertion échoue, que les versions que vous écrivez

3 En C et C++, elles sont généralement implémentées sous forme de macros. En Java, les assertions sont désactivées par défaut. Invoquez la VM Java avec l'option -enableassertions pour les activer, et laissez-les activées.

devraient le faire. Si vous avez besoin de libérer des ressources, capturez l'exception de l'assertion ou piégez la sortie, et exécutez votre propre gestionnaire d'erreur. Assurez-vous simplement que le code que vous exécutez pendant ces dernières millisecondes ne repose pas sur les informations qui ont déclenché l'échec de l'assertion en premier lieu.

Assertions et effets secondaires

Lorsque nous constatons que le code que nous avons ajouté pour détecter les erreurs finit par en créer de nouvelles, c'est en général assez embarrassant. Cela peut se produire avec les assertions si l'évaluation de la condition a des effets secondaires. Par exemple, ce serait une mauvaise idée de coder quelque chose comme :

```
while (iter.hasMoreElements()) {
  assert(iter.nextElement() != null);
  Object obj = iter.nextElement();
  // ....
}
```

L'appel à .nextElement() dans l'assertion a pour effet secondaire de déplacer l'itérateur au-delà de l'élément recherché, de sorte que la boucle ne traite que la moitié des éléments de la collection. Il serait préférable d'écrire :

```
while (iter.hasMoreElements()) {
  Object obj = iter.nextElement();
  assert(obj != null);
  // ....
}
```

Ce problème est une sorte de Heisenbug[4] – un débogage qui modifie le comportement du système débogué.

(Nous pensons également qu'aujourd'hui, alors que la plupart des langages prennent correctement en charge l'itération de fonctions sur des collections, ce type de boucle explicite n'est pas nécessaire ni bienvenu.)

4 Bug qui disparaît ou change de comportement lorsqu'on tente de le détecter ou de le diagnostiquer à l'aide d'outils spécifiques (source : www.lalanguefrancaise.com).

Laisser les assertions activées

Il existe un malentendu courant sur les assertions. Voici ce qu'il en est :

Les assertions ajoutent une certaine surcharge au code. Parce qu'elles vérifient des choses qui ne devraient jamais se produire, elles ne seront déclenchées que par un bogue dans le code. Une fois le code testé et livré, elles ne sont plus nécessaires et doivent être désactivées pour accélérer l'exécution du code. Les assertions sont un outil de débogage.

Il y a ici deux hypothèses manifestement erronées. Premièrement, on suppose que les tests permettent de trouver tous les bogues. En réalité, pour tout programme complexe, il est peu probable que vous puissiez tester ne serait-ce qu'un minuscule pourcentage des permutations auxquelles votre code sera soumis. Deuxièmement, les optimistes oublient que votre programme s'exécute dans un monde dangereux. Au cours des tests, les rats ne rongeront probablement pas un câble de communication, une personne jouant à un jeu n'épuisera pas la mémoire et les fichiers journaux ne rempliront pas la partition de stockage. Toutes ces choses peuvent se produire lorsque votre programme s'exécute dans un environnement de production. Votre première ligne de défense consiste à vérifier toutes les erreurs possibles ; la deuxième, à utiliser des assertions pour essayer de détecter celles que vous avez manquées.

Désactiver les assertions lorsque vous livrez un programme à la production, c'est comme faire le funambule sans filet au-dessus d'un ravin parce que vous avez déjà réussi à marcher sur la corde une fois à l'entraînement. Il y a une valeur dramatique, mais il est difficile d'obtenir une assurance-vie.

Même si vous avez effectivement des problèmes de performance, ne désactivez que les assertions qui vous gênent vraiment. L'exemple précédent, sur l'algorithme de tri, peut être une partie critique de votre application, et peut avoir besoin d'être rapide. L'ajout de la vérification signifie un autre passage par les données, ce qui peut être inacceptable. Rendez cette vérification optionnelle, mais laissez les autres en place.

Utilisez des assertions en production et gagnez gros

Un ancien voisin d'Andy était à la tête d'une petite entreprise en lancement qui fabriquait des dispositifs de réseau. L'un des secrets de sa réussite était la décision de laisser les assertions en place dans les versions de production. Ces assertions étaient bien conçues pour rapporter toutes les données pertinentes conduisant à la défaillance, et présentées à l'utilisateur final par le biais d'une interface utilisateur attrayante. Ce niveau de retour d'information, de la part d'utilisateurs réels dans des conditions réelles, a permis aux développeurs de boucher les trous et de corriger ces bogues obscurs et difficiles à reproduire, ce qui a donné lieu à un logiciel remarquablement stable et à l'épreuve des balles.

Cette petite entreprise inconnue avait un produit tellement solide qu'elle a bientôt été rachetée pour des centaines de millions de dollars.

Je dis ça, je dis rien.

Sections connexes

- Thème 23, *Programmation par contrat.*
- Thème 24, *Les programmes morts ne mentent pas.*
- Thème 42, *Tests de propriété.*
- Thème 43, *Restez en sécurité.*

Exercice

Exercice 16

Un rapide rappel de la réalité. Laquelle de ces choses « impossibles » peut se produire ?

- Un mois de moins de 28 jours.
- Un code d'erreur provenant d'un appel système : impossible d'accéder au répertoire actuel.
- En C++ : `a = 2` ; `b = 3` ; mais `(a + b)` n'est pas égal à `5`.

- Un triangle dont la somme des angles intérieurs n'est pas égale à 180 degrés.
- Une minute qui ne contient pas 60 secondes.
- `(a + 1) <= a`.

Thème 26 – Comment équilibrer les ressources

> *Allumer une bougie, c'est projeter une ombre...*
>
> URSULA K. LE GUIN, *LE SORCIER DE TERREMER*

Nous gérons tous des ressources lorsque nous codons : mémoire, transactions, exétrons, connexions réseau, fichiers, temporisateurs – toutes sortes de choses dont la disponibilité est limitée. La plupart du temps, l'utilisation des ressources suit un schéma prévisible : vous allouez la ressource, vous l'utilisez, puis vous la désallouez.

Cependant, de nombreux développeurs n'ont pas de plan cohérent pour gérer l'allocation et la désallocation des ressources. Nous vous proposons donc une astuce simple :

Conseil 40 – Terminez ce que vous avez commencé

Ce conseil est facile à appliquer dans la plupart des cas. Il signifie simplement que la fonction ou l'objet qui alloue une ressource doit être responsable de sa désallocation. Voyons comment il s'applique en examinant un exemple de mauvais code – une partie d'un programme Ruby qui ouvre un fichier, y lit des informations sur un client, met à jour un champ et renvoie le résultat. Nous avons éliminé la gestion des erreurs pour rendre l'exemple plus clair :

```
def read_customer
  @customer_file = File.open(@name + ".rec", "r+")
  @balance       = BigDecimal(@customer_file.gets)
end

def write_customer
  @customer_file.rewind
  @customer_file.puts @balance.to_s
  @customer_file.close
end

def update_customer(transaction_amount)
  read_customer
  @balance = @balance.add(transaction_amount,2)
  write_customer
end
```

À première vue, la routine update_customer semble raisonnable. Elle semble mettre en œuvre la logique dont nous avons besoin – lecture d'un enregistrement, mise à jour du solde et réécriture de l'enregistrement. Cependant, cette simplicité cache un problème majeur. Les routines read_customer et write_customer sont étroitement couplées[5] – elles partagent la variable d'instance customer_file. read_customer ouvre le fichier et stocke la référence du fichier dans customer_file, puis write_customer utilise cette référence stockée pour fermer le fichier lorsqu'il a terminé. Cette variable partagée n'apparaît même pas dans la routine update_customer.

Pourquoi n'est-ce pas bon ? Considérons le malheureux programmeur de maintenance à qui l'on dit que la spécification a changé – le solde ne doit être mis à jour que si la nouvelle valeur n'est pas négative. Il se rend dans la source et modifie update_customer :

```
def update_customer(transaction_amount)
  read_customer
  if (transaction_amount >= 0.00)
    @balance = @balance.add(transaction_amount,2)
    write_customer
  end
end
```

Tout semble bien se passer pendant les tests. Cependant, lorsque le code est mis en production, il s'effondre après plusieurs heures, se plaignant d'un *trop*

5 Pour une discussion sur les dangers du code couplé, voir le thème 28, *Découplage*.

grand nombre de fichiers ouverts. Il s'avère que write_customer n'est pas appelé dans certaines circonstances. Dans ce cas, le fichier n'est pas fermé.

Une très *mauvaise* solution à ce problème serait de traiter le cas particulier dans update_customer :

```
def update_customer(transaction_amount)
  read_customer
  if (transaction_amount >= 0.00)
    @balance += BigDecimal(transaction_amount, 2)
    write_customer
  else
    @customer_file.close # Bad idea!
  end
end
```

Cela résoudra le problème – le fichier sera désormais fermé quel que soit le nouveau solde – mais cela signifie maintenant que *trois* routines sont couplées par l'intermédiaire de la variable partagée customer_file, et le suivi du moment où le fichier est ouvert ou non va commencer à devenir compliqué. Le piège se referme sur nous, et les choses vont commencer à se dégrader rapidement si nous continuons sur cette voie. Ce n'est pas équilibré !

Le conseil *terminez ce que vous avez commencé* nous dit que, idéalement, la routine qui alloue une ressource devrait également la libérer. Nous pouvons l'appliquer ici en réusinant légèrement le code :

```
def read_customer(file)
  @balance=BigDecimal(file.gets)
end

def write_customer(file)
  file.rewind
  file.puts @balance.to_s
end

def update_customer(transaction_amount)
  file=File.open(@name + ".rec", "r+")          # >--
  read_customer(file)                           #    |
  @balance = @balance.add(transaction_amount,2) #    |
  write_customer(file)                          #    |
  file.close                                    # <--
end
```

Au lieu de conserver la référence du fichier, nous avons modifié le code pour la passer en paramètre[6]. Désormais, la routine update_customer est responsable du fichier. Elle ouvre le fichier et (finissant ainsi ce qu'elle a commencé) le ferme avant de revenir. La routine équilibre l'utilisation du fichier : l'ouverture et la fermeture sont au même endroit, et il est évident que pour chaque ouverture il y aura une fermeture correspondante. Le réusinage supprime également une variable partagée hideuse.

Il existe une autre amélioration, petite mais importante, que nous pouvons apporter. Dans de nombreux langages modernes, il est possible d'étendre la durée de vie d'une ressource à une sorte de bloc fermé. En Ruby, il existe une variante du fichier ouvert qui transmet la référence du fichier ouvert à un bloc, illustré ici entre le do et le end :

```
def update_customer(transaction_amount)
  File.open(@name + ".rec", "r+") do |file|        # >--
    read_customer(file)                            #    |
    @balance = @balance.add(transaction_amount,2)  #    |
    write_customer(file)                           #    |
  end                                              # <--
end
```

Dans ce cas, à la fin du bloc, la variable file sort du champ d'application et le fichier externe est fermé. Point final. Il n'est pas nécessaire de se rappeler de fermer le fichier et de libérer la source, vous êtes certain que c'est fait.

En cas de doute, il est toujours utile de réduire le champ d'application.

Conseil 41 – Agissez au niveau local

Attribution des nids

Le modèle de base pour l'allocation des ressources peut être étendu aux routines qui nécessitent plus d'une ressource à la fois. Deux suggestions :

6 Voir le conseil page 205.

- Désallouez les ressources dans l'ordre inverse de celui dans lequel vous les avez allouées. Ainsi, vous n'aurez pas de ressources orphelines si une ressource contient des références à une autre ;
- Lorsque vous allouez le même ensemble de ressources à différents endroits de votre code, faites-le toujours dans le même ordre. Vous réduirez ainsi les risques de blocage. (Si le processus A réclame resource1 et est sur le point de réclamer resource2, alors que le processus B a réclamé resource2 et essaie d'obtenir resource1, les deux processus attendront indéfiniment.)

Peu importe le type de ressources que nous utilisons – transactions, connexions réseau, mémoire, fichiers, exétrons, fenêtres – le schéma de base s'applique : celui qui alloue une ressource doit être responsable de sa désallocation. Cependant, dans certains langages, nous pouvons développer ce concept plus loin.

Trouver l'équilibre au fil du temps

Dans ce thème, nous nous intéressons principalement aux ressources éphémères utilisées par votre processus en cours d'exécution. Mais vous devriez porter attention aux autres problèmes que vous pourriez laisser derrière vous.

Par exemple, comment sont gérés les fichiers de journalisation ? Vous créez des données et utilisez de l'espace de stockage. Existe-t-il un système de rotation et de nettoyage des journaux ? Qu'en est-il des fichiers de débogage non officiels que vous déposez ? Si vous ajoutez des enregistrements dans une base de données, existe-t-il un processus similaire pour les faire expirer ? Pour tout ce que vous créez et qui occupe une ressource limitée, réfléchissez à la manière de l'équilibrer.

Qu'avez-vous pu oublier ?

Objets et exceptions

L'équilibre entre les allocations et les désallocations rappelle le constructeur et le destructeur d'une classe orientée objet. La classe représente une ressource, le constructeur vous donne un objet particulier de ce type de ressource et le destructeur le retire de votre champ d'application.

Si vous programmez dans un langage orienté objet, il peut être utile d'encapsuler les ressources dans des classes. Chaque fois que vous avez besoin d'un type de ressource particulier, vous instanciez un objet de cette classe. Lorsque l'objet sort du champ d'application ou est récupéré par le ramasse-miettes, le destructeur de l'objet désalloue la ressource encapsulée.

Cette approche présente des avantages particuliers lorsque vous travaillez avec des langages dans lesquels les exceptions peuvent interférer avec la désallocation des ressources.

Équilibrage et exceptions

Les langages qui prennent en charge les exceptions peuvent rendre délicate la désallocation des ressources. Si une exception est levée, comment garantir que tout ce qui a été alloué avant l'exception a été nettoyé ? La réponse dépend dans une certaine mesure du langage utilisé. Vous avez généralement deux possibilités :

1. Utiliser la portée des variables (par exemple, les piles de variables en C++ ou en Rust) ;
2. Utiliser une clause finally dans un bloc try...catch.

Avec les règles de cadrage habituelles dans des langages tels que C++ ou Rust, la mémoire de la variable est récupérée lorsque la variable sort du champ d'application *via* un retour, une sortie de bloc ou une exception. Mais vous pouvez également vous connecter au destructeur de la variable pour nettoyer les ressources externes. Dans cet exemple, la variable Rust nommée accounts fermera automatiquement le fichier associé lorsqu'elle sortira du champ d'application :

```
{
  let mut accounts = File::open("mydata.txt")?; // >--
  // use 'accounts'                             //    |
  ...                                           //    |
}                                               // <--
// 'accounts' is now out of scope, and the file is
// automatically closed
```

L'autre option, si le langage le permet, est la clause finally. Une clause finally garantit que le code spécifié sera exécuté, qu'une exception ait été déclenchée ou non dans le bloc try...catch :

```
try
  // some dodgy stuff
catch
  // exception was raised
finally
  // clean up in either case
```

Mais il y a un hic.

Un anti-patron d'exception

Nous voyons souvent des personnes écrire ce genre de choses :

```
begin
   thing = allocate_resource()
   process(thing)
finally
   deallocate(thing)
end
```

Voyez-vous ce qui ne va pas ?

Que se passe-t-il si l'allocation des ressources échoue et déclenche une exception ? La clause finally la capture et tente de désallouer un *élément* qui n'a jamais été alloué.

Le schéma correct pour gérer la désallocation des ressources dans un environnement comportant des exceptions est le suivant :

```
thing = allocate_resource()
begin
   process(thing)
finally
   deallocate(thing)
end
```

Lorsque vous ne pouvez pas équilibrer les ressources

Il arrive que le modèle d'allocation des ressources de base ne soit tout simplement pas approprié. C'est souvent le cas dans les programmes qui utilisent des structures de données dynamiques. Une routine alloue une zone de mémoire et la lie à une structure plus grande, où elle peut rester pendant un certain temps.

L'astuce consiste à établir un invariant sémantique pour l'allocation de la mémoire. Vous devez décider qui est responsable des données dans une structure de données agrégée. Que se passe-t-il lorsque vous désallouez la structure de niveau supérieur ? Trois options principales s'offrent à vous :

- La structure de niveau supérieur est également responsable de la libération de toutes les sous-structures qu'elle contient. Ces structures suppriment ensuite récursivement les données qu'elles contiennent, et ainsi de suite ;
- La structure de niveau supérieur est simplement désallouée. Toutes les structures qu'elle pointait (et qui ne sont pas référencées ailleurs) sont orphelines ;
- La structure de premier niveau refuse de se désallouer si elle contient des sous-structures.

Le choix dépend ici des circonstances propres à chaque structure de données. Cependant, vous devez le rendre explicite pour chacune d'entre elles et mettre en œuvre votre décision de manière cohérente. La mise en œuvre de l'une de ces options dans un langage procédural tel que C peut poser un problème : les structures de données elles-mêmes ne sont pas actives. Dans ce cas, nous préférons écrire un module pour chaque structure principale qui fournit des fonctions standard d'allocation et de désallocation pour cette structure. (Ce module peut également fournir des fonctions telles que l'impression de débogage, la sérialisation, la désérialisation et les boucles de parcours.)

Vérification de l'équilibre

Parce que les programmeurs pragmatiques ne font confiance à personne, pas même eux-mêmes, nous pensons que c'est toujours une bonne idée de construire un code qui vérifie que les ressources sont effectivement libérées de manière appropriée. Pour la plupart des applications, cela signifie normalement produire des wrappers pour chaque type de ressource, et utiliser ces wrappers pour garder une trace de toutes les allocations et désallocations. À certains moments de votre code, la logique du programme dictera que les ressources soient dans un certain état : utilisez les wrappers pour le vérifier. Par exemple, un programme de longue durée qui traite des demandes aura probablement un point unique au sommet de son cycle de traitement principal où il attend l'arrivée de la prochaine demande. C'est un bon endroit pour s'assurer que l'utilisation des ressources n'a pas augmenté depuis la dernière exécution de la boucle.

À un niveau inférieur, mais non moins utile, vous pouvez investir dans des outils qui (entre autres) vérifient que vos programmes en cours d'exécution ne présentent pas de fuites de mémoire.

Sections connexes

- Thème 24, *Les programmes morts ne mentent pas.*
- Thème 30, *Transformer la programmation.*
- Thème 33, *Rompre le couplage temporel.*

Défi

- Bien qu'il n'y ait pas de moyens garantis de vous assurer de toujours libérer les ressources, certaines techniques de conception, lorsqu'elles sont appliquées de manière cohérente, vous aideront. Dans le texte, nous avons vu comment l'établissement d'un invariant sémantique pour les principales structures de données pouvait orienter les décisions de désallocation de la mémoire. Réfléchissez à la manière dont le thème 23, *Programmation par contrat*, pourrait contribuer à affiner cette idée.

Exercices

Exercice 17

Certains développeurs C et C++ mettent un point d'honneur à attribuer la valeur `null` à un pointeur après avoir désalloué la mémoire à laquelle il fait référence. Pourquoi est-ce une bonne idée ?

Exercice 18

Certains développeurs Java prennent l'habitude de mettre une variable d'objet à `null` une fois qu'ils ont fini d'utiliser l'objet. Pourquoi est-ce une bonne idée ?

Thème 27 – Ne dépassez pas vos phares

> *Il est difficile de faire des prédictions, surtout en ce qui concerne l'avenir.*
>
> LAWRENCE « YOGI » BERRA, D'APRÈS UN PROVERBE DANOIS

Il est tard dans la nuit, il fait sombre, il pleut à verse. La voiture deux places s'engouffre dans les courbes sinueuses de montagne, tenant à peine la route. Le véhicule manque un virage en épingle à cheveux et heurte la glissière de sécurité, avant de s'écraser dans la vallée en contrebas. Des agents de la police nationale arrivent sur les lieux, et l'officier supérieur secoue tristement la tête : « Ils ont dû dépasser leurs phares. »

Voulait-il dire que la voiture en excès de vitesse avait roulé au-delà de la vitesse de la lumière ? Non, cette limitation de vitesse-là ne peut pas être dépassée. L'agent se référait plutôt à la capacité du conducteur à s'arrêter ou à braquer à temps en réponse à ce que dévoile l'éclairage de ses phares.

Les phares ont une portée limitée, appelée *distance de projection*. Au-delà de cette distance, la lumière est trop diffuse pour être efficace. En outre, les phares n'éclairent qu'en ligne droite et jamais ce qui se trouve en dehors de l'axe, comme les courbes, les collines ou les creux de la route. Selon la National Highway Traffic Safety Administration, la distance moyenne éclairée par les feux de croisement est d'environ 160 pieds. Malheureusement, la distance d'arrêt[7] à 40 miles par heure est de 189 pieds, et à 70 miles par heure, elle est de 464 pieds[8].

Dans le domaine du développement de logiciels, nos « phares » sont également limités. Nous ne pouvons pas voir très loin dans l'avenir, et plus nous regardons loin de l'axe, plus il fait sombre. Les programmeurs pragmatiques ont donc une règle stricte :

Conseil 42 – Avancez toujours à tâtons

Procédez toujours par petites étapes, de manière délibérée, en vérifiant le retour d'information et en vous adaptant avant d'aller plus loin. Considérez que le taux de retour d'information est votre limite de vitesse. N'entreprenez jamais une étape ou une tâche « trop importante ».

Qu'entend-on exactement par retour d'information ? Tout ce qui, de manière indépendante, confirme ou infirme votre action. Par exemple :

- Les résultats obtenus dans une boucle de lecture-évaluation-impression (ou boucle REPL pour *read-eval-print loop* en anglais) permettent d'évaluer votre compréhension des API et des algorithmes ;
- Les tests unitaires fournissent un retour d'information sur la dernière modification apportée au code ;
- Les démonstrations et conversations avec les utilisateurs permettent d'obtenir un retour d'information sur les fonctionnalités et la facilité d'utilisation.

7 Selon la NHTSA, la distance d'arrêt = distance de réaction + distance de freinage, en supposant un temps de réaction moyen de 1,5 seconde et une décélération de 17,02 pieds (5,19 mètres) par seconde carrée.

8 En système métrique, cela donne : la distance moyenne éclairée par les feux de croisement est d'environ 49 mètres. Malheureusement, la distance d'arrêt à 64 kilomètres par heure est de 58 mètres, et à 113 kilomètres par heure, elle est de 141 mètres. (NdÉ.)

Qu'est-ce qu'une tâche trop importante ? Toute tâche qui nécessiterait une certaine clairvoyance. Tout comme les phares des voitures ont une portée limitée, nous ne pouvons voir l'avenir qu'à un ou deux pas, peut-être quelques heures ou quelques jours au maximum. Au-delà, on peut rapidement dépasser le stade de la *supposition éclairée* et tomber dans la *spéculation la plus folle.* Vous pouvez vous retrouver contraint de faire de la divination lorsque vous devez :

- estimer les dates d'achèvement des travaux plusieurs mois à l'avance ;
- prévoir une conception pour une maintenance ou une extension future ;
- deviner les besoins futurs de l'utilisateur ;
- deviner la disponibilité des technologies futures.

Nous vous entendons vous exclamer d'ici : « Mais, ne sommes-nous pas censés concevoir en vue d'une maintenance future ? » Oui, mais seulement jusqu'à un certain point : aussi loin que vous pouvez voir. Plus vous devez prédire l'avenir, plus vous risquez de vous tromper. Au lieu de gaspiller vos efforts à concevoir pour un avenir incertain, misez plutôt sur la conception d'un code pensé pour être remplaçable. Faites en sorte qu'il soit facile de le jeter et de lui substituer quelque chose de mieux adapté. Rendre le code remplaçable contribuera également à la cohésion, au couplage, au découplage et à l'application du principe FER, ce qui se traduira par une meilleure conception générale.

Même si vous avez confiance en l'avenir, il y a toujours un risque de cygne noir au coin de la rue.

Cygnes noirs

Dans son livre *The Black Swan: The Impact of the Highly Improbable* [Tal10][9], Nassim Nicholas Taleb affirme que tous les événements importants de l'histoire sont le fruit de circonstances majeures, difficiles à prévoir et rares, qui dépassent le cadre des attentes normales. Ces cas uniques, bien que

9 Titre de l'édition en français : *Le Cygne noir. La puissance de l'imprévisible*, Les Belles Lettres, 2021. (NdÉ.)

statistiquement rares, ont des effets disproportionnés. En outre, nos propres biais cognitifs ont tendance à nous rendre aveugles aux changements qui s'opèrent en marge de notre travail (voir le thème 4, *Soupe de pierres et grenouilles ébouillantées*).

À l'époque de la première édition de *The Pragmatic Programmer*, le débat faisait rage dans les magazines informatiques et les forums en ligne autour d'une question brûlante : « Qui gagnera la guerre des interfaces graphiques, Motif ou OpenLook[10] ? » Ce n'était pas la bonne question à se poser. Il y a de fortes chances que vous n'ayez jamais entendu parler de ces technologies, car aucune n'a « gagné » et le web centré sur le navigateur s'est rapidement imposé dans le paysage.

Conseil 43 – Évitez la voyance

La plupart du temps, demain ressemble beaucoup à aujourd'hui. Mais ne comptez pas dessus.

Sections connexes

- Thème 12, *Balles traçantes.*
- Thème 13, *Prototypes et Post-it.*
- Thème 40, *Réusinage.*
- Thème 41, *Testez pour coder.*
- Thème 48, *L'essence de l'agilité.*
- Thème 50, *Les noix de coco ne suffisent pas.*

10 Motif et OpenLook étaient des standards d'interface graphique pour les stations de travail Unix fondées sur X-Window.

Chapitre 5

PLIER OU ROMPRE

Dans la vie, rien n'est permanent. Cela vaut aussi pour le code que nous écrivons. Afin de suivre le rythme effréné des changements actuels, nous devons nous efforcer d'écrire un code aussi souple que possible. Dans le cas contraire, celui-ci risque de devenir rapidement obsolète ou trop fragile pour être corrigé, et de se retrouver à la traîne dans la course inexorable vers l'avenir.

Dans *Réversibilité*, nous avons parlé des dangers des décisions irréversibles. Dans ce chapitre, nous vous expliquons comment prendre des décisions *réversibles*, afin que votre code puisse rester flexible et adaptable dans un monde incertain.

Nous examinons d'abord le *couplage*, c'est-à-dire les dépendances entre les séquences de code. *Découplage* montre comment séparer des concepts distincts, ce qui réduit la dépendance.

Ensuite, nous examinons les différentes techniques que vous pouvez utiliser pour *Composer avec le monde réel*. Nous passons en revue quatre stratégies différentes pour vous aider à gérer et à réagir aux événements, un aspect essentiel des applications logicielles modernes.

Le code procédural et le code orienté objet traditionnels peuvent être trop étroitement couplés pour vos besoins. Dans *Transformer la programmation*, nous tirerons parti du style plus souple et plus clair offert par les pipelines de fonctions, même si votre langage ne les prend pas directement en charge.

Le style commun orienté objet peut vous tendre un autre piège. Ne tombez pas dans cet écueil, ou vous finirez par payer un lourd tribut : la *Taxe sur l'héritage*. Nous explorons de meilleures solutions alternatives pour garder votre code flexible et plus simple à modifier.

Et bien sûr, un bon moyen de rester flexible est d'écrire *moins* de code. Modifier le code vous expose à la possibilité d'introduire de nouveaux bogues. *Configuration* explique comment déplacer des détails hors du code, où ils peuvent être modifiés plus facilement et en toute sécurité.

Toutes ces techniques vous aideront à écrire un code qui plie et ne rompt pas.

Thème 28 – Découplage

> *Lorsque nous essayons d'isoler quelque chose, nous constatons qu'il est lié à tout le reste de l'univers.*
>
> JOHN MUIR, *UN ÉTÉ DANS LA SIERRA*

Dans le thème 8, *L'essence d'une bonne conception*, nous affirmons que l'utilisation de bons principes de conception rendra le code que vous écrivez simple à modifier. Le couplage est l'ennemi du changement, car il relie des éléments qui doivent changer en parallèle. Cela rend les modifications plus difficiles : soit vous passez du temps à rechercher toutes les parties qui doivent être modifiées, soit vous passez du temps à vous demander pourquoi des dysfonctionnements apparaissent alors que vous avez modifié « juste une chose » et pas les autres éléments auxquelles cette chose était couplée.

Lorsque vous concevez un objet que vous voulez rigide, un pont ou une tour par exemple, vous assemblez les composants :

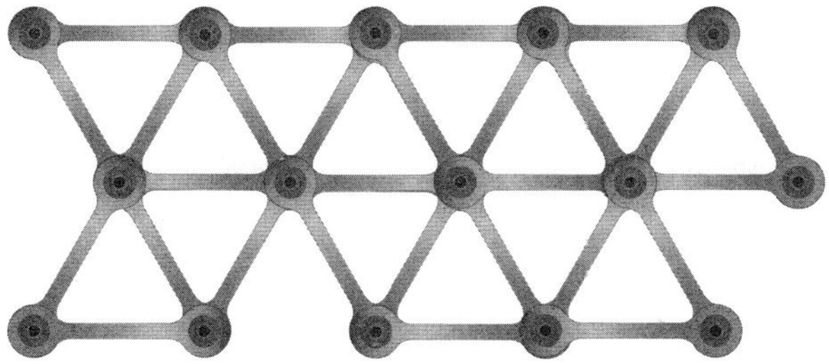

Les liens travaillent ensemble pour rendre la structure rigide.

Comparez cette structure avec la suivante :

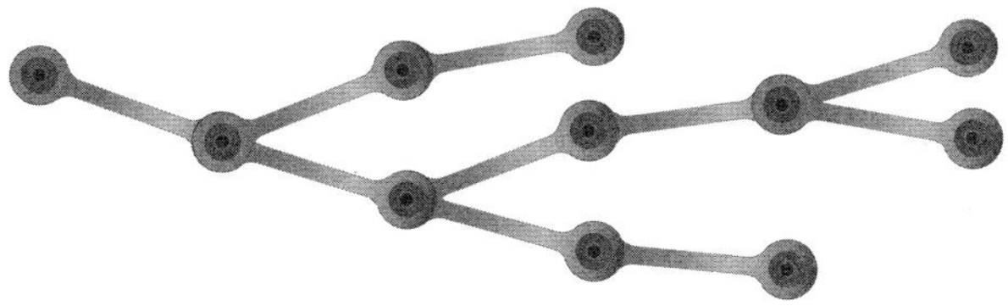

Ici, il n'y a pas de rigidité structurelle : les liens individuels peuvent changer et les autres s'en accommodent.

Lorsque vous concevez des ponts, vous voulez qu'ils conservent leur forme ; vous avez besoin qu'ils soient rigides. Mais lorsque vous concevez un logiciel que vous voudrez modifier, vous voulez exactement le contraire : vous voulez qu'il soit flexible. Et pour être flexibles, les composants individuels doivent être couplés à un nombre aussi réduit que possible d'autres composants.

Et, pour ne rien arranger, le couplage est transitif : si A est couplé à B et C, B à M et N, et C à X et Y, alors A est en fait couplé à B, C, M, N, X, et Y.

Cela signifie qu'il existe un principe simple à suivre :

Conseil 44 – Facilitez la modification avec un code découplé

Étant donné qu'en général, nous ne codons pas en utilisant des poutres d'acier et des rivets, que signifie de découpler un code ? Dans cette section, nous aborderons les points suivants :

- l'enchaînement de code – les chaînes d'appels de méthode ;
- la globalisation – les dangers des éléments statiques ;
- l'héritage – pourquoi les sous-classes sont dangereuses.

Dans une certaine mesure, cette liste est artificielle : le couplage peut se produire à peu près à chaque fois que deux morceaux de code partagent quelque chose, alors en lisant ce qui suit, gardez un œil sur les modèles sous-jacents afin de pouvoir les appliquer à *votre* code. Et soyez attentif à certains des symptômes du couplage :

- les dépendances étonnantes entre des modules ou des bibliothèques décorrélés ;
- les modifications « simples » d'un module qui se propagent dans des modules non apparentés du système ou cassent des éléments ailleurs dans le système ;
- les développeurs qui ont peur de modifier le code parce qu'ils ne sont pas sûrs de ce qui pourrait être affecté ;
- les réunions auxquelles tout le monde doit assister parce que personne n'est sûr de savoir qui sera affecté par un changement.

Enchaînement de code

Nous avons tous vu (et probablement écrit) un code de ce type :

```
public void applyDiscount(customer, order_id, discount) {
  totals = customer
           .orders
           .find(order_id)
           .getTotals();
  totals.grandTotal = totals.grandTotal - discount;
  totals.discount   = discount;
}
```

Nous obtenons une référence à certaines commandes à partir d'un objet client, nous l'utilisons pour trouver une commande particulière, puis nous obtenons l'ensemble des totaux pour la commande. En utilisant ces totaux, nous soustrayons la remise du total général de la commande et nous les mettons à jour avec cette remise.

Ce morceau de code traverse cinq niveaux d'abstraction, du client aux montants totaux. En fin de compte, notre code de niveau supérieur doit savoir qu'un objet client expose des commandes, que les commandes ont une méthode `find` qui prend un identifiant de commande et renvoie une commande, et que l'objet commande a un objet `totals` qui a des getters et setters pour les grands totaux et les remises. Cela fait beaucoup de connaissances implicites. Mais pire encore, beaucoup de choses *ne pourront pas changer à l'avenir* si ce code continue à fonctionner. Tous les wagons d'un train sont couplés, de même que toutes les méthodes et tous les attributs d'un code enchaîné.

Imaginons que l'entreprise décide qu'aucune commande ne peut faire l'objet d'une remise supérieure à 40 %. Où placerions-nous le code qui applique cette règle ?

Vous pourriez dire qu'elle a sa place dans la fonction `applyDiscount` que nous venons d'écrire. C'est certainement une partie de la réponse. Mais avec le code tel qu'il est actuellement, vous ne pouvez pas savoir si c'est la réponse *complète*. N'importe quel morceau de code, n'importe où, pourrait définir des champs dans l'objet `totals`, et si le responsable de ce code n'a pas reçu le mémo, il ne vérifiera pas la nouvelle politique.

Une façon de voir les choses est de penser aux responsabilités. L'objet `totals` devrait certainement être responsable de la gestion des totaux. Pourtant, ce n'est pas le cas : il s'agit simplement d'un conteneur pour un ensemble de champs que tout le monde peut interroger et mettre à jour.

La solution consiste à appliquer le principe suivant :

Conseil 45 – Ne demandez pas, exigez

Ce principe stipule qu'il ne faut pas prendre de décisions fondées sur l'état interne d'un objet et ensuite mettre à jour cet objet. Cela détruit totalement les avantages de l'encapsulation et, ce faisant, cela répand la connaissance de l'implémentation dans tout le code. La première solution à notre problème d'enchaînement de code est donc de déléguer l'actualisation à l'objet total :

```
public void applyDiscount(customer, order_id, discount) {
  customer
    .orders
    .find(order_id)
    .getTotals()
    .applyDiscount(discount);
}
```

Nous avons le même type de problème de *Ne demandez pas, exigez* (NDPE) avec l'objet client et ses commandes : nous ne devrions pas récupérer sa liste de commandes et y effectuer une recherche. Nous devrions plutôt obtenir la commande que nous voulons directement du client :

```
public void applyDiscount(customer, order_id, discount) {
  customer
    .findOrder(order_id)
    .getTotals()
    .applyDiscount(discount);
}
```

La même chose s'applique à notre objet de commande et à ses totaux. Pourquoi le monde extérieur devrait-il savoir que la mise en œuvre d'une commande utilise un objet distinct pour stocker ses totaux ?

```
public void applyDiscount(customer, order_id, discount) {
  customer
    .findOrder(order_id)
    .applyDiscount(discount);
}
```

Et c'est là que nous nous arrêterions probablement.

À ce stade, vous pensez peut-être que le principe NDPE nous oblige à ajouter une méthode `applyDiscountToOrder(order_id)` aux clients. Et, si nous le suivons servilement, c'est le cas.

Mais le principe NDPE n'est pas une loi de la nature ; il s'agit simplement d'un modèle qui nous aide à reconnaître les problèmes. Dans le cas présent, nous sommes satisfaits d'exposer le fait qu'un client a des commandes et que nous pouvons trouver l'une de ces commandes en la demandant à l'objet client. Il s'agit d'une décision pragmatique.

Dans chaque application, il y a des concepts de haut niveau de nature universelle. Dans cette application, ces concepts comprennent les *clients* et les *commandes*. Il est absurde de cacher totalement les commandes dans des objets clients : elles ont leur propre existence. Nous n'avons donc aucun problème à créer des API qui exposent des objets de commande.

La loi de Déméter (LdD)

En matière de couplage, on parle souvent de ce que l'on appelle la *loi de Déméter* (LdD), en lien avec le couplage. La LdD est un ensemble de lignes directrices[1] écrites à la fin des années 1980 par Ian Holland. Il les a créées pour aider les développeurs du projet Demeter à garder leurs fonctions plus propres et découplées.

La LdD stipule qu'une méthode définie dans une classe C ne doit appeler que :

- d'autres méthodes d'instance en C ;
- ses paramètres ;
- des méthodes dans les objets qu'elle crée, à la fois sur la pile et dans le tas ;
- des variables globales.

Dans la première édition de ce livre, nous avons consacré du temps à la description de la LdD. Au cours des vingt années qui se sont écoulées depuis,

1 De fait, ce n'est donc pas vraiment une loi. C'est plutôt la bonne idée de Déméter.

cette rose s'est fanée. Nous n'aimons plus la clause de la « variable globale » (pour des raisons que nous évoquerons dans la section suivante). Nous avons également découvert qu'il est difficile d'utiliser cette clause dans la pratique : c'est un peu comme si vous deviez analyser un document juridique chaque fois que vous appelez une méthode.

Cependant, le principe reste valable. Nous recommandons simplement une manière un peu plus simple d'exprimer presque la même chose :

Conseil 46 – N'enchaînez pas les appels de méthode

Essayez de ne pas avoir plus d'un « . » lorsque vous accédez à quelque chose. C'est également valable dans les cas où vous utilisez des variables intermédiaires, comme dans le code suivant :

```
# This is pretty poor style
amount = customer.orders.last().totals().amount;

# and so is this…
orders = customer.orders;
last   = orders.last();
totals = last.totals();
amount = totals.amount;
```

Il existe une exception importante à la règle du point unique : la règle ne s'applique pas si les éléments que vous enchaînez sont vraiment, vraiment peu susceptibles de changer. En pratique, tout ce qui se trouve dans votre application doit être considéré comme susceptible de changer. Tout ce qui se trouve dans une bibliothèque tierce doit être considéré comme volatil, en particulier si les responsables de cette bibliothèque sont connus pour modifier les API entre les versions. Les bibliothèques fournies avec le langage, cependant, sont probablement assez stables, et nous serions donc satisfaits d'un code tel que :

```
people
.sort_by {|person| person.age }
.first(10)
.map {| person | person.name }
```

Ce code Ruby fonctionnait lorsque nous avons écrit la première édition, il y a vingt ans, et fonctionnera probablement encore lorsque nous rejoindrons la maison de retraite des programmeurs (ce qui en saurait tarder désormais...).

Chaînes et pipelines

Dans le thème 30, *Transformer la programmation*, nous parlons de la composition de fonctions en pipelines. Ces pipelines transforment les données en les faisant passer d'une fonction à l'autre. Ce n'est pas la même chose qu'un enchaînement de code, car nous ne nous appuyons pas sur des détails d'implémentation cachés.

Cela ne veut pas dire que les pipelines n'introduisent pas de couplage : cela arrive. Le format des données renvoyées par une fonction d'un pipeline doit être compatible avec le format accepté par la fonction suivante.

D'après notre expérience, cette forme de couplage constitue un obstacle beaucoup moins important à la modification du code que la forme introduite par l'enchaînement de code.

Les méfaits de la globalisation

Les données accessibles globalement sont une source insidieuse de couplage entre les composants d'une application. Chaque donnée globale agit comme si toutes les méthodes de votre application se voyaient soudain dotées d'un paramètre supplémentaire : après tout, ces données globales sont disponibles dans *chaque* méthode.

Les données globales couplent le code pour de nombreuses raisons. La plus évidente est qu'une modification de l'implémentation de la donnée globale affecte potentiellement tout le code du système. En pratique, bien sûr, l'impact est relativement limité ; le problème se résume à savoir si vous avez trouvé tous les endroits que vous devez modifier.

Les données globales créent également un couplage lorsqu'il s'agit de découper votre code.

On a beaucoup parlé des avantages de la réutilisation du code. D'après notre expérience, la réutilisation ne devrait probablement pas être une priorité lors de la création du code ; plutôt, la réflexion qui permet de rendre le code réutilisable devrait faire partie de votre routine de codage. Lorsque vous rendez un code réutilisable, vous lui donnez des interfaces propres, en le découplant du reste de votre code. Cela vous permet d'extraire une méthode ou un module sans entraîner tout le reste avec lui. Et si votre code utilise des données globales, il devient difficile de le séparer du reste.

Vous rencontrerez ce problème lorsque vous écrirez des tests unitaires pour du code qui utilise des données globales. Vous vous retrouverez à écrire un tas de code d'installation pour créer un environnement global juste pour permettre à votre test de s'exécuter.

Conseil 47 – Évitez les données globales

Les données globales incluent les singletons

Dans la section précédente, nous avons pris soin de parler de *données globales* et non de *variables globales*. En effet, des personnes nous disent souvent : « Regardez ! Pas de variables globales. J'ai tout emballé comme des données d'instance, dans un objet singleton ou un module global. »

Essayez encore. Si tout ce que vous avez est un singleton avec un tas de variables d'instance exportées, alors il s'agit toujours de données globales. Elles ont juste un nom plus long.

Nombreux sont donc ceux qui prennent ce singleton et cachent toutes les données derrière des méthodes. Au lieu de coder `Config.log_level`, ils disent maintenant `Config.log_level()` ou `Config.getLogLevel()`. C'est mieux, car cela signifie que vos données globales ont un peu d'intelligence derrière elles. Si vous décidez de modifier la représentation des niveaux de journalisation, vous pouvez maintenir la compatibilité en établissant une correspondance entre la nouvelle et l'ancienne dans l'API `Config`. Mais vous n'avez toujours qu'un seul ensemble de données de configuration.

Les données globales incluent des ressources externes

Toute ressource externe mutable est une donnée globale. Si votre application utilise une base de données, un magasin de données, un système de fichiers, une API de services, etc., elle risque de tomber dans le piège de la globalisation. Là encore, la solution consiste à s'assurer que ces ressources sont toujours enveloppées dans un code que vous contrôlez.

Conseil 48 – Si la ressource est assez importante pour être globale, enveloppez-la dans une API

L'héritage ajoute au couplage

L'utilisation abusive de la sous-classe, lorsqu'une classe hérite de l'état et du comportement d'une autre classe, est si importante que nous l'abordons dans une section distincte, le thème 31, *Taxe sur l'héritage*.

Une fois encore, tout est une question de changement

Le code couplé est difficile à modifier : les modifications apportées à un endroit peuvent avoir des effets secondaires ailleurs dans le code, et souvent à des endroits difficiles à trouver qui ne se révèlent qu'un mois plus tard en production.

Le fait que votre code soit timide, c'est-à-dire qu'il ne traite que des éléments dont il a directement connaissance, contribuera à maintenir vos applications découplées, ce qui les rendra plus aptes au changement.

Sections connexes

- Thème 8, *L'essence d'une bonne conception.*
- Thème 9, *FER, ou le fléau de la duplication.*
- Thème 10, *Orthogonalité.*
- Thème 11, *Réversibilité.*
- Thème 29, *Composer avec le monde réel.*
- Thème 30, *Transformer la programmation.*
- Thème 31, *Taxe sur l'héritage.*
- Thème 32, *Configuration.*
- Thème 33, *Rompre le couplage temporel.*
- Thème 34, *L'état partagé est un état incorrect.*
- Thème 35, *Acteurs et processus.*
- Thème 36, *Tableaux noirs.*

Il est question de *Ne demandez pas, exigez* dans notre article de 2003 sur la construction de logiciels intitulé « The Art of Enbugging[2] ».

Thème 29 – Composer avec le monde réel

> *Les choses n'arrivent pas par hasard, elles sont faites pour arriver.*
>
> JOHN F. KENNEDY

Par le passé, lorsque nous avions encore tous deux des têtes de minots, les ordinateurs n'étaient pas particulièrement flexibles. Nous organisions généralement la manière dont nous interagissions avec eux en fonction de leurs limites.

Aujourd'hui, nous attendons davantage d'eux : les ordinateurs doivent s'intégrer dans *notre* monde, et non l'inverse. Et il s'avère que notre monde est désordonné : des choses se produisent constamment, des objets sont déplacés, nous changeons d'avis... Les applications que nous écrivons doivent, d'une manière ou d'une autre, savoir ce qu'elles doivent faire.

2 https://media.pragprog.com/articles/jan_03_enbug.pdf.

Cette section est consacrée à l'écriture de ces applications responsives.

Nous commencerons par le concept d'*événement*.

Événements

Un *événement* représente la disponibilité d'une information. Il peut provenir du monde extérieur : un utilisateur qui clique sur un bouton ou la mise à jour d'une cotation boursière, par exemple. Il peut être d'origine interne : le résultat d'un calcul est prêt, ou bien une recherche est terminée. Il peut même s'agir de quelque chose d'aussi simple que la récupération de l'élément suivant dans une liste.

Quelle que soit la source, si nous écrivons des applications qui réagissent à des événements et ajustent leurs actions en fonction de ces événements, ces applications fonctionneront mieux dans le monde réel. Leurs utilisateurs les trouveront plus interactives et les applications elles-mêmes feront un meilleur usage des ressources.

Mais comment écrire ce type d'applications ? Sans stratégie, nous nous retrouverons rapidement désorientés et nos applications seront un fouillis de code étroitement couplé.

Examinons quatre stratégies qui peuvent s'avérer utiles :

1. les automates finis ;
2. le patron observateur ;
3. publish/subscribe ;
4. la programmation réactive et flux de données.

Automates finis

Dave constate qu'il écrit du code à l'aide d'un automate fini (AF, ou *finite state machine* en anglais) presque chaque semaine. Très souvent, l'implémentation d'un AF se résume à quelques lignes de code, mais ces quelques lignes permettent de démêler un grand nombre de problèmes potentiels.

L'utilisation d'un AF est excessivement facile, et pourtant de nombreux développeurs s'en détournent. On semble croire qu'ils sont compliqués, qu'ils ne sont pertinents que si l'on travaille avec du matériel (hardware), ou qu'il faut utiliser une bibliothèque difficile à comprendre. Rien de tout cela n'est vrai.

Anatomie d'un automate fini pragmatique

Un automate ou machine à états est essentiellement une spécification de la manière de gérer les événements. Il consiste en un ensemble d'états, dont l'un est l'*état actuel*. Pour chaque état, nous dressons la liste des événements qui sont significatifs. Pour chacun de ces événements, nous définissons le nouvel état actuel du système.

Par exemple, nous pouvons recevoir des messages en plusieurs parties à partir d'un WebSocket. Le premier message est un en-tête. Il est suivi d'un nombre quelconque de messages de données, puis d'un message de fin. Cela pourrait être représenté par un AF comme celui-ci :

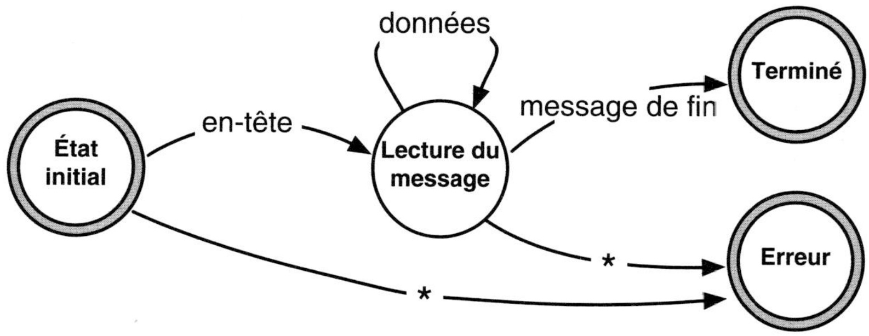

Nous commençons par l'« état initial ». Si nous recevons un message d'en-tête, nous *passons* à l'état « lecture du message ». Si nous recevons autre chose pendant que nous sommes dans l'état initial (la ligne marquée d'un astérisque), nous passons à l'état « erreur » et nous avons terminé.

Lorsque nous sommes dans l'état « lecture du message », nous pouvons accepter soit des messages de données, auquel cas nous poursuivons la lecture dans le même état, soit un message de fin, ce qui nous fait passer à l'état « terminé ». Tout autre message entraîne le passage à l'état d'erreur.

Ce qui est intéressant avec les AF, c'est que nous pouvons les exprimer purement sous forme de données. Voici un tableau représentant notre analyseur de messages :

État	Événements			
	En-tête	**Données**	**Message de fin**	**Autres**
Initial	Lecture	Erreur	Erreur	Erreur
Lecture	Erreur	Lecture	Terminé	Erreur

Les lignes du tableau représentent les états. Pour savoir ce qu'il faut faire lorsqu'un événement se produit, consultez la ligne correspondant à l'état actuel, recherchez la colonne représentant l'événement et le contenu de cette cellule est le nouvel état.

Le code qui le gère est tout aussi simple :

event/simple_fsm.rb

```
Line 1 TRANSITIONS = {
-        initial: {header: :reading},
-        reading: {data: :reading, trailer: :done},
-      }
5
-      state = :initial
-
-      while state != :done && state != :error
-        msg = get_next_message()
10       state = TRANSITIONS[state][msg.msg_type] || :error
-      end
```

Le code qui met en œuvre les transitions entre les états se trouve à la ligne 10. Il indexe la table de transition en utilisant l'état actuel, puis indexe les transitions pour cet état en utilisant le type de message. S'il n'y a pas de nouvel état correspondant, il met l'état sur :error.

Ajout d'actions

Un AF pur, comme celui que nous venons d'étudier, est un analyseur de flux d'événements. Sa seule sortie est l'état final. Nous pouvons le muscler en ajoutant des actions qui sont déclenchées par certaines transitions.

Par exemple, nous pourrions avoir besoin d'extraire toutes les chaînes de caractères d'un fichier source. Une chaîne est un texte entre guillemets, mais une barre oblique inversée dans une chaîne échappe au caractère suivant, de sorte que «Ignore \»quotes\»» est une chaîne unique. Voici un AF qui fait cela :

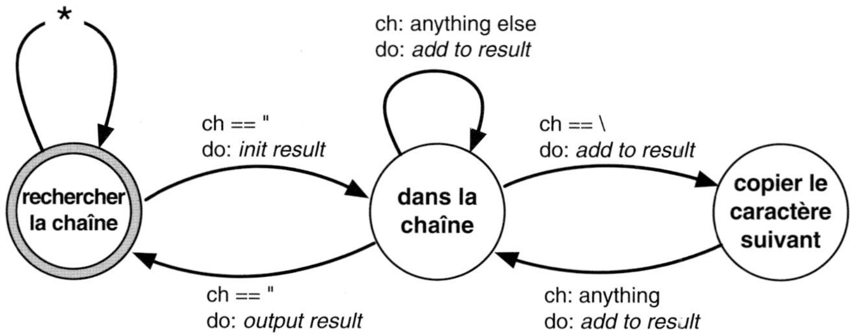

Cette fois, chaque transition comporte deux étiquettes. Celle du haut est l'événement qui la déclenche, et celle du bas est l'action à entreprendre lorsque nous passons d'un état à l'autre.

Nous pouvons l'exprimer en deux colonnes, comme nous l'avons fait la dernière fois. Cependant, dans ce cas, chaque entrée est une liste à deux éléments contenant l'état suivant et le nom d'une action :

event/strings_fsm.rb

```
TRANSITIONS = {

  # current        new state        action to take
  #---------------------------------------------------------

  look_for_string: {
    '"'      => [ :in_string,       :start_new_string ],
    :default => [ :look_for_string, :ignore ],
  },

  in_string: {
    '"'      => [ :look_for_string, :finish_current_string ],
    '\\'     => [ :copy_next_char,  :add_current_to_string ],
    :default => [ :in_string,       :add_current_to_string ],
  },

  copy_next_char: {
    :default => [ :in_string,       :add_current_to_string ],
  },
}
```

Nous avons également ajouté la possibilité de spécifier une transition par défaut, prise si l'événement ne correspond à aucune des autres transitions pour cet état.

Voyons maintenant le code :

event/strings_fsm.rb

```
state = :look_for_string
result = []

while ch = STDIN.getc
  state, action = TRANSITIONS[state][ch] || TRANSITIONS[state][:default]
  case action
  when :ignore
  when :start_new_string
    result = []
  when :add_current_to_string
    result << ch
  when :finish_current_string
    puts result.join
  end
end
```

Cet exemple est similaire au précédent, en ce sens que nous parcourons en boucle les événements (les caractères de l'entrée), en déclenchant des transitions. Mais il fait plus que le code précédent. Le résultat de chaque transition est à la fois un nouvel état et le nom d'une action. Nous utilisons le nom de l'action pour sélectionner le code à exécuter avant de recommencer la boucle.

Ce code est très élémentaire, mais il permet de faire le travail. Il existe de nombreuses autres variantes : la table de transition pourrait utiliser des fonctions anonymes ou des pointeurs sur fonction pour les actions, vous pourriez envelopper le code qui implémente la machine d'état dans une classe séparée, avec son propre état, etc.

Rien ne dit que vous devez traiter toutes les transitions d'état en même temps. Si vous suivez les étapes de l'inscription d'un utilisateur à votre application, il y aura probablement un certain nombre de transitions lorsqu'il entrera ses coordonnées, validera son adresse électronique, acceptera les 107 avertissements légaux différents que les applications en ligne doivent désormais fournir, etc. Conserver l'état dans un stockage externe et l'utiliser pour piloter une machine d'état est un excellent moyen de gérer ce type d'exigence de flux de travail.

Les automates finis sont un début

Les machines à états sont sous-utilisées par les développeurs, et nous aimerions vous encourager à rechercher des occasions de les appliquer. Mais elles ne résolvent pas tous les problèmes liés aux événements. Passons donc à d'autres façons d'aborder les problèmes liés à la gestion des événements.

Patron observateur

Dans le *patron observateur*, nous avons une source d'événements, appelée *observable*, et une liste de clients, les *observateurs*, qui s'intéressent à ces événements.

Un observateur fait part de son intérêt pour l'observable, généralement en transmettant une référence à une fonction à appeler. Par la suite, lorsque l'événement se produit, l'observable parcourt sa liste d'observateurs et appelle la fonction que chacun lui a transmise. L'événement est donné en paramètre à cet appel.

Voici un exemple simple en Ruby. Le module `Terminator` est utilisé pour mettre fin à l'application. Cependant, avant de le faire, il notifie à tous ses observateurs que l'application va se terminer[3]. Ils peuvent utiliser cette notification pour mettre de l'ordre dans les ressources temporaires, valider les données, et ainsi de suite :

event/observer.rb

```
module Terminator
  CALLBACKS = []

  def self.register(callback)
    CALLBACKS << callback
  end

  def self.exit(exit_status)
    CALLBACKS.each { |callback| callback.(exit_status) }
    exit!(exit_status)
  end
end

Terminator.register(-> (status) { puts "callback 1 sees #{status}" })
Terminator.register(-> (status) { puts "callback 2 sees #{status}" })

Terminator.exit(99)
```

```
$ ruby event/observer.rb
callback 1 sees 99
callback 2 sees 99
```

3 Oui, nous savons que Ruby possède déjà cette capacité avec sa fonction at_exit.

La création d'un observable ne nécessite pas beaucoup de code : vous placez une référence de fonction dans une liste, puis vous appelez ces fonctions lorsque l'événement se produit. C'est un bon exemple de cas où il ne faut *pas* utiliser une bibliothèque.

Le modèle observateur/observable est utilisé depuis des décennies et nous a bien servis. Il est particulièrement répandu dans les systèmes d'interface utilisateur, où les rappels sont utilisés pour informer l'application qu'une interaction s'est produite.

Mais le modèle de l'observateur présente un problème : comme chacun des observateurs doit s'enregistrer auprès de l'observable, il introduit un couplage. En outre, comme dans l'implémentation typique, les rappels sont gérés en ligne par l'observable, de manière synchrone, cela peut introduire des goulets d'étranglement au niveau des performances.

Ce problème est résolu par la stratégie suivante, publish/subscribe.

Publish/subscribe

Publish/subscribe (pubsub) généralise le patron observateur, tout en résolvant les problèmes de couplage et de performance.

Dans le modèle pubsub, nous avons des *diffuseurs* et des *destinataires*. Ceux-ci sont reliés par des canaux. Les canaux sont mis en œuvre dans un corps de code distinct : parfois une bibliothèque, parfois un processus, parfois une infrastructure distribuée. Tous ces détails d'implémentation sont cachés dans votre code.

Chaque canal porte un nom. Les destinataires s'intéressent à un ou plusieurs de ces canaux nommés, et les diffuseurs leur écrivent des événements. Contrairement au patron observateur, la communication entre le diffuseur et le destinataire est gérée en dehors de votre code et est potentiellement asynchrone.

Bien que vous puissiez mettre en œuvre vous-même un système pubsub très élémentaire, vous ne devriez probablement pas. La plupart des fournisseurs de services cloud proposent des offres pubsub, qui vous permettent de connecter des applications dans le monde entier. Tous les langages courants disposent d'au moins une bibliothèque pubsub.

Le système pubsub est une technologie idéale pour découpler la gestion des événements asynchrones. Elle permet d'ajouter et de remplacer du code, potentiellement pendant que l'application est en cours d'exécution, sans modifier le code existant. L'inconvénient est qu'il peut être difficile de voir ce qui se passe dans un système qui utilise fortement la technologie pubsub : vous ne pouvez pas regarder un diffuseur et voir immédiatement quels destinataires sont impliqués dans un message donné.

Comparé au patron observateur, le système pubsub est un excellent exemple de réduction du couplage par l'abstraction au moyen d'une interface partagée (le canal). Cependant, il s'agit toujours d'un simple système de transmission de messages. La création de systèmes qui répondent à des combinaisons d'événements nécessitera plus que cela : voyons comment nous pouvons ajouter une dimension temporelle au traitement des événements.

Programmation réactive, flux et événements

Si vous avez déjà utilisé une feuille de calcul, vous connaissez la *programmation réactive*. Si une cellule contient une formule qui fait référence à une deuxième cellule, la mise à jour de cette deuxième cellule entraîne la mise à jour de la première. Les valeurs *réagissent* au fur et à mesure que les valeurs qu'elles utilisent changent.

Il existe de nombreux frameworks qui peuvent contribuer à ce type de réactivité au niveau des données : dans le domaine du navigateur, React et Vue.js sont les favoris actuels (mais, s'agissant de JavaScript, ces informations seront dépassées avant même que ce livre ne soit imprimé).

Il est clair que les événements peuvent également être utilisés pour déclencher des réactions dans le code, mais il n'est pas nécessairement facile de les intégrer. C'est là que les *flux* entrent en jeu.

Les flux nous permettent de traiter les événements comme s'il s'agissait d'une collection de données. C'est comme si nous avions une liste d'événements, qui s'allongeait lorsque de nouveaux événements arrivaient. La beauté de la chose est que nous pouvons traiter les flux comme n'importe quelle autre collection : nous pouvons les manipuler, les combiner, les filtrer et faire toutes les autres choses relatives aux données que nous connaissons si bien. Nous pouvons même combiner les flux d'événements et les collections ordinaires. De plus, les flux peuvent être asynchrones, ce qui signifie que votre code a la possibilité de répondre aux événements dès qu'ils se présentent.

De fait, la base actuelle pour le traitement réactif des événements est définie sur le site http://reactivex.io, qui définit un ensemble de principes indépendants du langage et documente certaines implémentations courantes. Nous utiliserons ici la bibliothèque R×Js pour JavaScript.

Notre premier exemple prend deux flux et les fusionne : le résultat est un nouveau flux dont chaque élément contient un élément du premier flux d'entrée et un élément de l'autre. Dans ce cas, le premier flux est simplement une liste de cinq noms d'animaux. Le second flux est plus intéressant : il s'agit d'un minuteur qui génère un événement toutes les 500 millisecondes. Comme les flux sont zippés ensemble, un résultat n'est généré que lorsque les données sont disponibles sur les deux flux, et donc notre flux de résultat n'émet une valeur que toutes les demi-secondes :

event/rx0/index.js

```
import * as Observable from 'rxjs'
import { logValues }   from "../rxcommon/logger.js"

let animals  = Observable.of("ant", "bee", "cat", "dog", "elk")
let ticker   = Observable.interval(500)

let combined = Observable.zip(animals, ticker)

combined.subscribe(next => logValues(JSON.stringify(next)))
```

Ce code utilise une simple fonction d'enregistrement[4] qui ajoute des éléments à une liste dans la fenêtre du navigateur. Chaque élément est horodaté avec le temps en millisecondes depuis que le programme a commencé à s'exécuter. Voici ce que cela donne pour notre code :

```
502 ms
  ["ant",0]
1002 ms
  ["bee",1]
1502 ms
  ["cat",2]
2002 ms
  ["dog",3]
2502 ms
  ["elk",4]
```

Remarquez les horodatages : nous recevons un événement du flux toutes les 500 millisecondes. Chaque événement contient un numéro de série (créé par l'observable interval) et le nom de l'animal suivant dans la liste. En observant le flux en direct dans un navigateur, les lignes de journal apparaissent toutes les demi-secondes.

Les flux d'événements sont normalement alimentés au fur et à mesure que des événements se produisent, ce qui implique que les observables qui les alimentent peuvent fonctionner en parallèle. Voici un exemple qui permet de récupérer des informations sur les utilisateurs à partir d'un site distant. Pour ce faire, nous utiliserons https://reqres.in, un site public qui fournit une interface REST ouverte. Dans le cadre de son API, nous pouvons récupérer des données sur un (faux) utilisateur particulier en effectuant une requête GET vers users/«id». Notre code récupère les utilisateurs avec les identifiants 3, 2 et 1 :

4 https://media.pragprog.com/titles/tpp20/code/event/rxcommon/logger.js.

event/rx1/index.js

```
import * as Observable from 'rxjs'
import { mergeMap }    from 'rxjs/operators'
import { ajax }        from 'rxjs/ajax'
import { logValues }   from "../rxcommon/logger.js"

let users = Observable.of(3, 2, 1)

let result = users.pipe(
  mergeMap((user) => ajax.getJSON(`https://reqres.in/api/users/${user}`))
)

result.subscribe(
  resp => logValues(JSON.stringify(resp.data)),
  err  => console.error(JSON.stringify(err))
)
```

Les détails internes du code ne sont pas très importants. Ce qui est passionnant, c'est le résultat, illustré dans la capture d'écran suivante :

```
82 ms
  {"id":2,"first_name":"Janet","last_name":"Weaver","avatar":"https
132 ms
  {"id":1,"first_name":"George","last_name":"Bluth","avatar":"https
133 ms
  {"id":3,"first_name":"Emma","last_name":"Wong","avatar":"https://
```

Regardez les horodatages : les trois requêtes, ou trois flux distincts, ont été traitées en parallèle. La première à revenir, pour l'identifiant 2, a pris 82 millisecondes, et les deux suivantes sont revenues 50 et 51 millisecondes plus tard.

Les flux d'événements sont des collections asynchrones

Dans l'exemple précédent, notre liste d'identifiants d'utilisateurs (dans l'observable users) était statique. Mais il n'est pas nécessaire qu'elle le soit. Peut-être voulons-nous collecter ces informations lorsque les internautes se connectent à notre site. Tout ce que nous avons à faire est de générer un événement observable contenant leur identifiant utilisateur lorsque leur session est créée, et d'utiliser cet observable à la place de l'observable statique. Nous récupérerions alors des informations sur les utilisateurs au fur et à mesure que nous recevrions ces identifiants, et nous les stockerions probablement quelque part.

Il s'agit d'une abstraction très puissante : nous n'avons plus besoin de penser au temps comme à quelque chose que nous devons gérer. Les flux d'événements unifient le traitement synchrone et asynchrone derrière une API commune et pratique.

Les événements sont omniprésents

Les événements sont omniprésents. Certains sont évidents : le clic d'un bouton, l'expiration d'un délai. D'autres le sont moins : une personne qui se connecte, une ligne dans un fichier qui correspond à un modèle. Mais quelle que soit leur source, un code construit autour d'événements peut être plus réactif et mieux découplé que son homologue plus linéaire.

Sections connexes

- Thème 28, *Découplage*.
- Thème 36, *Tableaux noirs*.

Exercices

Exercice 19

Dans la section sur les automates finis, nous avons mentionné que vous pouviez déplacer l'implémentation de la machine à états générique dans sa propre classe. Cette classe serait probablement initialisée en passant une table de transitions et un état initial.

Essayez d'implémenter l'extracteur de chaînes de cette façon.

Exercice 20

Laquelle de ces technologies (éventuellement en combinaison) conviendrait le mieux aux situations suivantes :

- Si vous recevez trois événements de *panne d'interface réseau* en l'espace de cinq minutes, informez le personnel d'exploitation ;
- Si le coucher du soleil est passé et qu'un mouvement est détecté en bas de l'escalier, suivi d'un mouvement en haut de l'escalier, allumez les lumières de l'étage ;
- Vous souhaitez informer différents systèmes de reporting qu'une commande a été achevée ;
- Afin de déterminer si un client remplit les conditions requises pour obtenir un prêt automobile, l'application doit envoyer des demandes à trois services de backend et attendre les réponses.

Thème 30 – Transformer la programmation

> *Si vous ne pouvez pas décrire ce que vous faites comme un processus, vous ne savez pas ce que vous faites.*
>
> ATTRIBUÉ À W. EDWARDS DEMING

Tous les programmes transforment des données, convertissant une entrée en une sortie. Pourtant, lorsque nous réfléchissons à la conception, nous pensons rarement à créer des transformations. Nous nous préoccupons plutôt de classes et de modules, de structures de données et d'algorithmes, de langages et de frameworks.

Nous pensons que cette focalisation sur le code passe souvent à côté de l'essentiel : nous devons revenir à une conception des programmes qui transforme les données d'entrée en données de sortie. Lorsque nous le faisons, de nombreux détails qui nous préoccupaient auparavant s'évaporent. La structure devient plus claire, la gestion des erreurs plus cohérente et le couplage diminue considérablement.

Pour commencer notre enquête, remontons le temps jusqu'aux années 1970 et demandons à un programmeur Unix de nous écrire un programme qui répertorie les cinq fichiers les plus longs d'une arborescence de répertoires, c'est-à-dire ceux ayant le plus grand nombre de lignes.

On pourrait s'attendre à ce qu'il prenne un éditeur et commence à taper en C. Mais ce n'est pas ce qu'il ferait, parce qu'il raisonne en pensant à ce que nous avons (une arborescence de répertoires) et à ce que nous voulons (une liste de fichiers). Il irait sur un terminal et taperait quelque chose comme ceci :

```
$ find . -type f | xargs wc -l | sort -n | tail -5
```

Il s'agit d'une série de transformations :

find . -type f
Écrire une liste de tous les fichiers (-type f) dans ou sous le répertoire actuel (.) sur la sortie standard.

xargs wc -l
Lire les lignes de l'entrée standard et faire en sorte qu'elles soient toutes transmises en tant qu'arguments à la commande wc -l. Le programme wc avec l'option -l compte le nombre de lignes dans chacun de ses arguments et écrit chaque résultat sous la forme « count filename » sur la sortie standard.

sort -n
Trier l'entrée standard en supposant que chaque ligne commence par un nombre (-n), en écrivant le résultat sur la sortie standard.

tail -5
Lire l'entrée standard et écrire seulement les cinq dernières lignes sur la sortie standard.

Lorsqu'on exécute cela dans le répertoire de notre livre et nous obtenons :

```
 470 ./test_to_build.pml
 487 ./dbc.pml
 719 ./domain_languages.pml
 727 ./dry.pml
9561 total
```

Cette dernière ligne est le nombre total de lignes dans tous les fichiers (pas seulement ceux qui sont affichés), car c'est ce que fait wc. Nous pouvons la supprimer en demandant une ligne supplémentaire à tail, puis en ignorant la dernière ligne :

```
$ find . -type f | xargs wc -l | sort -n | tail -6 | head -5
     470 ./debug.pml
     470 ./test_to_build.pml
     487 ./dbc.pml
     719 ./domain_languages.pml
     727 ./dry.pml
```

Examinons les données qui circulent entre les différentes étapes. Notre exigence initiale, « les cinq premiers fichiers en nombre de lignes », devient une série de transformations (également illustrées dans la figure 5.1).

Nom du répertoire :
→ liste des fichiers ;
→ liste avec numéros de ligne ;
→ liste triée ;
→ cinq premiers + total ;
→ cinq premiers.

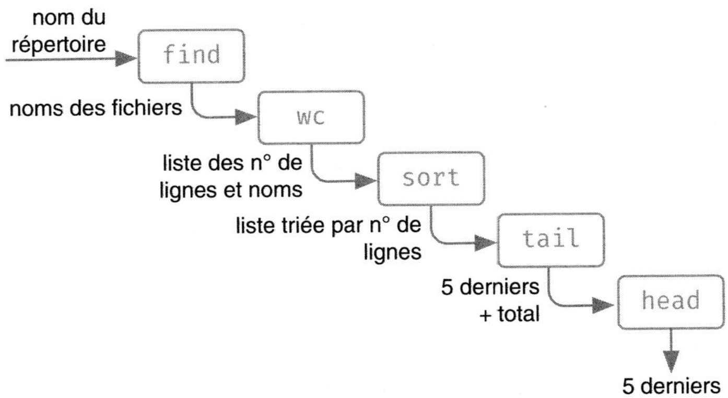

Figure 5.1. Le pipeline find en tant que série de transformations.

C'est un peu comme une chaîne de montage industrielle : les données brutes sont introduites d'un côté et le produit fini (l'information) sort de l'autre.

Et nous aimons considérer tous les codes de cette manière.

Conseil 49 – Rappelez-vous : si la programmation concerne le code, les programmes concernent les données

---

Trouver des transformations

Parfois, la façon la plus simple de trouver les transformations est de commencer par l'exigence et de déterminer ses entrées et ses sorties. Lorsque vous avez défini la fonction représentant l'ensemble du programme, vous pouvez alors trouver les étapes qui vous mènent de l'entrée à la sortie. Il s'agit d'une approche *descendante*.

Par exemple, vous voulez créer un site web, pour les joueurs de jeux de lettres, qui trouve tous les mots qui peuvent être créés à partir d'un ensemble de lettres. Votre entrée est un ensemble de lettres, et votre sortie est une liste de mots de trois lettres, de mots de quatre lettres, et ainsi de suite :

```
                                      3 => ivy, lin, nil, yin
« lvyin »   est transformé en →       4 => inly, liny, viny
                                      5 => vinyl
```

(Oui, ce sont tous des mots anglais, du moins selon le dictionnaire macOS.)

L'astuce qui sous-tend l'application globale est simple : nous disposons d'un dictionnaire qui regroupe les mots en fonction d'une *signature*, choisie de manière à ce que tous les mots contenant les mêmes lettres aient la même signature. La fonction de signature la plus simple est simplement la liste triée des lettres du mot. Nous pouvons alors rechercher une chaîne d'entrée en générant une signature pour elle, puis en voyant quels mots (s'il y en a) dans le dictionnaire ont la même signature.

Ainsi, le *chercheur d'anagrammes* se décompose en quatre transformations distinctes :

ÉTAPE	TRANSFORMATION	ÉCHANTILLON DE DONNÉES
Étape 0 :	Entrée initiale	« ylvin »
Étape 1 :	Toutes les combinaisons de trois lettres ou plus	vin, viy, vil, vny, vnl, vyl, iny, inl, iyl, nyl, viny, vinl, viyl, vnyl, inyl, vinyl
Étape 2 :	Signatures des combinaisons	inv, ivy, ilv, nvy, lnv, lvy, iny, iln, ily, lny, invy, ilnv, ilvy, lnvy, ilny, ilvy
Étape 3 :	Liste de tous les mots du dictionnaire qui correspondent à l'une des signatures	ivy, yin, nil, lin, viny, liny, inly, vinyl
Étape 4 :	Mots regroupés par longueur	3 => ivy, lin, nil, yin 4 => inly, liny, viny 5 => vinyl

Des transformations à tous les étages

Commençons par l'étape 1, qui prend un mot et crée une liste de toutes les combinaisons de trois lettres ou plus. Cette étape peut elle-même être exprimée comme une liste de transformations :

ÉTAPE	TRANSFORMATION	ÉCHANTILLON DE DONNÉES
Étape 1.0 :	Entrée initiale	« vinyle »
Étape 1.1 :	Convertir en caractères	v, i, n, y, l
Étape 1.2 :	Obtenir tous les sous-ensembles	[], [v], [i], ... [v,i], [v,n], [v,y], ... [v,i,n], [v,i,y], ... [v,n,y,l], [i,n,y,l], [v,i,n,y,l], [v,i,n,y,l]
Étape 1.3 :	Uniquement les caractères supérieurs à trois	[v,i,n], [v,i,y], ... [i,n,y,l], [v,i,n,y,l]
Étape 1.4 :	Reconvertir en chaînes de caractères	[vin,viy, ... inyl,vinyl]

Nous avons maintenant atteint le point où nous pouvons facilement mettre en œuvre chaque transformation dans le code (en utilisant Elixir dans ce cas) :

function-pipelines/anagrams/lib/anagrams.ex

```
defp all_subsets_longer_than_three_characters(word) do
  word
  |> String.codepoints()
  |> Comb.subsets()
  |> Stream.filter(fn subset -> length(subset) >= 3 end)
  |> Stream.map(&List.to_string(&1))
end
```

Quid *de l'opérateur* |> *?*

Elixir, comme beaucoup d'autres langages fonctionnels, possède un opérateur de pipeline, parfois appelé *pipe forward* ou simplement *pipe*[5]. Tout ce qu'il fait, c'est prendre la valeur à sa gauche et de l'insérer en tant que premier paramètre de la fonction à sa droite. Par exemple :

```
"vinyl" |> String.codepoints |> Comb.subsets()
```

revient à écrire :

```
Comb.subsets(String.codepoints("vinyl"))
```

(D'autres langages peuvent injecter cette valeur en tant que *dernier* paramètre de la fonction suivante – cela dépend en grande partie du style des bibliothèques intégrées.)

Vous pourriez penser qu'il s'agit simplement de sucre syntaxique. Mais en réalité, l'opérateur de pipeline est une occasion révolutionnaire de penser différemment. L'utilisation d'un pipeline signifie que vous pensez automatiquement en termes de transformation des données ; chaque fois que vous voyez |>, vous voyez en fait un endroit où les données circulent entre une transformation et la suivante.

De nombreux langages ont quelque chose de similaire : Elm et F# ont |>, Clojure a -> et ->> (qui fonctionnent un peu différemment), R a %>%. Haskell possède des opérateurs de pipeline et permet d'en déclarer facilement de nouveaux. Au moment où nous écrivons ces lignes, il est question d'ajouter |> à JavaScript.

Si votre langage actuel supporte quelque chose de similaire, vous avez de la chance. Si ce n'est pas le cas, voir l'encadré *Le langage X n'a pas de pipeline*.

Quoi qu'il en soit, revenons-en au code.

5 Il semble que la première utilisation des caractères |> en tant que pipe date de 1994, dans une discussion sur le langage Isabelle/ML, archivée à l'adresse https://blogs.msdn.microsoft.com/dsyme/2011/05/17/archeological-semiotics-the-birth-of-the-pipeline-symbol-1994/.

Continuer à transformer...

Passons maintenant à l'étape 2 du programme principal, où nous convertissons les sous-ensembles en signatures. Là encore, il s'agit d'une transformation simple, une liste de sous-ensembles devient une liste de signatures :

ÉTAPE	TRANSFORMATION	ÉCHANTILLON DE DONNÉES
Étape 2.0 :	Entrée initiale	vin, viy, ... inyl, vinyl
Étape 2.1 :	Convertir en signatures	inv, ivy ... ilny, inlvy

Le code Elixir de la liste suivante est tout aussi simple :

function-pipelines/anagrams/lib/anagrams.ex

```
defp as_unique_signatures(subsets) do
  subsets
  |> Stream.map(&Dictionary.signature_of/1)
end
```

Nous transformons maintenant cette liste de signatures : chaque signature est mise en correspondance avec la liste des mots connus ayant la même signature, ou avec nil s'il n'y a pas de mots de ce type. Nous devons ensuite supprimer les nils et aplatir les listes imbriquées en un seul niveau :

function-pipelines/anagrams/lib/anagrams.ex

```
defp find_in_dictionary(signatures) do
  signatures
  |> Stream.map(&Dictionary.lookup_by_signature/1)
  |> Stream.reject(&is_nil/1)
  |> Stream.concat(&(&1))
end
```

L'étape 4, qui consiste à regrouper les mots par longueur, est une autre transformation simple, qui convertit notre liste en une carte dont les clés sont les longueurs, et les valeurs tous les mots de cette longueur :

function-pipelines/anagrams/lib/anagrams.ex

```
defp group_by_length(words) do
  words
  |> Enum.sort()
  |> Enum.group_by(&String.length/1)
end
```

Mise en place de l'ensemble

Nous avons écrit chacune des transformations individuelles. Il est maintenant temps de les regrouper dans notre fonction principale :

function-pipelines/anagrams/lib/anagrams.ex

```
  def anagrams_in(word) do
    word
    |> all_subsets_longer_than_three_characters()
    |> as_unique_signatures()
    |> find_in_dictionary()
    |> group_by_length()
end
```

Cela fonctionne-t-il ? Essayons :

```
iex(1)> Anagrams.anagrams_in "lyvin"
%{
  3 => ["ivy", "lin", "nil", "yin"],
  4 => ["inly", "liny", "viny"],
  5 => ["vinyl"]
}
```

Le langage X n'a pas de pipeline

Les pipelines existent depuis longtemps, mais seulement dans des langages de niche. Ce n'est que récemment qu'ils sont devenus courants, et de nombreux langages populaires ne prennent toujours pas en charge ce concept.

La bonne nouvelle, c'est que penser en termes de transformations ne nécessite pas de syntaxe particulière : il s'agit plutôt d'une philosophie de conception. Vous construisez toujours votre code sous forme de transformations, mais vous les écrivez comme une série de consignes :

```
const content = File.read(file_name);
const lines   = find_matching_lines(content, pattern)
const result  = truncate_lines(lines)
```

C'est un peu plus fastidieux, mais cela permet de faire le travail.

Pourquoi est-ce si génial ?

Examinons à nouveau le corps de la fonction principale :

```
word
|> all_subsets_longer_than_three_characters()
|> as_unique_signatures()
|> find_in_dictionary()
|> group_by_length()
```

Il s'agit simplement d'une chaîne de transformations nécessaires pour répondre à notre exigence, chacune prenant en entrée la transformation précédente et transmettant la sortie à la suivante. C'est à peu près ce qui se rapproche le plus d'un code lettré.

Mais il y a aussi quelque chose de plus profond. Si vous avez une formation en programmation orientée objet, vos réflexes exigent que vous cachiez les données, en les encapsulant dans des objets. Ces objets bavardent ensuite dans tous les sens, modifiant l'état des uns et des autres. Cela introduit beaucoup de couplage et c'est l'une des raisons pour lesquelles les systèmes orientés objet peuvent être difficiles à modifier.

Conseil 50 – Ne thésaurisez pas l'état, faites-le circuler

Dans le modèle transformationnel, nous renversons la situation. Au lieu de petits bassins de données répartis dans tout le système, nous considérons les données comme une rivière puissante, un *courant*. Les données deviennent un pair de la fonctionnalité : un pipeline est une séquence de code → données → code → données... Les données ne sont plus liées à un groupe particulier de fonctions, comme c'est le cas dans une définition de classe. Au lieu de cela, elles sont libres de représenter la progression de notre application au fur et à mesure qu'elle transforme ses entrées en sorties. Cela signifie que nous pouvons réduire considérablement le couplage : une fonction peut être utilisée (et réutilisée) partout où ses paramètres correspondent à la sortie d'une autre fonction.

Oui, il y a toujours un certain degré de couplage, mais d'après notre expérience, il est plus facile à gérer que le style orienté objet de commande et de contrôle. De plus, si vous utilisez un langage avec contrôle de type, vous obtiendrez des avertissements à la compilation lorsque vous tenterez de connecter deux choses incompatibles.

Qu'en est-il de la gestion des erreurs ?

Jusqu'à présent, nos transformations ont fonctionné dans un monde où tout va bien. Mais comment les utiliser dans le monde réel ? Si nous ne pouvons construire que des chaînes linéaires, comment pouvons-nous ajouter toute la logique conditionnelle dont nous avons besoin pour vérifier les erreurs ?

Il existe de nombreuses façons de procéder, mais elles reposent toutes sur une convention de base : nous ne transmettons jamais de valeurs brutes entre les transformations. Au lieu de cela, nous les enveloppons dans une structure de données (ou type) qui nous indique également si la valeur contenue est valide. En Haskell, par exemple, cette structure est appelée `Maybe`. En F# et Scala, c'est `Option`.

L'utilisation de ce concept est spécifique à chaque langage. En général, cependant, il y a deux façons d'écrire le code : vous pouvez gérer la vérification des erreurs à l'intérieur ou à l'extérieur de vos transformations.

Elixir, que nous avons utilisé jusqu'à présent, n'a pas ce support intégré. Pour nos besoins, c'est une bonne chose, car nous pouvons montrer une implémentation en partant de zéro. Quelque chose de similaire devrait fonctionner dans la plupart des autres langages.

Choix d'une représentation

Nous avons besoin d'une représentation pour notre wrapper (la structure de données qui transporte une valeur ou une indication d'erreur). Vous pouvez utiliser des structures pour cela, mais Elixir a déjà une convention assez forte : les fonctions ont tendance à retourner un uplet contenant soit {:ok, value} soit {:error, reason}. Par exemple, `File.open` renvoie soit :ok et un processus IO, soit :error et un code de raison :

```
iex(1)> File.open("/etc/passwd")
{:ok, #PID<0.109.0>}
iex(2)> File.open("/etc/wombat")
{:error, :enoent}
```

Nous utiliserons l'uplet :ok/:error comme wrapper lorsque nous ferons passer des éléments dans un pipeline.

Traitement à l'intérieur de chaque transformation

Écrivons une fonction qui renvoie toutes les lignes d'un fichier qui contiennent une chaîne donnée, tronquée aux vingt premiers caractères. Nous voulons l'écrire comme une transformation, donc l'entrée sera un nom de fichier et une chaîne à faire correspondre, et la sortie sera soit un uplet :ok avec une liste de lignes, soit un uplet :error avec un type de raison. La fonction de haut niveau devrait ressembler à quelque chose comme ceci :

function-pipelines/anagrams/lib/grep.ex

```
def find_all(file_name, pattern) do
  File.read(file_name)
  |> find_matching_lines(pattern)
  |> truncate_lines()
end
```

Il n'y a pas de contrôle d'erreur explicite ici, mais si une étape du pipeline renvoie un uplet d'erreur, le pipeline renverra cette erreur sans exécuter les fonctions qui suivent[6]. Nous faisons cela en utilisant le filtrage de motifs d'Elixir :

function-pipelines/anagrams/lib/grep.ex

```
defp find_matching_lines({:ok, content}, pattern) do
  content
  |> String.split(~r/\n/)
  |> Enum.filter(&String.match?(&1, pattern))
  |> ok_unless_empty()
end

defp find_matching_lines(error, _), do: error

# ----------

defp truncate_lines({ :ok, lines }) do
  lines
  |> Enum.map(&String.slice(&1, 0, 20))
  |> ok()
end

defp truncate_lines(error), do: error

# ----------

defp ok_unless_empty([]),     do: error("nothing found")
defp ok_unless_empty(result), do: ok(result)

defp ok(result),     do: { :ok,    result }
defp error(reason), do: { :error, reason }
```

6 Nous avons pris une certaine liberté. Techniquement, nous exécutons les fonctions suivantes. Nous n'exécutons simplement pas le code qu'elles contiennent.

Jetez un coup d'œil à la fonction find_matching_lines. Si son premier paramètre est un uplet :ok, elle utilise le contenu de cet uplet pour trouver les lignes correspondant au motif. Toutefois, si le premier paramètre n'est *pas* un uplet :ok, la deuxième version de la fonction s'exécute et renvoie simplement ce paramètre. De cette manière, la fonction transmet simplement une erreur dans le pipeline. La même chose s'applique à truncate_lines.

Nous pouvons jouer avec cela à la console :

```
iex> Grep.find_all "/etc/passwd", ~r/www/
{:ok, ["_www:*:70:70:World W", "_wwwproxy:*:252:252:"]}

iex> Grep.find_all "/etc/passwd", ~r/wombat/
{:error, "nothing found"}
iex> Grep.find_all "/etc/koala", ~r/www/
{:error, :enoent}
```

Vous pouvez constater qu'une erreur survenant n'importe où dans le pipeline se répercute immédiatement sur la valeur du pipeline.

Ou traitement dans le pipeline

En regardant les fonctions find_matching_lines et truncate_lines, vous vous dites peut-être que nous avons transféré la charge de la gestion des erreurs dans les transformations. Vous avez raison. Dans un langage qui utilise le filtrage de motifs dans les appels de fonction, comme Elixir, l'effet est atténué, mais il reste laid.

Il serait bien qu'Elixir ait une version de l'opérateur de pipeline |> qui connaisse les uplets :ok/:error et qui court-circuite l'exécution lorsqu'une erreur survient[7] ; mais puisqu'il ne le fait pas, nous pouvons ajouter quelque chose de similaire, et d'une manière qui est applicable à un certain nombre d'autres langages.

---

7 En fait, vous pourriez ajouter un tel opérateur à Elixir en utilisant sa fonction de macro ; un exemple de ceci est la bibliothèque Monad en hexagone. Vous pouvez également utiliser la construction with d'Elixir, mais vous perdez alors une grande partie du sens de l'écriture des transformations que vous obtenez avec les pipelines.

Le problème auquel nous sommes confrontés est que lorsqu'une erreur se produit, nous ne voulons pas exécuter le code plus loin dans le pipeline, et nous ne voulons pas que ce code sache que cela est en train de se produire. Cela signifie que nous devons différer l'exécution des fonctions du pipeline jusqu'à ce que nous sachions que les étapes précédentes du pipeline ont réussi. Pour ce faire, nous devons transformer les *appels* de fonctions en *valeurs* de fonctions qui pourront être appelées plus tard. Voici une implémentation :

function-pipelines/anagrams/lib/grep1.ex

```
defmodule Grep1 do

  def and_then({ :ok, value }, func), do: func.(value)
  def and_then(anything_else, _func), do: anything_else

  def find_all(file_name, pattern) do
    File.read(file_name)
    |> and_then(&find_matching_lines(&1, pattern))
    |> and_then(&truncate_lines(&1))
  end

  defp find_matching_lines(content, pattern) do
    content
    |> String.split(~r/\n/)
    |> Enum.filter(&String.match?(&1, pattern))
    |> ok_unless_empty()
  end


  defp truncate_lines(lines) do
    lines
    |> Enum.map(&String.slice(&1, 0, 20))
    |> ok()
  end

  defp ok_unless_empty([]),      do: error("nothing found")
  defp ok_unless_empty(result), do: ok(result)

  defp ok(result),     do: { :ok, result }
  defp error(reason), do: { :error, reason }
end
```

La fonction and_then est un exemple de fonction *bind* : elle prend une valeur enveloppée dans quelque chose, puis applique une fonction à cette valeur, renvoyant une nouvelle valeur enveloppée. L'utilisation de la fonction and_then dans le pipeline nécessite un peu plus de ponctuation car il faut dire à Elixir de convertir les appels de fonction en valeurs de fonction ; mais cet effort supplémentaire est compensé par le fait que les fonctions de transformation deviennent simples : chacune prend juste une valeur (et tout paramètre supplémentaire) et renvoie {:ok, new_value} ou {:error, reason}.

Les transformations transforment la programmation

Considérer le code comme une série de transformations (imbriquées) peut être une approche libératrice de la programmation. Il faut un certain temps pour s'y habituer, mais une fois que vous aurez pris cette habitude, vous constaterez que votre code devient plus propre, vos fonctions plus courtes et vos conceptions plus plates.

Essayez.

Sections connexes

- Thème 8, *L'essence d'une bonne conception.*
- Thème 17, *Jouez avec les shells.*
- Thème 26, *Comment équilibrer les ressources.*
- Thème 28, *Découplage.*
- Thème 35, *Acteurs et processus.*

Exercices

Exercice 21

Pouvez-vous exprimer les exigences suivantes sous la forme d'une transformation de premier niveau ? En d'autres termes, pour chacune d'entre elles, identifiez l'entrée et la sortie.

1. Les frais d'expédition et la taxe de vente sont ajoutés à une commande.
2. Votre application charge les informations de configuration à partir d'un fichier nommé.
3. Une personne se connecte à une application web.

Exercice 22

Vous avez identifié le besoin de valider et de convertir un champ d'entrée d'une chaîne de caractères en un nombre entier compris entre 18 et 150. La transformation globale est décrite par :

```
field contents as string
    → [validate & convert]
        → {:ok, value} | {:error, reason}
```

Écrivez les différentes transformations qui composent validate & convert.

Exercice 23

Dans l'encadré *Le Langage X n'a pas de pipeline*, nous avons écrit :

```
const content = File.read(file_name);
const lines   = find_matching_lines(content, pattern)
const result  = truncate_lines(lines)
```

De nombreuses personnes écrivent du code orienté objet en enchaînant les appels de méthode, et pourraient être tentées d'écrire quelque chose comme :

```
const result = content_of(file_name)
               .find_matching_lines(pattern)
               .truncate_lines()
```

Quelle est la différence entre ces deux morceaux de code ? À votre avis, lequel préférons-nous ?

Thème 31 – Taxe sur l'héritage

> *Vous vouliez une banane, mais ce que vous avez obtenu, c'est un gorille qui tenait la banane et toute la jungle.*
>
> JOE ARMSTRONG

Utilisez-vous un langage orienté objet ? Utilisez-vous l'héritage ?

Si c'est le cas, arrêtez ! Ce n'est probablement pas ce que vous devriez faire.

Voyons pourquoi.

Quelques éléments de contexte

L'héritage est apparu pour la première fois dans Simula 67 en 1969. Il s'agissait d'une solution élégante au problème de la mise en file d'attente de plusieurs types d'événements sur la même liste. L'approche de Simula consistait à utiliser ce que l'on appelle des *préfixes de noms de classes*. Vous pouviez écrire quelque chose comme ceci :

```
link CLASS car;
  ... implementation of car

link CLASS bicycle;
  ... implementation of bicycle
```

`link` est un préfixe de nom de classe qui ajoute la fonctionnalité des listes liées. Cela vous permet d'ajouter des voitures et des vélos à la liste des choses qui attendent (par exemple) à un feu de circulation. Dans la terminologie actuelle, `link` serait une classe parentale.

Le modèle mental utilisé par les programmeurs de Simula était que les données d'instance et l'implémentation de la classe `link` étaient ajoutées à l'implémentation des classes `car` et `bicycle`. La partie `link` était presque considérée comme un *conteneur* qui transportait les voitures et les bicyclettes. Cela leur conférait une sorte de polymorphisme : les voitures et les bicyclettes implémentaient toutes deux l'interface `link` parce qu'elles contenaient toutes deux le code `link`.

Après Simula est venu Smalltalk. Alan Kay, l'un des créateurs de Smalltalk, explique dans une réponse Quora de 2019[8] *pourquoi* Smalltalk dispose de l'héritage :

> *Ainsi, lorsque j'ai conçu Smalltalk-72 – et c'était pour m'amuser tout en pensant à Smalltalk-71 – j'ai pensé qu'il serait amusant d'utiliser sa dynamique de type Lisp pour faire des expériences de « programmation*

8 https://www.quora.com/What-does-Alan-Kay-think-about-inheritance-in-object-oriented-programming.

différentielle » (c'est-à-dire : différentes façons d'accomplir « ceci est comme cela, sauf que »).

Il s'agit d'une sous-classe purement comportementale.

Ces deux styles d'héritage (qui ont en fait beaucoup en commun) se sont développés au cours des décennies suivantes. L'approche Simula, qui suggérait que l'héritage était un moyen de combiner des types, s'est poursuivie dans des langages tels que C++ et Java. L'école Smalltalk, où l'héritage est une organisation dynamique des comportements, est apparue dans des langages tels que Ruby et JavaScript.

Nous sommes donc confrontés à une génération de développeurs orientés objet qui utilisent l'héritage pour l'une des deux raisons suivantes : ils n'aiment pas la saisie ou ils aiment les types.

Ceux qui n'aiment pas taper au clavier économisent leurs doigts en utilisant l'héritage pour ajouter des fonctionnalités communes d'une classe de base à des classes filles : la classe `User` et la classe `Product` sont toutes deux des sous-classes d'`ActiveRecord::Base`.

Ceux qui aiment les types utilisent l'héritage pour exprimer la relation entre les classes : `car` est une sorte de `vehicle`.

Malheureusement, les deux types d'héritage posent des problèmes.

Problèmes liés à l'utilisation de l'héritage pour partager du code

L'héritage *est* un couplage. Non seulement la classe fille est couplée à la mère, à la mère de la mère, et ainsi de suite, mais le code qui *utilise* la fille est également couplé à tous les ancêtres. Voici un exemple :

```
class Vehicle
  def initialize
    @speed = 0
  end
  def stop
    @speed = 0
  end
  def move_at(speed)
    @speed = speed
  end
end

class Car < Vehicle
  def info
    "I'm car driving at #{@speed}"
  end
end

# top-level code
my_ride = Car.new
my_ride.move_at(30)
```

Lorsque le niveau supérieur appelle my_car.move_at, la méthode invoquée se trouve dans Vehicle, la mère de Car.

Le développeur en charge de Vehicle modifie l'API, de sorte que move_at devient set_velocity, et la variable d'instance @speed devient @velocity.

Une modification de l'API devrait interrompre les clients de la classe Vehicle. Mais ce n'est pas le cas du code de niveau supérieur : en ce qui le concerne, il utilise car. Ce que fait la classe car en matière d'implémentation ne concerne pas le code de niveau supérieur, mais il est quand même cassé.

De même, le nom d'une variable d'instance est un détail de mise en œuvre purement interne, mais lorsque Vehicle change, il brise également (silencieusement) Car.

Il y a tellement de couplage.

Problèmes liés à l'utilisation de l'héritage pour construire des types

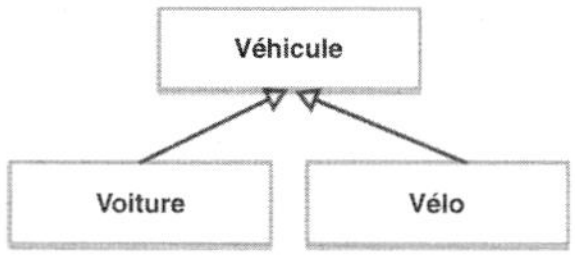

Certains considèrent l'héritage comme un moyen de définir de nouveaux types. Leur diagramme de conception préféré montre des hiérarchies de classes. Ils considèrent les problèmes comme les scientifiques de l'époque victorienne considéraient la nature, comme quelque chose à diviser en catégories.

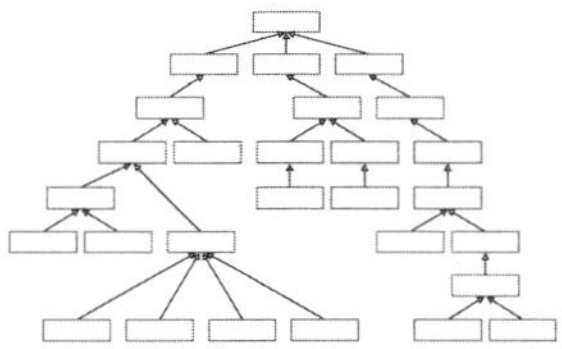

Malheureusement, ces diagrammes se transforment rapidement en monstruosités qui recouvrent les murs, une couche après l'autre étant ajoutée afin d'exprimer la moindre nuance de différenciation entre les classes. Cette complexité supplémentaire peut rendre l'application plus fragile, car les changements peuvent se répercuter sur plusieurs couches.

Le problème de l'héritage multiple est encore plus grave. `car` peut être un type de `vehicle`, mais elle peut aussi être un type d'`Asset`, d'`Insured_Item`, de `Loan_Collateral`, etc. Modéliser cela correctement nécessiterait un héritage multiple.

Le C++ a donné une mauvaise réputation à l'héritage multiple dans les années 1990 en raison d'une sémantique de désambiguïsation douteuse. En conséquence, de nombreux langages orientés objet actuels ne le proposent pas. Ainsi, même si vous êtes satisfait des arbres de types complexes, vous ne pourrez de toute façon pas modéliser votre domaine avec précision.

Conseil 51 – Ne vous laissez pas berner par l'héritage et ses coûts cachés

---

Les solutions alternatives sont meilleures

Nous vous proposons trois techniques qui vous permettront de vous débarrasser à tout jamais de l'héritage :

- interfaces et protocoles ;
- délégation ;
- mixins et traits.

Interfaces et protocoles

La plupart des langages orientés objet permettent de spécifier qu'une classe implémente un ou plusieurs ensembles de comportements. Vous pouvez dire, par exemple, qu'une classe `Car` implémente le comportement `Drivable` et le comportement `Locatable`. La syntaxe utilisée pour ce faire varie. En Java, elle pourrait ressembler à ceci :

```
public class Car implements Drivable, Locatable {

  // Code for class Car. This code must include
  // the functionality of both Drivable
  // and Locatable

}
```

`Drivable` et `Locatable` sont ce que Java appelle des *interfaces* ; d'autres langages les appellent des *protocoles*, et certains les appellent des *traits* (bien que ce ne soit pas ce que nous appellerons un trait plus tard).

Les interfaces sont définies comme suit :

```
public interface Drivable {
  double getSpeed();
  void   stop();
}

public interface Locatable() {
  Coordinate getLocation();
  boolean    locationIsValid();
}
```

Ces déclarations ne créent pas de code : elles indiquent simplement que toute classe qui implémente Drivable doit implémenter les deux méthodes getSpeed et stop, et qu'une classe qui est Locatable doit implémenter getLocation et locationIsValid. Cela signifie que la définition de notre classe précédente, Car, ne sera valide que si elle inclut chacune de ces quatre méthodes.

Ce qui rend les interfaces et les protocoles si puissants, c'est que nous pouvons les utiliser comme des types, et que toute classe qui implémente l'interface appropriée sera compatible avec ce type. Si Car et Phone implémentent tous deux Locatable, nous pouvons les stocker dans une liste d'éléments localisables :

```
List<Locatable> items = new ArrayList<>();

items.add(new Car(...));
items.add(new Phone(...));
items.add(new Car(...));
// ...
```

Nous pouvons ensuite traiter cette liste en sachant que chaque élément possède les fonctions getLocation et locationIsValid :

```
void printLocation(Locatable item) {
  if (item.locationIsValid() {
    print(item.getLocation().asString());
}

// ...

items.forEach(printLocation);
```

Conseil 52 – Préférez les interfaces pour exprimer le polymorphisme

---

Les interfaces et les protocoles nous offrent le polymorphisme sans l'héritage.

Délégation

L'héritage encourage les développeurs à créer des classes dont les objets possèdent un grand nombre de méthodes. Si une classe mère possède vingt méthodes et que la sous-classe souhaite n'en utiliser que deux, ses objets auront toujours les dix-huit autres qui traînent et qui peuvent être appelées. La classe a perdu le contrôle de son interface. Il s'agit d'un problème courant : de nombreux frameworks de persistance et d'interface utilisateur insistent pour que les composants d'application sous-classent une classe de base fournie :

```
class Account < PersistenceBaseClass
end
```

La classe `Account` transporte maintenant toute l'API de la classe de persistance avec elle. Imaginez plutôt une solution alternative utilisant la délégation, comme dans l'exemple suivant :

```
class Account
  def initialize(. . .)
    @repo = Persister.for(self)
  end

  def save
    @repo.save()
  end
end
```

Nous n'exposons plus *aucun* framework API aux clients de notre classe `Account` : ce couplage est désormais rompu. Mais ce n'est pas tout. Maintenant que nous ne sommes plus contraints par l'API du framework que nous utilisons, nous sommes libres de créer l'API dont nous avons besoin. Oui, nous pouvions le faire auparavant, mais nous courions toujours le risque que l'interface que *nous* avions écrite soit contournée et que l'API de persistance soit utilisée à la place. Désormais, nous contrôlons tout.

Conseil 53 – Déléguez aux services : le « Has-A » l'emporte sur le « Is-A »

En fait, nous pouvons aller plus loin. Pourquoi `Account` devrait-il savoir comment se maintenir ? Son rôle n'est-il pas de connaître et d'appliquer les règles de gestion du compte ?

```
class Account
  # nothing but account stuff
end

class AccountRecord
  # wraps an account with the ability
  # to be fetched and stored
end
```

Maintenant, nous sommes vraiment découplés, mais cela a un coût. Nous devons écrire plus de code, et typiquement, une partie de ce code sera passe-partout : il est probable que toutes nos classes d'enregistrements auront besoin d'une méthode find, par exemple.

Heureusement, c'est ce que les mixins et les traits font pour nous.

Mixins, traits, catégories, extensions de protocole...

Dans notre milieu, nous aimons donner des noms aux choses. Bien souvent, nous donnons plusieurs noms à la même chose. Plus il y en a, mieux c'est, n'est-ce pas ?

C'est de cela qu'il s'agit lorsque nous examinons les mixins. L'idée de base est simple : nous voulons pouvoir étendre les classes et les objets avec de nouvelles fonctionnalités sans utiliser l'héritage. Nous créons donc un ensemble de fonctions, nous lui donnons un nom et nous étendons une classe ou un objet avec ces fonctions. À ce stade, vous avez créé une nouvelle classe ou un nouvel objet qui combine les capacités de l'original et de tous ses mixins. Dans la plupart des cas, vous pourrez réaliser cette extension même si vous n'avez pas accès au code source de la classe que vous étendez.

L'implémentation et le nom de cette fonctionnalité varient d'un langage à l'autre. Nous avons tendance à les appeler *mixins* ici, mais nous voulons vraiment que vous considériez cela comme une fonctionnalité indépendante du langage. Ce qui importe, c'est la capacité qu'ont toutes ces implémentations : fusionner des fonctionnalités entre des *éléments existants* et de *nouveaux éléments*.

Reprenons l'exemple de notre AccountRecord. Comme nous l'avons laissé, un AccountRecord devait connaître les deux comptes et notre framework de persistance. Il devait également déléguer toutes les méthodes de la couche de persistance qu'il souhaitait exposer au monde extérieur.

Les mixins nous offrent une solution alternative. Tout d'abord, nous pourrions écrire un mixin qui mettrait en œuvre (par exemple) deux sur trois des méthodes de recherche standard. Nous pourrions alors les ajouter à AccountRecord en tant que mixin. Et, au fur et à mesure que nous écrivons de nouvelles classes pour les éléments persistants, nous pouvons également leur ajouter le mixin :

```
mixin CommonFinders {
  def find(id) { ... }
  def findAll() { ... }
end

class AccountRecord extends BasicRecord with CommonFinders
class OrderRecord   extends BasicRecord with CommonFinders
```

Nous pouvons aller beaucoup plus loin. Par exemple, nous savons tous que nos objets métier ont besoin d'un code de validation pour éviter que de mauvaises données ne s'infiltrent dans nos calculs. Mais qu'entendons-nous exactement par *validation* ?

Si nous prenons un compte, par exemple, il y a probablement de nombreuses couches de validation différentes qui pourraient être appliquées :

- Validation du fait qu'un mot de passe haché correspond à celui saisi par l'utilisateur ;
- Validation des données de formulaire saisies par l'utilisateur lors de la création d'un compte ;
- Validation des données d'un formulaire saisi par une personne de l'administration mettant à jour des détails de l'utilisateur ;
- Validation des données ajoutées au compte par d'autres composants du système ;
- Validation de la cohérence des données avant leur persistance.

Une approche courante (et, à notre avis, loin d'être idéale) consiste à regrouper toutes les validations dans une seule classe (l'objet métier/objet de persistance), puis à ajouter des drapeaux pour contrôler ce qui se déclenche dans telle ou telle circonstance.

Nous pensons qu'il est préférable d'utiliser des mixins pour créer des classes spécialisées pour les situations appropriées :

```
class AccountForCustomer extends Account
    with AccountValidations,AccountCustomerValidations

class AccountForAdmin extends Account
    with AccountValidations,AccountAdminValidations
```

Ici, les deux classes dérivées comprennent des validations communes à tous les objets de compte. La variante client inclut également des validations appropriées pour les API orientées client, tandis que la variante admin contient des validations d'administration (vraisemblablement moins restrictives).

Désormais, en passant des instances de `AccountForCustomer` ou `AccountForAdmin` dans les deux sens, notre code s'assure *automatiquement* que la validation correcte est appliquée.

Conseil 54 – Utilisez des mixins pour partager des fonctionnalités

---

L'héritage est rarement la solution

Nous avons jeté un coup d'œil rapide à trois solutions au problème de l'héritage traditionnel des classes :

- interfaces et protocoles ;
- délégation ;
- mixins et traits.

Chacune de ces méthodes peut vous convenir dans différentes circonstances, selon que votre objectif est de partager des informations sur les types, d'ajouter des fonctionnalités ou de partager des méthodes. Comme pour tout ce qui concerne la programmation, essayez d'utiliser la technique qui exprime le mieux votre intention.

Et essayez de ne pas entraîner la banane, le gorille et toute la jungle dans cette aventure.

Sections connexes

- Thème 8, *L'essence d'une bonne conception.*
- Thème 10, *Orthogonalité.*
- Thème 28, *Découplage.*

Défi

- La prochaine fois que vous vous retrouverez à faire des sous-classes, prenez le temps d'examiner les options qui s'offrent à vous. Pouvez-vous obtenir ce que vous voulez avec des interfaces, des délégations et/ou des mixins ? Pouvez-vous réduire le couplage en procédant de la sorte ?

Thème 32 – Configuration

> *Que chaque chose chez vous ait sa place, que chacune de vos affaires ait son temps.*
>
> BENJAMIN FRANKLIN, TREIZE VERTUS, *AUTOBIOGRAPHIE*

Lorsque le code repose sur des valeurs susceptibles d'être modifiées après la mise en service de l'application, conservez ces valeurs à l'extérieur. Lorsqu'elle sera exécutée dans différents contextes, et potentiellement pour différents clients, conservez les valeurs spécifiques à l'environnement et au client en dehors de l'application. De cette manière, vous la paramétrez ; le code s'adapte aux endroits où il s'exécute.

Conseil 55 – Paramétrez votre application à l'aide d'une configuration externe

Les éléments courants que vous souhaiterez probablement inclure dans les données de configuration sont les suivants :

- informations d'identification pour les services externes (base de données, API de tiers, etc.) ;
- niveaux de journalisation et destinations ;
- port, adresse IP, machine et nom de cluster utilisés par l'application ;
- paramètres de validation spécifiques à l'environnement ;
- paramètres externes, tels que les taux d'imposition ;
- détails de formatage spécifiques au site ;
- clés de licence.

Pour résumer, cherchez tout ce que vous savez devoir changer et que vous pouvez exprimer en dehors de votre corps de code principal, et mettez-le dans un fichier de configuration.

Configuration statique

De nombreux frameworks, et quelques applications personnalisées, conservent la configuration soit dans des fichiers plats, soit dans des tables de base de données. Si les informations se trouvent dans des fichiers plats, la tendance est à l'utilisation d'un format de texte brut prêt à l'emploi. Actuellement, les formats YAML et JSON sont très répandus. Parfois, les applications écrites dans des langages de script utilisent des fichiers de code source spéciaux, destinés à contenir uniquement la configuration. Si les informations sont structurées et sont susceptibles d'être modifiées par le client (le taux de taxe sur les ventes, par exemple), il peut être préférable de les stocker dans une table de base de données. Et, bien sûr, vous pouvez utiliser les deux, en divisant les informations de configuration en fonction de l'usage.

Quelle que soit la forme utilisée, la configuration est lue dans votre application sous la forme d'une structure de données, normalement au démarrage de l'application. En général, cette structure de données est globale, l'idée étant de faciliter l'accès aux valeurs qu'elle contient pour n'importe quelle partie du code.

Nous préférons que vous ne fassiez pas cela. Au lieu de cela, enveloppez les informations de configuration derrière une API (fine). Cela permet de découpler votre code des détails de la représentation de la configuration.

Configuration en tant que service

Bien que la configuration statique soit courante, nous privilégions actuellement une approche différente. Nous voulons toujours que les données de configuration soient conservées en dehors de l'application, mais plutôt que dans un fichier plat ou une base de données, nous aimerions qu'elles soient stockées derrière une API de services. Cela présente un certain nombre d'avantages :

- Plusieurs applications peuvent partager des informations de configuration, l'authentification et le contrôle d'accès limitant ce que chacun peut voir ;
- Les changements de configuration peuvent être effectués globalement ;
- Les données de configuration peuvent être gérées *via* une interface utilisateur spécialisée ;
- Les données de configuration deviennent dynamiques.

Ce dernier point, à savoir que la configuration doit être dynamique, est essentiel à l'heure où nous nous dirigeons vers des applications hautement disponibles. L'idée qu'il faudrait arrêter et redémarrer une application pour modifier un seul paramètre est complètement en décalage avec les réalités modernes. En utilisant un service de configuration, les composants de l'application pourraient s'inscrire pour recevoir des notifications de mise à jour des paramètres qu'ils utilisent, et le service pourrait leur envoyer des messages contenant les nouvelles valeurs si et quand elles sont modifiées.

Quelle que soit leur forme, les données de configuration déterminent le comportement d'une application en cours d'exécution. Lorsque les valeurs de configuration changent, il n'est pas nécessaire de reconstruire le code.

N'écrivez pas de code dodo

Sans configuration externe, votre code n'est pas aussi adaptable ou flexible qu'il pourrait l'être. Est-ce une mauvaise chose ? Dans le monde réel, les espèces qui ne s'adaptent pas meurent.

Le dodo ne s'est pas adapté à la présence de l'homme et de son bétail sur l'île Maurice et s'est rapidement éteint[9]. C'est la première extinction documentée d'une espèce par l'humain.

Ne laissez pas votre projet (ni votre carrière) disparaître à la manière du dodo.

Image by OpenClipart-Vectors from Pixabay

Sections connexes

- Thème 9, *FER, ou le fléau de la duplication*.
- Thème 14, *Langages de domaine*.

9 Le fait que les colons aient battu à mort ces oiseaux calmes (comprendre : *stupides*) à coups de battes de baseball n'a pas aidé.

- Thème 16, *Le pouvoir du texte brut*.
- Thème 28, *Découplage*.

N'en faites pas trop

Dans la première édition de ce livre, nous avons suggéré d'utiliser la configuration au lieu du code de la même manière, mais nous aurions apparemment dû être un peu plus précis dans nos instructions. Tout conseil peut être appliqué à l'extrême ou utilisé de manière inappropriée, voici donc quelques mises en garde.

N'en faites pas trop. Un de nos premiers clients avait décidé que chaque champ de son application devait être configurable. En conséquence, la moindre modification prenait des semaines, car il fallait implémenter à la fois le champ et tout le code d'administration pour le sauvegarder et le modifier. Ils avaient quelque 40 000 variables de configuration et un cauchemar de codage sur les bras.

Ne poussez pas les décisions vers la configuration par paresse. S'il existe un véritable débat sur la question de savoir si une fonctionnalité doit se comporter de telle ou telle manière, ou si ce choix doit revenir aux utilisateurs, essayez-la d'une certaine manière et demandez un retour d'information sur le bien-fondé de la décision.

Chapitre 6

CONGRUENCE

Pour que nous soyons tous sur la même longueur d'onde, commençons par quelques définitions.

On parle de *congruence* lorsque les exécutions de deux ou plusieurs morceaux de code se déroulent comme si elles avaient lieu en même temps. On parle de *parallélisme* lorsque les codes s'exécutent *effectivement* en même temps.

Pour qu'il y ait congruence, il faut que le code soit exécuté dans un environnement capable de passer d'une partie du code à l'autre en cours d'exécution. Cet environnement est souvent mis en œuvre à l'aide d'éléments tels que les fibres, les exétrons et les processus.

Pour qu'il y ait parallélisme, il faut du matériel capable de faire deux choses à la fois. Il peut s'agir de plusieurs cœurs dans un processeur, de plusieurs processeurs dans un ordinateur ou de plusieurs ordinateurs connectés ensemble.

Tout est congruent

Il est presque impossible d'écrire du code dans un système de taille décente qui ne comporte pas d'aspects congruents. Ces aspects peuvent être explicites ou enfouis dans une bibliothèque. La congruence est une exigence si vous voulez que votre application soit capable de gérer le monde réel, où les choses sont asynchrones : les utilisateurs interagissent, les données sont récupérées, les services externes sont appelés, tout cela en même temps. Si vous forcez ce processus à être sériel, avec une chose qui se produit, puis la suivante, et ainsi de suite, votre système va sembler léthargique et vous ne tirerez probablement pas pleinement parti de la puissance du matériel sur lequel il s'exécute.

Dans ce chapitre, nous nous intéressons à la congruence et au parallélisme.

Les développeurs parlent souvent de couplage entre les morceaux de code. Ils font référence aux dépendances et à la façon dont ces dépendances rendent les choses difficiles à modifier. Mais il existe une autre forme de couplage. Le *couplage temporel* se produit lorsque votre code impose une séquence de choses qui n'est pas nécessaire pour résoudre le problème en question. Dépendez-vous du fait que « tic » précède « tac » ? Vous ne devriez pas, en tout cas pas si vous souhaitez rester flexible. Votre code accède-t-il à plusieurs services de backend de manière séquentielle, l'un après l'autre ? Ça ne devrait pas être le cas, si vous avez envie de garder vos clients. Dans *Rompre le couplage temporel*, nous voyons comment identifier ce type de couplage.

Pourquoi est-il si difficile d'écrire du code congruent et parallèle ? C'est en partie dû au fait que nous avons appris à programmer en utilisant des systèmes séquentiels, et nos langages ont des caractéristiques qui sont relativement sûres lorsqu'elles sont utilisées de manière séquentielle, mais qui deviennent un frein dès lors que deux choses peuvent se produire en même temps. L'un des plus grands coupables est l'*état partagé*. Il ne s'agit pas seulement des variables globales : chaque fois que deux morceaux de code ou plus contiennent des références au même morceau de données mutables, vous avez un état partagé. Or, *L'état partagé est un état incorrect*. La section décrit un certain nombre de solutions de contournement, mais en fin de compte, elles sont toutes sujettes à erreur.

Si cela vous rend triste, *nil desperandum* ! Il existe de meilleures façons de construire des applications congruentes. L'une d'entre elles consiste à utiliser le *modèle de l'acteur*, dans lequel des processus indépendants, qui ne partagent aucune donnée, communiquent par le biais de canaux en utilisant une sémantique simple et définie. Nous abordons la théorie et la pratique de cette approche dans *Acteurs et processus*.

Enfin, nous examinerons les *Tableaux noirs*. Il s'agit de systèmes qui agissent comme une combinaison d'un magasin d'objets et d'un courtier intelligent de publication et d'abonnement. Dans leur forme originale, ils n'ont jamais vraiment décollé. Mais aujourd'hui, nous voyons de plus en plus d'implémentations de couches intergicielles avec une sémantique de type tableau noir. Utilisés correctement, ces types de systèmes permettent un découplage important.

Les codes congruents et parallèles étaient autrefois exotiques. Aujourd'hui, ils sont indispensables.

Thème 33 – Rompre le couplage temporel

Vous vous demandez peut-être ce qu'est le *couplage temporel*. C'est avant tout une question de temps.

Le temps est un aspect souvent ignoré des architectures logicielles. Le seul temps qui nous préoccupe est celui du calendrier, le temps restant jusqu'à la livraison, mais ce n'est pas ce dont nous parlons ici. Nous parlons plutôt du rôle du temps en tant qu'élément de conception du logiciel lui-même. Deux aspects du temps sont importants pour nous : la congruence (les choses qui se produisent en même temps) et l'ordre (la position relative des choses dans le temps).

En général, nous n'abordons pas la programmation en tenant compte de ces deux aspects. Lorsque les gens s'assoient pour la première fois pour concevoir une architecture ou écrire un programme, les choses ont tendance à être linéaires. C'est ainsi que la plupart des gens pensent – *faire ceci* et ensuite toujours *faire cela*. Mais penser de cette manière conduit à un *couplage temporel* : un couplage dans le temps. La méthode `A` doit toujours être appelée avant la méthode `B` ; un seul rapport peut être exécuté à la fois ; il faut attendre que l'écran se redessine avant de recevoir le clic d'un bouton. Le tic doit se produire avant le tac.

Cette approche n'est ni flexible, ni réaliste.

Nous devons tenir compte de la congruence et penser à découpler les dépendances temporelles ou d'ordre. Ce faisant, nous pouvons gagner en flexibilité et réduire les dépendances temporelles dans de nombreux domaines du développement : analyse du flux de travail, architecture, conception et déploiement. Il en résultera des systèmes sur lesquels il sera plus facile de raisonner et qui répondront potentiellement plus rapidement et de manière plus fiable.

À la recherche de la congruence

Dans de nombreux projets, nous devons modéliser et analyser les flux de travail de l'application dans le cadre de la conception. Nous aimerions savoir ce qui *peut* se produire en même temps et ce qui *doit* se produire dans un ordre strict. Une façon de procéder consiste à capturer le flux de travail à l'aide d'une notation telle que le *diagramme d'activités*[1].

Conseil 56 – Analysez le flux de travail pour améliorer la congruence

---

Un diagramme d'activités se compose d'un ensemble d'actions représentées dans des encadrés aux angles arrondis. La flèche qui quitte une action mène soit à une autre action (qui peut commencer une fois la première action terminée), soit à une ligne épaisse appelée *barre de synchronisation*. Une fois que *toutes* les actions menant à une barre de synchronisation sont terminées, vous

1 Bien qu'UML ait progressivement disparu, bon nombre de ses diagrammes individuels existent encore sous une forme ou une autre, y compris le très utile *diagramme d'activité*. Pour plus d'informations sur tous les types de diagrammes UML, voir *UML Distilled: A Brief Guide to the Standard Object Modeling Language* [Fow04].

pouvez poursuivre en suivant les flèches qui quittent la barre. Une action ne comportant aucune flèche peut être lancée à tout moment.

Vous pouvez utiliser les diagrammes d'activités pour maximiser le parallélisme en identifiant les activités qui *pourraient* être exécutées en parallèle, mais qui ne le sont pas.

Par exemple, nous pouvons être en train d'écrire le logiciel d'un robot qui fabrique des piña coladas. On nous dit que les étapes sont les suivantes :

1. Ouvrir le blender ;
2. Ouvrir le mélange pour piña colada ;
3. Verser le mélange dans le mixeur ;
4. Mesurer ½ mesure de rhum blanc ;
5. Verser le rhum ;
6. Ajouter 2 verres de glace ;
7. Refermer le blender ;
8. Liquéfier pendant 1 minute ;
9. Ouvrir le blender ;
10. Prendre des verres ;
11. Prendre des ombrelles décoratives roses ;
12. Servir.

Cependant, un barman perdrait son emploi s'il suivait ces étapes, une par une, dans l'ordre. Même si ces actions sont décrites en série, nombre d'entre elles pourraient être exécutées en parallèle. Nous utiliserons le diagramme d'activité suivant pour capturer et raisonner sur la congruence potentielle.

Il peut être révélateur de voir où se situent réellement les dépendances. Dans le cas présent, les tâches de premier niveau (1, 2, 4, 10 et 11) peuvent toutes être exécutées simultanément, dès le départ. Les tâches 3, 5 et 6 peuvent être exécutées en parallèle plus tard. Si vous participiez à un concours de fabrication de piña colada, ces optimisations pourraient faire toute la différence.

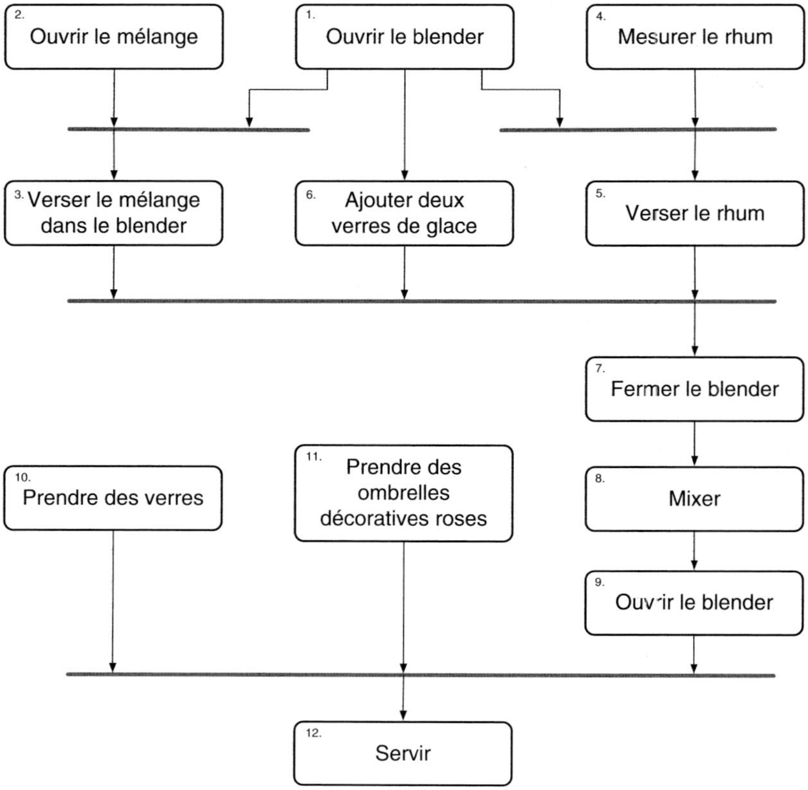

Formatage plus rapide

Ce livre est écrit en texte brut. Pour construire la version destinée à être imprimée, ou un e-book, ou autre, ce texte passe par un pipeline de processeurs. Certains recherchent des constructions particulières (citations bibliographiques, entrées d'index, balisage spécial pour les conseils, etc). D'autres processeurs opèrent sur le document dans son ensemble.

De nombreux processeurs du pipeline doivent accéder à des informations externes (lecture de fichiers, écriture de fichiers, passage par des programmes externes). Tout ce travail relativement lent nous donne l'occasion d'exploiter la congruence : en fait, chaque étape du pipeline s'exécute simultanément, en lisant les données de l'étape précédente et en écrivant dans l'étape suivante.

En outre, certaines parties du processus sont relativement gourmandes en ressources processeur. L'une d'entre elles est la conversion des formules mathématiques. Pour diverses raisons historiques, la conversion de chaque équation peut prendre jusqu'à 500 millisecondes. Pour accélérer les choses, nous tirons parti du parallélisme. Comme chaque formule est indépendante des autres, nous convertissons chacune d'elles dans son propre processus parallèle et nous rassemblons les résultats dans le livre au fur et à mesure qu'ils sont disponibles.

Par conséquent, le livre se construit beaucoup, beaucoup plus rapidement sur les machines multicœurs.

(Et, oui, nous avons effectivement découvert un certain nombre d'erreurs de congruence dans notre pipeline en cours de route...)

Occasions de congruence

Les diagrammes d'activité montrent les zones potentielles de congruence, mais ne disent pas si ces zones valent la peine d'être exploitées. Par exemple, dans l'exemple de la piña colada, un barman aurait besoin de cinq mains pour pouvoir exécuter toutes les tâches initiales potentielles en même temps.

C'est là qu'intervient la conception. Lorsque nous examinons les activités, nous nous rendons compte que la tâche 8, « liquider », prendra une minute. Pendant ce temps, notre barman peut aller chercher les verres et les parapluies (tâches 10 et 11) et aura probablement encore le temps de servir un autre client.

Et c'est ce que nous recherchons lorsque nous concevons pour la congruence. Nous espérons trouver des activités qui prennent du temps, mais pas de temps dans notre code. L'interrogation d'une base de données, l'accès à un service externe, l'attente d'une entrée utilisateur : toutes ces activités devraient normalement bloquer notre programme jusqu'à ce qu'elles soient terminées. Et ce sont autant d'occasions de faire quelque chose de plus productif que l'équivalent de se tourner les pouces pour un processeur.

Occasions de parallélisme

N'oubliez pas la distinction : la congruence est un mécanisme logiciel, et le parallélisme est une préoccupation matérielle. Si nous disposons de plusieurs processeurs, localement ou à distance, alors si nous pouvons répartir le travail entre eux, nous pouvons réduire le temps global nécessaire.

L'idéal est de fractionner les travaux de manière relativement indépendante, c'est-à-dire de permettre à chacun d'entre eux de se dérouler sans attendre les autres. Un modèle courant consiste à prendre un gros travail, à le diviser en morceaux indépendants, à traiter chacun d'entre eux en parallèle, puis à combiner les résultats.

La manière dont fonctionne le compilateur du langage Elixir en est un exemple intéressant. Lorsqu'il démarre, il divise le projet qu'il construit en modules et compile chacun d'entre eux en parallèle. Parfois, un module dépend d'un autre, auquel cas sa compilation s'interrompt jusqu'à ce que les résultats de la compilation de l'autre module soient disponibles. Lorsque le module de premier niveau se termine, cela signifie que toutes les dépendances ont été compilées. Le résultat est une compilation rapide qui tire parti de tous les cœurs disponibles.

L'identification des occasions est la partie la plus facile

Revenons à vos applications. Nous avons identifié les endroits où elle bénéficiera de la congruence et du parallélisme. Maintenant, la partie la plus délicate est de savoir comment l'implémenter en toute sécurité. C'est le sujet du reste du chapitre.

Sections connexes

- Thème 10, *Orthogonalité*.
- Thème 26, *Comment équilibrer les ressources*.
- Thème 28, *Découplage*.
- Thème 36, *Tableaux noirs*.

Défi

- Combien de tâches exécutez-vous en parallèle lorsque vous vous préparez à travailler le matin ? Pourriez-vous l'exprimer dans un diagramme d'activité UML (*unified modeling language* en anglais ou langage de modélisation unifié) ? Pouvez-vous trouver un moyen de vous préparer plus rapidement en augmentant la congruence ?

Thème 34 – L'état partagé est un état incorrect

Vous êtes dans votre restaurant préféré. Vous terminez votre plat principal et demandez à votre serveur s'il reste de la tarte aux pommes. Il regarde par-dessus son épaule, aperçoit une part dans le chariot à desserts et répond par l'affirmative. Vous la commandez et soupirez de satisfaction.

Pendant ce temps, de l'autre côté du restaurant, un autre client pose la même question à sa serveuse. Elle regarde également, confirme qu'il y a une part et le client commande.

L'un de vous deux s'apprête à être très déçu.

Remplacez le chariot par un compte bancaire commun et transformez les serveurs en points de vente. Vous et votre partenaire décidez d'acheter un nouveau téléphone en même temps, mais il n'y a assez d'argent sur le compte que pour un seul téléphone. Quelqu'un – la banque, le magasin ou vous – va être très mécontent.

Conseil 57 – Gardez à l'esprit que l'état partagé est un état incorrect

---

Le problème réside dans l'état de partage. Chaque serveur du restaurant a regardé le chariot à desserts sans tenir compte de l'autre. Chaque dispositif de point de vente a consulté le solde d'un compte sans tenir compte de l'autre.

Mises à jour non atomiques

Examinons notre exemple de restaurant comme s'il s'agissait d'un code :

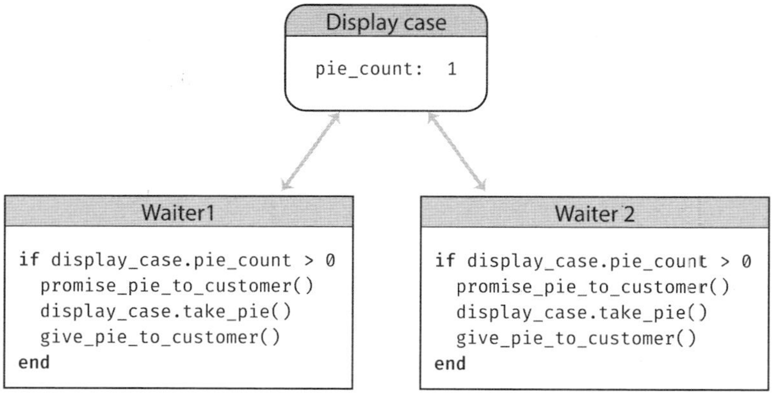

Les deux serveurs fonctionnent en congruence (et, dans la réalité, en parallèle). Examinons leur code :

```
if display_case.pie_count > 0
  promise_pie_to_customer()
  display_case.take_pie()
  give_pie_to_customer()
end
```

Le serveur 1 prend connaissance du nombre de parts de tarte en cours et constate qu'il y en a une. Il promet la part au client. Mais à ce moment-là, la serveuse 2 arrive. Elle voit également qu'il y a une part et fait la même promesse à son client. L'un des deux prend alors le dernier morceau de tarte, et l'autre serveur entre dans une sorte d'état d'erreur (qui implique probablement beaucoup de supplications).

Le problème n'est pas que deux processus puissent écrire dans la même mémoire. Le problème est qu'aucun des deux processus ne peut garantir que sa vision de cette mémoire est cohérente. En effet, lorsqu'un serveur exécute display_case.pie_count(), il copie la valeur du chariot dans sa propre mémoire. Si la valeur du chariot change, leur mémoire (qu'ils utilisent pour prendre des décisions) n'est plus à jour.

Cela s'explique par le fait que la recherche et la mise à jour du nombre de parts de tarte n'est pas une opération atomique : la valeur sous-jacente peut changer en cours de route.

Alors, comment la rendre atomique ?

Sémaphores et autres formes d'exclusion mutuelle

Un sémaphore est simplement une *chose* qu'une seule personne peut posséder à la fois. Vous pouvez créer un sémaphore et l'utiliser pour contrôler l'accès à une autre ressource. Dans notre exemple, nous pourrions créer un sémaphore pour contrôler l'accès au chariot à desserts et adopter la convention selon laquelle toute personne souhaitant mettre à jour le contenu du chariot ne peut le faire que si elle détient ce sémaphore.

Supposons que le restaurateur décide de résoudre le problème des tartes à l'aide d'un sémaphore physique. Il place un lutin en plastique sur le chariot à desserts. Avant qu'un serveur puisse vendre une part de tarte, il doit tenir le lutin dans sa main. Une fois la commande terminée (c'est-à-dire la livraison du dessert à la table), le serveur peut remettre le lutin à sa place, gardant le trésor des tartes, prêt à servir d'intermédiaire pour la commande suivante.

Voyons ce que cela donne en code. Auparavant, l'opération consistant à saisir le sémaphore était appelée *P*, et l'opération consistant à le libérer était appelée *V*[2]. Aujourd'hui, nous utilisons des termes tels que *verrouillage/déverrouillage*, *réclamation/libération*, etc.

```
case_semaphore.lock()

if display_case.pie_count > 0
  promise_pie_to_customer()
  display_case.take_pie()
  give_pie_to_customer()
end

case_semaphore.unlock()
```

2 Les noms *P* et *V* proviennent des lettres initiales de mots néerlandais. Toutefois, la question de savoir quels mots exactement est débattue. L'inventeur de la technique, Edsger Dijkstra, a suggéré *passering* et *prolaag* pour *P*, et *vrijgave* et peut-être *verhogen* pour *V*.

Ce code suppose qu'un sémaphore a déjà été créé et stocké dans la variable case_semaphore.

Supposons que les deux serveurs exécutent le code en même temps. Ils essaient tous deux de verrouiller le sémaphore, mais un seul y parvient. Celui qui obtient le sémaphore continue à s'exécuter normalement. Celui qui n'obtient pas le sémaphore est suspendu jusqu'à ce que le sémaphore devienne disponible (le serveur attend…). Lorsque le premier serveur a terminé sa commande, il déverrouille le sémaphore et le second serveur poursuit sa course. Il s'aperçoit alors qu'il n'y a plus de tarte dans le chariot et présente ses excuses au client.

Cette approche pose quelques problèmes. Le plus important est probablement qu'elle ne fonctionne que si toutes les personnes qui accèdent au chariot à desserts sont d'accord sur la convention d'utilisation du sémaphore. Si quelqu'un l'oublie (c'est-à-dire si un développeur écrit un code qui ne respecte pas la convention), nous retombons dans le chaos.

Rendre la ressource transactionnelle

La conception actuelle est mauvaise parce qu'elle délègue la responsabilité de la protection de l'accès au chariot à desserts aux personnes qui l'utilisent. Modifions-la pour centraliser ce contrôle. Pour ce faire, nous devons modifier l'API afin que les serveurs puissent vérifier le compte et prendre une part de tarte en un seul appel :

```
slice = display_case.get_pie_if_available()
if slice
  give_pie_to_customer()
end
```

Pour que cela fonctionne, nous devons écrire une méthode qui s'exécute dans le cadre du chariot lui-même :

```
def get_pie_if_available()     ####
  if @slices.size > 0             #
    update_sales_data(:pie)       #
    return @slices.shift          #
  else                            #  incorrect code!
    false                         #
  end                             #
end                            ####
```

Ce code illustre une idée fausse très répandue. Nous avons centralisé l'accès aux ressources, mais notre méthode peut toujours être appelée par plusieurs exétrons concurrents, et nous devons donc toujours la protéger par un sémaphore :

```
def get_pie_if_available()
  @case_semaphore.lock()

  if @slices.size > 0
    update_sales_data(:pie)
    return @slices.shift
  else
    false
  end

  @case_semaphore.unlock()
end
```

Même ce code peut ne pas être correct. Si update_sales_data déclenche une exception, le sémaphore ne sera jamais déverrouillé, et tous les accès futurs au chariot seront bloqués indéfiniment. Nous devons gérer cette situation :

```
def get_pie_if_available()
  @case_semaphore.lock()

  try {
    if @slices.size > 0
      update_sales_data(:pie)
      return @slices.shift
    else
      false
    end
  }
  ensure {
    @case_semaphore.unlock()
  }
end
```

Comme il s'agit d'une erreur très fréquente, de nombreux langages proposent des bibliothèques qui s'en chargent pour vous :

```
def get_pie_if_available()
  @case_semaphore.protect() {
    if @slices.size > 0
      update_sales_data(:pie)
      return @slices.shift
    else
      false
    end
  }
end
```

Transactions de ressources multiples

Notre restaurant vient d'installer un congélateur à glace. Si un client commande une part de tarte tatin, le serveur devra vérifier que la tarte *et* la glace sont disponibles.

Nous pourrions changer le code du serveur comme ceci :

```
slice = display_case.get_pie_if_available()
scoop = freezer.get_ice_cream_if_available()

if slice && scoop
  give_order_to_customer()
end
```

Mais cela ne fonctionne pas. Que se passe-t-il si nous réclamons une part de tarte, mais que lorsque nous essayons d'obtenir une boule de glace, nous nous apercevons qu'il n'y en a pas ? Nous nous retrouvons alors avec une part de tarte dont nous ne pouvons rien faire (parce que notre client *doit* avoir de la glace). Et le fait que nous gardions la tarte signifie qu'elle n'est pas dans le chariot, donc qu'elle n'est pas disponible pour un autre client qui (étant un puriste) ne veut pas de glace avec.

Nous pourrions y remédier en ajoutant une méthode au chariot qui nous permettrait de renvoyer une part de tarte. Nous allons devoir ajouter une gestion des exceptions pour nous assurer que nous ne conservons pas les ressources en cas d'échec :

```
slice = display_case.get_pie_if_available()

if slice
  try {
      scoop = freezer.get_ice_cream_if_available()
      if scoop
      try {
        give_order_to_customer()
      }
      rescue {
        freezer.give_back(scoop)
      }
      end
  }
  rescue {
    display_case.give_back(slice)
  }
end
```

Là encore, ce n'est pas l'idéal. Le code est maintenant vraiment laid : il est difficile de savoir ce qu'il fait réellement. La logique métier est noyée dans toute cette logistique.

Auparavant, nous avions corrigé ce problème en déplaçant le code de gestion des ressources dans la ressource elle-même. Ici, cependant, nous avons deux ressources. Devons-nous placer le code dans le chariot ou dans le congélateur ?

Nous pensons qu'aucune de ces deux options n'est la bonne. L'approche pragmatique consisterait à dire que la « tarte tatin » est une ressource à part entière. Nous déplacerions ce code dans un nouveau module, et le client pourrait alors simplement dire « obtenez-moi une tarte aux pommes avec de la crème glacée » et cela réussirait ou échouerait.

Bien sûr, dans le monde réel, il y aura probablement de nombreux plats composites comme celui-ci, et vous n'allez pas écrire de nouveaux modules pour chacun d'entre eux. Au lieu de cela, vous voulez probablement une sorte d'élément de menu qui contienne des références à ses composants, puis une méthode générique get_menu_item qui fasse la danse des ressources avec chacun d'entre eux.

Mises à jour non transactionnelles

On accorde beaucoup d'attention à la mémoire partagée en tant que source de problèmes de congruence, mais en réalité, les problèmes peuvent apparaître *partout* où le code de votre application partage des ressources mutables : fichiers, bases de données, services externes, etc. Chaque fois que deux instances ou plus de votre code peuvent accéder à une ressource en même temps, vous faites face à un problème potentiel.

Parfois, la ressource n'est pas si évidente. Lors de la rédaction de cette édition du livre, nous avons mis à jour la chaîne de compilation pour effectuer plus de travail en parallèle en utilisant des exétrons. Cela a fait échouer la compilation, mais de manière bizarre et à des endroits aléatoires. Un point commun à toutes les erreurs était que certains fichiers ou répertoires ne pouvaient pas être trouvés, même s'ils se trouvaient exactement au bon endroit.

Nous avons identifié ce problème à quelques endroits du code qui modifiaient temporairement le répertoire courant. Dans la version non parallèle, le fait que ce code rétablisse le répertoire était suffisant. Mais dans la version parallèle, un exétron changeait de répertoire et, alors qu'il se trouvait dans ce répertoire, un autre exétron commençait à s'exécuter. Cet exétron s'attendait à se trouver dans le répertoire d'origine, mais comme le répertoire courant est partagé entre les exétrons, ce n'était pas le cas.

La nature de ce problème appelle un autre conseil :

Conseil 58 – Cherchez la source des défaillances aléatoires dans les problèmes de congruence

---

Autres types d'accès exclusif

La plupart des langages disposent d'une bibliothèque permettant un certain type d'accès exclusif aux ressources partagées. Ils peuvent l'appeler mutex (pour exclusion mutuelle), moniteurs ou sémaphores. Tous ces éléments sont mis en œuvre sous forme de bibliothèques.

Cependant, certains langages intègrent le support de la congruence dans le langage lui-même. Rust, par exemple, applique le concept de propriété des données ; une seule variable ou un seul paramètre peut contenir une référence à un élément particulier de données mutables à la fois.

On pourrait également affirmer que les langages fonctionnels, avec leur tendance à rendre toutes les données immuables, simplifient la congruence. Cependant, ils sont toujours confrontés aux mêmes défis, car à un moment donné, ils sont obligés d'entrer dans le monde réel et mutable.

Docteur, ça fait mal…

Si vous ne deviez retenir qu'une seule chose de cette section, retenez ceci : la congruence dans un environnement de ressources partagées est difficile, et la gérer soi-même est un parcours semé d'embûches.

C'est pourquoi nous vous recommandons cette vieille blague :

Docteur, j'ai mal quand j'appuie là.

Cessez D'appuyer, Alors.

Les deux sections suivantes proposent d'autres moyens d'obtenir les avantages de la congruence sans en subir les inconvénients.

Sections connexes

- Thème 10, *Orthogonalité.*
- Thème 28, *Découplage.*
- Thème 38, *Programmation par coïncidences.*

Thème 35 – Acteurs et processus

> *Sans les écrivains, les histoires ne seraient pas écrites,*
> *Sans les acteurs, les histoires ne pourraient pas prendre vie.*
>
> ANGIE-MARIE DELSANTE

Les acteurs et les processus offrent des moyens intéressants de mettre en œuvre la congruence sans le fardeau de synchroniser l'accès à la mémoire partagée.

Mais avant de les aborder, il convient de définir ce que nous entendons par là. Et cela va vous paraître académique. N'ayez crainte, nous examinerons tout cela dans quelques instants.

- Un *acteur* est un processeur virtuel indépendant qui possède son propre état local (et privé). Chaque acteur dispose d'une boîte aux lettres. Lorsqu'un message apparaît dans la boîte aux lettres et que l'acteur est disponible, il s'active et traite le message. Une fois le traitement terminé, il traite un autre message dans la boîte aux lettres ou, si la boîte aux lettres est vide, se remet en veille.

  Lors du traitement d'un message, un acteur peut créer d'autres acteurs, envoyer des messages à d'autres acteurs qu'il connaît et créer un nouvel état qui deviendra l'état actuel lors du traitement du message suivant.

- Un *processus* est typiquement un processeur virtuel à usage plus général, souvent mis en œuvre par le système d'exploitation pour faciliter la congruence. Les processus peuvent être contraints (par convention) à se comporter comme des acteurs, et c'est ce type de processus dont il est question ici.

Les acteurs ne peuvent être que congruents

Il y a certaines choses que vous ne trouverez pas dans la définition des acteurs :

- Il n'y a pas un seul *élément* qui soit aux commandes. Rien ne planifie ce qui se passera ensuite, ni n'orchestre le transfert d'informations depuis les données brutes jusqu'au résultat final ;
- Le *seul* état du système est contenu dans les messages et dans l'état local de chaque acteur. Les messages ne peuvent être examinés qu'en étant lus par leur destinataire, et l'état local est inaccessible en dehors de l'acteur ;
- Tous les messages sont à sens unique – il n'y a pas de concept de réponse. Si vous voulez qu'un acteur vous renvoie une réponse, vous devez inclure votre propre adresse de boîte aux lettres dans le message que vous lui envoyez, et il enverra (éventuellement) la réponse comme un autre message à cette boîte aux lettres ;
- Un acteur traite chaque message jusqu'à son terme et ne traite qu'un seul message à la fois.

Par conséquent, les acteurs s'exécutent de manière congruente et asynchrone, et ne partagent rien. Si vous disposez d'un nombre suffisant de processeurs physiques, vous pouvez exécuter un acteur sur chacun d'entre eux. Si vous n'avez qu'un seul processeur, une certaine durée d'exécution peut gérer le passage d'un contexte à l'autre. Quoi qu'il en soit, le code qui s'exécute dans les acteurs est le même.

Conseil 59 – Utilisez des acteurs pour la congruence sans état partagé

Un simple acteur

Implémentons notre restaurant en utilisant des acteurs. Dans ce cas, nous en aurons trois (le client, le serveur et le chariot à desserts).

Le flux global du message se présente comme suit :

- Nous (en tant qu'être extérieur, semblable à Dieu) disons au client qu'il a faim ;
- En réponse, il demande au serveur une tarte ;
- Le serveur demande au chariot à desserts de fournir une tarte au client ;
- Si le chariot dispose d'une part disponible, il l'envoie au client et demande au serveur de l'ajouter à l'addition ;
- S'il n'y a pas de tarte, le chariot le dit au serveur, qui présente ses excuses au client.

Nous avons choisi d'implémenter le code en JavaScript en utilisant la bibliothèque Nact[3], à laquelle nous avons ajouté un petit wrapper qui nous permet d'écrire les acteurs comme de simples objets, dont les clés sont les types de messages qu'ils reçoivent et les valeurs sont des fonctions à exécuter lorsque ce message particulier est reçu. (La plupart des systèmes d'acteurs ont une structure similaire, mais les détails dépendent du langage hôte.)

Commençons par le client. Le client peut recevoir trois messages :

- Vous avez faim (envoyé par le contexte externe) ;
- Il y a de la tarte sur la table (envoyé par le chariot à desserts) ;
- Désolé, il n'y a pas de tarte (envoyé par le serveur).

Voici le code :

concurrency/actors/index.js

```
const customerActor = {
  'hungry for pie': (msg, ctx, state) => {
    return dispatch(state.waiter,
                    { type: "order", customer: ctx.self, wants: 'pie' })
  },

  'put on table': (msg, ctx, _state) =>
    console.log(`${ctx.self.name} sees "${msg.food}" appear on the table`),

  'no pie left': (_msg, ctx, _state) =>
    console.log(`${ctx.self.name} sulks…`)
}
```

3 https://github.com/ncthbrt/nact.

Le cas intéressant est celui où nous recevons un message « *hungry for pie* » (« envie de tarte ») et où nous envoyons un message au serveur. (Nous verrons bientôt comment le client connaît l'acteur serveur.)

Voici le code du serveur :

concurrency/actors/index.js

```
const waiterActor = {
  "order": (msg, ctx, state) => {
    if (msg.wants == "pie") {
      dispatch(state.pieCase,
               { type: "get slice", customer: msg.customer, waiter: ctx.self })
    }
    else {
      console.dir(`Don't know how to order ${msg.wants}`);
    }
  },

  "add to order": (msg, ctx) =>
    console.log(`Waiter adds ${msg.food} to ${msg.customer.name}'s order`),

  "error": (msg, ctx) => {
    dispatch(msg.customer, { type: 'no pie left', msg: msg.msg });
    console.log(`\nThe waiter apologizes to ${msg.customer.name}: ${msg.msg}`)
  }
};
```

Lorsqu'il reçoit le message "order" du client, il vérifie si la demande concerne une tarte. Si c'est le cas, il envoie une demande au chariot, en passant des références à lui-même et au client.

Le chariot a un état : un tableau de toutes les parts de tarte qu'il contient. (Une fois encore, nous verrons comment nous rendons cela possible dans un instant.) Lorsqu'il reçoit un message "get slice" de la part du serveur, il vérifie s'il lui reste des parts. Si c'est le cas, il transmet la part au client, demande au serveur de mettre à jour la commande et renvoie finalement un état mis à jour, contenant une part de moins. Voici le code :

concurrency/actors/index.js

```
const pieCaseActor = {
  'get slice': (msg, context, state) => {
    if (state.slices.length == 0) {
      dispatch(msg.waiter,
               { type: 'error', msg: "no pie left", customer: msg.customer })
      return state
    }
    else {
      var slice = state.slices.shift() + " pie slice";
      dispatch(msg.customer,
               { type: 'put on table', food: slice });
      dispatch(msg.waiter,
               { type: 'add to order', food: slice, customer: msg.customer });
      return state;
    }
  }
}
```

Bien que les acteurs soient souvent lancés dynamiquement par d'autres acteurs, dans notre cas, nous allons rester simples et faire démarrer nos acteurs manuellement. Nous leur transmettrons également chacun un état initial :

- Le chariot à desserts reçoit la liste initiale des parts de tarte qu'il contient ;
- Nous donnerons au serveur une référence au chariot ;
- Nous donnerons aux clients une référence au serveur.

concurrency/actors/index.js

```
const actorSystem = start();

let pieCase = start_actor(
  actorSystem,
  'pie-case',
  pieCaseActor,
  { slices: ["apple", "peach", "cherry"] });

let waiter = start_actor(
  actorSystem,
  'waiter',
  waiterActor,
  { pieCase: pieCase });

let c1 = start_actor(actorSystem,   'customer1',
                     customerActor, { waiter: waiter });
let c2 = start_actor(actorSystem,   'customer2',
                     customerActor, { waiter: waiter });
```

Enfin, nous donnons le coup d'envoi. Nos clients sont gourmands. Le client 1 demande trois parts de tarte et le client 2 en demande deux :

concurrency/actors/index.js

```
dispatch(c1, { type: 'hungry for pie', waiter: waiter });
dispatch(c2, { type: 'hungry for pie', waiter: waiter });
dispatch(c1, { type: 'hungry for pie', waiter: waiter });
dispatch(c2, { type: 'hungry for pie', waiter: waiter });
dispatch(c1, { type: 'hungry for pie', waiter: waiter });
sleep(500)
  .then(() => {
    stop(actorSystem);
  })
```

Lorsque nous l'exécutons, nous pouvons voir les acteurs communiquer[4]. L'ordre que vous voyez peut être différent :

```
$ node index.js
customer1 sees "apple pie slice" appear on the table
customer2 sees "peach pie slice" appear on the table
Waiter adds apple pie slice to customer1's order
Waiter adds peach pie slice to customer2's order
customer1 sees "cherry pie slice" appear on the table
Waiter adds cherry pie slice to customer1's order

The waiter apologizes to customer1: no pie left
customer1 sulks…

The waiter apologizes to customer2: no pie left
customer2 sulks…
```

Pas de congruence explicite

Dans le modèle d'acteur, il n'est pas nécessaire d'écrire du code pour gérer la congruence, puisqu'il n'y a pas d'état partagé. Il n'est pas non plus nécessaire de coder une logique explicite « faire ceci, faire cela » de bout en bout, car les acteurs s'en chargent eux-mêmes sur la base des messages qu'ils reçoivent.

L'architecture sous-jacente n'est pas non plus mentionnée. Cet ensemble de composants fonctionne aussi bien sur un seul processeur que sur plusieurs cœurs ou sur plusieurs machines en réseau.

4 Pour exécuter ce code, vous aurez également besoin de nos fonctions d'habillage, qui ne sont pas présentées ici. Vous pouvez les télécharger à partir de https://media.pragprog.com/titles/tpp20/code/concurrency/actors/index.js.

Erlang prépare le terrain

Le langage et le moteur d'exécution Erlang sont d'excellents exemples de mise en œuvre d'un acteur (même si les inventeurs d'Erlang n'avaient pas lu l'article de 1973 à l'origine du modèle de l'acteur). Erlang appelle les acteurs des *processus*, mais il ne s'agit pas de processus ordinaires du système d'exploitation. Au contraire, tout comme les acteurs dont nous avons parlé, les processus Erlang sont légers (vous pouvez en exécuter des millions sur une seule machine) et ils communiquent en envoyant des messages. Chaque processus est isolé des autres, il n'y a donc pas de partage d'état.

En outre, le système d'exécution Erlang met en œuvre un système de *supervision*, qui gère la durée de vie des processus, redémarrant potentiellement un processus ou un ensemble de processus en cas d'échec. Erlang propose également le chargement de code à chaud : vous pouvez remplacer du code dans un système en cours d'exécution sans arrêter ce système. Enfin, le système Erlang exécute certains des codes les plus fiables au monde, citant souvent une disponibilité *nine nines* (99,9999999 %).

Mais Erlang (et sa progéniture Elixir) ne sont pas uniques – il existe des implémentations d'acteurs pour la plupart des langages. Pensez à les utiliser pour vos implémentations congruentes.

Sections connexes

- Thème 28, *Découplage*.
- Thème 30, *Transformer la programmation*.
- Thème 36, *Tableaux noirs*.

Défis

- Avez-vous actuellement un code qui utilise l'exclusion mutuelle pour protéger les données partagées ? Pourquoi ne pas essayer un prototype du même code écrit à l'aide d'acteurs ?

- Le code de l'acteur pour le restaurant ne permet de commander que des parts de tarte. Étendez-le pour permettre aux clients de commander une tarte tatin avec glace, avec des agents séparés pour gérer les parts de tarte et les boules de crème glacée. Arrangez les choses de manière à gérer une situation dans laquelle l'un ou l'autre serait épuisé.

Thème 36 – Tableaux noirs

> *L'écriture sur le mur...*
>
> Daniel, 5

Réfléchissez à la manière dont des inspecteurs peuvent utiliser un *tableau noir* pour coordonner et résoudre une enquête sur un meurtre. L'inspectrice en chef commence par installer un grand tableau noir dans la salle de conférence. Elle y inscrit une seule question :

H. Dumpty (mâle, œuf) : accident ? meurtre ?

Humpty est-il vraiment tombé ou a-t-il été poussé ? Chaque inspecteur peut contribuer à ce meurtre potentiel en ajoutant des faits, des déclarations de témoins, des preuves médico-légales, etc. Au fur et à mesure que les données s'accumulent, un inspecteur peut remarquer un lien et publier cette observation ou spéculation. Ce processus se poursuit, à travers toutes les équipes, avec de nombreuses personnes et agents différents, jusqu'à ce que l'affaire soit classée. Un exemple de tableau noir est illustré dans la figure 6.1.

Les principales caractéristiques de l'approche du tableau noir sont les suivantes :

- Aucun des inspecteurs n'a besoin de connaître l'existence des autres inspecteurs – chacun observe le tableau pour y trouver de nouvelles informations et y ajouter ses conclusions ;
- Les inspecteurs peuvent être formés dans des disciplines différentes, avoir différents niveaux de formation et d'expertise et ne pas travailler tous dans le même commissariat. Ils partagent le même désir de résoudre l'affaire, mais c'est tout ;

- Différents inspecteurs peuvent se succéder au cours de la procédure et travailler dans des équipes différentes ;
- Il n'y a aucune restriction quant à ce qui peut être inscrit au tableau. Il peut s'agir d'images, de phrases, de preuves physiques, etc.

Il s'agit d'une forme de congruence de type *laisser-faire*. Les inspecteurs sont des processus indépendants, des agents, des acteurs, etc. Certains notent des faits sur le tableau. D'autres s'emparent des faits sur le tableau, parfois les combinent ou les traitent, et ajoutent d'autres informations au tableau. Progressivement, le tableau les aide à parvenir à une conclusion.

Les systèmes de tableau noir informatisés ont été utilisés à l'origine dans des applications d'intelligence artificielle (IA) où les problèmes à résoudre étaient vastes et complexes – reconnaissance de la parole, systèmes de raisonnement fondés sur la connaissance, etc.

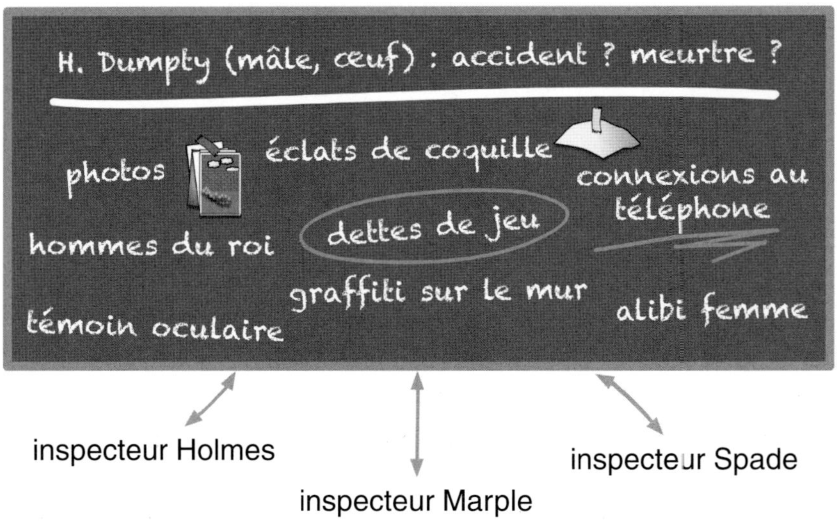

Figure 6.1. Quelqu'un a trouvé un lien entre les dettes de jeu de Humpty et les connexions au téléphone. Peut-être recevait-il des menaces par téléphone.

L'un des premiers systèmes de tableau noir était Linda de David Gelernter. Il stockait les faits sous forme d'uplets typés. Les applications pouvaient écrire de nouveaux uplets dans Linda et interroger les uplets existants à l'aide d'une forme de filtrage de motifs.

Plus tard sont apparus des systèmes distribués semblables à des tableaux noirs, tels que JavaSpaces et T Spaces. Avec ces systèmes, vous pouvez stocker des objets Java actifs – et pas seulement des données – sur le tableau noir et les récupérer par correspondance partielle des champs (*via* des modèles et des caractères génériques) ou par sous-types. Par exemple, supposons que vous ayez un type `Author` (auteur), qui est un sous-type de `Person` (personne). Vous pourriez effectuer une recherche dans un tableau contenant des objets `Person` en utilisant un modèle `Author` dont la valeur du `lastName` est « Shakespeare ». Vous obtiendriez Bill Shakespeare, l'auteur, mais pas Fred Shakespeare, le jardinier.

Nous pensons que ces systèmes n'ont jamais vraiment décollé, en partie parce que le besoin d'un traitement coopératif congruent n'était pas encore apparu.

Un tableau noir en action

Supposons que nous écrivions un programme pour accepter et traiter les demandes de prêts hypothécaires ou d'emprunts. Les lois qui régissent ce domaine sont extrêmement complexes, entre les directives européennes, la législation nationale et les décrets locaux. Le prêteur doit prouver qu'il a divulgué certaines choses et doit demander certaines informations, mais ne doit *pas* poser certaines autres questions, et ainsi de suite.

Au-delà de l'enchevêtrement de lois en vigueur, nous devons également faire face aux problèmes suivants :

- Les réponses peuvent arriver dans n'importe quel ordre. Par exemple, les demandes de vérification de solvabilité ou de titre de propriété peuvent prendre beaucoup de temps, alors que des éléments tels que le nom et l'adresse peuvent être disponibles immédiatement ;
- La collecte des données peut être effectuée par différentes personnes, réparties dans différents bureaux, sur différents fuseaux horaires ;

- La collecte de certaines données peut être effectuée automatiquement par d'autres systèmes. Ces données peuvent également arriver de manière asynchrone ;
- Néanmoins, certaines données peuvent encore dépendre d'autres données. Par exemple, il se peut que vous ne puissiez pas lancer la recherche du titre de propriété d'une voiture tant que vous n'avez pas obtenu une preuve de propriété ou d'assurance ;
- L'arrivée de nouvelles données peut soulever de nouvelles questions et politiques. Supposons que la vérification de la solvabilité aboutisse à un rapport peu favorable ; il vous faut maintenant ces cinq formulaires supplémentaires et peut-être même un bilan sanguin.

Vous pouvez essayer de traiter toutes les combinaisons et circonstances possibles à l'aide d'un système de flux de travail. Il existe de nombreux systèmes de ce type, mais ils peuvent être complexes et nécessiter beaucoup de travail de la part des programmeurs. Lorsque les réglementations changent, le flux de travail doit être réorganisé : il se peut que les personnes doivent modifier leurs procédures et que le code câblé doive être réécrit.

Un tableau noir, associé à un moteur de règles qui encapsule les exigences légales, constitue une solution élégante aux difficultés rencontrées ici. L'ordre d'arrivée des données n'a pas d'importance : lorsqu'un fait est publié, il peut déclencher les règles appropriées. Le retour d'information est également facile à gérer : la sortie de n'importe quel ensemble de règles peut être affichée sur le tableau noir et entraîner le déclenchement d'autres règles applicables.

Conseil 60 – Utilisez des tableaux noirs pour coordonner le flux de travail

---

Quand les systèmes de messagerie ressemblent à des tableaux noirs

Au moment où nous rédigeons cette édition, de nombreuses applications sont construites à l'aide de petits services découplés, qui communiquent tous par l'intermédiaire d'un système de messagerie. Ces systèmes de messagerie (tels que Kafka et NATS) font bien plus qu'envoyer des données d'un point A à un point B. Ils offrent notamment une persistance (sous la forme d'un journal d'événements) et la possibilité de récupérer des messages grâce à une forme de filtrage de motifs. Cela signifie que vous pouvez les utiliser à la fois comme un système de tableau noir et/ou comme une plateforme sur laquelle vous pouvez faire fonctionner un ensemble d'acteurs.

Noir, c'est noir

L'approche de l'architecture fondée sur les acteurs et/ou les tableaux noirs et/ ou les microservices élimine de vos applications toute une série de problèmes potentiels liés à la congruence. Mais cet avantage a un prix. Il est plus difficile de raisonner sur ces approches, car une grande partie de l'action est indirecte. Vous constaterez qu'il est utile de conserver un référentiel central de formats de messages et/ou d'API, en particulier si le référentiel peut générer le code et la documentation pour vous. Vous aurez également besoin d'un bon outillage pour pouvoir retracer les messages et les faits au fur et à mesure qu'ils progressent dans le système. (Une technique utile consiste à ajouter un *identifiant de trace* unique lorsqu'une fonction métier particulière est lancée, puis à le propager à tous les acteurs concernés. Vous serez alors en mesure de reconstruire ce qui s'est passé à partir des fichiers journaux.)

Enfin, ces types de systèmes peuvent être plus difficiles à déployer et à gérer, car il y a davantage d'éléments mobiles. Dans une certaine mesure, cela est compensé par le fait que le système est plus granulaire et qu'il peut être mis à jour en remplaçant des acteurs individuels et non l'ensemble du système.

Sections connexes

- Thème 28, *Découplage*.
- Thème 29, *Composer avec le monde réel*.
- Thème 33, *Rompre le couplage temporel*.
- Thème 35, *Acteurs et processus*.

Défi

- Utilisez-vous des systèmes de tableaux noirs dans le monde réel – un tableau d'affichage près du réfrigérateur, ou un grand tableau blanc au travail ? Qu'est-ce qui les rend efficaces ? Les messages sont-ils toujours affichés dans un format cohérent ? Est-ce important ?

Exercice

Exercice 24

Un système de type tableau noir serait-il approprié pour les applications suivantes ? Pourquoi oui ou pourquoi non ?

Traitement d'images. Vous aimeriez qu'un certain nombre de processus parallèles saisissent des morceaux d'une image, les traitent et remettent le morceau terminé en place.

Calendrier de groupe. Des personnes dispersées dans le monde entier, sur des fuseaux horaires différents et parlant des langues différentes, essaient de planifier une réunion.

Outil de surveillance du réseau. Le système recueille des statistiques sur les performances et des rapports d'erreur, que les agents utilisent pour rechercher les problèmes dans le système.

Chapitre 7

LORSQUE QUE VOUS CODEZ

La sagesse conventionnelle nous dit qu'une fois qu'un projet est entré dans la phase de codage, le travail est essentiellement mécanique, il ne nous reste plus qu'à transcrire la conception en énoncés exécutables. Nous pensons que cette attitude est la principale raison pour laquelle les projets de logiciels échouent, et que de nombreux systèmes finissent par être laids, inefficaces, mal structurés, impossibles à maintenir, ou tout simplement mauvais.

Le codage n'est pas quelque chose de mécanique. Si c'était le cas, tous les outils CASE sur lesquels les gens ont fondé leurs espoirs au début des années 1980 auraient remplacé les programmeurs depuis longtemps. Il y a des décisions à prendre à chaque minute, des décisions qui nécessitent une réflexion et un jugement approfondis si l'on veut que le programme qui en résulte jouisse d'une vie longue, précise et productive.

Il n'est pas toujours facile de prendre des décisions en toute connaissance de cause. Vous pouvez mieux maîtriser votre instinct et vos pensées non conscientes lorsque vous *Écoutez votre cerveau reptilien*. Nous voyons dans cette partie comment être plus attentif et comment réagir activement à ces pensées qui nous turlupinent parfois.

Mais écouter son instinct ne signifie pas se contenter d'un pilotage automatique. Les développeurs qui ne réfléchissent pas activement à leur code programment par coïncidences – le code peut fonctionner, mais il n'y a pas de raison particulière à cela. Dans *Programmation par coïncidences*, nous préconisons une implication plus positive dans le processus de codage.

Bien que la plupart des codes que nous écrivons s'exécutent rapidement, nous développons parfois des algorithmes susceptibles de ralentir les processeurs les plus rapides. Dans *Vitesse de l'algorithme*, nous discutons des moyens d'estimer la vitesse du code et nous donnons quelques conseils pour repérer les problèmes potentiels avant qu'ils ne se produisent.

Les programmeurs pragmatiques portent un regard critique sur tous les codes, y compris le leur. Nous cherchons constamment à améliorer nos programmes et nos conceptions. Dans *Réusinage*, nous examinons les techniques qui nous aident à corriger le code existant au fur et à mesure.

Les tests ne servent pas à trouver des bogues, mais à obtenir un retour d'information sur votre code : aspects de la conception, de l'API, du couplage, etc. Cela signifie que les principaux avantages des tests se produisent lorsque vous pensez et écrivez les tests, et pas seulement lorsque vous les exécutez. Nous explorons cette idée dans *Testez pour coder*.

Mais bien sûr, lorsque vous testez votre code, vous pouvez y introduire vos propres biais. Dans *Tests de propriété*, nous voyons comment faire en sorte que l'ordinateur effectue des tests de grande envergure pour vous et comment gérer les inévitables bogues qui surviennent.

Il est essentiel que vous écriviez un code lisible et facile à comprendre. Le monde est rude, rempli de vilains acteurs qui tentent activement de s'introduire dans votre système et de vous nuire. Nous discutons de quelques techniques et approches de base pour nous assurer que vous *Restez en sécurité*.

Enfin, l'une des choses les plus difficiles dans le développement de logiciels est le *Nommage*. Nous devons attribuer un nom à beaucoup d'éléments et, à bien des égards, ceux que nous choisissons définissent la réalité que nous créons. Vous devez rester conscient de toute dérive sémantique potentielle pendant que vous codez.

La plupart d'entre nous peuvent conduire une voiture en pilotage automatique ; nous ne commandons pas explicitement à notre pied d'appuyer sur une pédale ou à notre bras de tourner le volant – nous nous contentons de penser « ralentis et tourne à droite ». Cependant, les bons conducteurs, ceux qui sont en sécurité, examinent constamment la situation, vérifient les problèmes potentiels et se placent dans de bonnes positions en cas d'imprévu. Il en va de même pour le codage : il peut s'agir d'un travail de routine, mais le fait de rester vigilant pourrait bien permettre d'éviter un désastre.

Thème 37 – Écoutez votre cerveau reptilien

> *Il n'y a que les êtres humains pour regarder directement quelque chose, disposer de toutes les informations nécessaires pour faire une prédiction exacte, peut-être même momentanément faire ladite prédiction, et ensuite la nier.*
>
> GAVIN DE BECKER, *THE GIFT OF FEAR*

La mission de Gavin de Becker est d'aider les gens à se protéger. Son livre, *The Gift of Fear, And Other Survival Signals That Protect Us from Violence* [de 98][1] résume son message. L'un des principaux thèmes abordés dans son livre est le fait qu'en tant qu'êtres humains sophistiqués, nous avons appris à ignorer notre côté le plus animal, nos instincts, notre cerveau reptilien. Il affirme que la plupart des personnes agressées dans la rue disent s'être senties mal à l'aise ou nerveuses avant l'agression. Elles ont essayé de se convaincre que c'était ridicule, et c'est alors qu'une silhouette a émergé de la pénombre...

Les instincts sont simplement une réponse à des schémas inscrits dans notre cerveau inconscient. Certains sont innés, d'autres sont appris par la répétition. Au fur et à mesure que vous acquérez de l'expérience en tant que programmeur, votre cerveau accumule des couches de connaissances tacites : les choses qui fonctionnent, celles qui ne fonctionnent pas, les causes probables

1 Titre de l'édition en français : *La peur qui vous sauve. Comment reconnaître et prévenir la violence*, JC Lattès, 1998. (NdÉ.)

d'un type d'erreur, tous les détails que vous remarquez tout au long de vos journées. C'est la partie de votre cerveau qui appuie sur la touche *enregistrer le fichier* lorsque vous vous arrêtez pour discuter avec quelqu'un, même si vous ne vous en apercevez pas.

Quelle que soit leur source, les instincts ont une chose en commun : ils se passent de mots. Les instincts vous font ressentir, pas penser. Ainsi, lorsqu'un instinct se déclenche, vous ne voyez pas une ampoule clignotante entourée d'une bannière. Au lieu de cela, vous devenez nerveux, vous avez la nausée ou vous avez l'impression que c'est trop de travail.

L'astuce consiste d'abord à s'en rendre compte, puis à comprendre pourquoi. Examinons quelques situations courantes dans lesquelles votre reptile intérieur essaie de vous dire quelque chose. Nous verrons ensuite comment vous pouvez laisser votre cerveau instinctif sortir de son enveloppe protectrice.

L'angoisse de la page blanche

Tout le monde craint l'écran vide, le curseur solitaire, clignotant dans le néant. Commencer un nouveau projet (ou même un nouveau module dans un projet existant) peut être une expérience déconcertante. Beaucoup d'entre nous préféreraient remettre à plus tard le moment où il faut s'y mettre.

Nous pensons qu'il y a deux problèmes à l'origine de cette situation et que les deux ont la même solution.

L'un des problèmes est que votre cerveau reptilien essaie de vous dire quelque chose ; il y a une sorte de doute qui se cache juste sous la surface de la perception. Et c'est important.

En tant que développeur, vous avez essayé des choses, vu ce qui fonctionnait et ce qui ne fonctionnait pas. Vous avez accumulé de l'expérience et de la sagesse. Lorsque vous ressentez un doute tenace ou que vous éprouvez une certaine réticence face à une tâche, il se peut que ce soit cette expérience qui essaie de vous parler. Tenez-en compte. Vous ne pourrez peut-être pas mettre le doigt sur ce qui ne va pas, mais donnez-lui du temps et vos doutes se cristalliseront probablement en quelque chose de plus solide, quelque chose que vous pourrez résoudre. Laissez votre instinct contribuer à votre performance.

L'autre problème est un peu plus prosaïque : vous pouvez simplement avoir peur de faire une erreur.

Et c'est une crainte raisonnable. Nous, développeurs, mettons beaucoup de nous-mêmes dans notre code ; nous pouvons considérer les erreurs comme le reflet de nos compétences. Il y a peut-être aussi une part de *syndrome de l'imposteur* ; nous pouvons penser que ce projet est au-dessus de nos forces. Nous sommes incapables de visualiser le chemin jusqu'au bout de la mission ; nous irons jusqu'à un certain point avant d'être contraints d'admettre que nous sommes perdus.

Se battre contre soi-même

Parfois, le code s'envole de votre cerveau directement vers l'éditeur : les idées se transforment en unités bits sans effort apparent.

D'autres jours, le codage vous fait l'effet d'un bourbier. Chaque enjambée demande un effort considérable : trois pas en avant, deux pas en arrière.

Mais, en tant que professionnel, vous continuez à avancer, pas après pas dans la boue : vous avez un travail à accomplir. Malheureusement, c'est probablement le contraire de ce que vous devriez faire.

Votre code est en train d'essayer de vous dire quelque chose. Il vous dit que c'est plus difficile que ça ne devrait l'être. Peut-être que la structure ou la conception est mauvaise, peut-être que vous résolvez le mauvais problème, ou peut-être que vous êtes en train de créer une fourmilière de bogues. Quelle que soit la raison, votre cerveau reptilien détecte les réactions du code et essaie désespérément de vous faire écouter.

Comment parler le langage des reptiles

Nous parlons beaucoup de l'écoute de l'instinct, de l'inconscient, du cerveau reptilien. Les techniques sont toujours les mêmes.

Conseil 61 – Écoutez le reptile qui sommeille en vous

Tout d'abord, arrêtez ce que vous êtes en train de faire. Accordez-vous un peu de temps et d'espace pour laisser votre cerveau s'organiser. Cessez de penser au code et faites quelque chose d'assez anodin pendant un certain temps, loin du clavier. Promenez-vous, déjeunez, discutez avec quelqu'un. Laissez peut-être une nuit passer. Laissez les idées se décanter à travers les couches de votre cerveau : vous ne pouvez pas les forcer. Elles finiront peut-être par remonter au niveau de la conscience, et vous aurez alors peut-être une révélation.

Si cela ne fonctionne pas, essayez d'externaliser le problème. Faites des gribouillis sur le code que vous écrivez, ou expliquez-le à un collègue (de préférence un collègue qui n'est pas programmeur), ou à votre canard en plastique. Exposez différentes parties de votre cerveau au problème, et voyez si l'une d'entre elles comprend mieux ce qui vous préoccupe. Nous ne comptons plus le nombre de conversations que nous avons eues où l'un de nous était en train d'expliquer une difficulté à l'autre et s'est soudain dit « Oh ! Bien sûr ! » et s'est aussitôt attelé à résoudre le problème.

Mais peut-être avez-vous déjà essayé ces solutions sans succès. Il est temps d'agir. Nous devons dire à votre cerveau que ce que vous vous apprêtez à faire n'a pas d'importance. Pour cela, nous avons recours au prototypage.

C'est la récré !

Andy et Dave ont tous deux passé des heures à regarder des tampons d'éditeur vides. Nous tapions du code, regardions le plafond, buvions encore un verre, tapions encore du code, allions lire une histoire drôle sur un chat à deux queues, tapions encore du code, sélectionnions et supprimions tout pour recommencer. Encore. Et encore.

Au fil des ans, nous avons trouvé une astuce qui semble fonctionner. Dites-vous que vous devez créer un prototype. Si vous êtes face à un écran vide, cherchez un aspect du projet que vous voulez explorer. Peut-être utilisez-vous un nouveau framework et vous voulez voir comment il lie les données. Ou peut-être s'agit-il d'un nouvel algorithme, et vous voulez explorer la façon dont il fonctionne dans les cas limites. Ou encore, vous voulez essayer différents styles d'interaction avec l'utilisateur.

Si vous travaillez sur un code existant et qu'il vous repousse, mettez-le de côté et créez un prototype similaire à la place.

Procédez comme suit.

1. Écrivez « Je fais un prototype » sur une note repositionnable et collez-la sur le côté de votre écran.
2. Rappelez-vous que les prototypes sont destinés à échouer. Et n'oubliez pas qu'ils sont jetés, même s'ils n'échouent pas. Ça ne coûte rien d'essayer.
3. Dans la mémoire tampon vide de l'éditeur, créez un commentaire décrivant en une phrase ce que vous voulez apprendre ou faire.
4. Commencez à coder.

Si vous commencez à avoir des doutes, regardez la note repositionnable.

Si, au milieu du codage, ce doute tenace se cristallise soudain en une préoccupation solide, abordez-la frontalement.

Si vous arrivez à la fin de l'expérience et que vous vous sentez toujours mal à l'aise, recommencez à marcher, à parler et à prendre du temps de repos.

Mais, d'après notre expérience, à un moment ou à un autre du premier prototype, vous serez surpris de vous retrouver en train de fredonner votre musique, appréciant la sensation de créer du code. La nervosité se sera évaporée, remplacée par un sentiment d'urgence : on s'y met !

À ce stade, vous savez ce qu'il faut faire. Supprimez tout le code prototype, jetez la note repositionnable et remplissez la mémoire tampon vide de l'éditeur avec un nouveau code brillant.

Votre code, mais pas que...

Une grande partie de notre travail consiste à traiter du code existant, souvent écrit par d'autres personnes. Ces personnes auront des instincts différents des vôtres, et les décisions qu'elles auront prises seront donc différentes. Pas nécessairement pires, mais simplement différentes.

Vous pouvez parcourir leur code de manière mécanique, en prenant des notes sur les éléments qui semblent importants. C'est une corvée, mais ça marche.

Vous pouvez aussi tenter une expérience. Lorsque vous remarquez que certaines choses sont faites d'une manière qui vous semble étrange, notez-le. Continuez ainsi et cherchez des schémas qui se répètent. Si vous pouvez voir ce qui les a poussés à écrire le code de cette manière, vous constaterez peut-être que le travail de compréhension devient beaucoup plus facile. Vous serez en mesure d'appliquer consciemment les modèles qu'ils ont appliqués tacitement.

Et vous pourriez bien apprendre quelque chose de nouveau en cours de route.

Du code, mais pas que...

Apprendre à écouter son instinct lorsqu'on code est une compétence importante à développer. Mais cela s'applique également lorsqu'on prend du recul sur la situation. Il arrive qu'une conception vous semble erronée ou qu'une exigence vous mette mal à l'aise. Arrêtez-vous et analysez ces sentiments. Si votre entourage professionnel le permet, exprimez-les à voix haute. Explorez-les. Il y a de fortes chances que quelque chose se cache dans la pénombre. Écoutez votre instinct et évitez le problème avant qu'il ne vous saute dessus.

Sections connexes

- Thème 13, *Prototypes et Post-it*.
- Thème 22, *Carnets d'ingénieurs*.
- Thème 46, *Résoudre des casse-tête impossibles*.

Défi

- Y a-t-il une chose que vous savez devoir faire, mais que vous avez repoussée parce qu'elle vous semble un peu effrayante ou difficile ? Appliquez les techniques décrites dans cette section. Fixez le délai à une heure, voire deux, et promettez-vous d'effacer ce que vous avez fait lorsque la cloche sonnera. Qu'avez-vous appris ?

Thème 38 – Programmation par coïncidences

Vous arrive-t-il de regarder de vieux films de guerre en noir et blanc ? Le soldat épuisé avance prudemment hors des broussailles. Il y a une clairière devant lui : y a-t-il des mines terrestres ou peut-on la traverser sans danger ? Rien n'indique qu'il s'agit d'un champ de mines : ni panneaux, ni barbelés, ni cratères. Le soldat frappe le sol devant lui avec sa baïonnette et grimace, s'attendant à une explosion. Rien. Il avance donc laborieusement à travers le champ pendant un certain temps, tâtant le terrain au fur et à mesure qu'il avance. Finalement, convaincu que le champ est sûr, il se redresse et marche fièrement vers l'avant, avant d'être réduit en miettes.

Les premières recherches de mines effectuées par le soldat n'ont rien révélé, mais ce n'était qu'un coup de chance. Cela l'a mené à une conclusion erronée, avec des résultats désastreux.

En tant que développeurs, nous travaillons également dans des champs de mines. Des centaines de pièges nous guettent chaque jour. En nous rappelant l'histoire du soldat, nous devons nous méfier des fausses conclusions. Nous devons éviter de programmer par coïncidences – en comptant sur la chance et les succès accidentels – et préférer *programmer délibérément*.

Comment programmer par coïncidences

Supposons que Fred reçoive une mission de programmation. Fred tape un peu de code, l'essaie et cela semble fonctionner. Fred tape encore un peu de code, l'essaie et cela semble encore fonctionner. Après plusieurs semaines passées à coder de cette manière, le programme cesse soudainement de fonctionner et, après des heures passées à essayer de le réparer, il ne sait toujours pas ce qui cloche. Fred pourrait bien passer un temps considérable sur ce morceau de code sans jamais parvenir à le réparer. Quoi qu'il fasse, le programme ne semble jamais fonctionner correctement.

Fred ne sait pas pourquoi le code échoue parce qu'*il ignorait pourquoi il fonctionnait au départ*. Il semblait fonctionner, étant donné le peu de « tests » effectués par Fred, mais ce n'était qu'une coïncidence. Porté par une fausse confiance, Fred a foncé avec inconscience. Nous connaissons tous quelqu'un comme Fred, mais *nous*, nous ne faisons pas la même erreur. Nous ne nous fions pas aux coïncidences, n'est-ce pas ?

Parfois, ça nous arrive. Il est parfois assez facile de confondre une heureuse coïncidence avec un plan intentionnel. Prenons quelques exemples.

Accidents de mise en œuvre

Les accidents d'implémentation sont des choses qui se produisent simplement parce que c'est ainsi que le code est actuellement écrit. Vous finissez par vous fier à des erreurs non documentées ou à des conditions limites.

Supposons que vous appeliez une routine avec de mauvaises données. La routine répond d'une manière particulière et vous codez en fonction de cette réponse. Mais l'auteur n'avait pas l'intention de faire fonctionner la routine de cette manière – elle n'a même pas été envisagée. Lorsque la routine est « corrigée », votre code peut se casser. Dans le cas le plus extrême, la routine que vous avez appelée n'est peut-être même pas conçue pour faire ce que vous voulez, mais elle *semble* fonctionner correctement. Appeler des choses dans le mauvais ordre, ou dans le mauvais contexte, est un problème connexe.

Ici, on dirait que Fred essaie désespérément d'afficher quelque chose à l'écran en utilisant un framework de rendu d'interface graphique particulier :

```
paint();
invalidate();
validate();
revalidate();
repaint();
paintImmediately();
```

Mais ces routines n'ont jamais été conçues pour être appelées de cette manière ; même si elles semblent fonctionner, ce n'est qu'une coïncidence.

Pour couronner le tout, lorsque la scène est finalement affichée, Fred n'essaie pas de revenir en arrière et d'éliminer les appels parasites. « Ça marche maintenant, mieux vaut laisser les choses en l'état... »

Il est facile de se laisser abuser par ce raisonnement. Pourquoi prendre le risque d'altérer quelque chose qui fonctionne ? Il y a plusieurs raisons à cela :

- Il se peut que le code ne fonctionne pas vraiment, mais qu'il en ait seulement l'air ;
- La condition limite sur laquelle vous vous appuyez n'est peut-être qu'un accident. Dans d'autres circonstances (une résolution d'écran différente, plus de cœurs de processeurs), elle pourrait se comporter différemment ;
- Les comportements non documentés peuvent changer avec la prochaine version de la bibliothèque ;
- Les appels supplémentaires et inutiles ralentissent votre code ;
- Les appels supplémentaires augmentent le risque d'introduire de nouveaux bogues.

Pour le code que vous écrivez et que d'autres appelleront, les principes de base d'une bonne modularisation et de la dissimulation de l'implémentation derrière de petites interfaces bien documentées peuvent être utiles. Un contrat bien spécifié (voir le thème 23, *Programmation par contrat*) peut contribuer à éliminer les malentendus.

Pour les routines que vous appelez, ne vous fiez qu'au comportement documenté. Si vous ne pouvez pas le faire, pour quelque raison que ce soit, documentez bien votre hypothèse.

« Presque », c'est insuffisant

Nous avons un jour travaillé sur un projet de grande envergure qui présentait des données provenant d'un très grand nombre d'unités de collecte de données matérielles sur le terrain. Ces unités étaient réparties sur plusieurs États et fuseaux horaires et, pour diverses raisons logistiques et historiques, chaque unité était réglée sur l'heure locale[2]. En raison des interprétations contradictoires des fuseaux horaires et des incohérences des politiques relatives à l'heure d'été, les résultats étaient presque toujours erronés, mais seulement d'un point de décalage. Les développeurs du projet avaient pris l'habitude d'ajouter ou de soustraire un point pour obtenir la bonne réponse, estimant que le décalage n'était *que* d'un point dans ce cas précis. Ensuite, la fonction suivante voyait la valeur comme décalée d'une unité dans l'autre sens, et la modifiait à nouveau.

Mais le fait qu'il n'y ait « qu'un » décalage d'un certain temps n'était qu'une coïncidence, masquant un défaut plus profond et plus fondamental. En l'absence d'un modèle approprié de gestion du temps, l'ensemble de la base de code s'est transformé au fil du temps en une masse insoutenable d'instructions +1 et -1. En fin de compte, rien de tout cela n'était correct et le projet a été abandonné.

Motifs fantômes

Les êtres humains sont conçus pour percevoir des motifs et des causes, même s'il s'agit d'une simple coïncidence. Par exemple, les dirigeants russes alternent toujours entre des chauves et des chevelus : un chef d'État russe chauve (ou en passe de l'être) a succédé à un chef d'État non chauve (« chevelu »), et *vice versa*, pendant près de deux cents ans[3].

2 Note de l'ancien combattant : l'heure UTC est là pour une raison. Utilisez-la.

3 https://fr.wikipedia.org/wiki/Corr%C3%A9lation_n%27implique_pas_causalit%C3%A9.

Mais alors que vous n'écririez pas un code qui dépendrait du fait que le prochain dirigeant russe soit chauve ou chevelu, dans certains domaines, nous pensons tout le temps de cette manière. Les joueurs imaginent des schémas dans les numéros de loterie, les jeux de dés ou la roulette, alors qu'il s'agit en fait d'événements statistiquement indépendants. Dans le domaine de la finance, les transactions boursières et obligataires sont également marquées par des coïncidences plutôt que par des schémas réels et perceptibles.

Un fichier journal qui indique une erreur intermittente toutes les mille requêtes peut être une situation de compétition difficile à diagnostiquer ou un simple bogue. Les tests qui semblent réussir sur votre machine mais pas sur le serveur peuvent indiquer une différence entre les deux environnements, ou peut-être s'agit-il simplement d'une coïncidence.

Ne l'assumez pas. Prouvez-le

Accidents de contexte

Il peut également y avoir des « accidents de contexte ». Supposons que vous programmiez un module utilitaire. Le fait que vous codiez actuellement dans un environnement graphique signifie-t-il que le module doive s'appuyer sur une interface graphique utilisateur ? S'adressera-t-il à des utilisateurs francophones ? Quel sera leur niveau de formation ? Quels sont les autres prérequis non garantis ?

Comptez-vous sur le fait que le répertoire actuel soit accessible en écriture ? Sur la présence de certaines variables d'environnement ou de certains fichiers de configuration ? L'heure du serveur doit-elle être exacte – avec quelle tolérance ? Vous fiez-vous à la disponibilité et à la vitesse du réseau ?

Lorsque vous copiez le code de la première réponse que vous avez trouvée sur le net, êtes-vous sûr que votre contexte est le même ? Ou bien construisez-vous un code « culte du cargo », imitant simplement la forme sans le contenu[4] ?

4 Voir le thème 50, *Les noix de coco ne suffisent pas*. Cette expression décrit le fait d'appliquer une solution (ici, du code récupéré sur Internet) sans comprendre que cette solution a été d'abord conçue pour fonctionner dans un contexte et dans des conditions bien spécifiques (NdÉ).

Trouver une réponse qui convient n'est pas la même chose que trouver la bonne réponse.

Conseil 62 – Ne programmez pas par coïncidences

Hypothèses implicites

Les coïncidences peuvent induire en erreur à tous les niveaux, de la définition des besoins aux tests. Les tests sont particulièrement chargés de fausses causalités et de résultats coïncidents. Il est facile de supposer que *X* est la cause de *Y*, mais comme nous l'avons dit dans le thème 20, *Débogage* : ne faites pas de suppositions, cherchez des preuves.

À tous les niveaux, les gens travaillent avec de nombreuses hypothèses en tête – mais ces hypothèses sont rarement documentées et varient souvent entre les différents développeurs. Les hypothèses qui ne reposent pas sur des faits bien établis sont le fléau de tous les projets.

Comment programmer délibérément

Nous devons passer moins de temps à produire du code : il nous faut capturer et corriger les erreurs le plus en amont possible dans le cycle de développement, et créer moins d'erreurs au départ. Il est alors fort utile de pouvoir programmer délibérément :

- Il faut toujours être conscient de ce que l'on fait. Fred a laissé les choses s'envenimer lentement, jusqu'à finir ébouillanté, comme la grenouille du thème 4 ;
- Pouvez-vous expliquer le code en détail à un programmeur moins expérimenté ? Si vous n'y parvenez pas, vous êtes peut-être en train de vous fier à des coïncidences ;
- Ne codez pas dans l'obscurité. Créez une application que vous ne maîtrisez pas totalement ou utilisez une technologie que vous ne comprenez pas, et vous risquez d'être victime de coïncidences. Si vous ne savez pas pourquoi cela fonctionne, vous ne saurez pas pourquoi cela échoue ;

- Procédez à partir d'un plan, qu'il soit dans votre tête, au dos d'une serviette de cocktail ou sur un tableau blanc ;
- Ne vous appuyez que sur des éléments fiables. Ne vous fiez pas aux hypothèses. Si vous ne pouvez pas savoir si quelque chose est fiable, supposez le pire ;
- Documentez vos hypothèses. Le thème 23, *Programmation par contrat*, peut vous aider à clarifier vos hypothèses et à les communiquer aux autres ;
- Ne testez pas seulement votre code, testez aussi vos hypothèses. Ne devinez pas, mais essayez. Écrivez une assertion pour tester vos hypothèses (voir le thème 25, *Programmation assertive*). Si votre assertion est correcte, vous avez amélioré la documentation de votre code. Si vous découvrez que votre hypothèse est fausse, estimez-vous heureux ;
- Établissez des priorités dans vos efforts. Consacrez du temps aux aspects importants ; il est plus que probable qu'il s'agit des parties les plus difficiles. Si vous ne disposez pas des fondamentaux ou de l'infrastructure nécessaires, les fioritures n'auront aucune importance ;
- Ne soyez pas esclave de l'histoire. Ne laissez pas le code existant dicter le code futur. Tout code peut être remplacé s'il n'est plus approprié. Même au sein d'un programme, ne laissez pas ce que vous avez déjà fait contraindre ce que vous ferez ensuite – soyez prêt à réusiner (voir le thème 40, *Réusinage*). Cette décision peut avoir un impact sur le calendrier du projet. L'hypothèse est que l'impact sera inférieur au coût de l'*absence* de changement[5].

La prochaine fois que quelque chose semble fonctionner, mais que vous ne savez pas pourquoi, assurez-vous qu'il ne s'agit pas d'une simple coïncidence.

Sections connexes

- Thème 4, *Soupe de pierres et grenouilles ébouillantées.*
- Thème 9, *FER, ou le fléau de la duplication.*
- Thème 23, *Programmation par contrat.*
- Thème 34, *L'état partagé est un état incorrect.*
- Thème 43, *Restez en sécurité.*

5 Il est également possible d'aller trop loin. Nous avons connu un développeur qui réécrivait toutes les sources qu'on lui donnait parce qu'il avait ses propres conventions de nommage.

Exercices

Exercice 25

Un flux de données provenant d'un fournisseur vous donne un tableau d'uplets représentant des paires clé-valeur. La clé `DepositAccount` contiendra une chaîne de caractères du numéro de compte dans la valeur correspondante :

```
[
  ...
  {:DepositAccount, "564-904-143-00"}
  ...
]
```

Cela a parfaitement fonctionné en test sur les ordinateurs portables de développement à quatre cœurs et sur la machine de construction à douze cœurs, mais sur les serveurs de production fonctionnant dans des conteneurs, vous continuez à obtenir des numéros de compte erronés. Que se passe-t-il ?

Exercice 26

Vous codez un automate d'appel pour des alertes vocales et devez gérer une base de données d'informations de contact. L'Union internationale des télécommunications spécifie que les numéros de téléphone ne doivent pas comporter plus de quinze chiffres. Vous stockez donc le numéro de téléphone du contact dans un champ numérique garanti pour contenir au moins quinze chiffres. Vous avez effectué des tests approfondis dans toute l'Amérique du Nord et tout semble aller pour le mieux, mais vous recevez soudain une série de plaintes en provenance d'autres parties du monde. Pourquoi ?

Exercice 27

Vous avez créé une application qui permet de convertir des recettes courantes pour la salle à manger d'un bateau de croisière de cinq mille places. Mais vous recevez des plaintes selon lesquelles les conversions ne sont pas précises. Vous vérifiez, et le code utilise la formule de conversion de seize tasses pour un gallon. C'est exact, n'est-ce pas ?

Thème 39 – Vitesse de l'algorithme

Dans le thème 15, Estimation, nous avons évoqué l'estimation d'éléments tels que le temps qu'il faut pour traverser la ville à pied, ou le temps qu'il faut pour terminer un projet. Cependant, il existe un autre type d'estimation que les programmeurs pragmatiques utilisent presque quotidiennement : l'estimation des ressources que les algorithmes utilisent – temps, processeur, mémoire, etc.

Ce type d'estimation est souvent crucial. Si vous avez le choix entre deux façons de faire quelque chose, laquelle choisissez-vous ? Vous connaissez la durée d'exécution de votre programme pour mille enregistrements, mais comment s'adaptera-t-il à un million ? Quelles parties du code doivent être optimisées ?

Il s'avère que l'on peut souvent répondre à ces questions en faisant preuve de bon sens, en procédant à quelques analyses et en utilisant une méthode d'écriture des approximations appelée la notation *Big O*.

Qu'entend-on par « estimer les algorithmes » ?

La plupart des algorithmes significatifs traitent une certaine forme d'entrée variable – trier n chaînes, inverser une matrice $m \times n$ matrice, ou décrypter un message avec une clé n bits. Normalement, la taille de cette entrée affecte l'algorithme : plus l'entrée est grande, plus le temps d'exécution est long ou plus la mémoire utilisée est importante.

Si la relation était toujours linéaire (de sorte que le temps augmente en proportion directe de la valeur de n), cette section ne serait pas importante. Cependant, la plupart des algorithmes importants ne sont pas linéaires. La bonne nouvelle, c'est que beaucoup sont sous-linéaires. Une recherche binaire, par exemple, n'a pas besoin d'examiner chaque candidat pour trouver une correspondance. La mauvaise nouvelle est que d'autres algorithmes sont bien pires que linéaires ; les durées d'exécution ou les besoins en mémoire augmentent bien plus vite que n. Un algorithme qui prend une minute pour traiter dix éléments peut prendre toute une vie pour en traiter cent.

Chaque fois que nous écrivons quelque chose qui contient des boucles ou des appels récursifs, nous vérifions inconsciemment les exigences en matière de temps d'exécution et de mémoire. Il s'agit rarement d'un processus formel, mais plutôt d'une confirmation rapide que ce que nous faisons est raisonnable compte tenu des circonstances. Cependant, il nous arrive parfois d'effectuer une analyse plus détaillée. C'est alors que la notation Big O s'avère utile.

Notation Big O

La notation Big O, qui s'écrit $O()$, est une approche mathématique pour traiter les approximations. Lorsque nous écrivons qu'une routine de tri particulière trie n enregistrements en $O(n^2)$ de temps, nous disons simplement que le temps nécessaire dans le pire des cas variera du carré de n. Doublez le nombre d'enregistrements, et le temps sera multiplié par quatre environ. Considérez que O signifie *de l'ordre de*.

La notation $O()$ établit une limite supérieure à la valeur de l'élément que nous mesurons (temps, mémoire, etc.). Si nous établissons qu'une fonction prend $O(n^2)$ de temps, nous savons que la limite supérieure du temps qu'elle prend ne croîtra pas plus vite que n^2. Nous arrivons parfois à des fonctions $O()$ assez complexes, mais comme le terme d'ordre supérieur dominera la valeur à mesure que n augmente, la convention est de supprimer tous les termes d'ordre inférieur et de ne pas se préoccuper d'indiquer des facteurs multiplicateurs constants :

$$O\left(\frac{n^2}{2}+3n\right) \textit{ équivaut à } O\left(\frac{n^2}{2}\right) \textit{ équivaut à } O\left(n^2\right)$$

Il s'agit en fait d'une caractéristique de la notation $O()$ – un algorithme $O(n^2)$ peut être mille fois plus rapide qu'un autre algorithme $O(n^2)$, mais la notation ne vous permettra pas de le savoir. Big O ne vous fournira jamais de chiffres réels pour le temps, la mémoire ou autre : cette notation vous indique simplement comment ces valeurs évolueront en fonction des données d'entrée.

La figure 7.1 montre plusieurs notations courantes *O*() que vous rencontrerez, ainsi qu'un graphique comparant les temps d'exécution des algorithmes dans chaque catégorie. Il est clair que les choses deviennent rapidement incontrôlables dès que l'on dépasse $O(n^2)$.

Par exemple, supposons que vous ayez une routine qui nécessite une seconde pour traiter cent enregistrements. Combien de temps faudra-t-il pour en traiter mille ? Si votre code est *O*(1), alors cela prendra toujours une seconde. S'il est $O(\lg n)$, vous attendrez probablement environ trois secondes. $O(n)$ connaîtra une augmentation linéaire jusqu'à dix secondes, tandis que $O(n \lg n)$ prendra quelque trente-trois secondes. Si vous avez la malchance d'avoir une routine $O(n^2)$, patientez cent secondes, le temps qu'elle fasse son boulot. Et si vous utilisez un algorithme exponentiel $O(2^n)$, vous devriez aller vous préparer une tasse de café – votre routine devrait se terminer dans environ 10^{263} ans. N'hésitez pas à nous raconter comment se termine l'univers.

La notation *O*() ne s'applique pas seulement au temps ; vous pouvez l'utiliser pour représenter toute autre ressource utilisée par un algorithme. Par exemple, il est souvent utile de pouvoir modéliser la consommation de mémoire (voir les exercices pour un exemple).

$O(1)$	Constante (accès à un élément d'un tableau, déclarations simples)
$O(\lg n)$	Logarithmique (recherche binaire). La base du logarithme n'a pas d'importance, cela équivaut donc à $O(\log n)$
$O(n)$	Linéaire (recherche séquentielle)
$O(n \lg n)$	Pire que linéaire, mais pas beaucoup plus (durée d'exécution moyenne d'un tri rapide, d'un tri par tas)
$O(n^2)$	Loi carrée (tris de sélection et d'insertion)
$O(n^3)$	Cubique (multiplication de deux matrices $n \times n$)
$O(C^n)$	Exponentiel (problème du voyageur de commerce, partitionnement d'ensembles)

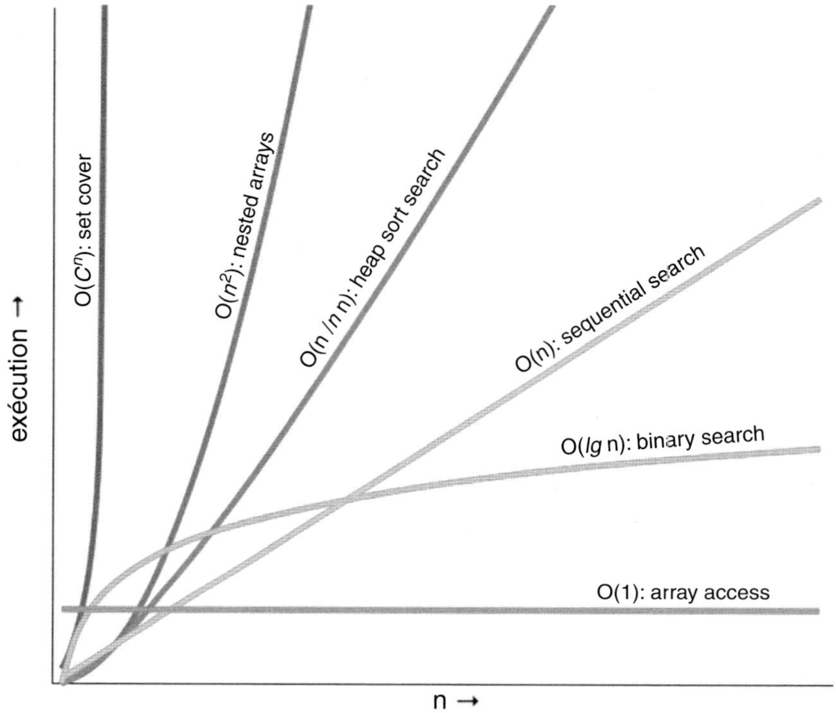

Figure 7.1. Exécution de différents algorithmes

Estimations de bon sens

Vous pouvez estimer l'ordre de nombreux algorithmes de base en faisant preuve de bon sens.

Boucles simples

Si une boucle simple va de 1 à n, alors il est probable que l'algorithme soit $O(n)$ – le temps augmente linéairement avec n. Les exemples incluent les recherches exhaustives, la recherche d'une valeur maximale dans un tableau et la génération de sommes de contrôle.

Boucles imbriquées

Si vous imbriquez une boucle dans une autre, votre algorithme devient $O(m \times n)$ où m et n sont les limites des deux boucles. Cela se produit souvent dans les algorithmes de tri simples, tels que le tri à bulles, où la boucle extérieure analyse chaque élément du tableau à tour de rôle, et la boucle intérieure détermine où placer cet élément dans le résultat trié. Ces algorithmes de tri ont tendance à être $O(n^2)$.

Recherche dichotomique

Si votre algorithme divise par deux l'ensemble des éléments qu'il prend en compte à chaque tour de boucle, il est probable qu'il soit logarithmique, $O(\lg n)$. Une recherche dichotomique dans une liste triée, la traversée d'un arbre binaire et la recherche du premier bit défini dans un mot-machine peuvent toutes être $O(\lg n)$.

Diviser pour mieux régner

Les algorithmes qui partitionnent leur entrée, travaillent sur les deux moitiés indépendamment, puis combinent les résultats peuvent être $O(n \lg n)$. L'exemple classique est le tri rapide, qui fonctionne en divisant les données en deux moitiés et en triant chacune d'entre elles de manière récursive. Bien que techniquement $O(n^2)$ parce que son comportement se dégrade lorsqu'il est alimenté en entrées triées, la durée d'exécution moyenne du tri rapide est de $O(n \lg n)$.

Analyse combinatoire

Lorsque les algorithmes commencent à étudier les permutations, leur durée d'exécution peut devenir incontrôlable. Cela s'explique par le fait que les permutations impliquent des factoriels (il existe $5! = 5 \times 4 \times 3 \times 2 \times 1 = 120$ permutations des chiffres de 1 à 5). Chronométrez un algorithme combinatoire pour cinq éléments : il faudra six fois plus de temps pour l'exécuter pour six éléments, et quarante-deux fois plus de temps pour sept éléments. Parmi les exemples, on peut citer les algorithmes pour de nombreux problèmes *difficiles* reconnus – le problème du voyageur de commerce, l'emballage optimal d'objets dans un conteneur, le partitionnement d'un ensemble de nombres de manière à ce que chaque ensemble ait le même total, etc. Souvent, des heuristiques sont utilisées pour réduire les temps d'exécution de ces types d'algorithmes dans des domaines de problèmes particuliers.

La vitesse des algorithmes en pratique

Il est peu probable que vous passiez beaucoup de temps au cours de votre carrière à rédiger des routines de tri. Celles qui se trouvent dans les bibliothèques à votre disposition seront probablement plus performantes que tout ce que vous pourrez écrire sans effort substantiel. Cependant, les types d'algorithmes de base que nous avons décrits précédemment reviennent souvent. Chaque fois que vous vous retrouvez à écrire une simple boucle, vous savez que vous avez un algorithme $O(n)$. Si cette boucle contient une boucle interne, vous êtes confronté à un algorithme $O(m \times n)$. Vous devez vous demander jusqu'où ces valeurs peuvent aller. Si les nombres sont bornés, vous saurez combien de temps le code prendra pour s'exécuter. Si les nombres dépendent de facteurs externes (tels que le nombre d'enregistrements dans un lot de nuit ou le nombre de noms dans une liste de personnes), vous devriez vous arrêter et considérer l'effet que de grandes valeurs pourraient avoir sur votre temps d'exécution ou votre consommation de mémoire.

Conseil 63 – Estimez l'ordre de vos algorithmes

Vous pouvez adopter certaines approches pour résoudre les problèmes potentiels. Si vous avez un algorithme qui est $O(n^2)$, essayez de trouver une approche « diviser pour mieux régner » qui vous amènera à $O(n \lg n)$.

Si vous n'êtes pas sûr de la durée de votre code ou de la quantité de mémoire qu'il utilisera, essayez de l'exécuter en modifiant le nombre d'enregistrements en entrée ou tout autre élément susceptible d'avoir un impact sur la durée d'exécution. Illustrez graphiquement les résultats. Vous devriez rapidement avoir une bonne idée de la forme de la courbe. S'agit-il d'une courbe ascendante, d'une ligne droite ou d'un aplatissement au fur et à mesure que la taille de l'entrée augmente ? Trois ou quatre points devraient vous donner une idée.

Réfléchissez également à ce que vous faites dans le code lui-même. Une boucle simple $O(n^2)$ peut être plus performante qu'une boucle complexe $O(n \lg n)$

pour les petites valeurs de n, en particulier si l'algorithme $O(n \lg n)$ comporte une boucle interne coûteuse.

Au milieu de toute cette théorie, n'oubliez pas qu'il y a aussi des considérations pratiques. Le temps d'exécution peut sembler augmenter de façon linéaire pour de petits ensembles d'entrées. Mais si vous donnez au code des millions d'enregistrements, le temps d'exécution se dégrade soudainement, car le système commence à s'emballer. Si vous testez une routine de tri avec des clés d'entrée aléatoires, vous serez peut-être surpris la première fois qu'elle rencontrera une entrée ordonnée. Essayez de prendre en compte les aspects à la fois théoriques et pratiques. Après toutes ces estimations, le seul temps qui compte est la vitesse de votre code, exécuté dans l'environnement de production, avec des données réelles. Cela nous amène à notre prochain conseil.

Conseil 64 – Testez vos estimations

S'il est difficile d'obtenir des chronologies précises, utilisez le profilage de code pour compter le nombre d'exécutions des différentes étapes de votre algorithme, et représentez ces chiffres en fonction de la taille de l'entrée.

Le mieux est parfois l'ennemi du bien

Vous devez également faire preuve de pragmatisme dans le choix des algorithmes appropriés – le plus rapide n'est pas toujours le meilleur pour le travail. Pour un petit ensemble d'entrées, un tri par insertion simple fonctionnera aussi bien qu'un tri rapide, et prendra moins de temps à écrire et à déboguer. Vous devez également faire attention si l'algorithme que vous choisissez a un coût d'installation élevé. Pour les petits ensembles d'entrée, cette configuration peut éclipser le temps d'exécution et rendre l'algorithme inapproprié.

Méfiez-vous également de l'*optimisation prématurée*. Il est toujours préférable de s'assurer qu'un algorithme est réellement un goulot d'étranglement avant d'investir votre temps précieux à essayer de l'améliorer.

Section connexe

- Thème 15, *Estimation*.

Défis

- Tout développeur devrait avoir une idée de la manière dont les algorithmes sont conçus et analysés. Robert Sedgewick a écrit une série de livres accessibles sur le sujet (*Algorithms* [SW11], *An Introduction to the Analysis of Algorithms* [SF13][6] et d'autres). Nous vous recommandons d'ajouter l'un de ses livres à votre collection et de vous faire un devoir de le lire.
- Pour ceux qui souhaitent plus de détails que ceux fournis par Sedgewick, lisez les livres de Donald E. Knuth, *The Art of Computer Programming*, qui analysent un large éventail d'algorithmes :
  - *The Art of Computer Programming*, volume 1 : « Fundamental Algorithms » [Knu98] ;
  - *The Art of Computer Programming*, volume 2 : « Seminumerical Algorithms » [Knu98a] ;
  - *The Art of Computer Programming*, volume 3 : « Sorting and searching » [Knu98b] ;
  - *The Art of Computer Programming*, volume 4A : « Combinatorial Algorithms, part 1 » [Knu11].
- Dans le premier exercice qui suit, nous examinons le tri de tableaux d'entiers longs. Quel est l'impact si les clés sont plus complexes et si la charge supplémentaire liée à la comparaison des clés est élevée ? La structure des clés affecte-t-elle l'efficacité des algorithmes de tri, ou le tri le plus rapide est-il toujours le plus rapide ?

6 Titre de l'édition en français : *Introduction à l'analyse des algorithmes*, International Thomson Publishing, 1998. (NdÉ.)

Exercices

Exercice 28

Nous avons codé un ensemble de routines de tri simples[7] en Rust. Exécutez-les sur les différentes machines à votre disposition. Vos chiffres suivent-ils les courbes attendues ? Que pouvez-vous déduire sur les vitesses relatives de vos machines ? Quels sont les effets des différents paramètres d'optimisation du compilateur ?

Exercice 29

Dans la section *Estimations de bon sens*, nous avons affirmé qu'une recherche dichotomique est $O(\lg n)$. Pouvez-vous le prouver ?

Exercice 30

Dans la figure 7.1 nous avons affirmé que $O(\lg n)$ est identique à $O(\log_{10} n)$ (ou même aux logarithmes à n'importe quelle base). Pouvez-vous expliquer pourquoi ?

Thème 40 – Réusinage

> *Change and decay in all around I see...*
>
> H.F. Lyte, *Abide With Me*

Au fur et à mesure de l'évolution d'un programme, il devient nécessaire de reconsidérer des décisions antérieures et de retravailler certaines parties du code. Ce processus est parfaitement naturel. Le code doit évoluer ; il n'est pas figé.

7 https://media-origin.pragprog.com/titles/tpp20/code/algorithm_speed/sort/src/main.rs.

Malheureusement, la métaphore la plus courante pour le développement de logiciels est celle de la construction de bâtiments. L'ouvrage classique de Bertrand Meyer, *Object-Oriented Software Construction* [Mey97], utilise le terme « construction logicielle », et vos humbles auteurs eux-mêmes ont édité la rubrique « Software Construction » pour *IEEE Software* au début des années 2000[8].

Mais l'utilisation de la construction comme métaphore directrice implique les étapes suivantes :

1. Un architecte dessine des plans ;
2. Les entrepreneurs creusent les fondations, construisent la structure, s'occupent des installations électriques et de la plomberie, et réalisent les finitions ;
3. Les locataires emménagent et vivent heureux jusqu'à la fin de leurs jours, en appelant le service d'entretien de l'immeuble pour régler les problèmes éventuels.

Eh bien, les logiciels ne fonctionnent pas tout à fait de cette manière. Plutôt que des constructions, les logiciels ressemblent davantage à du *jardinage* – ils sont plus proches du vivant que du béton. Dans un jardin, on plante beaucoup de choses selon un plan et des conditions initiales. Certains végétaux prospèrent, d'autres sont destinés à finir en compost. Vous pouvez déplacer les plantations les unes par rapport aux autres pour profiter des jeux de lumière et d'ombre, du vent et de la pluie. Les plantes qui dépassent sont divisées ou taillées, et les couleurs qui s'opposent sont déplacées vers des endroits plus esthétiques. Vous arrachez les mauvaises herbes et vous fertilisez les plantations qui ont besoin d'un coup de pouce supplémentaire. Vous surveillez constamment l'état de santé du jardin et faites les ajustements nécessaires (au sol, aux plantes, à la disposition).

Dans le monde des affaires, on est à l'aise avec la métaphore de la construction d'un bâtiment : c'est plus scientifique que le jardinage, c'est reproductible, il y a une hiérarchie rigide pour la gestion, etc. Mais nous, nous ne construisons pas des gratte-ciel, nous ne sommes pas aussi contraints par les limites de la physique et du monde réel.

---

8 Et oui, nous avions exprimé notre désaccord concernant le titre de cette rubrique.

La métaphore du jardinage est beaucoup plus proche des réalités du développement logiciel. Peut-être qu'une certaine routine a pris trop d'ampleur ou essaie d'accomplir trop de choses – elle doit être scindée en deux. Les choses qui ne fonctionnent pas comme prévu doivent être désherbées ou élaguées.

La réécriture, le remaniement et la réarchitecture du code sont collectivement connus sous le nom de *restructuration*. Mais il existe un sous-ensemble de cette activité qui est devenu ce qu'on appelle le *réusinage*.

Le réusinage (*Refactoring: Improving the Design of Existing Code* [Fow19][9]) est défini par Martin Fowler comme une :

> *technique disciplinée de restructuration d'un corps de code existant, modifiant sa structure interne sans changer son comportement externe.*

Les éléments essentiels de cette définition sont les suivants :

1. L'activité est disciplinée, ce n'est pas la foire d'empoigne ;
2. Le comportement extérieur ne change pas ; ce n'est pas le moment d'ajouter des fonctionnalités.

Le réusinage n'est pas destiné à être une activité spéciale, de grande cérémonie, une fois dans l'année, comme labourer tout le jardin pour le replanter. Il s'agit plutôt d'une activité quotidienne, qui s'effectue par petites étapes à faible risque, un peu comme le désherbage et le ratissage. Au lieu de procéder à une réécriture intégrale du code, il s'agit d'une approche ciblée et précise qui permet de conserver un code facile à modifier.

Afin de garantir que le comportement externe n'a pas changé, vous avez besoin de bons tests unitaires automatisés qui valident le comportement du code.

Quand devriez-vous réusiner ?

On réusine quand on a appris quelque chose, quand on comprend mieux quelque chose que l'année dernière, hier, ou même qu'il y a dix minutes.

9 Titre de l'édition en français : *Refactoring. Comment améliorer le code existant*, Dunod, 2019. (NdÉ.)

Vous avez peut-être rencontré un obstacle parce que le code n'est plus tout à fait adapté, ou vous avez remarqué deux choses qui devraient vraiment être fusionnées, ou quoi que ce soit d'autre qui vous semble « faux » : *n'hésitez pas à le modifier*. Il n'y a pas de meilleur moment que maintenant. Un certain nombre de choses peuvent faire qu'un code est éligible au réusinage :

Duplication

Vous avez découvert une violation du principe FER.

Conception non orthogonale

Vous avez découvert quelque chose qui pourrait être rendu plus orthogonal.

Connaissances dépassées

Les choses changent, les exigences dérivent et votre connaissance du problème s'accroît. Le code doit suivre.

Utilisation

Au fur et à mesure que le système est utilisé par des personnes réelles dans des circonstances réelles, on se rend compte que certaines fonctionnalités sont désormais plus importantes qu'on ne le pensait, et que des fonctionnalités « indispensables » ne le sont peut-être pas.

Performance

Vous devez déplacer des fonctionnalités d'une zone du système à une autre pour améliorer les performances.

Tests réussis

Oui, sérieusement. Nous avons dit que le réusinage devait être une activité à petite échelle, soutenue par de bons tests. Ainsi, lorsque vous avez ajouté une petite quantité de code, et que ce test supplémentaire passe, vous avez maintenant une excellente occasion de plonger et de mettre de l'ordre dans ce que vous venez d'écrire.

Le réusinage de votre code, c'est-à-dire le déplacement de fonctionnalités et la mise à jour de décisions antérieures, est en réalité un exercice de *gestion de la douleur*. Car il faut bien l'admettre, modifier un code source peut être assez douloureux : cela fonctionnait ainsi, peut-être vaut-il mieux ne rien faire. De nombreux développeurs hésitent à rouvrir un morceau de code simplement parce qu'il n'est pas tout à fait correct.

Complications dans le monde réel

Ainsi, vous allez voir vos coéquipiers ou votre client et leur dites : « Ce code fonctionne, mais j'ai besoin d'une semaine supplémentaire pour le réusiner complètement. »

Nous ne pouvons pas écrire ici ce qu'ils vont vous répondre.

Le manque de temps est souvent utilisé comme excuse pour ne pas réusiner. Mais cette excuse ne tient pas la route : si l'on ne procède pas au réusinage maintenant, il faudra investir beaucoup plus de temps pour résoudre le problème plus tard, lorsqu'il y aura davantage de dépendances à prendre en compte. Y aura-t-il plus de temps disponible à ce moment-là ? Certainement pas.

Vous pouvez expliquer ce principe aux autres en utilisant une analogie médicale : considérez le code qui a besoin d'être réusiné comme une « grosseur ». L'enlever nécessite une intervention chirurgicale invasive. Vous pouvez y aller maintenant et l'enlever pendant qu'elle est encore petite. Vous pouvez aussi attendre qu'elle se développe et s'étende, mais l'enlever à ce moment-là sera à la fois plus coûteux et plus dangereux. Si vous attendez encore plus longtemps, vous risquez de perdre complètement le patient.

Conseil 65 – Réusinez tôt, réusinez souvent

Les dommages collatéraux dans le code peuvent être tout aussi mortels au fil du temps (voir le thème 3, *Entropie logicielle*). Le réusinage, comme bien d'autres interventions, est plus facile à réaliser lorsque les problèmes sont mineurs, en tant qu'activité continue pendant le codage. Vous ne devriez pas avoir besoin d'une semaine pour réusiner un morceau de code – ça, c'est si vous effectuez une réécriture complète. Si ce niveau de perturbation est nécessaire, il se peut que vous ne puissiez pas le faire immédiatement. En revanche, veillez à ce que cela soit inscrit sur le planning. Assurez-vous que les utilisateurs du code concerné sachent qu'il est prévu de le réécrire et en quoi cela peut les affecter.

Comment réusiner ?

Le réusinage a débuté dans la communauté Smalltalk, et commençait à peine à gagner un public plus large lorsque nous avons écrit la première édition de ce livre, probablement grâce au premier ouvrage majeur sur le réusinage (*Refactoring: Improving the Design of Existing Code* [Fow19], qui en est maintenant à sa deuxième édition).

Au fond, le réusinage est une refonte. Tout ce que vous ou d'autres membres de votre équipe avez conçu peut être refondu à la lumière de faits nouveaux, d'une compréhension plus approfondie, de l'évolution des besoins, etc. Mais si vous procédez à la destruction de grandes quantités de code avec un abandon sauvage, vous risquez de vous retrouver dans une situation pire que celle dans laquelle vous avez commencé.

Il est clair que le réusinage est une activité qui doit être entreprise lentement, délibérément et avec soin. Martin Fowler propose les conseils simples suivants sur la manière de remanier sans faire plus de mal que de bien[10] :

1. N'essayez pas de réusiner et d'ajouter des fonctionnalités en même temps ;
2. Assurez-vous d'avoir de bons tests avant de commencer le réusinage. Exécutez les tests aussi souvent que possible. De cette façon, vous saurez rapidement si vos changements ont cassé quelque chose ;
3. Procédez par petites étapes, délibérées : déplacez un champ d'une classe à une autre, divisez une méthode, renommez une variable. Le réusinage implique souvent de nombreuses modifications localisées qui aboutissent

10 Repéré à l'origine dans *UML Distilled: A Brief Guide to the Standard Object Modeling Language* [Fow00].

à un changement à plus grande échelle. En avançant petit à petit et en testant après chaque modification, vous éviterez un débogage prolongé[11].

Réusinage automatique

Dans la première édition, nous avions noté que « cette technologie n'est pas encore apparue en dehors du monde Smalltalk, mais il est probable que cela change... ». Et en effet, c'est le cas, puisque le réusinage automatique est disponible dans de nombreux environnements de développement intégré et pour la plupart des langages courants.
Ces environnements peuvent renommer les variables et les méthodes, diviser une longue routine en plusieurs petites, en propageant automatiquement les changements nécessaires, glisser-déposer pour vous aider à déplacer le code, etc.

Nous parlerons plus en détail des tests à ce niveau dans le thème 41, *Testez pour coder*, et des tests à plus grande échelle dans *Tests impitoyables et continus*, mais le point de vue de M. Fowler sur le maintien de bons tests de régression est la clé d'un réusinage en toute sécurité.

Si vous devez aller au-delà du réusinage et modifier le comportement ou les interfaces externes, il peut être utile de casser délibérément la compilation : les anciens clients de ce code ne doivent pas compiler. Vous saurez ainsi ce qui doit être mis à jour. La prochaine fois que vous verrez un morceau de code qui n'est pas tout à fait comme il devrait être, corrigez-le. Gérez la douleur : si cela fait mal maintenant, mais que cela fera encore plus mal plus tard, autant en finir. Rappelez-vous les leçons du thème 3, *Entropie logicielle* : ne vivez pas avec des carreaux cassés.

Sections connexes

- Thème 3, *Entropie logicielle.*
- Thème 9, *FER, ou le fléau de la duplication.*

11 Il s'agit d'un excellent conseil en général (voir le thème 27, *Ne dépassez pas vos phares*).

- Thème 12, *Balles traçantes*.
- Thème 27, *Ne dépassez pas vos phares*.
- Thème 44, *Nommage*.
- Thème 48, *L'essence de l'agilité*.

Thème 41 – Testez pour coder

La première édition de ce livre a été rédigée à une époque plus primitive, où la plupart des développeurs n'écrivaient pas de tests – à quoi bon, pensaient-ils, le monde allait de toute façon s'écrouler en l'an 2000.

Dans ce livre, nous avions une section sur la façon de construire un code facile à tester. C'était une façon sournoise de convaincre les développeurs d'écrire des tests.

Nous vivons aujourd'hui une époque plus éclairée. Si certains développeurs n'écrivent toujours pas de tests, ils savent au moins qu'ils devraient le faire.

Mais un problème subsiste. Lorsque nous demandons aux développeurs *pourquoi* ils écrivent des tests, ils nous regardent comme si nous venions de leur demander s'ils codaient encore à l'aide de cartes perforées, et ils répondent : « pour m'assurer que le code fonctionne », avant d'ajouter à demi-mot : « ... idiot ». Et nous pensons que ce n'est pas correct.

Qu'est-ce qui est important, selon *nous*, dans les tests ? Et comment pense-t-on qu'il faut s'y prendre ?

Commençons par l'affirmation la plus audacieuse :

Conseil 66 – Ne testez pas pour trouver des bogues

Nous pensons que les principaux avantages des tests se produisent lorsque vous réfléchissez et écrivez les tests, et non lorsque vous les exécutez.

Réfléchissez aux tests

C'est un lundi matin et vous vous installez pour commencer à travailler sur un nouveau code. Vous devez écrire quelque chose qui interroge la base de données pour obtenir une liste des personnes qui regardent plus de dix vidéos par semaine sur votre site « les vidéos de vaisselle les plus drôles du monde ».

Vous lancez votre éditeur et commencez par écrire la fonction qui exécute la requête :

```
def return_avid_viewers do
  # ... hmmm ...
end
```

Stop ! Comment savez-vous que ce que vous vous apprêtez à faire est une bonne chose ?

La réponse est que vous ne pouvez pas le savoir. Personne ne peut le savoir. Mais le fait de réfléchir à des tests peut rendre la chose plus probable. Voici comment cela fonctionne.

Commencez par imaginer que vous avez fini d'écrire la fonction et que vous devez maintenant la tester. Comment feriez-vous ? Eh bien, vous voudriez utiliser des données de test, ce qui signifie probablement que vous voulez travailler dans une base de données que vous contrôlez. Certains frameworks peuvent gérer cela pour vous, en exécutant des tests sur une base de données de test, mais dans notre cas, cela signifie que nous devrions passer l'instance de la base de données dans notre fonction plutôt que d'utiliser une instance globale, car cela nous permet de la modifier pendant le test :

```
def return_avid_users(db) do
```

Nous devons ensuite réfléchir à la manière dont nous alimenterons ces données de test. L'exigence demande une « liste de personnes qui regardent plus de dix vidéos par semaine ». Nous cherchons donc dans le schéma de la base de données les champs qui pourraient nous aider. Nous trouvons deux champs probables dans une table de qui a regardé quoi : `opened_video` et completed_video. Pour écrire nos données de test, nous devons savoir quel champ utiliser. Mais nous ne savons pas ce que signifie l'exigence, et notre contact professionnel n'est pas là. Trichons et passons le nom du champ (ce qui nous permettra de tester ce que nous avons, et éventuellement de le changer plus tard) :

```
def return_avid_users(db, qualifying_field_name) do
```

Nous avons commencé par réfléchir à nos tests, et sans écrire une ligne de code, nous avons déjà fait deux découvertes et les avons utilisées pour modifier l'API de notre méthode.

Les tests guident le codage

Dans l'exemple précédent, penser aux tests nous a permis de réduire le couplage dans notre code (en passant une connexion à la base de données plutôt qu'en utilisant une connexion globale) et d'augmenter la flexibilité (en faisant du nom du champ que nous testons un paramètre). Penser à écrire un test pour notre méthode nous a fait regarder celle-ci de l'extérieur, comme si nous étions un client du code, et non son auteur.

Conseil 67 – Voyez les tests comme les premiers utilisateurs de votre code

---

Nous pensons que c'est probablement le plus grand avantage offert par les tests : les tests sont un retour d'information vital qui guide votre codage.

Une fonction ou une méthode étroitement couplée à d'autres codes est difficile à tester, car il faut mettre en place tout cet environnement avant de pouvoir exécuter la méthode. Par conséquent, le fait de rendre votre matériel testable réduit également son couplage.

Et avant de pouvoir tester quelque chose, il faut le comprendre. Cela semble idiot, mais en réalité, nous nous sommes tous lancés dans un morceau de code sur la base d'une compréhension nébuleuse de ce que nous devions faire.

Nous nous assurons que nous trouverons la solution au fur et à mesure. Oh, et nous ajouterons tout le code nécessaire à la prise en charge des conditions limites plus tard. Oh, et la gestion des erreurs. Et le code finit par être cinq fois plus long qu'il ne devrait l'être parce qu'il est plein de logiques conditionnelles et de cas particuliers. Mais si l'on observe ce code à la lumière d'un test, les choses deviennent plus claires. Si vous pensez à tester les conditions limites et la manière dont elles fonctionneront *avant* de commencer à coder, vous pourriez bien trouver dans la logique des schémas qui simplifieront la fonction. Si vous réfléchissez aux conditions d'erreur que vous devrez tester, vous structurerez votre fonction en conséquence.

Développement piloté par les tests

Il existe une école de programmation qui propose, compte tenu de tous les avantages qu'il y a à penser aux tests dès le départ, pourquoi ne pas aller de l'avant et les écrire également dès le départ ? Cette école pratique ce que l'on appelle le *développement piloté par les tests* (en anglais : TDD pour *test-driven development*, ou *development test-first*[12]).

Le cycle de base du TDD est le suivant :

1. Décidez d'une petite fonctionnalité que vous souhaitez ajouter ;
2. Écrivez un test qui passera une fois que cette fonctionnalité sera mise en œuvre ;
3. Exécutez tous les tests. Vérifiez que le seul échec est celui que vous venez d'écrire ;
4. Écrivez la plus petite quantité de code nécessaire pour que le test réussisse et vérifiez que les tests s'exécutent correctement ;
5. Réusinez votre code : voyez s'il y a un moyen d'améliorer ce que vous venez d'écrire (le test ou la fonction). Assurez-vous que les tests passent toujours lorsque vous avez terminé.

12 Certaines personnes affirment que le *test-driven development* et le *development test-first* sont deux choses différentes, arguant que les intentions des deux sont différentes. Cependant, historiquement, le *test-first* (qui vient de l'eXtreme Programming) était identique à ce que l'on appelle aujourd'hui le TDD.

L'idée est que ce cycle soit très court : quelques minutes, de sorte que vous soyez constamment en train d'écrire des tests et de les faire fonctionner.

Nous voyons un avantage majeur à la méthode TDD pour les personnes qui commencent à tester. Si vous suivez le processus TDD, vous aurez la garantie de toujours avoir des tests pour votre code. Et cela signifie que vous serez toujours en train de penser à vos tests.

Cependant, nous avons également vu des personnes devenir esclaves du TDD. Cela se manifeste de différentes manières :

- Ils passent un temps fou à s'assurer que la couverture des tests est toujours de 100 % ;
- Ils ont beaucoup de tests redondants. Par exemple, avant d'écrire une classe pour la première fois, de nombreux adeptes du TDD écrivent d'abord un test qui échoue et qui fait simplement référence au nom de la classe. Le test échoue, puis ils écrivent une définition de classe vide et le test est réussi. Mais vous avez maintenant un test qui ne fait absolument rien ; le prochain test que vous écrirez fera également référence à la classe, ce qui rendra le premier test inutile. Il y a d'autres choses à changer si le nom de la classe change plus tard. Et ce n'est qu'un exemple de base ;
- Leurs conceptions ont tendance à partir du bas et à remonter vers le haut (voir l'encadré *Bottom-up* vs *top-down* vs *la bonne façon de procéder*).

Faites en sorte de pratiquer le TDD. Mais n'oubliez pas de vous arrêter de temps en temps et de prendre du recul sur la situation. Il est facile de se laisser séduire par le message vert "tests passed" et d'écrire beaucoup de code qui ne vous rapproche pas de la solution.

Bottom-up *vs* top-down *vs* la bonne façon de procéder

À l'époque où l'informatique était jeune et insouciante, il existait deux écoles de conception : descendante et ascendante. Les adeptes de la conception descendante disaient qu'il fallait commencer par le problème global que l'on essayait de résoudre et le décomposer en un petit nombre d'éléments. Puis décomposer chacun de ces éléments en éléments plus petits, et ainsi de suite, jusqu'à ce que l'on obtienne des éléments suffisamment petits pour être exprimés en code.

Les adeptes de la méthode ascendante construisent le code comme on construit une maison. Ils commencent par le bas, en produisant une couche de code qui leur donne des abstractions plus proches du problème qu'ils essaient de résoudre. Ils ajoutent ensuite une autre couche, avec des abstractions de plus haut niveau. Ils continuent ainsi jusqu'à ce que la dernière couche soit une abstraction qui résout le problème. « Faire en sorte que ça marche... »

Aucune de ces deux écoles ne fonctionne réellement, car elles ignorent toutes deux l'un des aspects les plus importants du développement de logiciels : nous ne savons pas ce que nous faisons lorsque nous commençons. Les adeptes de la méthode descendante supposent qu'ils peuvent exprimer d'emblée l'ensemble des besoins : c'est faux. Les adeptes de la démarche ascendante supposent qu'ils peuvent dresser une liste d'abstractions qui les mèneront au bout d'un moment à une solution unique de haut niveau, mais comment peuvent-ils décider de la fonctionnalité des couches s'ils ne savent pas où ils vont ?

Conseil 68 – Construisez de bout en bout, et non de haut en bas ou de bas en haut

---

Nous croyons fermement que la seule façon de construire un logiciel est de le faire de manière incrémentale. Construisez de petits morceaux de fonctionnalité de bout en bout, en apprenant à connaître le problème au fur et à mesure. Appliquez ces connaissances en étoffant le code, impliquez le client à chaque étape et laissez-le guider le processus.

TDD : il faut savoir où l'on va

Il existe une vieille blague qui dit : « Comment mange-t-on un éléphant ? » Réponse : « Une bouchée à la fois. » Cette idée est souvent présentée comme un avantage du TDD. Lorsque vous ne pouvez pas appréhender l'ensemble du problème, procédez par petites étapes, un test à la fois. Cependant, cette approche peut vous induire en erreur, en vous encourageant à vous concentrer sur les problèmes faciles et à les peaufiner sans fin, tout en ignorant la véritable raison pour laquelle vous codez. Un exemple intéressant de ce phénomène s'est produit en 2006, lorsque Ron Jeffries, figure de proue du mouvement de l'agilité, a commencé une série d'articles de blog qui documentaient son codage piloté par les tests d'un résolveur de Sudoku[13]. Après cinq articles, il avait affiné la représentation du tableau sous-jacent, réusinant un certain nombre de fois jusqu'à ce qu'il soit satisfait du modèle d'objet. Puis il a abandonné le projet. Il est intéressant de lire les billets de blog dans l'ordre et d'observer comment une personne intelligente peut se laisser distraire par les détails, influencée à la faveur des tests réussis.

En revanche, Peter Norvig décrit une approche alternative[14] qui semble très différente : plutôt que d'être guidé par des tests, il commence par une compréhension de base de la façon dont ce type de problèmes est traditionnellement résolu (en utilisant la propagation de contraintes), puis se concentre sur l'affinement de son algorithme. Il aborde la représentation du tableau en une douzaine de lignes de code qui découlent directement de sa discussion sur la notation.

Les tests peuvent incontestablement contribuer au développement. Mais, comme pour toute conduite, si vous n'avez pas de destination en tête, vous risquez de tourner en rond.

Retour au code

Le développement orienté composants a longtemps été un noble objectif de la conception logicielle[15]. L'idée est que les composants logiciels génériques

13 https://ronjeffries.com/categories/sudoku. Un grand merci à Ron de nous avoir permis d'utiliser cette histoire.

14 http://norvig.com/sudoku.html.

15 Nous essayons depuis au moins 1986, lorsque Cox et Novobilski ont inventé le terme « CI logiciel » dans leur livre sur Objective-C, *Object-Oriented Programming: An Evolutionary Approach* [CN91].

doivent être disponibles et combinés aussi facilement que les circuits intégrés courants. Mais cela ne fonctionne que si les composants que vous utilisez sont connus pour être fiables, et si vous avez des tensions communes, des normes d'interconnexion, des délais, etc.

Les puces sont conçues pour être testées, pas seulement en usine, pas seulement lorsqu'elles sont installées, mais aussi sur le terrain lorsqu'elles sont déployées. Les puces et les systèmes plus complexes peuvent être dotés d'une fonction d'autotest intégré (ou BIST pour *built-in self test*) complète qui exécute certains diagnostics de base en interne, ou d'un mécanisme d'accès aux tests (ou TAM pour *test access mechanism*) qui fournit un harnais de test permettant à l'environnement externe de fournir des stimuli et de recueillir les réponses de la puce.

Nous pouvons faire la même chose dans les logiciels. Comme nos collègues de l'équipe matériel, nous devons intégrer la testabilité dans le logiciel dès le début, et tester chaque élément en profondeur avant d'essayer de les relier entre eux.

Tests unitaires

Les tests au niveau de la puce pour le matériel sont à peu près équivalents aux *tests unitaires* pour les logiciels, c'est-à-dire des tests effectués sur chaque module, de manière isolée, pour vérifier leur comportement. Nous pouvons avoir une meilleure idée de la manière dont un module réagira dans le vaste monde une fois que nous l'aurons testé dans des conditions contrôlées (voire artificielles).

Un test unitaire de logiciel est un code qui exerce un module. En règle générale, le test unitaire établit une sorte d'environnement artificiel, puis invoque des routines dans le module testé. Il vérifie ensuite les résultats renvoyés, soit par rapport à des valeurs connues, soit par rapport aux résultats des exécutions précédentes du même test (test de régression).

Plus tard, lorsque nous assemblerons nos « circuits intégrés logiciels » en un système complet, nous aurons la certitude que les différentes parties fonctionnent comme prévu, et nous pourrons alors utiliser les mêmes installations de test unitaire pour tester le système dans son ensemble. Nous parlons de cette vérification à grande échelle du système dans la section *Tests impitoyables et continus*.

Mais avant d'en arriver là, nous devons décider ce qu'il faut tester au niveau de l'unité. Historiquement, les programmeurs lançaient quelques données aléatoires dans le code, regardaient les instructions d'impression et considéraient que le code avait été testé. Nous pouvons faire beaucoup mieux que cela.

Tests *via* les contrats

Nous aimons considérer les tests unitaires comme des *tests* via *les contrats* (voir le thème 23, *Programmation par contrat*). Nous voulons écrire des cas de tests qui garantissent qu'une unité donnée respecte son contrat. Cela nous indiquera deux choses : si le code respecte le contrat et si le contrat signifie ce que nous pensons qu'il signifie. Nous voulons tester que le module fournit la fonctionnalité qu'il promet, sur un large éventail de cas de test et de conditions limites.

Qu'est-ce que cela signifie en pratique ? Commençons par un exemple numérique simple : une routine de racine carrée. Son contrat documenté est simple :

```
pre-conditions:
  argument >= 0;

post-conditions:
  ((result * result) - argument).abs <= epsilon*argument;
```

Cela nous indique ce qu'il faut tester :

- Introduire un argument négatif et s'assurer qu'il est rejeté ;
- Introduire un argument de zéro pour s'assurer qu'il est accepté (c'est la valeur limite) ;

- Introduire des valeurs comprises entre zéro et l'argument maximal exprimable et vérifier que la différence entre le carré du résultat et l'argument original est inférieure à une petite fraction de l'argument (epsilon).

Armés de ce contrat, et en supposant que notre routine effectue ses propres vérifications de préconditions et post-conditions, nous pouvons écrire un script de test de base pour exercer la fonction racine carrée.

Nous pouvons ensuite appeler cette routine pour tester notre fonction racine carrée :

```
assertWithinEpsilon(my_sqrt(0), 0)
assertWithinEpsilon(my_sqrt(2.0),   1.4142135624)
assertWithinEpsilon(my_sqrt(64.0),  8.0)
assertWithinEpsilon(my_sqrt(1.0e7), 3162.2776602)
assertRaisesException fn =>  my_sqrt(-4.0) end
```

Il s'agit d'un test assez simple ; dans le monde réel, tout module non élémentaire est susceptible de dépendre d'un certain nombre d'autres modules, alors comment tester la combinaison ?

Supposons que nous ayons un module `A` qui utilise un `DataFeed` et une `LinearRegression`. Dans l'ordre, nous testerions :

- le contrat de `DataFeed`, dans son intégralité ;
- le contrat de `LinearRegression`, dans son intégralité ;
- le contrat de `A`, qui s'appuie sur les autres contrats mais ne les expose pas directement.

Ce type de test exige que vous testiez d'abord les sous-composants d'un module. Une fois les sous-composants vérifiés, le module lui-même peut être testé.

Si les tests de `DataFeed` et `LinearRegression` ont réussi, mais que le test de `A` a échoué, nous pouvons être presque sûrs que le problème se situe dans `A`, ou dans l'*utilisation* par `A` de l'un de ces sous-composants. Cette technique est un excellent moyen de réduire les efforts de débogage : nous pouvons rapidement nous concentrer sur la source probable du problème dans le module `A`, et ne pas perdre de temps à réexaminer ses sous-composants.

Pourquoi nous donner tant de mal ? Avant tout, nous voulons éviter de créer une « bombe à retardement », c'est-à-dire quelque chose qui reste inaperçu et qui explose à un moment gênant plus tard dans le projet. En mettant l'accent sur les tests *via* les contrats, nous pouvons essayer d'éviter le plus grand nombre possible de ces catastrophes en aval.

Conseil 69 – Concevez de manière à pouvoir tester

Tests *ad hoc*

À ne pas confondre avec le capitaine Haddock, les tests *ad hoc* consistent à examiner notre code manuellement. Il peut s'agir de quelque chose d'aussi simple que `console.log()`, ou d'un morceau de code saisi de manière interactive dans un débogueur, un environnement de développement intégré ou une boucle de lecture-évaluation-impression (boucle REPL).

À la fin de la session de débogage, vous devez formaliser ce test *ad hoc*. Si le code s'est cassé une fois, il est probable qu'il se cassera à nouveau. Ne vous contentez pas de jeter le test que vous avez créé ; ajoutez-le à l'arsenal des tests unitaires existants.

Construction d'une fenêtre de test

Même les meilleures séries de tests ont peu de chances de trouver tous les bogues ; il y a quelque chose dans les conditions fertiles d'un environnement de production qui semble les faire sortir de terre.

Cela signifie que vous devrez souvent tester un logiciel une fois qu'il aura été déployé, avec des données réelles circulant dans ses veines. Contrairement à un circuit imprimé ou à une puce, nous ne disposons pas de *broches de test* dans les logiciels, mais nous *pouvons* fournir diverses vues de l'état interne d'un module, sans utiliser le débogueur (ce qui peut être peu pratique ou impossible dans une application de production).

Les fichiers journaux contenant des traçages constituent l'un de ces mécanismes. Les messages du journal doivent être présentés dans un format régulier et cohérent ; vous pouvez les analyser automatiquement pour en déduire le temps de traitement ou les chemins logiques empruntés par le programme. Les diagnostics mal formatés ou incohérents ne sont que de la « bouillie » : ils sont difficiles à lire et peu pratiques à analyser.

Un autre mécanisme permettant de pénétrer dans le code en cours d'exécution est la séquence de « touches de raccourci » ou l'URL magique. Lorsque l'on appuie sur cette combinaison particulière de touches ou que l'on accède à l'URL, une fenêtre de contrôle de diagnostic s'affiche avec des messages d'état, etc. Ce n'est pas quelque chose que vous révéleriez normalement aux utilisateurs finaux, mais cela peut être très pratique pour le service d'assistance.

Plus généralement, vous pouvez utiliser un *commutateur de fonctionnalités* pour activer des diagnostics supplémentaires pour un utilisateur particulier ou une catégorie d'utilisateurs.

Une confession

Il m'est arrivé (Dave) de dire aux gens que je n'écrivais plus de tests. Je fais cela en partie pour ébranler la foi de ceux qui ont fait des tests une religion, et en partie parce que c'est (un peu) vrai.

Je code depuis quarante-cinq ans et j'écris des tests automatisés depuis plus de trente ans. Penser aux tests fait partie intégrante de ma façon d'aborder le codage. Je me sentais à l'aise. Et ma personnalité m'amène à penser que lorsque quelque chose commence à être confortable, je dois passer à autre chose.

Dans ce cas, j'ai décidé d'arrêter d'écrire des tests pendant quelques mois et de voir ce que cela donnait sur mon code. À ma grande surprise, la réponse a été « pas grand-chose ». J'ai donc pris le temps de comprendre pourquoi.

> Je *pense* que la réponse (me concernant) est que la plupart des avantages des tests proviennent de la réflexion sur les tests et leur impact sur le code. Et, après l'avoir fait pendant si longtemps, je pouvais produire cette réflexion sans réellement écrire de tests. Mon code était toujours testable ; il n'était simplement pas testé.
>
> Mais cela ne tient pas compte du fait que les tests sont aussi un moyen de communiquer avec d'autres développeurs, c'est pourquoi j'écris maintenant des tests sur du code partagé avec d'autres ou qui s'appuie sur les particularités de dépendances externes.
>
> Andy dit que je ne devrais pas inclure cet encadré. Il craint que les développeurs inexpérimentés ne soient tentés de ne pas tester. Voici le compromis que je vous propose : faut-il écrire des tests ? Oui. Mais lorsque vous en aurez écrit pendant trente ans, n'hésitez pas à expérimenter un peu pour voir où se situe l'avantage pour vous.

Culture du test

Tous les logiciels que vous écrivez *seront* testés – si ce n'est par vous et votre équipe, ce sera par les utilisateurs finaux. Un peu de prévoyance peut contribuer grandement à minimiser les coûts de maintenance et les appels au service d'assistance.

Vous n'avez que peu de choix :

- tester en premier ;
- tester pendant ;
- ne jamais tester.

Tester en premier, y compris la conception pilotée par les tests, est probablement le meilleur choix dans la plupart des circonstances, car cela garantit que les tests sont effectués. Mais parfois, ce n'est pas aussi pratique ou utile ; donc tester pendant le codage peut être une bonne solution de repli, où vous écrivez du code, le manipulez, écrivez les tests pour lui, puis passez à la partie suivante. Le pire choix est souvent appelé « tester plus tard », mais de qui se moque-t-on ? « Tester plus tard » signifie en réalité « ne jamais tester ».

Une culture du test signifie que tous les tests réussissent tout le temps. Ignorer une avalanche de tests qui « échouent toujours » facilite l'ignorance de *tous* les tests, et la spirale vicieuse commence (voir le thème 3, *Entropie logicielle*).

Traitez le code de test avec le même soin que le code de production. Veillez à ce qu'il soit découplé, propre et robuste. Ne vous appuyez pas sur des éléments peu fiables (voir le thème 38, *Programmation par coïncidences*) tels que la position absolue des widgets dans un système d'interface graphique, l'horodatage exact d'un journal de serveur ou la formulation exacte des messages d'erreur. Les tests portant sur ce genre de choses seront des tests fragiles.

Conseil 70 – Testez votre logiciel, ou vos utilisateurs s'en chargeront

---

Ne vous y trompez pas, les tests font partie de la programmation. Ce n'est pas une étape réservée aux autres services ou aux autres collaborateurs.

Les tests, la conception, le codage, tout cela relève de la programmation.

Sections connexes

- Thème 27, *Ne dépassez pas vos phares*.
- Thème 51, *Kit de démarrage pragmatique*.

Thème 42 – Tests de propriété

> Доверяй, но проверяй. *(Faites confiance, mais vérifiez.)*
>
> PROVERBE RUSSE

Nous recommandons d'écrire des tests unitaires pour vos fonctions. Pour ce faire, vous devez réfléchir à ce qui pourrait poser problème, en vous fondant sur votre connaissance de l'objet que vous testez.

Il y a cependant un problème mineur mais potentiellement important qui se cache dans ce paragraphe. Si vous écrivez le code original et que vous écrivez les tests, est-il possible qu'une hypothèse incorrecte soit exprimée dans les deux ? Le code passe les tests parce qu'il fait ce qu'il est censé faire d'après votre compréhension.

Une façon de contourner ce problème est de confier à des personnes différentes l'écriture des tests et du code testé, mais nous n'aimons pas cela : comme nous l'avons dit dans le thème 41, *Testez pour coder*, l'un des plus grands avantages de la réflexion sur les tests est la façon dont elle informe le code que vous écrivez. Vous perdez cela lorsque le travail de test est séparé du codage.

Au lieu de cela, nous privilégions une approche alternative où l'ordinateur, qui ne partage pas vos idées préconçues, effectue certains tests à votre place.

Contrats, invariants et propriétés

Dans le thème 23, *Programmation par contrat*, nous avons abordé l'idée que le code a des *contrats* qu'il respecte : vous remplissez les conditions lorsque vous lui fournissez des données, et il apportera certaines garanties quant aux résultats qu'il produira.

Il existe également des *invariants* de code, c'est-à-dire des choses qui restent vraies à propos d'un élément d'état lorsqu'il est passé par une fonction. Par exemple, si vous triez une liste, le résultat aura le même nombre d'éléments que l'original – la longueur est invariante.

Une fois que nous avons élaboré nos contrats et nos invariants (que nous allons regrouper et appeler *propriétés*), nous pouvons les utiliser pour automatiser nos tests. Ce que nous finissons par faire s'appelle un *test de propriété*.

Conseil 71 – Utilisez des tests de propriété pour valider vos hypothèses

Comme exemple artificiel, nous pouvons construire quelques tests pour notre liste triée. Nous avons déjà établi une propriété : la liste triée a la même taille que l'originale. Nous pouvons également affirmer qu'aucun élément du résultat ne peut être plus grand que celui qui le suit.

Nous pouvons maintenant l'exprimer dans le code. La plupart des langages disposent d'une sorte de framework de test de propriété. Cet exemple est en Python, et utilise l'outil Hypothesis et pytest, mais les principes sont assez universels.

Voici la source complète des tests :

proptest/sort.py

```python
from   hypothesis import given
import hypothesis.strategies as some

@given(some.lists(some.integers()))
def test_list_size_is_invariant_across_sorting(a_list):
    original_length = len(a_list)
    a_list.sort()
    assert len(a_list) == original_length

@given(some.lists(some.text()))
def test_sorted_result_is_ordered(a_list):
    a_list.sort()
    for i in range(len(a_list) - 1):
        assert a_list[i] <= a_list[i + 1]
```

Voici ce qui se passe lorsque nous l'exécutons :

```
$ pytest  sort.py
======================= test session starts ========================
...
plugins: hypothesis-4.14.0

sort.py ..                                                    [100%]

===================== 2 passed in 0.95 seconds =====================
```

En apparence, il ne se passe là rien d'incroyable. Mais, dans les coulisses, Hypothesis a exécuté nos deux tests cent fois, en transmettant une liste différente à chaque fois. Les listes auront des longueurs variables et des contenus différents. C'est comme si nous avions préparé deux cents tests individuels avec deux cents listes aléatoires.

Génération de tests de données

Comme la plupart des bibliothèques de tests de propriété, Hypothesis propose un mini-langage pour décrire les données qu'elle doit générer. Ce langage est fondé sur des appels à des fonctions du module `hypothesis.strategies`, que nous avons renommé `some`, parce que cela se lit mieux.

Si nous écrivions :

```
@given(some.integers())
```

Notre fonction de test s'exécuterait plusieurs fois. À chaque fois, elle se verrait passer un entier différent. Si, au lieu de cela, nous écrivions ce qui suit :

```
@given(some.integers(min_value=5, max_value=10).map(lambda x: x * 2))
```

on obtiendrait alors les nombres pairs entre 10 et 20.

Vous pouvez également composer des types, de sorte que :

```
@given(some.lists(some.integers(min_value=1), max_size=100))
```

seront des listes d'entiers naturels comportant au maximum cent éléments.

Il ne s'agit pas d'un tutoriel sur un framework en particulier, c'est pourquoi nous passerons sur un tas de détails intéressants pour nous pencher sur un exemple concret.

Trouver les mauvaises hypothèses

Nous écrivons un système simple de traitement des commandes et de contrôle des stocks (parce qu'il y a toujours de la place pour un de plus). Il modélise les niveaux de stock avec un objet `Warehouse`. Nous pouvons interroger un entrepôt pour savoir si quelque chose est en stock, retirer des articles du stock et obtenir les niveaux de stock actuels.

Voici le code :

proptest/stock.py

```
class Warehouse:
    def __init__(self, stock):
        self.stock = stock

    def in_stock(self, item_name):
        return (item_name in self.stock) and (self.stock[item_name] > 0)

    def take_from_stock(self, item_name, quantity):
        if quantity <= self.stock[item_name]:
            self.stock[item_name] -= quantity
        else:
          raise Exception("Oversold {}".format(item_name))

    def stock_count(self, item_name):
        return self.stock[item_name]
```

Nous avons écrit un test unitaire de base, qui réussit :

proptest/stock.py

```
def test_warehouse():
    wh = Warehouse({"shoes": 10, "hats": 2, "umbrellas": 0})
    assert wh.in_stock("shoes")
    assert wh.in_stock("hats")
    assert not wh.in_stock("umbrellas")

    wh.take_from_stock("shoes", 2)
    assert wh.in_stock("shoes")

    wh.take_from_stock("hats", 2)
    assert not wh.in_stock("hats")
```

Nous avons ensuite écrit une fonction qui traite une demande de commande d'articles auprès de l'entrepôt. Elle renvoie un uplet dont le premier élément est "ok" ou "not available", suivi de l'article et de la quantité demandée. Nous avons également écrit quelques tests, qui ont été concluants :

proptest/stock.py

```
def order(warehouse, item, quantity):
    if warehouse.in_stock(item):
        warehouse.take_from_stock(item, quantity)
        return ( "ok", item, quantity )
    else:
        return ( "not available", item, quantity )
```

proptest/stock.py

```
def test_order_in_stock():
    wh = Warehouse({"shoes": 10, "hats": 2, "umbrellas": 0})
    status, item, quantity = order(wh, "hats", 1)
    assert status   == "ok"
    assert item     == "hats"
    assert quantity == 1
    assert wh.stock_count("hats") == 1

def test_order_not_in_stock():
    wh = Warehouse({"shoes": 10, "hats": 2, "umbrellas": 0})
    status, item, quantity = order(wh, "umbrellas", 1)
    assert status   == "not available"
    assert item     == "umbrellas"
    assert quantity == 1
    assert wh.stock_count("umbrellas") == 0

def test_order_unknown_item():
    wh = Warehouse({"shoes": 10, "hats": 2, "umbrellas": 0})
    status, item, quantity = order(wh, "bagel", 1)
    assert status   == "not available"
    assert item     == "bagel"
    assert quantity == 1
```

En apparence, tout va bien. Mais avant d'expédier le code, ajoutons quelques tests de propriété.

Une chose que nous savons, c'est que le stock ne peut pas apparaître et disparaître au cours de notre transaction. Cela signifie que si nous prélevons des articles dans l'entrepôt, le nombre d'articles prélevés plus le nombre d'articles actuellement dans l'entrepôt doivent être identiques au nombre d'articles initialement dans l'entrepôt. Dans le test suivant, nous exécutons notre test avec le paramètre d'article choisi au hasard parmi "hat" ou "shoe" et la quantité choisie entre 1 et 4 :

proptest/stock.py

```
@given(item     = some.sampled_from(["shoes", "hats"]),
       quantity = some.integers(min_value=1, max_value=4))

def test_stock_level_plus_quantity_equals_original_stock_level(item, quantity):
    wh = Warehouse({"shoes": 10, "hats": 2, "umbrellas": 0})
    initial_stock_level = wh.stock_count(item)
    (status, item, quantity) = order(wh, item, quantity)
    if status == "ok":
        assert wh.stock_count(item) + quantity == initial_stock_level
```

Exécutons-le :

```
$ pytest stock.py
. . .
stock.py:72:
_ _ _ _ _ _ _ _ _ _ _ _ _ _ _ _ _ _ _ _ _ _ _ _ _ _ _ _ _ _ _ _ _ _
stock.py:76: in test_stock_level_plus_quantity_equals_original_stock_level
    (status, item, quantity) = order(wh, item, quantity)
stock.py:40: in order
    warehouse.take_from_stock(item, quantity)
_ _ _ _ _ _ _ _ _ _ _ _ _ _ _ _ _ _ _ _ _ _ _ _ _ _ _ _ _ _ _ _ _ _

self = <stock.Warehouse object at 0x10cf97cf8>, item_name = 'hats'
quantity = 3

    def take_from_stock(self, item_name, quantity):
      if quantity <= self.stock[item_name]:
        self.stock[item_name] -= quantity
      else:
>       raise Exception("Oversold {}".format(item_name))
E       Exception: Oversold hats

stock.py:16: Exception
---------------------------- Hypothesis ----------------------------
Falsifying example:
 test_stock_level_plus_quantity_equals_original_stock_level(
       item='hats', quantity=3)
```

L'erreur s'est produite dans warehouse.take_from_stock : nous avons essayé de retirer trois chapeaux de l'entrepôt, mais il n'en a que deux en stock.

Nos tests de propriété ont révélé une hypothèse erronée : notre fonction in_stock vérifie seulement qu'il y a au moins un exemplaire de l'article donné en stock. Au lieu de cela, nous devons nous assurer que nous en avons suffisamment pour honorer la commande :

proptest/stock1.py

```
def in_stock(self, item_name, quantity):
➤   return (item_name in self.stock) and (self.stock[item_name] >= quantity)
```

Nous modifions également la fonction order :

proptest/stock1.py

```
def order(warehouse, item, quantity):
➤   if warehouse.in_stock(item, quantity):
        warehouse.take_from_stock(item, quantity)
        return ( "ok", item, quantity )
    else:
        return ( "not available", item, quantity )
```

Notre test de propriété est maintenant réussi.

Les tests de propriété nous surprennent souvent

Dans l'exemple précédent, nous avons utilisé un test de propriété pour vérifier que les niveaux de stock étaient correctement ajustés. Le test a trouvé un bogue, mais il n'avait rien à voir avec l'ajustement des niveaux de stock. Il s'agissait plutôt d'un bogue dans notre fonction `in_stock`.

Cela révèle à la fois la puissance et la frustration que peut générer un test de propriété. C'est un outil puissant parce que vous définissez des règles pour générer des entrées, des assertions pour valider les sorties, puis vous laissez faire. On ne sait jamais vraiment ce qui va se passer. Le test peut réussir. Une assertion peut échouer. Ou le code peut échouer totalement parce qu'il n'a pas pu gérer les entrées qui lui ont été données.

La frustration vient du fait qu'il peut être difficile de déterminer ce qui a échoué.

Lorsqu'un test de propriété échoue, nous vous suggérons de déterminer les paramètres transmis à la fonction de test, puis d'utiliser ces valeurs pour créer un test unitaire distinct et régulier. Ce test unitaire va faire deux choses pour vous. Premièrement, il vous permet de vous concentrer sur le problème sans tous les appels supplémentaires effectués dans votre code par le framework de test de propriété. Deuxièmement, ce test unitaire agit comme un *test de régression*. Étant donné que les tests de propriété génèrent des valeurs aléatoires qui sont transmises à votre test, il n'y a aucune garantie que les mêmes valeurs seront utilisées la prochaine fois que vous exécuterez les tests. Le fait d'avoir un test unitaire qui force l'utilisation de ces valeurs garantit que ce bogue ne passera pas inaperçu.

Les tests de propriété aident également à la conception

Lorsque nous avons parlé des tests unitaires, nous avons dit que l'un de leurs principaux avantages était la façon dont ils vous faisaient réfléchir à votre code : un test unitaire est le premier client de votre API.

Il en va de même pour les tests de propriété, mais d'une manière légèrement différente. Ils vous font penser à votre code en termes d'invariants et de contrats ; vous pensez à ce qui ne doit pas changer et à ce qui doit être vrai. Cette vision supplémentaire a un effet magique sur votre code, elle supprime les cas limites et met en évidence les fonctions qui laissent les données dans un état incohérent.

Nous pensons que les tests de propriété sont complémentaires aux tests unitaires : ils répondent à des préoccupations différentes et chacun apporte ses propres avantages. Si vous ne les utilisez pas actuellement, essayez-les.

Sections connexes

- Thème 23, *Programmation par contrat.*
- Thème 25, *Programmation assertive.*
- Thème 45, *La fosse aux exigences.*

Défi

- Pensez au code sur lequel vous travaillez actuellement. Quelles sont les propriétés : les contrats et les invariants ? Pouvez-vous utiliser un *framework* de test de propriété pour les vérifier automatiquement ?

Exercices

Exercice 31

Reprenez l'exemple de l'entrepôt. Existe-t-il d'autres propriétés que vous pouvez tester ?

Exercice 32

Votre entreprise expédie des machines. Chaque machine est livrée dans une caisse, et chaque caisse est rectangulaire. La taille des caisses varie. Votre tâche consiste à écrire un code permettant d'emballer autant de caisses que possible en une seule couche qui tienne dans le camion de livraison. Le résultat de votre code est une liste de toutes les caisses. Pour chaque caisse, la liste indique l'emplacement dans le camion, ainsi que la largeur et la hauteur. Quelles propriétés de la sortie pourraient être testées ?

Thème 43 – Restez en sécurité

> *De bonnes clôtures font de bons voisins.*
>
> ROBERT FROST, *MENDING WALL*

Dans la discussion sur le couplage des codes de la première édition, nous avons fait une déclaration audacieuse et naïve : « Nous n'avons pas besoin d'être aussi paranoïaques que des espions ou des dissidents. » Nous avions tort. En fait, vous *devez* être aussi paranoïaque, tous les jours.

À l'heure où nous écrivons ces lignes, les actualités sont remplies d'histoires de violations de données dévastatrices, de systèmes détournés et de cyberfraude. Des centaines de millions d'enregistrements volés en même temps, des milliards et des milliards de dollars de pertes et de mesures correctives, et ces chiffres augmentent rapidement d'année en année. Dans la grande majorité des cas, les attaquants ne se sont pas montrés terriblement intelligents, ou même vaguement compétents.

Ce sont les développeurs qui ont été négligents.

Les 90 % restants

Lorsque vous codez, vous pouvez passer par plusieurs phases de « ça marche ! » et « pourquoi ça ne marche pas ? » avec de temps en temps « dites-moi que ce n'est pas vrai[16]... ». Après plusieurs hauts et bas sur cette pente ascendante, il est facile de se dire « ouf, ça marche ! » et de proclamer que le code est terminé. Bien sûr, ce n'est pas encore le cas. Vous avez terminé à 90 %, mais vous devez maintenant prendre en compte les 90 % *restants*.

16 Voir le thème 20, *Débogage*.

La prochaine chose à faire est d'analyser le code pour voir de quelles manières il peut mal tourner et de les ajouter à votre suite de tests. Vous prendrez en compte des éléments tels que le passage de mauvais paramètres, la fuite ou l'indisponibilité de ressources, etc.

Dans le temps, cette évaluation des erreurs internes pouvait suffire. Mais aujourd'hui, elle n'est qu'une étape, car en plus des erreurs d'origine interne, vous devez envisager la manière dont un acteur externe pourrait délibérément perturber le système. Peut-être allez-vous protester : « Oh, personne ne s'intéressera à ce code, il n'est pas important, personne ne connaît même ce serveur... » Le monde est vaste, et il est en grande partie connecté. Qu'il s'agisse d'un enfant qui s'ennuie à l'autre bout de la planète, de terrorisme d'État, de bandes criminelles, d'espionnage d'entreprise ou même d'un ex vengeur, ils sont là et ils vous ont dans leur viseur. Le temps de survie d'un système non corrigé et obsolète sur le réseau ouvert se mesure en minutes, voire moins.

La sécurité par l'obscurité ne fonctionne pas.

Principes sécuritaires de base

Les programmeurs pragmatiques sont armés d'une saine dose de paranoïa. Nous savons que nous avons des défauts et des limites, et que les attaquants externes profiteront de *toute* ouverture que nous laissons pour compromettre nos systèmes. Vos environnements de développement et de déploiement particuliers auront leurs propres besoins en matière de sécurité, mais il existe une poignée de principes de base que vous devriez toujours garder à l'esprit :

- Minimiser la surface d'attaque ;
- Appliquer le principe du moindre privilège ;
- Sécuriser les défauts ;
- Chiffrer les données sensibles ;
- Maintenir les mises à jour de sécurité.

Examinons chacun d'entre eux.

Minimiser la surface d'attaque

La *surface d'attaque* d'un système est la somme de tous les points d'accès au niveau desquels un attaquant peut entrer des données, en extraire ou invoquer l'exécution d'un service. Voici quelques exemples.

La complexité du code conduit à des vecteurs d'attaque

La complexité du code élargit la surface d'attaque et multiplie les possibilités d'effets secondaires imprévus. Un code complexe rend la surface d'attaque plus poreuse et plus ouverte à l'infection. Une fois de plus, il est préférable d'opter pour un code simple et de modeste. Moins de code signifie moins de bogues, moins de possibilités de failles de sécurité paralysantes. Avec un code plus simple, plus resserré et moins complexe, il est plus facile de raisonner et d'en repérer les faiblesses potentielles.

Les données d'entrée sont un vecteur d'attaque

Ne faites jamais confiance aux données provenant d'une entité externe, désinfectez-les toujours avant de les transmettre à une base de données, de les soumettre au rendu de l'aperçu ou à un autre traitement[17]. Certains langages peuvent vous aider à cet égard. En Ruby, par exemple, les variables contenant des données externes sont *corrompues*, ce qui limite les opérations qui peuvent être effectuées sur elles. Par exemple, ce code utilise apparemment l'utilitaire wc pour indiquer le nombre de caractères d'un fichier dont le nom est fourni au moment de l'exécution :

safety/taint.rb

```
puts "Enter a file name to count: "
name = gets
system("wc -c #{name}")
```

Un utilisateur malveillant pourrait ainsi causer des dommages :

```
Enter a file name to count:
test.dat; rm -rf /
```

17 Vous vous souvenez de notre bon ami, le petit Bobby Tables (https://xkcd.com/327) ? Pendant que vous vous remémorez, jetez un coup d'œil à https://bobby-tables.com, qui répertorie les moyens d'assainir les données transmises aux requêtes des bases de données.

Toutefois, si le niveau SAFE est fixé à 1, les données externes seront corrompues, ce qui signifie qu'elles ne pourront pas être utilisées dans des contextes dangereux :

```
➤ $SAFE = 1

  puts "Enter a file name to count: "
  name = gets
  system("wc -c #{name}")
```

Lorsque nous l'utilisons, nous sommes pris en flagrant délit :

```
$ ruby taint.rb
Enter a file name to count:
test.dat; rm -rf /
code/safety/taint.rb:5:in `system': Insecure operation - system (SecurityError)
  from code/safety/taint.rb:5:in `main
```

Les services non authentifiés sont un vecteur d'attaque

Par leur nature même, n'importe quel utilisateur, n'importe où dans le monde, peut appeler des services non authentifiés, de sorte qu'en l'absence de toute autre manipulation ou limitation, vous avez immédiatement créé une possibilité d'attaque par *déni de service* au minimum. Un grand nombre de violations de données hautement publiques ont récemment été causées par des développeurs qui ont accidentellement placé des données dans des magasins de données non authentifiés et lisibles par le public dans le cloud.

Les services authentifiés sont un vecteur d'attaque

Maintenez le nombre d'utilisateurs autorisés à un minimum absolu. Supprimez les utilisateurs et les services inutilisés, anciens ou obsolètes. Il a été constaté que de nombreux appareils connectés au réseau contenaient de simples mots de passe par défaut ou des comptes administratifs inutilisés et non protégés. Si un compte contenant des informations d'identification de déploiement est compromis, c'est l'ensemble de votre produit qui l'est.

Les données de sortie sont un vecteur d'attaque

Il existe une histoire (peut-être apocryphe) à propos d'un système qui affichait consciencieusement le message d'erreur `Password is used by another user`. Ne divulguez pas d'informations. Assurez-vous que les données que vous signalez sont appropriées pour l'autorisation de cet utilisateur. Tronquez ou brouillez les informations potentiellement dangereuses, telles que les numéros de sécurité sociale ou d'autres numéros d'identification gouvernementaux.

Les informations de débogage sont un vecteur d'attaque

Il n'y a rien d'aussi réconfortant que de voir une trace d'appels complète avec des données sur votre distributeur automatique de billets local, un kiosque d'aéroport ou une page web qui tombe en panne. Les informations conçues pour faciliter le débogage peuvent également faciliter l'intrusion. Assurez-vous que toute « fenêtre de test » (dont il est question page 298) et tout rapport d'exception d'exécution sont protégés des regards indiscrets[18].

Conseil 72 – Simplifiez et réduisez les surfaces d'attaque

Appliquer le principe du moindre privilège

Un autre principe clé consiste à utiliser le *moins* de privilèges possible pendant la durée la *plus courte possible*. En d'autres termes, n'utilisez pas automatiquement le niveau d'autorisation le plus élevé, tel que `root` ou `Administrator`. Si ce niveau élevé *est* nécessaire, prenez-le, effectuez le minimum de travail et renoncez rapidement à votre autorisation afin de réduire le risque. Ce principe remonte au début des années 1970 :

18 Cette technique s'est avérée efficace au niveau de la puce du processeur, où des exploits bien connus ciblent les fonctions de débogage et d'administration. Une fois piratée, la machine entière est exposée.

> *Chaque programme et chaque utilisateur privilégié du système doit fonctionner en utilisant le moins de privilèges possible pour effectuer son travail. (Jerome Saltzer,* Communications of the ACM, *1974.)*

Prenons l'exemple du programme de login sur les systèmes dérivés d'Unix. Il s'exécute initialement avec les privilèges de l'administrateur (*root*). Cependant, dès qu'il a fini d'authentifier le bon utilisateur, il abandonne les privilèges de haut niveau au profit de ceux de l'utilisateur.

Cela ne s'applique pas seulement aux niveaux de privilèges du système d'exploitation. Votre application met-elle en œuvre différents niveaux d'accès ? La catégorisation est-elle grossière, réduite par exemple à « administrateur » ou « utilisateur » ? Si c'est le cas, envisagez quelque chose de plus fin, où vos ressources sensibles sont réparties en suffisamment de catégories, et où les utilisateurs individuels n'ont des permissions que pour certaines de ces catégories.

Cette technique repose sur le même type d'idée que la minimisation de la surface, à savoir la réduction de la portée des vecteurs d'attaque, à la fois en matière de temps et de niveau de privilège. Dans ce cas, le moins est en effet le mieux.

Sécuriser les défauts

Les paramètres par défaut de votre application ou des utilisateurs de votre site doivent être les valeurs les *plus* sûres. Ce ne sont peut-être pas les valeurs les plus conviviales ou les plus pratiques, mais il vaut mieux laisser chaque personne décider elle-même des compromis entre la sécurité et la commodité.

Par exemple, la valeur par défaut pour la saisie d'un mot de passe pourrait être de masquer le mot de passe tel qu'il est saisi, en remplaçant chaque caractère par un astérisque. Si vous saisissez un mot de passe dans un lieu public bondé, ou si vous le projetez devant un large public, cette option par défaut est judicieuse. Mais certains utilisateurs peuvent souhaiter voir le mot de passe en toutes lettres, par exemple pour des raisons d'accessibilité. S'il y a peu de risques que quelqu'un regarde par-dessus leur épaule, c'est un choix raisonnable pour eux.

Chiffrer les données sensibles

Ne laissez pas d'informations personnelles identifiables, de données financières, de mots de passe ou d'autres informations d'identification en texte brut, que ce soit dans une base de données ou dans un autre fichier externe. Si les données sont exposées, le cryptage offre un niveau de sécurité supplémentaire.

Dans le thème 19, *Contrôle de version*, nous recommandons vivement de placer tout ce qui est nécessaire au projet sous contrôle de version. Enfin, *presque* tout. Voici une exception majeure à cette règle : n'enregistrez pas de secrets, de clés API, de clés SSH (Secure Shell), de mots de passe de cryptage ou d'autres informations d'identification à côté de votre code source dans le contrôle de version.

Les clés et les secrets doivent être gérés séparément, généralement *via* des fichiers de configuration ou des variables d'environnement dans le cadre de la construction et du déploiement.

Maintenir les mises à jour de sécurité

La mise à jour des systèmes informatiques peut s'avérer très pénible. Vous avez besoin de ce correctif de sécurité, mais il a pour effet secondaire de casser une partie de votre application. Vous pourriez décider d'attendre et de reporter la mise à jour à plus tard. C'est une mauvaise idée, car votre système est maintenant vulnérable à un exploit connu.

Conseil 73 – Appliquez rapidement les correctifs de sécurité

Ce conseil concerne tous les appareils connectés au réseau, y compris les téléphones, les voitures, les appareils électroménagers, les ordinateurs portables personnels, les machines de développement, les machines de construction, les serveurs de production et les images sur cloud. Tous les appareils. Et si vous pensez que cela n'a pas vraiment d'importance, rappelez-vous que les plus grandes violations de données de l'histoire (jusqu'à présent) ont été causées par des systèmes qui accusaient un retard de mise à jour.

Ne tendez pas la main aux incidents.

Anti-patrons de mots de passe

L'un des problèmes fondamentaux en matière de sécurité est que, souvent, une bonne sécurité va à l'encontre du bon sens ou des pratiques courantes. Par exemple, vous pourriez penser que des exigences strictes en matière de mot de passe augmenteraient la sécurité de votre application ou de votre site. Vous vous trompez.
Des politiques strictes en matière de mots de passe *réduiront* en fait votre sécurité. Voici une courte liste de très mauvaises idées, ainsi que quelques recommandations de l'Institut national des normes et de la technologie (le NIST[19]) :

- Ne limitez pas la longueur des mots de passe à moins de 64 caractères. Le NIST recommande une longueur maximale de 256 caractères ;
- Ne tronquez pas le mot de passe choisi par l'utilisateur ;
- Ne restreignez pas les caractères spéciaux tels que []();&%$# ou /. Voir la note sur les Bobby Tables plus haut dans cette section. Si les caractères spéciaux de votre mot de passe compromettent votre système, vous avez de plus gros problèmes. Le NIST recommande d'accepter tous les caractères d'imprimerie ASCII, l'espace et l'Unicode ;
- Ne fournissez pas d'indices de mot de passe aux utilisateurs non authentifiés et ne recourez pas aux questions secrètes (par exemple, « quel était le nom de votre premier animal de compagnie ? ») ;
- Ne désactivez pas la fonction paste du navigateur. Le fait de handicaper les fonctionnalités du navigateur et des gestionnaires de mots de passe ne rend pas votre système plus sûr ; en fait, cela pousse les utilisateurs à créer des mots de passe plus simples et plus courts qui sont beaucoup plus faciles à compromettre. C'est pour cette raison que le NIST aux États-Unis et le National Cyber Security

19 Publication spéciale 800-63B du NIST, « Digital Identity Guidelines : Authentication and Lifecycle Management », disponible gratuitement en ligne à l'adresse suivante : https://nvlpubs.nist.gov/nistpubs/SpecialPublications/NIST.SP.800-63b.pdf.

Centre au Royaume-Uni demandent expressément aux vérificateurs d'autoriser la fonction « coller » ;

- N'imposez pas d'autres règles de composition. Par exemple, n'exigez pas une combinaison particulière de majuscules et de minuscules, de chiffres ou de caractères spéciaux, n'interdisez pas les caractères répétitifs, etc. ;
- N'exigez pas arbitrairement des utilisateurs qu'ils modifient leurs mots de passe après un certain temps. Ne le faites que pour une raison valable (par exemple, en cas de violation).

Vous devez encourager les mots de passe longs et aléatoires avec un haut degré d'entropie. L'imposition de contraintes artificielles limite l'entropie et encourage les mauvaises habitudes en matière de mots de passe, ce qui rend les comptes de vos utilisateurs vulnérables à la prise de contrôle.

Bon sens ou encryptage ?

Il est important de garder à l'esprit que le bon sens peut vous faire défaut lorsqu'il s'agit de cryptographie. En matière de cryptographie, la première des règles – qui est aussi la plus importante –, est de *ne jamais faire vous-même*[20]. Même pour quelque chose d'aussi simple que les mots de passe, les pratiques courantes sont erronées (voir l'encadré *Anti-patrons de mots de passe*). Une fois que vous entrez dans le monde de la cryptographie, même la plus petite erreur, la plus insignifiante, peut tout compromettre : votre nouvel algorithme de cryptage maison peut probablement être cassé par un expert en quelques minutes. Vous ne devez pas faire du cryptage vous-même.

Comme nous l'avons dit ailleurs, ne vous fiez qu'à des éléments fiables : des bibliothèques et des frameworks bien contrôlés, examinés en profondeur, bien entretenus, fréquemment mis à jour et de préférence open source.

Au-delà des simples tâches de cryptage, examinez attentivement les autres caractéristiques de sécurité de votre site ou de votre application. Prenons l'exemple de l'authentification.

20 À moins d'être titulaire d'un doctorat en cryptographie, et même dans ce cas, il faut procéder à un examen approfondi par les pairs, réaliser des essais sur le terrain avec une prime à la détection des bogues et prévoir un budget pour la maintenance à long terme.

Pour mettre en œuvre votre propre connexion avec un mot de passe ou une authentification biométrique, vous devez comprendre comment fonctionnent le hachage et le salage, comment les pirates utilisent des éléments tels que les rainbow tables, pourquoi vous ne devriez pas utiliser MD5 ou SHA-1, et toute une série d'autres questions. Et même si vous faites tout cela correctement, au bout du compte, vous êtes toujours responsable de la conservation des données et de leur sécurité, en restant soumis à toute nouvelle législation et obligation légale.

Vous pouvez également adopter une approche pragmatique et laisser quelqu'un d'autre s'en occuper en utilisant un fournisseur d'authentification tiers. Il peut s'agir d'un service prêt à l'emploi que vous gérez en interne, ou d'un tiers sur le cloud. Les services d'authentification sont souvent proposés par des fournisseurs de services de messagerie électronique, de téléphonie ou de médias sociaux, qui peuvent ou non convenir à votre application. Quoi qu'il en soit, ces personnes passent leurs journées à assurer la sécurité de leurs systèmes, et elles y parviennent mieux que vous.

Restez en sécurité.

Sections connexes

- Thème 23, *Programmation par contrat.*
- Thème 24, *Les programmes morts ne mentent pas.*
- Thème 25, *Programmation assertive.*
- Thème 38, *Programmation par coïncidences.*
- Thème 45, *La fosse aux exigences.*

Thème 44 – Nommage

> *Le début de la sagesse est d'appeler les choses par leur nom.*
>
> Confucius

Que contient un nom ? En programmation, la réponse est « tout » !

Nous créons des noms pour les applications, les sous-systèmes, les modules, les fonctions, les variables – nous créons constamment de nouveaux éléments et leur attribuons des noms. Et ces noms sont très, très importants, car ils révèlent beaucoup de choses sur nos intentions et nos croyances.

Nous pensons que les éléments doivent être nommés en fonction du rôle qu'ils jouent dans votre code. Cela signifie qu'à chaque fois que vous créez quelque chose, vous devez faire une pause et vous demander : « Quelle motivation me pousse à créer cela ? »

Il s'agit d'une question puissante, car elle vous fait sortir de l'état d'esprit de la résolution immédiate de problèmes et vous oblige à avoir une vision d'ensemble. Lorsque vous examinez le rôle d'une variable ou d'une fonction, vous réfléchissez à ce qu'elle a de particulier, à ce qu'elle peut faire et à ce avec quoi elle interagit. Souvent, nous nous rendons compte que ce que nous étions sur le point de faire n'avait aucun sens, tout cela parce que nous n'arrivons pas à trouver un nom approprié.

L'idée que les noms ont une signification profonde repose sur des fondements scientifiques. Il s'avère que le cerveau peut lire et comprendre les mots très rapidement, plus rapidement que beaucoup d'autres activités. Cela signifie que lorsque nous essayons de comprendre quelque chose, cela passe prioritairement par les mots. Cela peut être démontré par l'effet Stroop[21].

Regardez l'encadré suivant. Il contient une liste de noms de couleurs, et chacune est représentée par une couleur. Les noms et les couleurs, toutefois, ne correspondent pas nécessairement. Voici la première partie du défi : lisez à haute voix le nom de chaque couleur tel qu'il est écrit[22] :

21 « Studies of interference in serial verbal reactions » [Str35].

22 Nous avons deux versions de ce panneau. L'une utilise des couleurs différentes et l'autre des nuances de gris. Si vous voyez ce panneau en noir et blanc et que vous voulez la version en couleurs, rendez-vous sur https://pragprog.com/the-pragmatic-programmer/stroop-effect.

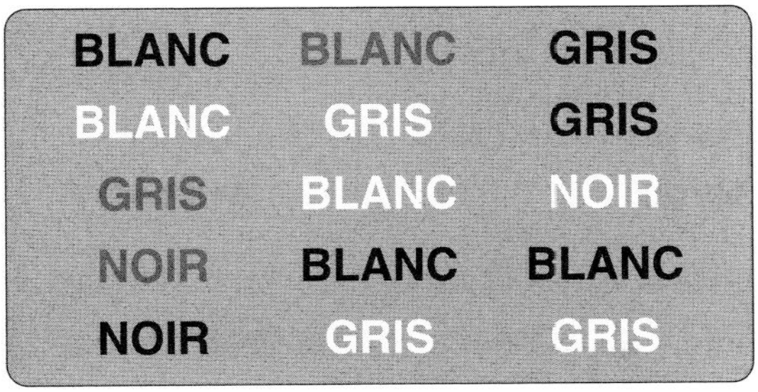

À présent, répétez l'opération, mais lisez à haute voix la couleur utilisée pour écrire le mot. Plus difficile, hein ? Il est facile de lire couramment, mais il est beaucoup plus compliqué de reconnaître les couleurs.

Le cerveau considère les mots écrits comme quelque chose qui doit être respecté. Nous devons nous assurer que les noms que nous utilisons sont à la hauteur.

Prenons quelques exemples.

- Nous authentifions les personnes qui accèdent à notre site qui vend des bijoux fabriqués à partir de vieilles cartes graphiques :

  ```
  let user = authenticate(credentials)
  ```

  La variable est `user` car elle est *toujours* `user`. Mais pourquoi ? Cela ne veut rien dire. Pourquoi pas `customer`, ou `buyer` ? De cette façon, nous avons des rappels constants, au fur et à mesure que nous codons, de ce que cette personne essaie de faire, et de ce que cela signifie pour nous.

- Nous disposons d'une méthode d'instance qui permet d'appliquer une réduction sur une commande :

  ```
  public void deductPercent(double amount)
      // ...
  ```

  Deux choses ici. Tout d'abord, `deductPercent` décrit *ce qu'il fait* et non pas *pourquoi il le fait*. Ensuite, le nom du paramètre `amount` est, au mieux, trompeur : s'agit-il d'un montant absolu, d'un pourcentage ?

Ce serait peut-être mieux ainsi :

```
public void applyDiscount(Percentage discount)
  // ...
```

Le nom de la méthode rend désormais son intention plus claire. Nous avons également modifié le paramètre, qui est passé de `double` à `Percentage`, un type que nous avons défini. Nous ne savons pas ce qu'il en est pour vous, mais lorsqu'il s'agit de pourcentages, nous ne savons jamais si la valeur est censée être comprise entre 0 et 100 ou entre 0,0 et 1,0. L'utilisation d'un type documente ce que la fonction attend.

- Nous avons un module qui fait des choses intéressantes avec les nombres de Fibonacci. L'une de ces choses consiste à calculer l'énième nombre de la séquence. Arrêtez-vous et réfléchissez au nom que vous donneriez à cette fonction.

  La plupart des personnes que nous avons interrogées l'appelleraient `fib`. Cela semble raisonnable, mais n'oubliez pas qu'elle sera normalement appelée dans le contexte de son module, ce qui signifie que l'appel serait `Fib.fib(n)`. Pourquoi ne pas l'appeler `of` ou `nth` à la place ?

  ```
  Fib.of(0)    # => 0
  Fib.nth(20)  # => 4181
  ```

En nommant les choses, vous cherchez constamment à clarifier ce que vous voulez dire, et cet acte de clarification vous conduira à une meilleure compréhension de votre code *au fur et à mesure que vous l'écrivez.*

Cependant, tous les noms ne doivent pas nécessairement être candidats à un prix littéraire.

> **L'exception qui confirme la règle**
>
> Alors que nous nous efforçons de clarifier le code, l'image de marque est une tout autre affaire.
>
> Une tradition bien établie veut que les projets et les équipes de projet portent des noms obscurs et « recherchés ». Des noms de Pokémon, de super-héros Marvel, de mammifères mignons, de personnages du *Seigneur des anneaux*, etc.
>
> Littéralement.

Respecter la culture locale

Il n'y a que deux choses compliquées en informatique : l'invalidation du cache et le nommage des éléments.

La plupart des textes d'introduction à l'informatique vous recommandent de ne jamais utiliser de variables d'une seule lettre telles que `i`, `j` ou `k`[23].

Nous pensons qu'ils ont tort. En quelque sorte.

En fait, cela dépend de la culture du langage de programmation ou de l'environnement en question. Dans le langage de programmation C, `i`, `j` et `k` sont traditionnellement utilisés comme variables d'incrémentation de boucle, `s` est utilisé pour une chaîne de caractères, et ainsi de suite. Si vous programmez dans cet environnement, c'est ce que vous avez l'habitude de voir et il serait choquant (et donc erroné) de violer cette norme. D'un autre côté, utiliser cette convention dans un environnement différent où elle n'est *pas* attendue est tout aussi incorrect. Vous ne feriez jamais quelque chose d'odieux comme cet exemple Clojure qui assigne une chaîne de caractères à la variable `i` :

```
(let [i "Hello World"]
       (println i))
```

23 Savez-vous *pourquoi* **i** est couramment utilisé comme variable de boucle ? La réponse remonte à plus de soixante ans, lorsque les variables commençant par **I** à **N** étaient des entiers dans la version originale de Fortran. Et Fortran a été à son tour influencé par l'algèbre.

Certaines communautés linguistiques préfèrent la camelCase, avec des majuscules intégrées, tandis que d'autres préfèrent la snake_case, avec des traits bas intégrés pour séparer les mots. Les langages eux-mêmes acceptent bien sûr l'une ou l'autre, mais ce n'est pas pour autant qu'ils sont corrects. Respectez la culture locale.

Certains langages autorisent un sous-ensemble d'Unicode dans les noms. Renseignez-vous sur les attentes de la communauté avant de vous lancer dans des noms comme ɹəsn ou εξέρχεται.

Faire preuve de cohérence

Emerson est célèbre pour avoir écrit : « Une cohérence stupide est le farfadet des petits esprits... » Mais Emerson ne faisait pas partie d'une équipe de programmeurs.

Chaque projet a son propre vocabulaire, un jargon qui a une signification particulière pour l'équipe. Le mot « ordre » a un certain sens pour une équipe qui crée un système de catalogage d'une bibliothèque numérique, et un tout autre sens pour une équipe dont l'application retrace la lignée de groupes religieux. Il est important que tous les membres de l'équipe connaissent la signification de ces mots et qu'ils les utilisent de manière cohérente.

L'une des solutions consiste à encourager la communication. Si tout le monde fait des programmes en binôme et que les binômes changent fréquemment, le jargon se répandra de manière osmotique.

Une autre solution consiste à établir un glossaire du projet, répertoriant les termes qui ont une signification particulière pour l'équipe. Il s'agit d'un document informel, éventuellement mis à jour sur un wiki, ou simplement de fiches disposées sur un mur quelque part.

Au bout d'un certain temps, le jargon du projet deviendra autonome. Lorsque tout le monde sera à l'aise avec le vocabulaire, vous pourrez utiliser le jargon comme une abréviation, en exprimant beaucoup de sens de manière précise et concise (c'est exactement ce qu'est un *modèle de langage*).

Renommer est encore plus difficile

Il n'y a que deux choses compliquées en informatique : l'invalidation du cache, le nommage des éléments, et les erreurs off-by-one.

Quels que soient les efforts déployés au départ, les choses changent. Le code est remanié, l'usage change, la signification est subtilement modifiée. Si vous n'êtes pas vigilant quant à la mise à jour des noms au fur et à mesure, vous pouvez rapidement sombrer dans un cauchemar bien pire que des noms dénués de sens : des noms *trompeurs*. Avez-vous déjà demandé à quelqu'un d'expliquer des incohérences dans le code comme « La routine appelée `getData` écrit en réalité des données dans un fichier d'archive » ?

Comme nous l'expliquons dans le thème 3, *Entropie logicielle*, lorsque vous repérez un problème, corrigez-le, ici et maintenant. Lorsque vous voyez un nom qui n'exprime plus l'intention, qui est trompeur ou qui prête à confusion, corrigez-le. Vous disposez de tests de régression complets, ce qui vous permettra de repérer tous les cas que vous auriez pu manquer.

Conseil 74 – Nommez correctement, et renommez si nécessaire

Si, pour une raison ou pour une autre, vous ne pouvez pas changer le nom erroné, le problème est plus grave : il s'agit d'une violation du principe SAM (voir le thème 8, *L'essence d'une bonne conception*). Réglez d'abord ce problème, puis changez le nom incriminé. Facilitez le changement de nom et faites-le souvent.

Sinon, vous devrez expliquer aux nouveaux membres de l'équipe qu'en réalité, `getData` écrit des données dans un fichier, et vous devrez le faire en gardant la tête haute.

Sections connexes

- Thème 3, *Entropie logicielle.*
- Thème 40, *Réusinage.*
- Thème 45, *La fosse aux exigences.*

Défis

- Lorsque vous trouvez une fonction ou une méthode avec un nom trop générique, essayez de la renommer pour exprimer tout ce qu'elle fait réellement. C'est désormais une cible plus facile pour le réusinage.
- Dans nos exemples, nous avons suggéré d'utiliser des noms plus spécifiques tels que *acheteur* au lieu du nom plus traditionnel et générique d'*utilisateur*. Quels sont les autres noms que vous utilisez habituellement et qui pourraient être améliorés ?
- Les noms de votre système correspondent-ils aux termes utilisés dans le domaine ? Si ce n'est pas le cas, pourquoi ? Cela provoque-t-il une dissonance cognitive de type effet Stroop au sein de l'équipe ?
- Certains noms de votre système sont-ils difficiles à modifier ? Que pouvez-vous faire pour réparer ce carreau cassé ?

Chapitre 8

EN AMONT DU PROJET

Au tout début d'un projet, vous et votre équipe devez connaître les exigences. Il ne suffit pas de se faire dire ce qu'il faut faire ou d'écouter les utilisateurs : lisez *La fosse aux exigences* et apprenez à éviter les pièges et les écueils les plus courants.

La sagesse conventionnelle et la gestion des contraintes sont les sujets de *Résoudre des casse-tête impossibles*. Qu'il s'agisse d'exigences, d'analyses, de codage ou de tests, des problèmes difficiles surgiront. La plupart du temps, ils ne seront pas aussi difficiles à résoudre qu'ils ne le paraissent à première vue.

Et lorsque ce projet impossible se présente, nous aimons nous tourner vers notre arme secrète : *Travailler ensemble*. Et par « travailler ensemble », nous n'entendons pas partager un énorme document d'exigences, envoyer des courriels avec de nombreuses copies conformes ou endurer des réunions interminables. Il s'agit de résoudre des problèmes ensemble tout en codant. Nous vous expliquons de qui vous avez besoin et comment commencer.

Même si le « Manifeste agile » commence par « Les individus et les interactions plutôt que les processus et les outils », pratiquement tous les projets « agiles » commencent par une discussion ironique sur les processus et les outils qui seront utilisés. Mais quelle que soit la qualité de la réflexion, et quelles que soient les « meilleures pratiques » qu'elle inclut, aucune méthode ne peut remplacer la *réflexion*. Vous n'avez pas besoin d'un processus ou d'un outil particulier ; ce dont vous avez besoin, c'est de *L'essence de l'agilité*.

En réglant ces questions essentielles *avant* le lancement du projet, vous serez mieux à même d'éviter la « paralysie de l'analyse » et de réellement entamer – et terminer – un projet couronné de succès.

Thème 45 – La fosse aux exigences

> *La perfection est atteinte, non pas lorsqu'il n'y a plus rien à ajouter mais lorsqu'il n'y a plus rien à retirer.*

ANTOINE DE SAINT-EXUPÉRY, *TERRE DES HOMMES*, 1939

De nombreux ouvrages et tutoriels font référence à la *collecte des exigences* comme une phase précoce du projet. Le mot « collecte » semble impliquer une tribu d'analystes heureux, à la recherche de pépites de sagesse qui traînent sur le sol tout autour d'eux, tandis que la *Symphonie pastorale* joue doucement en arrière-plan. Le terme « collecte » implique que les exigences sont déjà là – il suffit de les trouver, de les mettre dans son panier et de poursuivre joyeusement son chemin.

Ce n'est pas tout à fait comme cela que cela fonctionne. Les exigences sont rarement disponibles, à portée de main. Normalement, elles sont enfouies sous des couches de suppositions, d'idées fausses et de politiques. Pire encore, elles n'existent souvent pas du tout.

Conseil 75 – N'oubliez pas que personne ne sait exactement ce qu'il veut

---

Le mythe des exigences

Dans les premiers temps du logiciel, les ordinateurs avaient plus de valeur (en matière de coût amorti par heure) que les personnes qui travaillaient avec eux. Nous économisions de l'argent en essayant de faire les choses correctement du premier coup. Une partie de ce processus consistait à essayer de spécifier exactement ce que nous allions faire faire à la machine. Nous commencions par obtenir une spécification des besoins, que nous transformions en document de conception, puis en organigrammes et en pseudo-code, et enfin en code. Mais avant de l'introduire dans un ordinateur, nous prenions le temps de le vérifier.

Cela coûtait beaucoup d'argent. Et ce coût signifiait que les gens n'essayaient d'automatiser quelque chose que lorsqu'ils savaient exactement ce qu'ils voulaient. Comme les premières machines étaient relativement limitées, l'étendue des problèmes qu'elles permettaient de résoudre était restreinte : il était en fait *possible* de comprendre l'ensemble du problème avant de commencer.

Mais ce n'est pas le monde réel. Le monde réel est désordonné, conflictuel et inconnu. Dans ce monde, les spécifications exactes de quoi que ce soit sont rares, voire carrément impossibles.

C'est là que nous, les programmeurs, intervenons. Notre travail consiste à aider les gens à comprendre ce qu'ils veulent. En fait, c'est probablement notre principale valeur ajoutée. Et cela vaut la peine de le répéter :

Conseil 76 – Aidez vos clients à comprendre ce qu'ils veulent

---

La programmation comme thérapie

Appelons clients les personnes qui nous demandent d'écrire des logiciels.

Le client type s'adresse à nous pour un besoin. Ce besoin peut être stratégique, mais il est tout aussi probable qu'il s'agisse d'une question tactique : une réponse à un problème actuel. Il peut s'agir d'une modification d'un système existant ou de quelque chose de nouveau. Le besoin sera parfois exprimé en termes métier, parfois en termes techniques.

L'erreur que commettent souvent les nouveaux développeurs est de se saisir de cette déclaration de besoin et de mettre en œuvre une solution pour y répondre.

D'après notre expérience, cette première déclaration de besoin n'est pas une exigence absolue. Le client peut ne pas s'en rendre compte, mais il s'agit en fait d'une invitation à explorer.

Prenons un exemple simple.

Vous travaillez pour un éditeur de livres papier et électroniques. On vous confie une nouvelle tâche :

« Les frais de port devraient être gratuits pour toute commande d'un montant égal ou supérieur à 50 euros. »

Arrêtez-vous une seconde et imaginez-vous dans cette situation. Quelle est la première chose qui vous vient à l'esprit ?

Il y a de fortes chances que vous ayez des questions à poser :

- Les 50 euros incluent-ils les taxes ?
- Les 50 euros incluent-ils les frais d'expédition actuels ?
- Les 50 euros doivent-ils être consacrés à des livres papier ou la commande peut-elle également porter sur des livres électroniques ?
- Quel est le mode d'expédition proposé ? Prioritaire ? Par voie terrestre ?
- Qu'en est-il des commandes internationales ?
- À quelle fréquence le plafond de 50 euros sera-t-il modifié à l'avenir ?

C'est ce que nous faisons. Lorsqu'on nous donne quelque chose qui semble simple, nous agaçons les gens en cherchant des cas limites et en posant des questions à leur sujet.

Il y a de fortes chances que le client ait déjà pensé à certaines d'entre elles et qu'il ait simplement supposé que la mise en œuvre fonctionnerait de cette manière. Poser la question permet de faire sortir cette information.

Mais d'autres questions porteront probablement sur des éléments que le client n'avait pas envisagés auparavant. C'est là que les choses deviennent intéressantes et qu'un bon développeur apprend à être diplomate.

Vous : Nous nous interrogeons sur le montant total de 50 euros. Ce montant inclut-il les frais d'expédition habituels ?

Client : Bien sûr, c'est le total qu'ils nous paieraient.

Vous : C'est simple et agréable à comprendre pour nos clients : je comprends l'intérêt. Mais j'imagine aussi des clients moins scrupuleux qui pourraient essayer de jouer avec ce système.

Client : Comment ça ?

Vous : Eh bien, supposons qu'ils achètent un livre pour 25 euros et qu'ils choisissent l'option la plus chère, à savoir l'envoi du jour au lendemain. Cette option coûtera probablement environ 30 euros, ce qui portera le montant total de la commande à 55 euros. Dans ce cas, les frais de port sont gratuits et le livre à 25 euros est expédié en 24 heures pour seulement 25 euros.

(À ce stade, un développeur expérimenté s'arrête. Fournissez des faits et laissez le client prendre les décisions.)

Client : Ah. Ce n'est certainement pas ce que je souhaitais ; nous perdrions de l'argent sur ces commandes. Quelles sont les options ?

C'est le début d'une exploration. Votre rôle est d'interpréter ce que dit le client et de lui faire part des implications. Il s'agit d'un processus à la fois intellectuel et créatif : vous réfléchissez de manière active et vous contribuez à une solution qui sera probablement meilleure que celle que vous ou le client auriez produite seul.

Les exigences sont un processus

Dans l'exemple précédent, le développeur a pris les exigences et a renvoyé une conséquence au client. C'est ainsi qu'a commencé l'exploration. Au cours de cette exploration, il est probable que vous obteniez d'autres informations en retour, à mesure que le client joue avec différentes solutions. C'est la réalité de toute collecte d'exigences :

Conseil 77 – Pour comprendre les exigences, installez une boucle de rétroaction

---

Votre travail consiste à aider le client à comprendre les conséquences des exigences qu'il a formulées. Pour ce faire, vous générez un retour d'information et vous le laissez utiliser ce retour d'information pour affiner sa réflexion.

Dans l'exemple précédent, le retour d'information était facile à exprimer en mots. Parfois, ce n'est pas le cas. Et parfois, vous n'en savez franchement pas assez sur le domaine pour être aussi précis.

Dans ces cas-là, les programmeurs pragmatiques s'appuient sur la technique du « c'est bien ce que vous vouliez dire ? ». Nous produisons des maquettes et des prototypes et laissons le client jouer avec. Idéalement, les choses que nous produisons sont suffisamment flexibles pour que nous puissions les modifier au cours de nos discussions avec le client, ce qui nous permet de répondre à « ce n'est pas ce que je voulais dire » par « alors plutôt comme ça ? ».

Parfois, ces maquettes peuvent être créées en une heure ou deux. Il s'agit bien évidemment d'astuces pour faire passer une idée.

Mais en réalité, *tout* le travail que nous effectuons est une forme de maquette. Même à la fin d'un projet, nous sommes toujours en train d'interpréter ce que veut notre client. En fait, à ce stade, il est probable que nous ayons d'autres clients : les responsables de l'assurance qualité, les opérations, le marketing et peut-être même des groupes de clients tests.

Le programmeur pragmatique considère donc l'ensemble du projet comme un exercice de recueil des exigences. C'est pourquoi nous préférons les itérations courtes, qui se terminent par un retour d'information direct du client. Cela nous permet de rester sur la bonne voie et de nous assurer que si nous nous trompons de direction, la perte de temps est réduite au minimum.

Se mettre à la place de son client

Pour entrer dans la tête de vos clients, il existe une technique simple que l'on n'utilise pas assez souvent : devenez un client. Vous écrivez un système pour le service d'assistance ? Passez quelques jours à surveiller les téléphones avec une personne expérimentée en matière d'assistance. Vous automatisez un système manuel de contrôle des stocks ? Travaillez dans l'entrepôt pendant une semaine[1].

En plus de vous donner un aperçu de la manière dont le système sera *réellement* utilisé, vous seriez surpris de voir à quel point la demande « Puis-je vous observer pendant une semaine pendant que vous faites votre travail ? » contribue à instaurer la confiance et à établir une base de communication avec vos clients. Veillez juste à ne pas les empêcher de faire leur travail !

Conseil 78 – Travaillez avec les utilisateurs pour penser comme un utilisateur

---

C'est aussi le moment de commencer à établir une relation avec votre base de clients, de connaître leurs attentes et leurs espoirs concernant le système que vous êtes en train de mettre en place. Pour en savoir plus, consultez le thème 52, *Faites plaisir à vos utilisateurs*.

1 Une semaine, cela vous paraît long ? Ce n'est pourtant pas de trop, en particulier lorsque vous examinez des processus dans lesquels la direction et les travailleurs évoluent dans des mondes différents. La direction vous donnera une idée de la manière dont les choses fonctionnent, mais lorsque vous irez sur le terrain, vous découvrirez une réalité très différente, qu'il vous faudra du temps pour assimiler.

Exigences et politique

Imaginons qu'en discutant d'un système de ressources humaines, un client déclare : « Seuls les supérieurs hiérarchiques d'un employé et le service du personnel peuvent consulter les dossiers de cet employé. » Cette déclaration est-elle vraiment une exigence ? Peut-être aujourd'hui, mais elle modifie la politique de l'entreprise en prenant la forme d'une déclaration absolue.

Politique de l'entreprise ? Exigence ? Il s'agit d'une distinction relativement subtile, mais qui aura de profondes implications pour les développeurs. Si l'exigence est formulée comme suit : « Seuls les superviseurs et le personnel peuvent consulter un dossier d'employé », le développeur peut finir par coder un test explicite chaque fois que l'application accède à ces données. En revanche, si l'exigence est « Seuls les utilisateurs autorisés peuvent accéder à un dossier d'employé », le développeur concevra et mettra probablement en œuvre une sorte de système de contrôle d'accès. Lorsque la politique changera (et elle changera), seules les métadonnées de ce système devront être mises à jour. En fait, la collecte des exigences de cette manière vous conduit naturellement à un système qui est bien conçu pour prendre en charge les métadonnées.

En fait, il existe une règle générale en la matière :

Conseil 79 – Intégrez la politique comme une métadonnée

Mettez en œuvre le cas général, en utilisant les informations sur les politiques comme exemple du type d'éléments que le système doit prendre en charge.

Exigences et réalité

Dans un article paru en janvier 1999 dans le magazine *Wired*[2], le producteur et musicien Brian Eno décrivit une technologie incroyable : la table de

2 https://www.wired.com/1999/01/eno/.

mixage ultime. Elle faisait tout ce qu'il était possible de faire en matière de son. Pourtant, au lieu de permettre aux musiciens de faire de la meilleure musique, ou de produire un enregistrement plus rapidement ou à moindre coût, elle se mettait en travers de leur chemin ; elle perturbait le processus créatif.

Pour comprendre pourquoi, il faut regarder comment les ingénieurs son travaillent. Ils équilibrent les sons de manière intuitive. Au fil des années, ils développent une boucle de rétroaction innée entre leurs oreilles et le bout de leurs doigts : ils font glisser les faders, tournent les boutons, etc. Cependant, l'interface de la nouvelle table de mixage n'exploitait pas ces capacités. Au lieu de cela, elle obligeait les utilisateurs à taper sur un clavier ou à cliquer sur une souris. Les fonctions qu'elle offrait étaient complètes, mais elles étaient présentées de manière peu familière et exotique. Les fonctions dont les ingénieurs avaient besoin se cachaient parfois derrière des noms obscurs ou étaient obtenues par des combinaisons non intuitives de fonctions de base.

Cet exemple illustre également notre conviction que les outils efficaces s'adaptent aux mains qui les utilisent. Une collecte d'exigences réussie prend cela en compte. Et c'est pourquoi un retour d'information précoce, avec des prototypes ou des balles traçantes, permettra à vos clients de dire « oui, cela fait *ce que* je veux, mais pas *comme* je le veux ».

Documenter les exigences

Nous pensons que la meilleure documentation sur les exigences, voire la *seule* documentation sur les exigences, est le code fonctionnel.

Mais cela ne signifie pas que vous pouvez vous passer de documenter votre compréhension de ce que veut le client. Cela signifie simplement que ces documents ne constituent pas un livrable : il ne s'agit pas d'un document que l'on remet au client pour qu'il l'approuve. Au contraire, il s'agit simplement de points de repère pour guider le processus de mise en œuvre.

Les documents d'exigences ne sont pas destinés aux clients

Dans le passé, Andy et Dave ont tous deux participé à des projets qui ont donné lieu à des exigences incroyablement détaillées. Ces documents substantiels développaient l'explication initiale fournie par le client sur ce qu'il voulait – explication qui avait duré deux minutes – et formaient un dossier de plusieurs centimètres d'épaisseur, rempli de diagrammes et de tableaux. Les choses étaient spécifiées à un point tel qu'il n'y avait pratiquement pas de place pour l'ambiguïté dans la mise en œuvre. Avec des outils suffisamment puissants, le document pouvait en fait être le programme final.

La création de ces documents a été une erreur pour deux raisons. Tout d'abord, comme nous l'avons vu, le client ne sait pas vraiment ce qu'il veut au départ. Par conséquent, lorsque nous prenons ce qu'il dit et que nous l'étendons à ce qui devient pratiquement un document juridique, nous construisons un château incroyablement complexe sur des sables mouvants.

Vous pourriez dire : « Mais ensuite, nous présentons le document au client et il le signe. Nous obtenons un retour d'information. » Cela nous amène au deuxième problème que posent ces spécifications : le client ne les lit jamais.

Le client fait appel à des programmeurs car lui-même est motivé par la résolution d'un problème de haut niveau et quelque peu nébuleux, tandis que les programmeurs s'intéressent à tous les détails et à toutes les nuances. Le cahier des charges est rédigé pour les développeurs et contient des informations et des subtilités qui sont parfois incompréhensibles et souvent ennuyeuses pour le client.

Soumettez un document d'exigences de deux cents pages et le client le soulèvera probablement pour décider s'il pèse suffisamment lourd pour être important, lira éventuellement les deux premiers paragraphes (c'est pourquoi ils sont toujours intitulés « Points-clés du dossier ») et il parcourra en diagonale le reste, s'arrêtant parfois lorsqu'il y a un diagramme soigné.

Il ne s'agit pas ici de dénigrer le client. Mais lui remettre un gros document technique revient à donner au développeur moyen une copie de l'*Iliade* en grec homérique et à lui demander de coder le jeu vidéo à partir de ce document.

Les documents d'exigences sont destinés à la planification

Nous ne croyons donc pas au document d'exigences monolithique, suffisamment lourd pour assommer un bœuf. Nous savons cependant que les exigences doivent être écrites, tout simplement parce que les développeurs d'une équipe ont besoin de savoir ce qu'ils feront.

Quelle forme cela prend-il ? Nous privilégions ce qui peut tenir sur une fiche papier (ou virtuelle). Ces courtes descriptions sont souvent appelées « scénarios utilisateurs ». Elles décrivent ce qu'une petite partie de l'application doit faire du point de vue d'un utilisateur de cette fonctionnalité.

Une fois rédigées de cette manière, les exigences peuvent être placées sur un tableau et déplacées pour indiquer à la fois leur statut et leur priorité.

On pourrait penser qu'une simple fiche ne peut contenir les informations nécessaires à la mise en œuvre d'un composant de l'application. Vous avez raison. Et c'est en partie le but recherché. En faisant en sorte que l'énoncé des besoins soit court, vous encouragez les développeurs à poser des questions de clarification. Vous améliorez le processus de retour d'information entre les clients et les codeurs avant et pendant la création de chaque morceau de code.

Surspécification

Un autre grand danger dans la production d'un document d'exigences est d'être trop spécifique. Les bonnes exigences sont abstraites. Lorsqu'il s'agit d'exigences, il est préférable d'utiliser la déclaration la plus simple qui reflète avec précision le besoin de l'entreprise. Cela ne signifie pas que vous pouvez rester vague – vous devez capturer les invariants sémantiques sous-jacents en tant qu'exigences et documenter les pratiques de travail spécifiques ou actuelles en tant que politique.

Les exigences ne sont pas l'architecture. Les exigences ne sont pas la conception, ni l'interface utilisateur. Les exigences sont des *besoins*.

Quand la coupe est pleine…

De nombreux échecs de projets sont imputés à une augmentation de la portée – également connue sous le nom de « dérive des exigences » ou d'« obésité fonctionnelle ». Il s'agit d'un aspect du syndrome de la grenouille ébouillantée du thème 4, *Soupe de pierres et grenouilles ébouillantées*. Que pouvons-nous faire pour empêcher les exigences de nous envahir ?

La réponse (encore une fois) est le retour d'information. Si vous travaillez avec le client par itérations, avec un retour d'information constant, le client fera l'expérience directe de l'impact de sa demande d'une « petite fonctionnalité de plus ». Il verra une nouvelle fiche s'ajouter sur le tableau et il pourra participer au choix d'une autre fiche à déplacer dans l'itération suivante pour faire de la place. Le retour d'information fonctionne dans les deux sens.

Tenir à jour un glossaire

Dès que vous commencez à discuter des exigences, les utilisateurs et les experts du domaine utilisent certains termes qui ont une signification spécifique pour eux. Ils peuvent par exemple faire la différence entre un « client » et un « consommateur ». Il serait alors inapproprié d'utiliser indifféremment ces termes dans le système.

Créez et tenez à jour un *glossaire du projet* – un endroit qui définit tous les termes et le vocabulaire spécifiques utilisés dans un projet. Tous les participants au projet, des utilisateurs finaux au personnel d'assistance, doivent utiliser le glossaire pour garantir la cohérence. Cela implique que le glossaire doit être largement accessible – un bon argument en faveur de la documentation en ligne.

Conseil 80 – Utilisez un glossaire de projet

Il est difficile de mener à bien un projet si les utilisateurs et les développeurs appellent la même chose par des noms différents ou, pire encore, se réfèrent à des choses différentes à travers un même terme.

Sections connexes

- Thème 5, *Un logiciel qui fait l'affaire.*
- Thème 7, *Communiquez !*
- Thème 11, *Réversibilité.*
- Thème 13, *Prototypes et Post-it.*
- Thème 23, *Programmation par contrat.*
- Thème 43, *Restez en sécurité.*
- Thème 44, *Nommage.*
- Thème 46, *Résoudre des casse-tête impossibles.*
- Thème 52, *Faites plaisir à vos utilisateurs.*

Défis

- Pouvez-vous utiliser le logiciel que vous écrivez ? Est-il possible d'avoir une bonne idée des exigences *sans* pouvoir utiliser le logiciel soi-même ?
- Choisissez un problème non informatique que vous devez actuellement résoudre. Générez des exigences pour une solution non informatique.

Exercice

Exercice 33

Parmi les questions suivantes, lesquelles sont probablement de réelles exigences ? Reformulez celles qui ne le sont pas pour les rendre plus utiles (si possible).

1. Le temps de réponse doit être inférieur à ~ 500 millisecondes.
2. Les fenêtres modales auront un arrière-plan gris.
3. L'application sera organisée en un certain nombre de processus frontaux et un serveur backend.
4. Si un utilisateur saisit des caractères non numériques dans un champ numérique, le système fait clignoter l'arrière-plan du champ et ne les accepte pas.
5. Le code et les données de cette application embarquée doivent tenir dans 32 Mo.

Thème 46 – Résoudre des casse-tête impossibles

> *Gordius, roi de Phrygie, fit un jour un nœud que personne ne put défaire. On disait que celui qui résoudrait l'énigme du nœud gordien régnerait sur toute l'Asie. Arriva alors Alexandre le Grand, qui trancha le nœud avec son épée. Il eut sa propre interprétation de la consigne… Et il finit effectivement par régner sur la majeure partie de l'Asie.*

De temps en temps, vous êtres au beau milieu d'un projet lorsqu'une énigme vraiment difficile se présente : un élément d'ingénierie que vous n'arrivez pas à maîtriser, ou peut-être un bout de code qui s'avère beaucoup plus difficile à écrire que vous ne le pensiez. Cela semble peut-être impossible à résoudre. Mais est-ce vraiment aussi difficile qu'il n'y paraît ?

Prenons l'exemple des casse-tête du monde réel, ces petits bouts de bois, de métal ou de plastique que l'on trouve souvent dans les cadeaux de Noël ou dans les vide-greniers. Tout ce que vous avez à faire, c'est d'enlever un anneau, ou d'insérer des pièces en forme de T dans une boîte, ou quelque chose comme ça.

Vous tirez donc sur l'anneau, ou vous essayez de mettre les T dans la boîte, et vous découvrez rapidement que les solutions évidentes ne fonctionnent tout simplement pas. L'énigme ne peut pas être résolue de cette façon. Mais même si c'est évident, cela n'empêche pas les gens d'essayer la même chose – encore et encore – en pensant qu'il doit y avoir un moyen.

Bien sûr, il n'y en a pas. La solution est ailleurs. Le secret pour résoudre l'énigme est d'identifier les contraintes réelles (et non imaginaires) et d'y trouver une solution. Certaines contraintes sont *absolues*, d'autres ne sont que des *idées préconçues*. Les contraintes absolues *doivent* être respectées, même si elles semblent déplaisantes ou stupides.

D'autre part, comme l'a prouvé Alexandre, certaines contraintes apparentes peuvent ne pas être des contraintes du tout. De nombreux problèmes logiciels peuvent être tout aussi sournois.

Degrés de liberté

L'expression à la mode « *think outside the box* » (littéralement « réfléchir en dehors de la boîte », autrement dit : penser hors du cadre, différemment) nous encourage à reconnaître les contraintes qui pourraient ne pas être applicables et à les ignorer. Mais cette expression n'est pas tout à fait exacte. Si la « boîte » est la limite des contraintes et des conditions, l'astuce consiste à *trouver* la boîte, qui peut être beaucoup plus grande que vous ne le pensez.

Pour résoudre les énigmes, il faut à la fois reconnaître les contraintes qui vous sont imposées et les degrés de liberté dont vous disposez effectivement, car c'est dans ces derniers que vous trouverez votre solution. C'est la raison pour laquelle certaines énigmes sont si efficaces : vous risquez d'écarter trop rapidement des solutions potentielles.

Par exemple, pouvez-vous relier tous les points du puzzle suivant et revenir au point de départ avec seulement trois lignes droites – sans lever votre stylo de la feuille de papier ni revenir sur vos pas (*Math Puzzles & Games* [Hol92]) ?

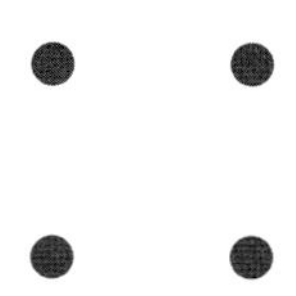

Vous devez remettre en question toute idée préconçue et évaluer s'il s'agit ou non de contraintes réelles et rigoureuses.

La question n'est pas de savoir si l'on pense à l'intérieur ou à l'extérieur de la boîte. Le problème consiste à *trouver* la boîte, c'est-à-dire à identifier les véritables contraintes.

Conseil 81 – Ne pensez pas en dehors de la boîte – *trouvez* la boîte

---

Lorsque vous êtes confronté à un problème insoluble, énumérez *toutes* les possibilités qui s'offrent à vous. Ne rejetez rien, même si cela vous semble inutilisable ou stupide. Parcourez ensuite la liste et expliquez pourquoi vous ne pouvez pas emprunter telle ou telle voie. Êtes-vous sûr de vous ? Pouvez-vous le *prouver* ?

Prenons l'exemple du cheval de Troie : une solution originale à un problème insoluble. Comment faire entrer des troupes dans une ville fortifiée sans être découvert ? Il y a fort à parier que l'idée de passer par la porte d'entrée a d'abord été considérée comme du suicide.

Classez et hiérarchisez vos contraintes. Lorsque les menuisiers commencent un projet, ils coupent d'abord les pièces les plus longues, puis les plus petites dans le bois restant. De la même manière, nous voulons d'abord identifier les contraintes les plus restrictives, puis adapter les autres contraintes à ces contraintes.

D'ailleurs, la solution de l'énigme des quatre points est présentée page 410.

Ôtez-vous de votre propre chemin !

Parfois, vous vous retrouvez à travailler sur un problème qui vous semble beaucoup plus difficile que vous ne le pensiez. Vous avez peut-être l'impression de faire fausse route, qu'il doit y avoir un moyen plus facile ! Vous êtes peut-être en retard sur le calendrier, ou vous désespérez même de faire fonctionner le système parce que ce problème particulier est « impossible ».

C'est le moment idéal pour faire autre chose pendant un certain temps. Travaillez sur quelque chose de différent. Allez promener le chien. Laissez passer la nuit.

Votre cerveau conscient est conscient du problème, mais votre cerveau conscient n'est pas très futé (sans vouloir vous offenser). Il est donc temps de donner un peu d'espace à votre vrai cerveau, cet étonnant réseau neuronal associatif qui se cache sous votre conscience. Vous serez étonné de voir combien de fois la réponse vous viendra à l'esprit lorsque vous vous distrayez délibérément.

Si cela vous semble trop mystique, ce n'est pas le cas. *Psychology Today*[3] rapporte :

> *En clair, les personnes distraites ont obtenu de meilleurs résultats dans une tâche complexe de résolution de problèmes que les personnes qui ont fait un effort conscient.*

Si vous n'êtes toujours pas disposé à laisser tomber le problème pendant un certain temps, la meilleure chose à faire est probablement de trouver quelqu'un à qui l'expliquer. Souvent, le simple fait d'en parler vous conduira à l'illumination.

Demandez-leur de vous poser des questions telles que :

- Pourquoi cherches-tu à résoudre ce problème ?
- Quel est l'intérêt de le résoudre ?
- Les problèmes que tu rencontres sont-ils liés à des cas limites ? Peux-tu les éliminer ?
- Existe-t-il un problème connexe plus simple que tu peux résoudre ?

---

3 https://www.psychologytoday.com/us/blog/your-brain-work/201209/stop-trying-solve-problems.

Il s'agit là d'un autre exemple de la pratique du canard en plastique.

La chance sourit aux esprits préparés

Louis Pasteur aurait dit :

> *Dans les champs de l'observation le hasard ne favorise que les esprits préparés.*

Il en va de même pour la résolution de problèmes. Pour obtenir ces moments « Eurêka ! », votre cerveau non conscient doit disposer d'une abondante matière première, c'est-à-dire d'expériences antérieures susceptibles d'apporter une réponse.

Une excellente façon de nourrir votre cerveau est de lui donner un retour d'information sur ce qui fonctionne et ce qui ne fonctionne pas dans le cadre de votre travail quotidien. Nous décrivons une excellente façon de le faire en utilisant un cahier d'ingénierie (voir le thème 22, *Carnets d'ingénieurs*).

Et n'oubliez jamais le conseil qui figure sur la couverture du *Guide du voyageur intergalactique* : « NE PANIQUEZ PAS. »

Sections connexes

- Thème 5, *Un logiciel qui fait l'affaire*.
- Thème 37, *Écoutez votre cerveau reptilien*.
- Thème 45, *La fosse aux exigences*.

Andy a écrit un livre entier sur ce sujet : *Pragmatic Thinking and Learning: Refactor Your Wetware* [Hun08].

Défis

- Examinez attentivement le problème difficile dans lequel vous vous trouvez empêtré aujourd'hui. Pouvez-vous trancher le nœud gordien ? Devez-vous le faire de cette façon ? Faut-il le faire tout court ?

- Vous a-t-on remis un ensemble de contraintes lorsque vous vous êtes engagé dans votre projet actuel ? Sont-elles toutes encore applicables, et leur interprétation est-elle toujours valable ?

Thème 47 – Travailler ensemble

> *Je n'ai jamais rencontré un être humain qui voudrait lire 17 000 pages de documentation, et s'il y en avait un, je le tuerais pour l'éliminer du patrimoine génétique.*
>
> JOSEPH COSTELLO, PRÉSIDENT DE CADENCE

Il s'agissait d'un de ces projets « impossibles », le genre de projet dont on entend parler et qui semble à la fois exaltant et terrifiant. Un ancien système arrivait en fin de vie, le matériel disparaissait physiquement et il fallait créer un tout nouveau système qui reproduirait *exactement* le comportement (souvent non documenté). Plusieurs centaines de millions de dollars de l'argent d'autrui allaient transiter par ce système, et le délai entre la création et le déploiement était de l'ordre de quelques mois.

C'est là qu'Andy et Dave se sont rencontrés pour la première fois. Un projet impossible avec un délai ridicule. Une seule chose a fait de ce projet un succès retentissant. L'experte qui avait géré ce système pendant des années était assise dans son bureau, juste en face de notre salle de développement de la taille d'un placard à balais. Elle était disponible en permanence pour répondre aux questions, clarifier les choses, prendre des décisions et faire des démonstrations.

Tout au long de cet ouvrage, nous recommandons de travailler en étroite collaboration avec les utilisateurs ; ils font partie de votre équipe. Lors de ce premier projet, nous avons pratiqué ce que l'on appelle aujourd'hui la *programmation en binôme* ou la *programmation en équipe* : une personne tape du code pendant qu'un ou plusieurs autres membres de l'équipe commentent, réfléchissent et résolvent les problèmes ensemble. C'est une façon puissante de travailler ensemble qui transcende les réunions interminables, les mémos et la documentation légaliste pléthorique dont le poids est plus important que l'utilité.

C'est ce que nous entendons par « travailler avec » : il ne s'agit pas seulement de poser des questions, d'avoir des discussions et de prendre des notes, mais de poser des questions et d'avoir des discussions *pendant que vous êtes en train de coder*.

La loi de Conway

En 1967, Melvin Conway a présenté une idée dans « How do committees invent? » [Con68], une idée qui allait être connue sous le nom de « loi de Conway » :

Les organisations qui conçoivent des systèmes sont contraintes de produire des conceptions qui sont des copies des structures de communication de ces organisations.

En d'autres termes, les structures sociales et les voies de communication de l'équipe et de l'organisation se reflètent dans l'application, le site web ou le produit en cours de développement. Diverses études ont confirmé cette idée. Nous en avons été les témoins directs à d'innombrables reprises – par exemple, dans des équipes où personne ne se parle du tout, ce qui donne lieu à des systèmes cloisonnés, « en silos ». Ou encore dans des équipes scindées en deux, avec pour résultat une division client/serveur ou frontend/backend.

Des études soutiennent également le principe inverse : vous pouvez délibérément structurer votre équipe de la manière dont vous souhaitez que votre code se présente. Par exemple, il a été démontré que les équipes géographiquement réparties tendent vers des logiciels plus modulaires et distribués.

Mais surtout, les équipes de développement qui intègrent des utilisateurs produiront des logiciels qui reflètent clairement cette implication, et inversement pour les équipes qui ne s'en préoccupent pas.

Programmation en binôme

La *programmation en binôme* est l'une des pratiques de l'eXtreme Programming qui est devenue populaire en dehors de l'XP lui-même. Dans la programmation en binôme, un développeur utilise le clavier et l'autre non. Les deux travaillent ensemble sur le problème et peuvent échanger les tâches de saisie à leur convenance.

La programmation en binôme présente de nombreux avantages. Chaque personne apporte un bagage et une expérience différents, des techniques et des approches de résolution de problèmes différentes, ainsi que des niveaux de concentration et d'attention différents pour un problème donné. Le développeur qui fait office de dactylographe doit se concentrer sur les détails de bas niveau de la syntaxe et du style de codage, tandis que l'autre développeur est libre d'examiner les questions de plus haut niveau et la portée du projet. Cette distinction peut sembler anodine, mais il ne faut pas oublier que nous, les humains, ne disposons que d'une bande passante cérébrale limitée. S'amuser à taper des mots et des symboles ésotériques que le compilateur acceptera à contrecœur mobilise une bonne partie de notre propre puissance de traitement. Le fait qu'un second développeur dispose de tout son cerveau pendant cette tâche permet de disposer d'une puissance mentale beaucoup plus importante.

Sous l'œil attentif d'une deuxième personne vous connaîtrez moins de moments de faiblesse et céderez moins facilement à la facilité de nommer les variables foo et autres. Vous êtes moins susceptible de prendre un raccourci potentiellement embarrassant lorsque quelqu'un vous observe attentivement, ce qui débouche sur un logiciel de meilleure qualité.

Programmation en équipe

Et si deux têtes valent mieux qu'une, qu'en est-il d'une douzaine de personnes différentes travaillant toutes en même temps sur le même problème, avec un seul dactylo ?

Malgré son nom, la *programmation en équipe* n'implique ni dossards ni ballon. Il s'agit d'une extension de la programmation en binôme qui implique plus que deux développeurs. Les partisans de la programmation collective obtiennent d'excellents résultats dans la résolution de problèmes difficiles. Les groupes peuvent facilement inclure des personnes qui ne sont généralement pas considérées comme faisant partie de l'équipe de développement, notamment des utilisateurs, des sponsors de projets et des testeurs. En fait, lors de notre premier projet « impossible », il était courant que l'un d'entre nous soit en train de taper pendant que l'autre discutait du problème avec notre expert commercial. C'était une petite équipe de trois personnes.

On peut considérer la programmation en équipe comme une *collaboration étroite avec le codage en direct.*

Que dois-je faire ?

Si vous ne programmez actuellement qu'en solo, essayez peut-être de programmer en binôme. Accordez-vous au moins deux semaines, en ne programmant que quelques heures à la fois, car cela vous paraîtra étrange au début. Pour trouver de nouvelles idées ou diagnostiquer des problèmes épineux, essayez peut-être une session de programmation en équipe.

Si vous êtes déjà en binôme ou en équipe, qui est inclus ? S'agit-il uniquement des développeurs, ou permettez-vous aux membres de votre équipe élargie de participer : utilisateurs, testeurs, sponsors... ?

Et comme pour toute collaboration, vous devez gérer les aspects humains et techniques. Voici quelques conseils pour commencer :

- Développez le code, pas votre ego. Il ne s'agit pas de savoir qui est le plus brillant ; nous avons tous nos moments, bons ou mauvais ;
- Commencez modestement. Travaillez avec seulement quatre ou cinq personnes, ou commencez avec quelques paires, lors de courtes sessions ;
- Critiquez le code, pas la personne. « Examinons ce bloc » est beaucoup plus efficace que « tu as tort » ;

- Écoutez et essayez de comprendre les points de vue des autres. La différence n'est pas une erreur ;
- Effectuez des rétrospectives fréquentes pour essayer de vous améliorer pour la prochaine fois.

Coder dans le même bureau ou à distance, seul, à deux ou en groupe, est une façon efficace de travailler ensemble pour résoudre des problèmes. Si vous et votre équipe n'avez jamais procédé que d'une seule manière, vous pourriez vouloir expérimenter un style différent. Mais ne vous lancez pas dans cette aventure avec une approche naïve : il existe des règles, des suggestions et des consignes pour chacun de ces styles de développement. Par exemple, dans le cas de la programmation mobile, vous remplacez le dactylo toutes les cinq à dix minutes.

Après quelques lectures et recherches, à partir de manuels et de rapports d'expérience, faites-vous une idée des avantages et des pièges que vous pourriez rencontrer. Vous pouvez commencer par coder un exercice simple et ne pas vous lancer directement dans une programmation de haute volée.

Mais quelle que soit la manière dont vous vous y prendrez, permettez-nous de vous donner un dernier conseil :

Conseil 82 – Ne vous lancez pas seul dans le code

Thème 48 – L'essence de l'agilité

> *Vous continuez à utiliser ce mot, je ne pense pas qu'il signifie ce que vous pensez qu'il signifie.*
>
> INIGO MONTOYA, *PRINCESS BRIDE*

Agile est un adjectif : il qualifie la manière dont on fait quelque chose. Vous pouvez être un développeur agile. Vous pouvez faire partie d'une équipe qui adopte des pratiques agiles, une équipe qui réagit au changement et aux revers avec agilité. L'agilité, c'est votre style, pas vous.

Conseil 83 – Voyez l'agilité comme un état d'esprit, non comme une finalité

À l'heure où nous écrivons ces lignes, près de vingt ans après la création du « Manifeste agile[4] », nous voyons de très nombreux développeurs appliquer ses valeurs avec succès. Nous voyons de nombreuses équipes fantastiques qui trouvent des moyens de s'approprier ces valeurs et de les utiliser pour guider ce qu'elles font, et comment elles changent ce qu'elles font.

Mais nous voyons aussi un autre aspect de l'agilité. Nous voyons des équipes et des entreprises avides de solutions prêtes à l'emploi : de l'agilité en boîte, des services libellés « *agile-in-a-box* ». Et nous voyons de nombreux consultants et entreprises trop heureux de leur vendre ce qu'ils veulent. Nous voyons des entreprises adopter des niveaux de gestion plus nombreux, des rapports plus formels, des développeurs plus spécialisés, et des titres de poste plus fantaisistes qui ne signifient rien d'autre que « je possède un paperboard et un chronomètre[5] ».

Nous pensons que de nombreuses personnes ont perdu de vue la véritable signification de l'agilité et nous aimerions revenir à l'essentiel.

Rappelez-vous les valeurs du manifeste :

---

4 https://agilemanifesto.org.

5 Pour en savoir plus sur les conséquences néfastes de cette approche, voir *The Tyranny of Metrics* [Mul18]. Titre de l'édition en français : *La Tyrannie des métriques*, Markus Haller, 2020 (NdÉ).

> *Nous découvrons comment mieux développer des logiciels par la pratique et en aidant les autres à le faire. Ces expériences nous ont amenés à valoriser :*

- ***les individus et leurs interactions** plutôt que les processus et les outils ;*
- ***des logiciels opérationnels** plus qu'une documentation exhaustive ;*
- ***la collaboration avec les clients** plutôt que la négociation contractuelle ;*
- ***l'adaptation au changement** plutôt que le suivi d'un plan.*

> *Nous reconnaissons la valeur des seconds éléments, mais privilégions les premiers.*

Quiconque vous vend quelque chose qui donne plus d'importance aux seconds éléments plutôt qu'aux premiers n'a manifestement pas les mêmes valeurs que nous et les autres rédacteurs du manifeste.

Et quiconque vous vend une solution en boîte n'a pas lu la déclaration introductive. Les valeurs sont motivées et alimentées par l'acte continu de découvrir de meilleures façons de produire des logiciels. Il ne s'agit pas d'un document statique. Il s'agit de suggestions pour un processus dynamique.

Il ne peut pas y avoir de processus agile

En fait, chaque fois que quelqu'un dit « faites ceci et vous serez agile », il a tort. Par définition.

Parce que l'agilité, tant dans le monde physique que dans le développement de logiciels, consiste à répondre au changement, à répondre aux inconnues que vous rencontrez après votre départ. Une gazelle qui court ne va pas en ligne droite. Un gymnaste effectue des centaines de corrections par seconde en réaction à des changements dans son environnement et à des erreurs mineures dans le placement de ses pieds.

Il en va de même pour les équipes et les développeurs individuels. Il n'existe pas de plan unique à suivre pour développer un logiciel. C'est ce que disent trois des quatre valeurs. Elles concernent toutes la collecte du retour d'information et la réponse qu'on y apporte.

Les valeurs ne vous disent pas ce qu'il faut faire. Elles vous indiquent ce qu'il faut rechercher lorsque vous décidez pour vous-même de ce qu'il faut faire.

Ces décisions sont toujours contextuelles : elles dépendent de qui vous êtes, de la nature de votre équipe, de votre application, de votre outil, de votre entreprise, de votre client, du monde extérieur ; d'un nombre incroyablement élevé de facteurs, certains majeurs et d'autres insignifiants. Aucun plan fixe et statique ne peut survivre à cette incertitude.

Que faire alors ?

Personne ne peut vous dire ce qu'il faut faire. Mais nous vous prodiguons ici des conseils sur l'attitude à adopter. Tout peut se résumer à la manière dont vous gérez l'incertitude. Le manifeste suggère que vous le fassiez en recueillant et en agissant sur le retour d'information. Voici donc notre recette pour travailler de manière agile :

1. Déterminez où vous vous trouvez ;
2. Faites le plus petit pas significatif vers votre objectif ;
3. Évaluez votre situation finale et réparez tout ce que vous avez cassé.

Répétez ces étapes jusqu'à ce que vous ayez terminé. Et utilisez-les de manière récursive, à chaque niveau de tout ce que vous faites.

Parfois, même la décision la plus banale en apparence devient importante lorsque vous recueillez un retour d'information.

> « Maintenant, mon code doit obtenir le nom du propriétaire du compte.
>
> ```
> let user = accountOwner(accountID);
> ```
>
> Hmmm... user est un nom inutile. Je vais le remplacer par owner.
>
> ```
> let owner = accountOwner(accountID);
> ```
>
> Mais maintenant, cela me semble un peu redondant. Bon, qu'est-ce que j'essaie de faire ici ? L'histoire dit que j'envoie un courriel à cette personne,

je dois donc trouver son adresse électronique. Peut-être que je n'ai pas du tout besoin du propriétaire du compte. »

```
let email = emailOfAccountOwner(accountID);
```

En appliquant la boucle de rétroaction à un niveau très bas (la désignation d'une variable), nous avons en fait amélioré la conception du système global, en réduisant le couplage entre ce code et le code qui s'occupe des comptes.

La boucle de rétroaction s'applique également au niveau le plus élevé d'un projet. Certains de nos travaux les plus réussis ont eu lieu lorsque nous avons commencé à travailler sur les exigences d'un client, que nous avons fait un seul pas en avant et avons aussitôt réalisé que ce que nous étions sur le point de faire n'était pas nécessaire, que la meilleure solution n'impliquait même pas de logiciel.

Cette boucle s'applique en dehors du cadre d'un projet unique. Les équipes devraient l'appliquer pour revoir leur processus et déterminer s'il a bien fonctionné. Une équipe qui n'effectue pas en continu des expérimentations sur son processus n'est pas une équipe agile.

La conception pas à pas

Dans le thème 8, *L'essence d'une bonne conception*, nous affirmons que l'évaluation de la conception est la facilité avec laquelle le résultat de cette conception peut être modifié : une bonne conception produit quelque chose qui est plus simple à modifier qu'une mauvaise conception.

Cette discussion sur l'agilité explique *pourquoi* c'est le cas.

Vous effectuez un changement et vous découvrez que vous ne l'aimez pas. L'étape 3 de notre recette indique que nous devons être en mesure de réparer ce que nous avons cassé. Pour que notre boucle de rétroaction soit efficace, cette réparation doit être aussi indolore que possible. Si ce n'est pas le cas, nous serons tentés de l'ignorer et de ne pas y remédier. Nous parlons de cet effet dans le thème 3, *Entropie logicielle*. Pour que l'approche agile fonctionne, nous devons pratiquer une bonne conception, parce qu'une bonne conception rend les choses simples à modifier. Et quand elles sont simples à modifier, nous pouvons nous adapter, à tous les niveaux, sans aucune hésitation.

C'est ça, l'agilité.

Sections connexes

- Thème 27, *Ne dépassez pas vos phares*.
- Thème 40, *Réusinage*.
- Thème 50, *Les noix de coco ne suffisent pas*.

Défi

- La boucle de rétroaction simple n'est pas réservée aux logiciels. Pensez à d'autres décisions que vous avez prises récemment. L'une d'entre elles aurait-elle pu être améliorée en réfléchissant à la manière dont vous pourriez la défaire si les choses ne vous mènent pas dans la direction souhaitée ? Pouvez-vous imaginer des moyens d'améliorer votre travail en recueillant et en exploitant le retour d'information ?

Chapitre 9

PROJETS PRAGMATIQUES

Au fur et à mesure que votre projet se met en place, nous devons nous éloigner des questions de philosophie individuelle et de codage pour parler de questions plus importantes, à l'échelle supérieure. Nous n'entrons pas ici dans les détails de la gestion d'un projet, mais nous parlons d'un petit nombre de domaines critiques qui peuvent faire son succès ou son échec.

Dès qu'un projet implique plus d'une personne, vous devez établir des règles de base et déléguer certaines parties en conséquence. Dans *Équipes pragmatiques*, nous voyons comment procéder tout en respectant la philosophie pragmatique.

L'objectif d'une méthode de développement logiciel est d'aider les individus à travailler ensemble. Vous et votre équipe choisissez-vous ce qui fonctionne bien pour vous, ou bien investissez-vous seulement dans des détails superficiels, sans parvenir à obtenir les bénéfices que vous méritez vraiment ? Nous voyons pourquoi dans *Les noix de coco ne suffisent pas*, et nous vous proposons le véritable secret de la réussite.

Et bien sûr, rien de tout cela n'a d'importance si vous ne pouvez pas fournir des logiciels de manière cohérente et fiable. C'est la base du trio magique du contrôle de version, des tests et de l'automatisation : le *Kit de démarrage pragmatique*.

Au bout du compte, toutefois, le succès est dans l'œil de celui qui regarde, c'est-à-dire le commanditaire du projet. Ce qui compte, c'est la perception de la réussite, et dans *Faites plaisir à vos utilisateurs*, nous vous montrons comment ravir le commanditaire de chaque projet.

Le dernier conseil du livre est une conséquence directe de tous les autres. Dans *Orgueil et préjugés*, nous vous demandons de signer votre travail et d'être fier de ce que vous faites.

Thème 49 – Équipes pragmatiques

> *Chez Group L, Stoffel supervise six programmeurs de premier ordre, un défi managérial comparable à la domestication d'un troupeau de zèbres.*
>
> *The Washington Post Magazine*, 9 juin 1985

Les programmeurs sont un peu comme des zèbres : intelligents, dotés d'une forte volonté, d'opinions bien arrêtées, mais très indépendants, voire un peu sauvages.

Jusqu'à présent, dans ce livre, nous avons examiné des techniques pragmatiques qui aident un individu à devenir un meilleur programmeur. Ces méthodes peuvent-elles également fonctionner pour des équipes, y compris celles composées de personnalités fortes et indépendantes ? La réponse est un « oui » retentissant. Il y a des avantages à être un individu pragmatique, mais ces avantages sont multipliés si l'individu travaille au sein d'une équipe pragmatique.

Selon nous, une équipe est une entité en elle-même, petite et plutôt stable. Cinquante personnes, ce n'est plus une équipe, c'est une horde[1]. Les groupes

1 Lorsque la taille de l'équipe augmente, les voies de communication se développent au rythme de $O(n^2)$ où n est le nombre de membres de l'équipe. Dans les équipes plus nombreuses, la communication commence à se rompre et devient inefficace.

dont les membres sont constamment sollicités pour d'autres missions et qui ne se connaissent pas ne constituent pas non plus une équipe, ce sont simplement des étrangers qui partagent temporairement un arrêt de bus sous la pluie.

Une équipe pragmatique est petite, moins de dix à douze membres environ. Les membres entrent et sortent rarement. Tout le monde se connaît bien, se fait confiance et dépend des autres.

Conseil 84 – Maintenez des équipes réduites et stables

Dans cette section, nous examinerons brièvement comment les techniques pragmatiques peuvent être appliquées aux équipes dans leur ensemble. Ces notes ne sont qu'un début. Une fois que vous aurez constitué un groupe de développeurs pragmatiques travaillant dans un environnement favorable, ils développeront et affineront rapidement leur propre dynamique, à leur convenance.

Reprenons certaines des sections précédentes en matière d'équipes.

Pas de carreaux cassés

La qualité est une question d'équipe. Le développeur le plus diligent placé dans une équipe qui ne se soucie pas de la qualité aura du mal à maintenir l'enthousiasme nécessaire pour résoudre les problèmes les plus tenaces. La situation est encore aggravée si l'équipe décourage activement le développeur de consacrer du temps à ces corrections.

Les équipes dans leur ensemble ne doivent pas tolérer les carreaux cassés, ces petites imperfections que personne ne corrige. L'équipe *doit* assumer la responsabilité de la qualité du produit, en soutenant les développeurs qui comprennent la philosophie *pas de carreaux cassés* que nous décrivons dans le thème 3, *Entropie logicielle*, et en encourageant ceux qui ne l'ont pas encore découverte.

Certaines méthodologies d'équipe prévoient un « responsable de la qualité », c'est-à-dire une personne à qui l'équipe délègue la charge de la qualité du produit à livrer. C'est manifestement ridicule : la qualité ne peut provenir que des contributions individuelles de *tous* les membres de l'équipe. La qualité doit être nativement intégrée, elle n'est pas ajoutée séparément.

Grenouilles ébouillantées

Vous vous souvenez de la grenouille apocryphe dans la casserole d'eau, dans le thème 4, *Soupe de pierres et grenouilles ébouillantées* ? Elle ne remarque pas le changement progressif de son environnement et finit bouillie. La même chose peut arriver aux individus qui ne sont pas vigilants. Il peut être difficile de garder un œil sur son environnement global dans le feu de l'action du développement d'un projet.

Il est encore plus facile pour les équipes dans leur ensemble d'être ébouillantées. Chacun part du principe que quelqu'un d'autre s'occupe d'un problème ou que le chef d'équipe a dû approuver un changement demandé par l'utilisateur. Même les équipes les mieux intentionnées peuvent être inconscientes des changements importants survenus dans leurs projets.

Luttez contre cela. Encouragez chacun à surveiller activement l'environnement pour détecter les changements. Restez vigilant et conscient de l'augmentation de la portée, de la réduction des délais, des fonctionnalités supplémentaires, des nouveaux environnements – tout ce qui n'était pas prévu dans le brief initial. Placez les indicateurs de suivi sur les nouvelles exigences[2]. L'équipe n'a pas besoin de rejeter les changements d'emblée, elle doit

2 Pour ce faire, un graphique *burnup* est préférable à un graphique *burndown* (ou graphique d'avancement), plus habituel. Le premier permet en effet de voir clairement comment les fonctionnalités supplémentaires font bouger les choses.

simplement être consciente qu'ils se produisent. Sinon, c'est *vous* qui serez dans l'eau brûlante.

Planification de votre portefeuille de connaissances

Dans le thème 6, *Votre portefeuille de connaissances*, nous avons examiné les moyens d'investir dans votre portefeuille de connaissances personnel sur votre temps libre. Les équipes qui veulent réussir doivent également investir dans leurs connaissances et leurs compétences.

Si votre équipe souhaite réellement s'améliorer et innover, vous devez programmer cet investissement. Essayer de faire les choses « chaque fois que vous avez un moment de libre » signifie concrètement qu'*elles ne se produiront jamais.* Quel que soit le type de carnet de commandes, de liste de tâches ou de planning avec lequel vous travaillez, ne le remplissez pas qu'avec le développement de fonctionnalités, car l'équipe ne travaille pas que sur cela. Voici quelques exemples possibles.

Maintenance des anciens systèmes

> Même si nous adorons travailler sur le nouveau système, il est probable que des travaux de maintenance doivent être effectués sur l'ancien système. Nous avons rencontré des équipes qui essayaient de repousser ce travail à plus tard. Si l'équipe est chargée d'effectuer ces tâches, elle doit le faire – pour de vrai.

Réflexion et perfectionnement du processus

> L'amélioration continue n'est possible que si l'on prend le temps de regarder autour de soi, de déterminer ce qui fonctionne et ce qui ne fonctionne pas, puis de procéder à des changements (voir le thème 48, *L'essence de l'agilité*). Trop d'équipes sont tellement occupées à évacuer l'eau qu'elles n'ont pas le temps de boucher la fuite. Planifiez. Réparez.

Expérimentations avec les nouvelles technologies

> N'adoptez pas de nouvelles technologies, de nouveaux frameworks ou de nouvelles bibliothèques simplement parce que « tout le monde le fait »,

en vous fondant sur ce que vous avez vu lors d'une conférence ou lu en ligne. Examinez délibérément les technologies candidates à l'aide de prototypes. Prévoyez des tâches pour essayer les nouveautés et analyser les résultats.

Amélioration de l'apprentissage et des compétences

L'apprentissage et les améliorations personnelles sont un bon début, mais de nombreuses compétences sont plus efficaces lorsqu'elles sont transmises à l'ensemble de l'équipe. Prévoyez de le faire, qu'il s'agisse d'un déjeuner informel ou de sessions de formation plus formelles.

Conseil 85 – Planifiez pour concrétiser

Communiquez sur l'existence de l'équipe

Il est évident que les développeurs d'une équipe doivent se parler. Nous avons donné quelques suggestions pour faciliter cela dans le thème 7, *Communiquez !* Cependant, il est facile d'oublier que l'équipe elle-même a une présence au sein de l'organisation. L'équipe en tant qu'entité doit communiquer clairement avec le reste du monde.

Pour les personnes extérieures, les pires équipes de projet sont celles qui semblent maussades et réticentes. Elles organisent des réunions sans structure, où personne ne veut parler. Leurs courriels et leurs documents de projet sont en désordre : aucun ne se ressemble et chacun utilise une terminologie différente.

Les grandes équipes de projet ont une personnalité distincte. On attend avec impatience les réunions avec elles, parce qu'on sait qu'on verra une performance bien préparée, où tout le monde se sentira bien. La documentation qu'elles produisent est claire, précise et cohérente. L'équipe parle d'une seule voix[3] et peut même avoir le sens de l'humour.

Il existe une astuce marketing simple qui aide les équipes à communiquer entre elles : créer une marque. Lorsque vous commencez un projet, trouvez-lui un nom, idéalement quelque chose d'insolite. (Par le passé, nous avons baptisé des projets du nom de perroquets tueurs de moutons, d'illusions d'optique, de gerbilles, de personnages de dessins animés et de villes mythiques.) Consacrez trente minutes à la création d'un logo loufoque et servez-vous-en. Utilisez librement le nom de votre équipe lorsque vous parlez aux gens. Cela peut paraître idiot, mais cela donne à votre équipe une identité sur laquelle s'appuyer, et associe votre travail à des éléments mémorables.

Fuyez les effets de récurrence

Dans le thème 9, *FER, ou le fléau de la duplication*, nous avons parlé des difficultés que peut entraîner l'élimination du travail dupliqué entre les membres d'une équipe. Cela génère un gaspillage d'efforts et peut déboucher sur un cauchemar en matière de maintenance. Les systèmes « en silos » sont courants dans ces équipes, avec peu de partage et beaucoup de fonctionnalités dupliquées.

Une bonne communication est essentielle pour éviter ces problèmes. Et par « bonne », nous entendons *instantanée* et *sans friction*.

Vous devez pouvoir poser une question aux membres de l'équipe et obtenir une réponse plus ou moins immédiate. Si l'équipe est installée dans les mêmes locaux, il vous suffira peut-être de passer la tête par-dessus la cloison de l'open space ou au bout du couloir. Pour les équipes à distance, vous devrez peut-être utiliser une application de messagerie ou d'autres moyens électroniques.

3 L'équipe parle d'une seule voix à l'extérieur. En interne, nous encourageons vivement les débats animés et solides. Les bons développeurs ont tendance à être passionnés par leur travail.

Si vous devez attendre une semaine la réunion d'équipe pour poser votre question ou partager votre statut, cela fait beaucoup de frictions[4]. « Sans friction » signifie pouvoir facilement et sans formalités poser des questions, partager vos progrès, vos problèmes, vos idées et vos apprentissages, et rester au courant de ce que font vos coéquipiers.

Restez conscient de la nécessité de rester FER.

L'équipe des balles traçantes

Une équipe projet doit accomplir de nombreuses tâches différentes dans différents domaines, en faisant appel à un grand nombre de technologies différentes. Comprendre les besoins, concevoir l'architecture, coder pour le frontal et le serveur, tester, tout cela doit se faire. Mais on pense souvent à tort que ces activités et ces tâches peuvent être réalisées séparément, de manière cloisonnée. Ce n'est pas le cas.

Certaines méthodologies préconisent toutes sortes de rôles et de titres différents au sein de l'équipe, ou créent entièrement des équipes spécialisées distinctes. Mais le problème de cette approche est qu'elle introduit des *barrières* et des *passations*. Au lieu d'un flux fluide entre l'équipe et le déploiement, vous avez des barrières artificielles où le travail s'arrête. Des transferts qui doivent attendre d'être acceptés. Des approbations. De la paperasse. Les adeptes de la méthode lean appellent cela du *gaspillage* et s'efforcent de l'éliminer activement.

Ces différents rôles et activités sont en fait plusieurs vues d'un même problème, et les séparer artificiellement peut générer un grand nombre d'obstacles. Par exemple, les programmeurs qui se trouvent à deux ou trois niveaux des utilisateurs réels de leur code ont peu de chances d'être conscients du contexte dans lequel leur travail est utilisé. Ils ne seront pas en mesure de prendre des décisions en connaissance de cause.

4 Andy a rencontré des équipes qui organisent leurs réunions quotidiennes de scrum le vendredi.

Dans le thème 12, *Balles traçantes*, nous recommandons de développer des fonctionnalités individuelles, même si elles sont petites et limitées au départ, qui vont de bout en bout dans l'ensemble du système. Cela signifie que vous avez besoin de toutes les compétences nécessaires au sein de l'équipe : front-end, interface utilisateur et expérience utilisateur, serveur, administrateur de la base de données, assurance qualité, etc. Avec une approche par balles traçantes, vous pouvez mettre en œuvre rapidement de très petites fonctionnalités et obtenir un retour d'information immédiat sur la qualité de la communication et des résultats de votre équipe. Cela crée un environnement dans lequel vous pouvez apporter des changements et ajuster votre équipe et votre processus rapidement et facilement.

Conseil 86 – Organisez des équipes pleinement fonctionnelles

Constituez des équipes afin de pouvoir créer du code de bout en bout, de manière incrémentale et itérative.

Automatisation

Un excellent moyen d'assurer la cohérence et la précision est d'automatiser tout ce que fait l'équipe. Pourquoi s'efforcer de respecter les normes de formatage du code lorsque votre éditeur ou votre environnement de développement intégré peut le faire pour vous automatiquement ? Pourquoi faire des tests manuels quand la construction continue peut exécuter les tests automatiquement ? Pourquoi déployer à la main quand l'automatisation peut le faire de la même manière à chaque fois, de façon répétée et fiable ?

L'automatisation est une composante essentielle de toute équipe projet. Assurez-vous que l'équipe possède les compétences nécessaires en matière d'outillage pour construire et déployer les solutions qui automatisent le développement du projet et le déploiement de la production.

Savoir arrêter d'ajouter des couches de peinture

N'oubliez pas que les équipes sont composées d'individus. Donnez à chaque membre la possibilité de briller à sa manière. Donnez-leur juste assez de soutien pour les encourager et faire en sorte que le projet apporte de la valeur. Puis, à l'instar du peintre du thème 5, *Un logiciel qui fait l'affaire*, résistez à la tentation d'ajouter davantage de vernis.

Sections connexes

- Thème 2, *Le chat a mangé mon code source.*
- Thème 7, *Communiquez !*
- Thème 12, *Balles traçantes.*
- Thème 19, *Contrôle de version.*
- Thème 50, *Les noix de coco ne suffisent pas.*
- Thème 51, *Kit de démarrage pragmatique.*

Défis

- Recherchez des équipes performantes en dehors du domaine du développement logiciel. Qu'est-ce qui fait leur succès ? Utilisent-elles l'un ou l'autre des processus évoqués dans cette section ?
- La prochaine fois que vous lancerez un projet, essayez de convaincre les gens de lui attribuer une marque. Donnez à votre entreprise le temps de s'habituer à l'idée, puis procédez à un audit rapide pour voir quelle différence cela a fait, à l'intérieur comme à l'extérieur de l'équipe.
- On vous a probablement déjà soumis des problèmes du type : « S'il faut six heures à quatre ouvriers pour creuser un fossé, combien de temps faudrait-il à huit ouvriers ? » Dans la réalité, cependant, quels sont les facteurs qui influencent la réponse si les travailleurs écrivent du code à la place ? Dans combien de scénarios le temps est-il réellement réduit ?
- Lisez *The Mythical Man-Month: Essays on Software Engineering* [Bro96] de Frederick Brooks. Pour obtenir des points supplémentaires, achetez deux exemplaires afin de pouvoir le lire deux fois plus vite.

Thème 50 – Les noix de coco ne suffisent pas

Les insulaires n'avaient jamais vu d'avion auparavant, ni rencontré des personnes telles que ces étrangers. En échange de l'utilisation de leurs terres, les nouveaux venus leur ont fourni des oiseaux mécaniques qui volent toute la journée sur une « piste », apportant une incroyable richesse matérielle à leur île natale. Les étrangers ont parlé de guerre et de combats. Un jour, tout s'est terminé, ils sont tous partis, emportant avec eux leurs étranges richesses.

Les habitants de l'île ont voulu à tout prix rétablir la situation et ont reconstruit un fac-similé de l'aéroport, une tour de contrôle et des équipements à l'aide de matériaux locaux : lianes, coquilles de noix de coco, feuilles de palmier, etc. Mais pour une raison quelconque, bien que tout ait été mis en place, les avions ne sont pas venus. Ils avaient imité la forme, mais pas le contenu. Les anthropologues appellent cela un culte du cargo.

Trop souvent, *nous* sommes les insulaires.

Il est facile et tentant de tomber dans le piège du culte du cargo : en investissant et en construisant des artefacts facilement visibles, vous espérez attirer la magie qui va de pair avec. Mais comme dans le cas des cultes du cargo originels de Mélanésie[5], un faux aéroport fait de coquilles de noix de coco ne remplace pas le vrai.

Par exemple, nous avons personnellement vu des équipes qui prétendaient utiliser la méthode scrum. Mais en y regardant de plus près, il s'est avéré qu'elles organisaient des réunions quotidiennes finalement devenues hebdomadaires, avec des itérations de quatre semaines qui se transformaient souvent en itérations de six ou huit semaines. Les équipes estimaient que ce n'était pas grave parce qu'elles utilisaient un outil de planification « agile » très répandu. Elles n'investissaient que dans les artefacts superficiels – et encore, souvent de nom seulement, comme si « stand-up » ou « itération » étaient

5 Voir https://fr.wikipedia.org/wiki/Culte_du_cargo.

une sorte d'incantation pour les superstitieux. Il n'est donc pas surprenant qu'elles n'aient pas non plus réussi à créer une véritable alchimie.

Le contexte compte

Est-ce que vous ou votre équipe êtes tombés dans ce piège ? Demandez-vous pourquoi vous utilisez cette méthode de développement particulière. Ou ce framework. Ou cette technique de test : est-elle réellement adaptée à la tâche à accomplir ? Fonctionne-t-elle bien pour vous ? Ou bien a-t-elle été adoptée uniquement parce qu'elle était utilisée par la dernière *success story* sur Internet ?

La tendance actuelle est d'adopter les politiques et les processus d'entreprises prospères telles que Spotify, Netflix, Stripe, GitLab et d'autres. Chacune d'entre elles a sa propre vision du développement et de la gestion des logiciels. Mais prenez en compte le contexte : êtes-vous sur le même marché, avec les mêmes contraintes et opportunités ; vos expertise, taille d'organisation, gestion et culture sont-elles similaires ? La base d'utilisateurs et les exigences sont-elles semblables ?

Ne tombez pas dans le panneau. Les artefacts particuliers, les structures superficielles, les politiques, les processus et les méthodes ne suffisent pas.

Conseil 87 – Adoptez ce qui fonctionne, pas ce qui est à la mode

---

Comment savoir « ce qui fonctionne » ? Appuyez-vous sur la plus fondamentale des techniques pragmatiques : essayer.

Pilotez l'idée avec une petite équipe ou un ensemble d'équipes. Conservez les éléments qui semblent bien fonctionner et rejetez tout le reste comme du gaspillage ou des frais généraux. Personne ne dévalorisera votre organisation parce qu'elle fonctionne différemment de Spotify ou de Netflix, parce que ces entreprises elles-mêmes n'ont pas suivi leurs processus actuels pendant leur croissance. Et dans quelques années, lorsque ces entreprises auront mûri, auront pivoté et continueront à prospérer, elles feront encore quelque chose de différent.

C'est *cela*, le véritable secret de leur réussite.

Une taille unique qui ne va à personne

L'objectif d'une méthodologie de développement de logiciels est d'aider les gens à travailler ensemble. Comme nous l'expliquons dans le thème 48, *L'essence de l'agilité*, il n'existe pas de plan unique que vous puissiez suivre lorsque vous développez un logiciel, et surtout pas un plan conçu par quelqu'un d'*autre* dans une autre entreprise.

De nombreux programmes de certification sont même pires que cela : ils reposent sur la capacité de l'étudiant à mémoriser et à suivre les règles. Mais ce n'est pas ce que vous voulez. Il faut être capable de voir au-delà des règles existantes et d'exploiter les possibilités pour en tirer profit. C'est un état d'esprit très différent de celui qui consiste à dire « mais c'est comme ça qu'on fait avec l'approche scrum / lean / kanban / XP / agile… » et ainsi de suite.

Il s'agit plutôt de prendre les meilleurs éléments d'une méthode donnée et de les adapter. Il n'existe pas de méthode unique et les méthodes actuelles sont loin d'être complètes, c'est pourquoi vous devrez vous pencher sur plus d'une méthode populaire.

Par exemple, l'approche scrum définit certaines pratiques de gestion de projet, mais en elle-même ne fournit pas suffisamment de conseils au niveau technique pour les équipes, ni au niveau du portefeuille ou de la gouvernance pour les dirigeants. Alors, par où commencer ?

> **Soyez comme eux !**
>
> Nous entendons souvent les responsables du développement de logiciels dire à leur personnel : « Nous devrions fonctionner comme Netflix » (ou l'une de ces autres grandes entreprises). Bien sûr, vous *pourriez* faire cela.
> D'abord, dotez-vous de quelques centaines de milliers de serveurs et de dizaines de millions d'utilisateurs...

Le véritable objectif

L'objectif n'est évidemment pas de « faire du scrum », « faire de l'agile », « faire du lean » ou quoi que ce soit d'autre. L'objectif est d'être en mesure de livrer un logiciel fonctionnel qui donne aux utilisateurs de nouvelles capacités *à tout moment*. Pas d'ici plusieurs semaines, mois ou années : *maintenant*. Pour de nombreuses équipes et organisations, la livraison en continu semble être un objectif ambitieux et inaccessible, en particulier si l'on est confronté à un processus qui limite la livraison à des mois, voire à des semaines. Mais comme pour tout objectif, la clé est de continuer à viser dans la bonne direction.

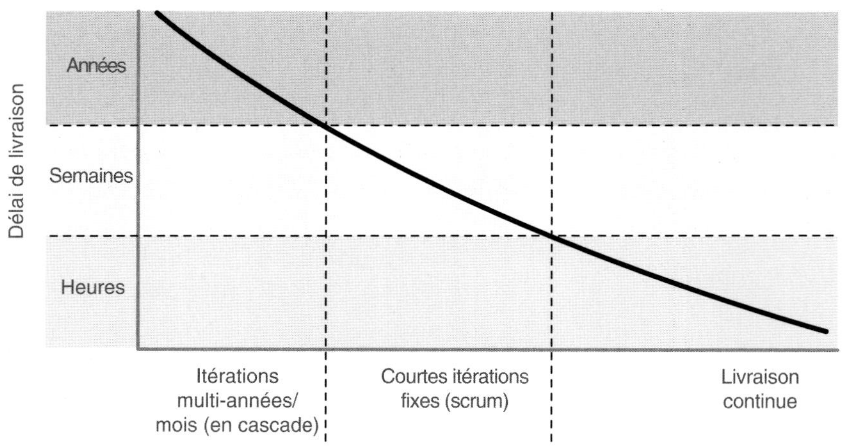

Si vous livrez en années, essayez de raccourcir le cycle en mois. De mois, réduisez-le à des semaines. D'un sprint de quatre semaines, essayez deux. D'un sprint de deux semaines, essayez une semaine. Puis tous les jours. Enfin, à la demande. Notez que le fait d'être en mesure de fournir des services à la demande ne signifie pas que vous êtes obligé de fournir des services à chaque minute de la journée. Vous livrez quand les utilisateurs en ont besoin, quand il est logique de le faire.

Conseil 88 – Livrez au moment où les utilisateurs en ont besoin

---

Pour passer à ce style de développement continu, vous avez besoin d'une infrastructure solide comme le roc, dont nous parlerons dans le thème suivant, *Kit de démarrage pragmatique*. Vous développez dans le tronc principal de votre système de contrôle de version, et non dans les branches, et vous utilisez des techniques telles que les *commutateurs de fonctionnalités* pour déployer des fonctionnalités de test aux utilisateurs de manière sélective.

Une fois que votre infrastructure est en ordre, vous devez décider comment organiser le travail. Les débutants voudront peut-être commencer par le scrum pour la gestion de projet, ainsi que par les pratiques techniques de la programmation extrême (XP). Les équipes plus disciplinées et plus expérimentées peuvent se tourner vers les techniques kanban et lean, à la fois pour l'équipe et peut-être pour des questions de gouvernance plus larges.

Mais ne nous croyez pas sur parole, étudiez et essayez ces approches par vous-même. Attention toutefois à ne pas en faire trop. Un investissement excessif dans une méthodologie particulière peut vous rendre aveugle aux options alternatives. On s'y habitue. Bientôt, il devient difficile de voir les choses différemment. Vous vous êtes calcifié et vous ne pouvez plus vous adapter rapidement.

Autant utiliser des noix de coco.

Sections connexes

- Thème 12, *Balles traçantes*.
- Thème 27, *Ne dépassez pas vos phares*.

- Thème 48, *L'essence de l'agilité.*
- Thème 49, *Équipes pragmatiques.*
- Thème 51, *Kit de démarrage pragmatique.*

Thème 51 – Kit de démarrage pragmatique

> *La civilisation progresse en augmentant le nombre d'opérations importantes que nous pouvons effectuer sans y penser.*
>
> Alfred North Whitehead

À l'époque où les voitures étaient une nouveauté, les instructions pour démarrer une Ford T faisaient plus de deux pages. Avec les voitures modernes, il suffit d'appuyer sur un bouton – la procédure de démarrage est automatique et infaillible. Une personne qui suit une liste d'instructions risque de noyer le moteur, tandis qu'un démarreur automatique ne fera pas d'erreur.

Bien que le développement de logiciels soit encore une industrie au stade du modèle T, nous ne pouvons pas nous permettre de parcourir deux pages d'instructions encore et encore pour une opération courante. Qu'il s'agisse de la procédure de construction et de publication, des tests, de la paperasse liée au projet ou de toute autre tâche récurrente du projet, elle doit être automatique et reproductible sur n'importe quelle machine capable de le faire.

En outre, nous voulons assurer la cohérence et la reproductibilité du projet. Les procédures manuelles laissent la cohérence au hasard ; la répétabilité n'est pas garantie, surtout si certains aspects de la procédure sont susceptibles d'être interprétés par différentes personnes.

Après avoir écrit la première édition du *Programmeur pragmatique*, nous voulions créer d'autres livres pour aider les équipes à développer des logiciels. Nous nous sommes dit qu'il fallait commencer par le commencement : quels sont les éléments les plus fondamentaux et les plus importants dont *chaque* équipe a besoin, quels que soient la méthodologie, le langage ou la pile technologique ? C'est ainsi qu'est née l'idée du kit de démarrage pragmatique, qui couvre ces trois sujets critiques et interdépendants :

- le contrôle de version ;
- les tests de régression ;
- l'automatisation complète.

Ce sont les trois piliers qui soutiennent chaque projet. Voici comment.

Pilotez avec le contrôle de version

Comme nous l'avons dit dans le thème 19, *Contrôle de version,* vous devez garder sous contrôle de version tout ce qui est nécessaire à la construction de votre projet. Cette idée devient encore plus importante dans le contexte du projet lui-même.

Premièrement, il permet aux machines de construction d'être éphémères. Au lieu d'une machine sanctifiée et grinçante dans le coin du bureau que tout le monde a peur de toucher[6], les machines de construction et/ou les clusters sont créés à la demande en tant qu'instances ponctuelles dans le cloud. La configuration du déploiement est également sous contrôle de version, de sorte que le passage à la production peut être géré automatiquement.

Et c'est là l'essentiel : au niveau du projet, le contrôle de version *pilote* le processus de construction et de publication.

Conseil 89 – Utilisez le contrôle de version pour piloter l'architecture, les tests et les versions

---

En d'autres termes, la construction, le test et le déploiement sont déclenchés par des soumissions (*commits*) ou des pushs dans le système de contrôle de

6 Nous l'avons constaté de visu plus souvent qu'on ne le pense.

version, et construits dans un conteneur dans le cloud. La diffusion pour mise en place est spécifiée par l'utilisation d'une balise dans votre système de contrôle de version. Les versions deviennent alors une partie beaucoup plus discrète de la vie quotidienne – une véritable livraison continue, qui n'est pas liée à une machine de construction ou à la machine d'un développeur.

Tests impitoyables et continus

De nombreux développeurs testent en douceur, sachant inconsciemment où le code va se casser et évitant les points faibles. Les programmeurs pragmatiques sont différents. Nous sommes *poussés* à trouver nos bogues *maintenant*, afin de ne pas avoir à subir la honte de voir nos bogues trouvés par d'autres que nous, plus tard.

Trouver des bogues, c'est un peu comme pêcher avec un filet. Nous utilisons de petits filets fins (tests unitaires) pour capturer les vairons, et de grands filets grossiers (tests d'intégration) pour attraper les requins tueurs. Parfois, les poissons parviennent à s'échapper, alors nous reprisons tous les trous que nous trouvons, dans l'espoir de capturer de plus en plus de défauts glissants qui nagent dans l'océan de notre projet.

Conseil 90 – Testez tôt, testez souvent, testez automatiquement

---

Nous devons commencer les tests dès que nous avons du code. Ces petits vairons ont la fâcheuse habitude de se transformer rapidement en requins géants mangeurs d'hommes, et il est plus difficile d'attraper un requin. Nous écrivons donc des tests unitaires. Beaucoup de tests unitaires.

En fait, un bon projet peut avoir *plus* de code de test que de code de production. Le temps nécessaire pour produire ce code de test en vaut la peine. Il finit par coûter beaucoup moins cher à long terme, et vous avez une chance d'obtenir un produit proche du zéro défaut.

En outre, le fait de savoir que vous avez réussi le test vous donne un degré élevé de confiance dans le fait qu'un morceau de code est « terminé ».

Conseil 91 – Ne croyez pas avoir terminé de coder tant que tous les tests n'ont pas été effectués

---

La construction automatique exécute tous les tests disponibles. Il est important de chercher à « tester pour de vrai » ; en d'autres termes, l'environnement de test doit correspondre étroitement à l'environnement de production. Tout écart est source de bogues.

La construction peut couvrir plusieurs grands types de tests de logiciels : les tests unitaires, les tests d'intégration, la validation et la vérification, et les tests de performance.

Cette liste n'est en aucun cas exhaustive et certains projets spécialisés nécessiteront également d'autres types de tests. Mais elle constitue un bon point de départ.

Tests unitaires

Un *test unitaire* est un code qui exerce un module. Nous avons abordé ce sujet dans le thème 41, *Testez pour coder*. Les tests unitaires sont à la base de toutes les autres formes de tests dont nous parlerons dans cette section. Si les éléments ne fonctionnent pas seuls, ils ne fonctionneront probablement pas bien ensemble. Tous les modules que vous utilisez doivent réussir leurs propres tests unitaires avant que vous ne puissiez continuer.

Une fois que tous les modules pertinents ont passé avec succès leurs tests individuels, vous êtes prêt à passer à l'étape suivante. Vous devez tester la manière dont tous les modules utilisent le système et interagissent les uns avec les autres.

Tests d'intégration

Les *tests d'intégration* montrent que les principaux sous-systèmes qui composent le projet fonctionnent et s'articulent bien les uns avec les autres. Avec de bons contrats en place, bien testés, tout problème d'intégration peut être facilement détecté. Dans le cas contraire, l'intégration devient un terrain fertile pour les bogues. En fait, il s'agit souvent de la source la plus importante de bogues dans le système.

Les tests d'intégration ne sont en fait qu'une extension des tests unitaires que nous avons décrits – vous testez simplement la façon dont des sous-systèmes entiers respectent leurs contrats.

Validation et vérification

Dès que vous disposez d'une interface utilisateur ou d'un prototype exécutable, vous devez répondre à une question essentielle : les utilisateurs vous ont dit ce qu'ils voulaient, mais est-ce ce dont ils ont besoin ?

Votre produit répond-il aux exigences fonctionnelles du système ? Cela aussi doit être testé. Un système sans bogue qui répond à la mauvaise question n'est pas très utile. Soyez conscient des schémas d'accès de l'utilisateur final et de la manière dont ils diffèrent des données de test du développeur (pour un exemple, voir l'anecdote des coups de pinceau).

Tests de performance

Les tests de performance ou de résistance peuvent également constituer des aspects importants du projet.

Demandez-vous si le logiciel répond aux exigences de performance dans des conditions réelles – avec le nombre prévu d'utilisateurs, de connexions ou de transactions par seconde. Est-il évolutif ?

Pour certaines applications, vous pouvez avoir besoin d'un matériel ou d'un logiciel de test spécialisés pour simuler la charge de manière réaliste.

Tester les tests

Comme nous ne pouvons pas écrire un logiciel parfait, il s'ensuit que nous ne pouvons pas non plus écrire un logiciel de test parfait. Nous devons tester les tests.

Considérez notre ensemble de suites de tests comme un système de sécurité élaboré, conçu pour tirer la sonnette d'alarme lorsqu'un bogue apparaît. Comment mieux tester un système de sécurité qu'en essayant d'y pénétrer ?

Après avoir écrit un test pour détecter un bogue particulier, *provoquez* délibérément le bogue et assurez-vous que le test s'en plaint. Cela permet de s'assurer que le test capturera le bogue s'il se produit réellement.

Conseil 92 – Utilisez des saboteurs pour tester vos tests

Si vous prenez *vraiment* vos tests au sérieux, prenez une branche distincte de l'arbre des sources, introduisez volontairement des bogues et vérifiez que les tests les capturent. À un niveau plus élevé, vous pouvez utiliser quelque chose comme le Chaos Monkey[7] de Netflix pour perturber (c'est-à-dire « tuer ») des services et tester la résilience de votre application.

Lors de la rédaction des tests, veillez à ce que les alarmes se déclenchent au bon moment.

Tests approfondis

Une fois que vous êtes sûr que vos tests sont corrects et qu'ils détectent les bogues que vous avez créés, comment savoir si vous avez testé la base de code de manière suffisamment approfondie ?

7 https://netflix.github.io/chaosmonkey.

La réponse courte est « vous ne pouvez pas en être certain » et vous ne pourrez jamais. Vous pouvez essayer des outils d'*analyse de couverture* qui observent votre code pendant les tests et notent les lignes de code qui ont été exécutées et celles qui ne l'ont pas été. Ces outils vous donnent une idée générale de l'exhaustivité de vos tests, mais ne vous attendez pas à une couverture de 100 %[8].

Même si vous réussissez à trouver chaque ligne de code, ce n'est pas tout. Ce qui *est* important, c'est le nombre d'états que votre programme peut avoir. Les états ne sont pas équivalents aux lignes de code. Supposons, par exemple, que vous ayez une fonction qui prend deux nombres entiers, chacun d'eux pouvant être un nombre compris entre 0 et 999 :

```
int test(int a, int b) {
  return a / (a + b);
}
```

En théorie, cette fonction de trois lignes a 1 000 000 d'états logiques, dont 999 999 fonctionneront correctement et 1 ne fonctionnera pas (lorsqu'a + b est égal à zéro). Le simple fait de savoir que vous avez exécuté cette ligne de code ne vous permet pas de le savoir – il vous faudrait identifier tous les états possibles du programme. Malheureusement, il s'agit en général d'un problème *très difficile*. Dur comme la pierre.

Conseil 93 – Testez la couverture d'état, pas la couverture de code

---

Tests de propriété

Un bon moyen d'explorer la manière dont votre code gère les états inattendus est de demander à un ordinateur de générer ces états.

Utilisez des techniques de *tests de propriété* pour générer des données de test en fonction des contrats et des invariants du code testé. Nous couvrons ce sujet en détail dans le thème 42, *Tests de propriété*.

8 Pour une étude intéressante de la corrélation entre la couverture des tests et les défauts, voir « Mythical Unit Test Coverage » [ADSS18].

Resserrer les mailles du filet

Enfin, nous aimerions révéler le concept le plus important en matière de tests. Il s'agit d'un concept évident, et pratiquement tous les manuels indiquent qu'il faut procéder de cette manière. Mais pour une raison ou une autre, la plupart des porteurs de projets ne le font pas.

Si un bogue passe à travers les mailles du filet des tests existants, vous devez ajouter un nouveau test pour le piéger la prochaine fois.

Conseil 94 – Ne trouvez les bogues qu'une seule fois

Lorsqu'un testeur humain trouve un bogue, ce devrait être *la première et la dernière fois* que cela se produit. Les tests automatisés doivent être modifiés pour vérifier ce bogue particulier à partir de ce moment-là, à chaque fois, sans aucune exception, même élémentaire, et même si le développeur se plaint et dit : « Oh, ça ne se produira plus jamais. »

Parce que cela se reproduira. Et nous n'avons tout simplement pas le temps de courir après des bogues que les tests automatisés auraient pu trouver pour nous. Nous devons passer notre temps à écrire du nouveau code – et de nouveaux bogues.

Automatisation complète

Comme nous l'avons dit au début de cette section, le développement moderne repose sur des procédures automatiques et scénarisées. Que vous utilisiez quelque chose d'aussi simple que des scripts shell avec rsync et SSH, ou des solutions complètes comme Ansible, Puppet, Chef ou Salt, ne comptez pas sur une intervention manuelle.

Une fois, nous nous trouvions sur le site d'un client dont tous les développeurs utilisaient le même environnement de développement intégré (EDI). L'administrateur système a donné à chaque développeur un ensemble d'instructions sur l'installation de modules complémentaires à l'EDI. Ces instructions remplissaient de nombreuses pages – des pages pleines de clics ici, de défilements là, de glissements ici, de double-clics là, et ainsi de suite.

Comme on pouvait s'y attendre, la machine de chaque développeur était chargée légèrement différemment. De subtiles différences dans le comportement de l'application sont apparues lorsque différents développeurs ont exécuté le même code. Des bogues apparaissaient sur une machine mais pas sur les autres. La recherche des différences de version d'un composant révèle généralement des surprises.

Conseil 95 – N'utilisez pas de procédures manuelles

L'humain n'est tout simplement pas aussi reproductible que les ordinateurs. Nous ne devrions d'ailleurs pas nous attendre à ce qu'il le soit. Un script shell (interpréteur de commande) ou un programme exécutera les mêmes instructions, dans le même ordre, à chaque fois. Il est lui-même soumis à un contrôle de version, de sorte que vous pouvez examiner les changements apportés aux procédures de construction et de publication au fil du temps (« mais cela fonctionnait *avant*... »).

Tout dépend de l'automatisation. Vous ne pouvez pas construire le projet sur un serveur cloud anonyme si la construction n'est pas entièrement automatique. Vous ne pouvez pas déployer automatiquement si des étapes manuelles sont impliquées. Et chaque fois que vous en introduisez (« c'est juste pour cette partie... »), vous cassez un très grand carreau[9].

9 N'oubliez jamais l'*Entropie logicielle*. Jamais.

Grâce à ces trois piliers que sont le contrôle de version, les tests impitoyables et l'automatisation complète, votre projet disposera des fondations solides dont vous avez besoin pour vous concentrer sur la partie la plus difficile : faire plaisir à vos utilisateurs.

Sections connexes

- Thème 11, *Réversibilité.*
- Thème 12, *Balles traçantes.*
- Thème 17, *Jouez avec les shells.*
- Thème 19, *Contrôle de version.*
- Thème 41, *Testez pour coder.*
- Thème 49, *Équipes pragmatiques.*
- Thème 50, *Les noix de coco ne suffisent pas.*

Défis

- Peut-être vos constructions nocturnes ou continues sont-elles automatiques, mais le déploiement en production ne l'est pas : pourquoi ? Quelle est la particularité de ce serveur ?
- Pouvez-vous tester automatiquement l'intégralité de votre projet ? De nombreuses équipes sont contraintes de répondre « non ». Pourquoi ? Est-il trop difficile de définir les résultats acceptables ? Ne sera-t-il pas difficile de prouver aux sponsors que le projet est « terminé » ?
- Est-il trop difficile de tester la logique de l'application indépendamment de l'interface graphique ? Qu'est-ce que cela vous dit de l'interface graphique ? du couplage ?

Thème 52 – Faites plaisir à vos utilisateurs

> *Lorsque vous faites plaisir aux gens, votre but n'est pas vous faire de l'argent sur leur dos ou de leur faire faire ce que vous voulez, mais de les combler de joie.*
>
> Guy Kawasaki

En tant que développeurs, notre objectif est de *faire plaisir aux utilisateurs.* C'est pour cela que nous sommes là. Pas pour extraire leurs données, compter combien ils sont ou vider leur portefeuille. Les objectifs néfastes mis à part, il ne suffit pas de livrer un logiciel fonctionnel dans les délais impartis. Cela ne suffit pas à leur faire plaisir.

Vos utilisateurs ne sont pas particulièrement passionnés par le code. Ils ont plutôt un problème commercial à résoudre dans le contexte de leurs objectifs et de leur budget. Ils pensent qu'en travaillant avec votre équipe, ils y parviendront.

Leurs attentes ne sont pas liées au logiciel. Ce n'est même pas un besoin implicite dans les spécifications qu'ils vous donnent (parce que ces spécifications seront incomplètes tant que votre équipe n'aura pas itéré plusieurs fois avec eux).

Comment découvrir leurs attentes ? Posez une question simple :

Comment saurez-vous que nous avons tous réussi un mois (ou un an, ou autre) après la fin de ce projet ?

La réponse pourrait bien vous surprendre. Un projet visant à améliorer les recommandations de produits pourrait en fait être jugé en matière de fidélisation de la clientèle ; un projet visant à consolider deux bases de données pourrait être jugé en matière de qualité des données, ou d'économies réalisées. Mais ce sont ces attentes en matière de valeur commerciale qui comptent vraiment, et non le projet logiciel lui-même. Le logiciel n'est qu'un moyen de parvenir à ces fins.

Maintenant que vous avez mis en évidence certaines des attentes de valeur sous-jacentes au projet, vous pouvez commencer à réfléchir à la manière de les satisfaire :

- Assurez-vous que tous les membres de l'équipe sont parfaitement au courant de ces attentes ;

- Au moment de prendre des décisions, réfléchissez à la voie qui vous permet de vous rapprocher le plus de ces attentes ;
- Analysez de manière critique les exigences des utilisateurs à la lumière des attentes. Dans de nombreux projets, nous avons découvert que l'« exigence » énoncée n'était en fait qu'une supposition de ce qui pouvait être fait par la technologie : il s'agissait en fait d'un plan de mise en œuvre technique amateur déguisé en document d'exigences. N'ayez pas peur d'émettre des suggestions qui modifient l'exigence si vous pouvez démontrer qu'elles permettront au projet de se rapprocher de l'objectif ;
- Continuez à réfléchir à ces attentes au fur et à mesure que vous avancez dans le projet.

Nous avons constaté qu'au fur et à mesure que notre connaissance du domaine s'accroît, nous sommes mieux à même de faire des suggestions sur d'autres choses qui pourraient être faites pour résoudre les problèmes sous-jacents de l'entreprise. Nous croyons fermement que les développeurs, qui sont exposés à de nombreux aspects différents d'une organisation, peuvent souvent voir des façons de tisser des liens entre différentes parties de l'entreprise, des potentiels que les autres services ne perçoivent pas forcément.

Conseil 96 – Faites plaisir aux utilisateurs, ne vous contentez pas de livrer du code

---

Si vous voulez faire plaisir à votre client, établissez avec lui une relation qui vous permet de l'aider activement à résoudre ses problèmes. Même si votre intitulé de poste est « développeur de logiciels », « ingénieur logiciel » ou une variante, il devrait en réalité être « résolveur de problèmes ». C'est ce que nous faisons, et c'est l'essence même d'un programmeur pragmatique.

Nous résolvons les problèmes.

Sections connexes

- Thème 12, *Balles traçantes.*
- Thème 13, *Prototypes et Post-it.*
- Thème 45, *La fosse aux exigences.*

Thème 53 – Orgueil et préjugés

> *Vous nous avez charmés assez longtemps.*
>
> JANE AUSTEN, *ORGUEIL ET PRÉJUGÉS*

Les programmeurs pragmatiques ne fuient pas les responsabilités. Au contraire, nous nous réjouissons de relever des défis et de faire connaître notre expertise. Si nous sommes responsables d'une conception ou d'un morceau de code, nous faisons un travail dont nous pouvons être fiers.

Conseil 97 – Signez votre travail

Les artisans d'autrefois étaient fiers de signer leur travail. Vous devriez l'être aussi.

Cependant, les équipes projet sont toujours composées de personnes, et cette règle peut causer des problèmes. Dans certains projets, l'idée de la *propriété du code* peut entraîner des problèmes de coopération. Les gens peuvent devenir territoriaux ou refuser de travailler sur des éléments de base commune. Le projet peut finir par ressembler à un ensemble de petits territoires fragmentés. On en vient à avoir des préjugés en faveur de son code et contre ses collègues.

Ce n'est pas ainsi que nous devrions nous comporter. Vous ne devez pas défendre jalousement votre code contre les intrus ; de la même manière, vous devez traiter le code des autres avec respect. La règle d'or (« faites aux autres ce que vous voudriez qu'ils vous fassent ») et une base de respect mutuel entre les développeurs sont essentielles pour que cette astuce fonctionne.

L'anonymat, en particulier dans les grands projets, peut constituer un terrain propice au laisser-aller, aux erreurs, à la paresse et au mauvais code. Il devient trop facile de se considérer comme un simple rouage, de produire des excuses boiteuses dans d'interminables rapports d'état au lieu de produire du bon code.

Si le code doit être une propriété, il ne doit pas nécessairement appartenir à un individu. En fait, l'eXtreme Programming[10] de Kent Beck recommande la propriété collective du code (mais cela nécessite également des pratiques supplémentaires, telles que la programmation en binôme, pour se prémunir contre les dangers de l'anonymat).

Nous devrions être fiers de ce que vous avons créé. « J'ai écrit ceci et j'assume mon travail. » Votre signature devrait être reconnue comme un indicateur de qualité. Les gens devraient voir votre nom sur un morceau de code et s'attendre à ce qu'il soit solide, bien écrit, testé et documenté. Un travail vraiment professionnel. Écrit par un professionnel.

Un programmeur pragmatique.

Nous vous remercions.

10 http://www.extremeprogramming.org.

> *À long terme, nous façonnons notre vie et nous nous façonnons nous-mêmes. Ce processus ne s'achève qu'à notre mort. Et les choix que nous faisons relèvent en fin de compte de notre propre responsabilité.*
>
> ELEANOR ROOSEVELT

POSTFACE

Au cours des vingt années qui ont précédé la première édition, nous avons participé à l'évolution de l'ordinateur, qui est passé du statut de curiosité périphérique à celui d'impératif moderne pour les entreprises. Lors des vingt années qui ont suivi, les logiciels ont dépassé le stade de simples machines métier et ont véritablement envahi le monde. Mais qu'est-ce que cela signifie vraiment pour nous ?

Dans *The Mythical Man-Month: Essays on Software Engineering* [Bro96], Frederick Brooks déclare : « Le programmeur, comme le poète, ne travaille que légèrement à l'écart de la pensée pure. Il construit ses châteaux dans l'air, à partir de l'air, en créant par l'effort de l'imagination. » Nous partons d'une page blanche et nous pouvons créer à peu près tout ce que nous pouvons imaginer. Et ce que nous créons peuvt changer le monde.

De Twitter qui aide les gens à planifier des révolutions, au processeur de votre voiture qui vous empêche de déraper, en passant par le smartphone qui nous permet de ne plus avoir à nous souvenir des détails quotidiens ennuyeux, nos programmes sont partout. Notre imagination est partout.

Nous, les développeurs, sommes incroyablement privilégiés. Nous construisons véritablement l'avenir. C'est un pouvoir extraordinaire. Et ce pouvoir s'accompagne d'une responsabilité extraordinaire.

Combien de fois nous arrêtons-nous pour y réfléchir ? Combien de fois discutons-nous, entre nous et avec un public plus large, de ce que cela signifie ?

Les systèmes embarqués utilisent un ordre de grandeur plus élevé d'ordinateurs que ceux utilisés dans les ordinateurs portables, les ordinateurs de bureau et les centres de données. Ces ordinateurs intégrés contrôlent souvent des systèmes vitaux, qu'il s'agisse de centrales électriques, de voitures ou d'équipements médicaux. Même un simple système de contrôle du chauffage central ou un appareil ménager peut tuer quelqu'un s'il est mal conçu ou mal implémenté. Lorsque vous développez pour ces appareils, vous assumez une responsabilité énorme.

De nombreux systèmes non embarqués peuvent également faire à la fois beaucoup de bien et beaucoup de mal. Les médias sociaux peuvent promouvoir une révolution pacifique ou nourrir des vagues de haine. Le big data peut faciliter les achats, mais il peut aussi détruire tout vestige de vie privée que vous pourriez penser avoir. Les systèmes bancaires prennent des décisions de prêt qui changent la vie des gens. Et pratiquement tous les systèmes peuvent être utilisés pour espionner leurs utilisateurs.

Nous avons vu des indices des possibilités d'un avenir utopique et des exemples de conséquences involontaires menant à des dystopies cauchemardesques. La différence entre les deux résultats pourrait être plus subtile que vous ne le pensez. Et tout est entre vos mains.

LA BOUSSOLE MORALE

Le prix de ce pouvoir inattendu est la vigilance. Nos actions affectent directement les gens. Il ne s'agit plus d'un programme de loisir sur l'unité centrale 8 bits du garage, d'un processus métier par lots isolé sur l'ordinateur central du centre de données, ni même d'un simple PC de bureau ; nos logiciels tissent la trame même de la vie moderne quotidienne.

Nous avons le devoir de nous poser deux questions à propos de chaque morceau de code que nous livrons :

1. Ai-je protégé l'utilisateur ?
2. Est-ce que je l'utiliserais moi-même ?

Tout d'abord, vous devez vous demander : ai-je fait de mon mieux pour protéger les utilisateurs de ce code ? Ai-je pris des dispositions pour appliquer en permanence des correctifs de sécurité à ce simple interphone bébé ? Ai-je veillé à ce que, en cas de défaillance du thermostat automatique du chauffage central, le client conserve le contrôle manuel ? Est-ce que je ne stocke que les données dont j'ai besoin et est-ce que je crypte tout ce qui est personnel ?

Personne n'est parfait ; il arrive à tout le monde de passer à côté de certaines choses. Mais si vous ne pouvez pas dire honnêtement que vous avez essayé de dresser la liste de toutes les conséquences et veillé à en protéger les utilisateurs, vous portez alors une part de responsabilité si les choses tournent mal.

Conseil 98 – D'abord, ne pas nuire

Deuxièmement, il y a un jugement lié à la règle d'or : serais-je heureux d'être un utilisateur de ce logiciel ? Est-ce que je veux que mes données soient partagées ? Est-ce que je veux que mes déplacements soient communiqués à des points de vente ? Serais-je heureux d'être conduit par ce véhicule autonome ? Suis-je en accord avec le fait de faire ceci ?

Certaines idées inventives commencent à flirter avec les limites de l'éthique, et si vous êtes impliqué dans l'un de ces projets, vous êtes tout aussi responsable que les commanditaires. Quelle que soit votre position dans l'organigramme, une règle reste vraie :

Conseil 99 – Ne laissez pas le champ libre aux nuisibles

IMAGINEZ L'AVENIR QUE VOUS VOULEZ

C'est à vous de jouer. C'est votre imagination, vos espoirs, vos inquiétudes qui fournissent la matière première de la pensée pure qui bâtira les vingt prochaines années et au-delà.

Vous construisez l'avenir, pour vous-mêmes et pour vos descendants. Votre devoir est d'en faire un futur dans lequel nous aimerions tous vivre. Sachez reconnaître les actions qui vont à l'encontre de cet idéal et ayez le courage de vous y opposer. Imaginez l'avenir que nous *pourrions* avoir et ayez l'audace de le créer. Construisez chaque jour des châteaux dans les airs.

Nous avons tous une vie extraordinaire.

Conseil 100 – C'est votre vie.
Partagez-la. Célébrez-la. Construisez-la. ET AMUSEZ-VOUS !

BIBLIOGRAPHIE

[ADSS18] Vard Antinyan, Jesper Derehag, Anna Sandberg et Miroslaw Staron, « Mythical Unit Test Coverage », *IEEE Software*, vol. 35, mai 2018, p. 73-79.

[And10] Jackie Andrade, « What does doodling do? », *Applied Cognitive Psychology*, vol. 24, janvier 2010, p. 100-106.

[Arm07] Joe Armstrong, *Programming Erlang: Software for a Concurrent World*, Raleigh, The Pragmatic Bookshelf, 2007.

[BR89] Albert J. Bernstein et Sydney Craft Rozen, *Dinosaur Brains: Dealing with All Those Impossible People at Work*, New York, John Wiley & Sons, 1989.

[Bro96] Frederick P. Brooks Jr., *The Mythical Man-Month: Essays on Software Engineering*, Reading, Addison-Wesley, édition anniversaire, 1996. Édition en français : *Le Mythe du mois-homme. Essais sur le génie logiciel*, International Thomson Publishing France, 2001.

[CN91] Brad J. Cox et Andrew J. Novobilski, *Object-Oriented Programming: An Evolutionary Approach*, Reading, Addison-Wesley, deuxième édition, 1991.

[Con68] Melvin E. Conway, « How do committees invent? », *Datamation*, vol. 14, avril 1968, p. 28-31.

[de 98] Gavin de Becker, *The Gift of Fear, and Other Survival Signals That Protect Us from Violence*, New York, Dell Publishing, 1998. Édition en français : *La peur qui vous sauve. Comment reconnaître et prévenir la violence*, JC Lattès, 1998.

[DL13] Tom DeMarco et Timothy Lister, *Peopleware: Productive Projects and Teams*, Boston, Addison-Wesley, troisième édition, 2013. Édition en français : *Les Hommes de l'ordinateur. Les conditions de la productivité des équipes de projets informatiques*, Elsevier Masson, 1991.

[Fow00] Martin Fowler, *UML Distilled: A Brief Guide to the Standard Object Modeling Language*, Boston, Addison-Wesley, deuxième édition, 2000.

[Fow04] Martin Fowler, *UML Distilled: A Brief Guide to the Standard Object Modeling Language*, Boston, Addison-Wesley, troisième édition, 2004.

[Fow19] Martin Fowler, *Refactoring: Improving the Design of Existing Code*, Boston, Addison-Wesley, deuxième édition, 2019. Édition en français : *Refactoring. Comment améliorer le code existant*, Dunod, 2019.

[GHJV95] Erich Gamma, Richard Helm, Ralph Johnson et John Vlissides, *Design Patterns: Elements of Reusable Object-Oriented Software*, Reading, Addison-Wesley, 1995.

[Hol92] Michael Holt, *Math Puzzles & Games*, New York, Dorset House, 1992.

[Hun08] Andy Hunt, *Pragmatic Thinking and Learning: Refactor Your Wetware*, Raleigh, The Pragmatic Bookshelf, 2008.

[Joi94] Thomas E. Joiner, « Contagious depression: existence, specificity to depressed symptoms, and the role of reassurance seeking », *Journal of Personality and Social Psychology*, vol. 67, août 1994, p. 287-296.

[Knu11] Donald E. Knuth, *The Art of Computer Programming*, volume 4A : « Combinatorial Algorithms, part 1 », Boston, Addison-Wesley, 2011.

[Knu98] Donald E. Knuth, *The Art of Computer Programming*, volume 1 : « Fundamental Algorithms », Reading, Addison-Wesley, troisième édition, 1998.

[Knu98a] Donald E. Knuth, *The Art of Computer Programming*, volume 2 : « Seminumerical Algorithms », Reading, Addison-Wesley, troisième édition, 1998.

[Knu98b] Donald E. Knuth, *The Art of Computer Programming*, volume 3 : « Sorting and searching », Reading, Addison-Wesley, deuxième édition, 1998.

[KP99] Brian W. Kernighan et Rob Pike, *The Practice of Programming*, Reading, Addison-Wesley, 1999. Édition en français : *La Programmation en pratique*, Vuibert, 2001.

[Mey97] Bertrand Meyer, *Object-Oriented Software Construction*, Upper Saddle River, Prentice Hall, deuxième édition, 1997. Édition en français : *Conception et programmation orientées objet*, Eyrolles, 2017.

[Mul18] Jerry Z. Muller, *The Tyranny of Metrics*, Princeton, Princeton University Press, 2018. Édition en français : *La Tyrannie des métriques*, Markus Haller, 2020.

[SF13] Robert Sedgewick et Philippe Flajolet, *An Introduction to the Analysis of Algorithms*, Boston, Addison-Wesley, deuxième édition, 2013. Édition en français : *Introduction à l'analyse des algorithmes*, International Thomson Publishing, 1998.

[Str35] James Ridley Stroop, « Studies of interference in serial verbal reactions », *Journal of Experimental Psychology*, vol. 18, 1935, p. 643-662.

[SW11] Robert Sedgewick et Kevin Wayne, *Algorithms*, Boston, Addison-Wesley, quatrième édition, 2011.

[Tal10] Nassim Nicholas Taleb, *The Black Swan: The Impact of the Highly Improbable*, New York, Random House, deuxième édition, 2010. Édition en français : *Le Cygne noir. La puissance de l'imprévisible*, Les Belles Lettres, 2021.

[WH82] James Q. Wilson et George L. Kelling, « Broken windows. The police and neighborhood safety », *The Atlantic Monthly*, vol. 249, mars 1982, p. 29-38.

[YC79] Edward Yourdon et Larry L. Constantine, *Structured Design: Fundamentals of a Discipline of Computer Program and Systems Design*, Englewood Cliffs, Prentice Hall, 1979.

[You95] Edward Yourdon, « When good-enough software is best », *IEEE Software*, vol. 12, mai 1995, p. 79-81.

> *Je préfère avoir des questions auxquelles on ne peut pas répondre plutôt que des réponses qu'on ne peut pas questionner.*
>
> RICHARD FEYNMAN

EXERCICES – PISTES DE RÉSOLUTION

Exercice 1

À notre avis, la classe `Split2` est plus orthogonale. Elle se concentre sur sa propre tâche, la division des lignes, et ignore des détails tels que l'origine des lignes. Non seulement cela facilite le développement du code, mais cela le rend également plus flexible. `Split2` peut diviser des lignes lues dans un fichier, générées par une autre routine ou transmises par l'environnement.

Exercice 2

Commençons par une affirmation : il est possible d'écrire du bon code orthogonal dans pratiquement tous les langages. En même temps, chaque langage présente son lot de tentations, des caractéristiques qui peuvent conduire à un couplage accru et à une orthogonalité réduite.

Dans les langages orientés objet, des caractéristiques telles que l'héritage multiple, les exceptions, la surcharge des opérateurs et la surcharge des méthodes parentes (*via* la sous-classification) offrent de nombreuses occasions d'accroître le couplage de manière non évidente. Il existe également une sorte de couplage parce qu'une classe couple le code aux données. C'est normalement une bonne chose (lorsque le couplage est bon, on parle de cohésion). Mais si vous ne concentrez pas suffisamment vos classes, cela peut conduire à des interfaces assez laides.

Dans les langages fonctionnels, vous êtes encouragé à écrire de nombreuses petites fonctions découplées et à les combiner de différentes manières pour résoudre votre problème. En théorie, c'est une bonne chose, et en pratique aussi, souvent. Mais il y a une forme de couplage qui peut se produire ici également. Ces fonctions transforment généralement des données, ce qui signifie que le résultat d'une fonction peut devenir l'entrée d'une autre. Si vous n'êtes pas attentif, une modification du format de données généré par une fonction peut entraîner une défaillance quelque part dans le flux de transformation. Les langages dotés d'un bon système de types permettent d'atténuer ce problème.

Exercice 3

Revenons aux technologies artisanales ! Faites quelques dessins au marqueur sur un tableau blanc : une voiture, un téléphone et une maison. Il n'est pas nécessaire qu'il s'agisse d'une œuvre d'art de grande qualité ; des silhouettes en bâton suffisent. Placez des notes repositionnables décrivant le contenu des pages cibles sur les zones cliquables. Au fur et à mesure de la réunion, vous pouvez affiner les dessins et l'emplacement des notes.

Exercice 4

Comme nous souhaitons rendre le langage extensible, nous allons faire en sorte que l'analyseur soit piloté par une table. Chaque entrée du tableau contient la lettre de la commande, un drapeau indiquant si un argument est nécessaire, et le nom de la routine à appeler pour traiter cette commande particulière.

lang/turtle.c

```
typedef struct {
  char  cmd;              /* the command letter */
  int hasArg;             /* does it take an argument */
  void (*func)(int, int); /* routine to call */
} Command;

static Command cmds[] = {
  { 'P', ARG,     doSelectPen },
  { 'U', NO_ARG,  doPenUp },
  { 'D', NO_ARG,  doPenDown },
  { 'N', ARG,     doPenDir },
  { 'E', ARG,     doPenDir },
  { 'S', ARG,     doPenDir },
  { 'W', ARG,     doPenDir }
};
```

Le programme principal est assez simple : il lit une ligne, recherche la commande, récupère l'argument si nécessaire, puis appelle la fonction de traitement.

lang/turtle.c
```
while (fgets(buff, sizeof(buff), stdin)) {
  Command *cmd = findCommand(*buff);

  if (cmd) {
    int   arg = 0;

    if (cmd->hasArg && !getArg(buff+1, &arg)) {
      fprintf(stderr, "'%c' needs an argument\n", *buff);
      continue;
    }

    cmd->func(*buff, arg);
  }
}
```

La fonction qui recherche une commande effectue une recherche linéaire dans la table et renvoie l'entrée correspondante ou null.

lang/turtle.c
```
Command *findCommand(int cmd) {
  int i;

  for (i = 0; i < ARRAY_SIZE(cmds); i++) {
    if (cmds[i].cmd == cmd)
      return cmds + i;
  }

  fprintf(stderr, "Unknown command '%c'\n", cmd);
  return 0;
}
```

Enfin, la lecture de l'argument numérique est assez simple à l'aide de sscanf.

lang/turtle.c
```
int getArg(const char *buff, int *result) {
  return sscanf(buff, "%d", result) == 1;
}
```

Exercice 5

En fait, vous avez déjà résolu ce problème dans l'exercice précédent, où vous avez écrit un interprète pour le langage externe, qui contiendra l'interprète interne. Dans le cas de notre exemple de code, il s'agit des fonctions doXxx.

Exercice 6

En utilisant la BNF, une spécification temporelle pourrait être :

temps ::= heure ampm | heure : minute ampm | heure : minute
ampm ::= am | pm
heure ::= chiffre | chiffre chiffre
minute ::= chiffre chiffre
chiffre ::= 0 | 1 | 2 | 3 | 4 | 5 | 6 | 7 | 8 | 9

Une meilleure définition de l'*heure* et de la *minute* prendrait en compte le fait qu'une heure ne peut aller que de 00 à 23, et une minute de 00 à 59 :

heure ::= chiffre h-dizaine | chiffre
minute ::= chiffre m-dizaine
h-dizaine ::= 0 | 1
m-dizaine ::= 0 | 1 | 2 | 3 | 4 | 5
chiffre ::= 0 | 1 | 2 | 3 | 4 | 5 | 6 | 7 | 8 | 9

Exercice 7

Voici l'analyseur écrit à l'aide de la bibliothèque JavaScript Pegjs :

lang/peg_parser/time_parser.pegjs

```
time
  = h:hour offset:ampm              { return h + offset }
  / h:hour ":" m:minute offset:ampm { return h + m + offset }
  / h:hour ":" m:minute             { return h + m }

ampm
  = "am" { return 0 }
  / "pm" { return 12*60 }

hour
  = h:two_hour_digits { return h*60 }
  / h:digit           { return h*60 }

minute
  = d1:[0-5] d2:[0-9] { return parseInt(d1+d2, 10); }

digit
  = digit:[0-9] { return parseInt(digit, 10); }

two_hour_digits
  = d1:[01] d2:[0-9 ] { return parseInt(d1+d2, 10); }
  / d1:[2]  d2:[0-3]  { return parseInt(d1+d2, 10); }
```

Les tests montrent son utilisation :

lang/peg_parser/test_time_parser.js

```
let test = require('tape');
let time_parser = require('./time_parser.js');

// time    ::= hour ampm          |
//             hour : minute ampm  |
//             hour : minute
//
// ampm   ::= am | pm
//
// hour   ::= digit | digit digit
//
// minute ::= digit digit
//
// digit  ::= 0 |1 | 2 | 3 | 4 | 5 | 6 | 7 | 8 | 9

const h  = (val) => val*60;
const m  = (val) => val;
const am = (val) => val;
const pm = (val) => val + h(12);

let tests = {

  "1am": h(1),
  "1pm": pm(h(1)),
  "2:30": h(2) + m(30),
  "14:30": pm(h(2)) + m(30),
  "2:30pm": pm(h(2)) + m(30),

}

test('time parsing', function (t) {
    for (const string in tests) {
      let result = time_parser.parse(string)
      t.equal(result, tests[string], string);
    }
    t.end()
});
```

Exercice 8

Voici une solution possible en Ruby :

lang/re_parser/time_parser.rb

```
TIME_RE = %r{
(?<digit>[0-9]){0}
(?<h_ten>[0-1]){0}
(?<m_ten>[0-6]){0}
(?<ampm> am | pm){0}
(?<hour>   (\g<h_ten> \g<digit>) | \g<digit>){0}
(?<minute> \g<m_ten>  \g<digit>){0}

\A(
    ( \g<hour> \g<ampm> )
  | ( \g<hour> : \g<minute> \g<ampm> )
  | ( \g<hour> : \g<minute> )
)\Z

}x

def parse_time(string)
  result = TIME_RE.match(string)
  if result
    result[:hour].to_i * 60 +
    (result[:minute] || "0").to_i +
    (result[:ampm] == "pm" ? 12*60 : 0)
  end
end
```

(Ce code utilise l'astuce consistant à définir des motifs nommés au début de l'expression régulière, puis à y faire référence en tant que sous-motifs dans la correspondance proprement dite.)

Exercice 9

Notre réponse doit s'appuyer sur plusieurs hypothèses :

- Le dispositif de stockage contient les informations à transférer ;
- Nous connaissons la vitesse à laquelle la personne marche ;
- Nous connaissons la distance entre les machines ;
- Nous ne tenons pas compte du temps nécessaire pour transférer les informations vers et depuis le dispositif de stockage ;

- Le coût du stockage des données est à peu près égal à celui de leur transmission sur une ligne de communication.

Exercice 10

En prenant en considération les réserves formulées dans la réponse précédente : une bande de 1 To contient 8×2^{40} ou 2^{43} bits, de sorte qu'une ligne de 1 Gbps devrait pomper des données pendant environ 9 000 secondes, soit à peu près 2 h 30, pour transférer la quantité équivalente d'informations. Si la personne marche à une vitesse constante de 3,5 mph[1], il faudrait que nos deux machines soient distantes de près de 9 miles pour que la ligne de communication soit plus performante que notre coursier. Dans le cas contraire, c'est la personne qui l'emporte.

Exercice 14

Nous montrerons les signatures des fonctions en Java, avec les préconditions et les post-conditions dans les commentaires.

Tout d'abord, l'invariant de la classe :

```
/**
  * @invariant getSpeed() > 0
  *        implies isFull()               // Don't run empty
  *
  * @invariant getSpeed() >= 0 &&
  *        getSpeed() < 10                // Range check
  */
```

1 1 *mile per hour* équivaut à 1,60934 kilomètres par heure (NdÉ).

Ensuite, les préconditions et post-conditions :

```
/**
  * @pre Math.abs(getSpeed() - x) <= 1 // Only change by one
  * @pre x >= 0 && x < 10             // Range check
  * @post getSpeed() == x             // Honor requested speed
  */
public void setSpeed(final int x)

/**
  * @pre !isFull()                    // Don't fill it twice
  * @post isFull()                    // Ensure it was done
  */
void fill()

/**
  * @pre isFull()                     // Don't empty it twice
  * @post !isFull()                   // Ensure it was cone
  */
void empty()
```

Exercice 15

La série compte 21 termes. Si vous avez répondu « 20 », vous venez de faire une erreur de poteau (vous ne savez pas s'il faut compter les poteaux ou les espaces entre eux).

Exercice 16

- Le mois de septembre 1752 ne comptait que 19 jours. Cette mesure a été prise pour synchroniser les calendriers dans le cadre de la réforme grégorienne.
- Le répertoire a pu être supprimé par un autre processus, vous n'avez peut-être pas l'autorisation de le lire, le disque n'est peut-être pas monté… vous voyez le tableau.
- Nous avons volontairement omis de spécifier les types de `a` et `b`. La surcharge des opérateurs aurait pu définir `+`, `=`, ou `!=` pour avoir un comportement inattendu. De plus, `a` et `b` peuvent être des alias pour la même variable, de sorte que la seconde affectation écrasera la valeur stockée dans la première. Par ailleurs, si le programme est congruent et mal écrit, `a` peut avoir été mis à jour au moment où l'ajout a lieu.

- En géométrie non euclidienne, la somme des angles d'un triangle n'est pas égale à 180°. Imaginez un triangle tracé sur la surface d'une sphère.
- Les minutes intercalaires peuvent avoir 61 ou 62 secondes.
- Selon le langage, le dépassement numérique peut laisser le résultat de `a+1` négatif.

Exercice 17

Dans la plupart des implémentations C et C++, il n'existe aucun moyen de vérifier qu'un pointeur pointe effectivement sur une mémoire valide. Une erreur courante consiste à désallouer un bloc de mémoire et à y faire référence plus tard dans le programme. À ce moment-là, la mémoire pointée peut avoir été réaffectée à d'autres fins. En attribuant la valeur `null` au pointeur, les programmeurs espèrent empêcher ces références véreuses – dans la plupart des cas, le déréférencement d'un pointeur `null` génère une erreur d'exécution.

Exercice 18

En attribuant la valeur `null` à la référence, vous réduisez d'une unité le nombre de pointeurs sur l'objet référencé. Une fois que ce nombre atteint zéro, l'objet est éligible pour le ramasse-miettes. L'attribution de la valeur `null` aux références peut être importante pour les programmes à long terme, lorsque les programmeurs doivent s'assurer que l'utilisation de la mémoire n'augmente pas au fil du temps.

Exercice 19

Une implémentation simple pourrait être la suivante :

event/strings_ex_1.rb

```
class FSM
  def initialize(transitions, initial_state)
    @transitions = transitions
    @state       = initial_state
  end
  def accept(event)
    @state, action = TRANSITIONS[@state][event] || TRANSITIONS[@state][:default]
  end
end
```

(Téléchargez ce fichier pour obtenir le code mis à jour qui utilise cette nouvelle classe AF.)

Exercice 20

- … trois événements de *panne d'interface réseau* en l'espace de cinq minutes.

Cela *pourrait* être implémenté à l'aide d'un automate fini, mais ce serait plus délicat qu'il n'y paraît à première vue : si vous obtenez des événements aux minutes 1, 4, 7 et 8, vous devez alors déclencher l'avertissement au quatrième événement, ce qui signifie que l'automate fini doit être capable de gérer la réinitialisation lui-même.

Pour cette raison, les flux d'événements semblent être la technologie de choix. Il existe une fonction réactive nommée `buffer`, avec des paramètres `size` et `offset`, qui vous permettrait de renvoyer chaque groupe de trois événements entrants. Vous pourriez alors examiner les horodatages du premier et du dernier événement d'un groupe pour déterminer si l'alarme doit être déclenchée.

- … après le coucher du soleil, un mouvement est détecté en bas de l'escalier, suivi d'un mouvement en haut de l'escalier.

Cela pourrait probablement être mis en œuvre en utilisant une combinaison de pubsub et d'automates finis. Vous pourriez utiliser pubsub pour diffuser des événements à n'importe quel nombre d'automates finis, puis laisser ces derniers déterminer ce qu'il faut faire.

- … notifier à divers systèmes de rapports qu'une commande a été complétée.

Il est probablement préférable d'utiliser pubsub. Vous pourriez vouloir utiliser des flux, mais cela nécessiterait que les systèmes notifiés soient également fondés sur des flux.

- … trois services de backend et attendre les réponses.

Cela est similaire à notre exemple qui utilisait des flux pour récupérer les données de l'utilisateur.

Exercice 21

1. Les frais d'expédition et la taxe de vente sont ajoutés à la commande :

```
basic order → finalized order
```

Dans un code classique, il est probable que vous ayez une fonction qui calcule les frais d'expédition et une autre qui calcule les taxes. Mais nous pensons ici à des transformations, et nous transformons donc une commande contenant uniquement des articles en quelque chose de nouveau : une commande qui peut être expédiée.

2. Votre application charge les informations de configuration à partir d'un fichier nommé :

```
file name → configuration structure
```

3. Une personne se connecte à une application web :

```
user credentials → session
```

Exercice 22

La transformation de haut niveau :

```
field contents as string
    → [validate & convert]
        → {:ok, value} | {:error, reason}
```

pourrait être décomposée en :

```
field contents as string
    → [convert string to integer]
    → [check value >= 18]
    → [check value <= 150]
        → {:ok, value} | {:error, reason}
```

Cela suppose que vous disposiez d'un pipeline de traitement des erreurs.

Exercice 23

Répondons d'abord à la deuxième partie : nous préférons le premier morceau de code.

Dans le second morceau, chaque étape renvoie un objet qui implémente la fonction suivante que nous appelons : l'objet renvoyé par content_of doit implémenter find_matching_lines, et ainsi de suite.

Cela signifie que l'objet renvoyé par content_of est couplé à notre code. Imaginons que l'exigence ait changé et que nous devions ignorer les lignes commençant par un caractère #. Dans le style transformation, ce serait facile :

```
const content     = File.read(file_name);
const no_comments = remove_comments(content)
const lines       = find_matching_lines(no_comments, pattern)
const result      = truncate_lines(lines)
```

Nous pourrions même intervertir l'ordre de remove_comments et de find_matching_lines et cela fonctionnerait toujours.

Mais dans le style chaîné, ce serait plus difficile. Où doit se trouver notre méthode remove_comments : dans l'objet retourné par content_of ou dans l'objet retourné par find_matching_lines ? Et quel autre code allons-nous casser si nous changeons cet objet ? Ce couplage est la raison pour laquelle le style de chaînage de méthodes est parfois qualifié d'enchaînement de code.

Exercice 24

Traitement de l'image

Pour une planification simple d'une charge de travail entre les processus parallèles, une file d'attente partagée peut s'avérer plus que suffisante. Vous pouvez envisager un système de tableau noir en cas de rétroaction, c'est-à-dire si les résultats d'un bloc traité affectent d'autres blocs, comme dans les applications de vision industrielle ou les transformations complexes d'images en 3D.

Calendrier de groupe

Cela pourrait être une bonne solution. Vous pouvez afficher les réunions prévues et les disponibilités sur le tableau noir. Les entités fonctionnent de manière autonome, le retour d'information sur les décisions est important et les participants peuvent aller et venir.

Vous pouvez envisager de cloisonner ce type de système de tableau noir en fonction de la personne qui effectue la recherche : le personnel à faible niveau de responsabilité peut ne s'intéresser qu'au bureau le plus proche, les ressources humaines peuvent ne vouloir que des bureaux anglophones dans le monde entier, et le PDG peut vouloir l'accès le plus étendu possible.

Les formats de données bénéficient également d'une certaine souplesse : nous sommes libres d'ignorer les formats ou les langages que nous ne comprenons pas. Nous ne devons comprendre les différents formats que pour les bureaux qui ont des réunions entre eux, et nous n'avons pas besoin d'exposer tous les participants à une fermeture transitive complète de tous les formats possibles. Cela réduit le couplage à ce qui est nécessaire et ne nous contraint pas artificiellement.

Outil de surveillance du réseau

Il s'agit d'un programme très similaire au programme de demande de prêt hypothécaire ou d'emprunt évoqué dans le corps de l'ouvrage. Les utilisateurs envoient des rapports d'incidents et les statistiques sont rapportées automatiquement, tous ces éléments étant affichés sur le tableau noir. Un agent humain ou logiciel peut analyser le tableau pour diagnostiquer les défaillances du réseau : deux erreurs sur une ligne peuvent n'être que de petits pépins isolés, mais si vous trouvez vingt mille erreurs, c'est que vous avez un problème matériel. Tout comme les inspecteurs résolvent l'énigme du meurtre, plusieurs entités peuvent analyser et apporter des idées pour résoudre les problèmes du réseau.

Exercice 25

Une liste de paires clé-valeur part généralement du principe que la clé est unique, et les bibliothèques de hachage font généralement respecter ce principe, soit par le comportement du hachage lui-même, soit par des messages d'erreur explicites en cas de duplication des clés. Cependant, un tableau n'a généralement pas ces contraintes, et stockera volontiers des clés dupliquées à moins que vous ne le codiez spécifiquement pour ne pas le faire. Dans ce cas, la première clé trouvée qui correspond à `DepositAccount` gagne, et toutes les autres entrées correspondantes sont ignorées. L'ordre des entrées n'est pas garanti, donc parfois cela fonctionne et parfois non.

Et qu'en est-il de la différence entre les machines de développement et de production ? Ce n'est qu'une coïncidence.

Exercice 26

Le fait qu'un champ purement numérique fonctionne aux États-Unis, au Canada et dans les Caraïbes est une coïncidence. Selon les spécifications de l'Union internationale des télécommunications, le format d'appel international commence par un signe + littéral. Le caractère * est également utilisé dans certaines localités et, plus couramment, les zéros initiaux peuvent faire partie du numéro. Ne stockez jamais un numéro de téléphone dans un champ numérique.

Exercice 27

Cela dépend de l'endroit où vous vous trouvez. Aux États-Unis, les mesures de volume sont fondées sur le gallon, qui correspond au volume d'un cylindre de 6 pouces[2] de hauteur et de 7 pouces de diamètre, arrondi au pouce cube le plus proche.

2 1 pouce équivaut à 2,54 centimètres (NdÉ).

Au Canada, l'expression « une tasse » dans une recette peut signifier l'un ou l'autre des éléments suivants :

- 1/5 d'une pinte impériale, soit 227 ml ;
- 1/4 d'une pinte américaine, ou 237 ml ;
- 16 cuillères à soupe métriques, ou 240 ml ;
- 1/4 de litre, ou 250 ml.

À moins que vous ne parliez d'un cuiseur de riz, auquel cas « une tasse » correspond à 180 ml. Ce chiffre provient du *koku*, qui était le volume estimé de riz sec nécessaire pour nourrir une personne pendant un an : apparemment, environ 180 l. Les tasses pour cuiseur à riz sont de 1 *gō*, ce qui correspond à 1/1000 du koku. Il s'agit donc à peu près de la quantité de riz qu'une personne mangerait en un seul repas[3].

Exercice 28

Il est évident que nous ne pouvons pas donner de réponses absolues à cet exercice. Toutefois, nous pouvons vous donner quelques indications.

Si vous constatez que vos résultats ne suivent pas une courbe régulière, vous devriez vérifier si une autre activité n'utilise pas une partie de la puissance de votre processeur. Vous n'obtiendrez probablement pas de bons chiffres si des processus d'arrière-plan prennent périodiquement des cycles à vos programmes. Vous pouvez également vérifier la mémoire : si l'application commence à utiliser l'espace d'échange, les performances plongeront la tête la première.

Voici un graphique des résultats de l'exécution du code sur l'une de nos machines :

3 Merci à Avi Bryant (@avibryant) pour cette anecdote.

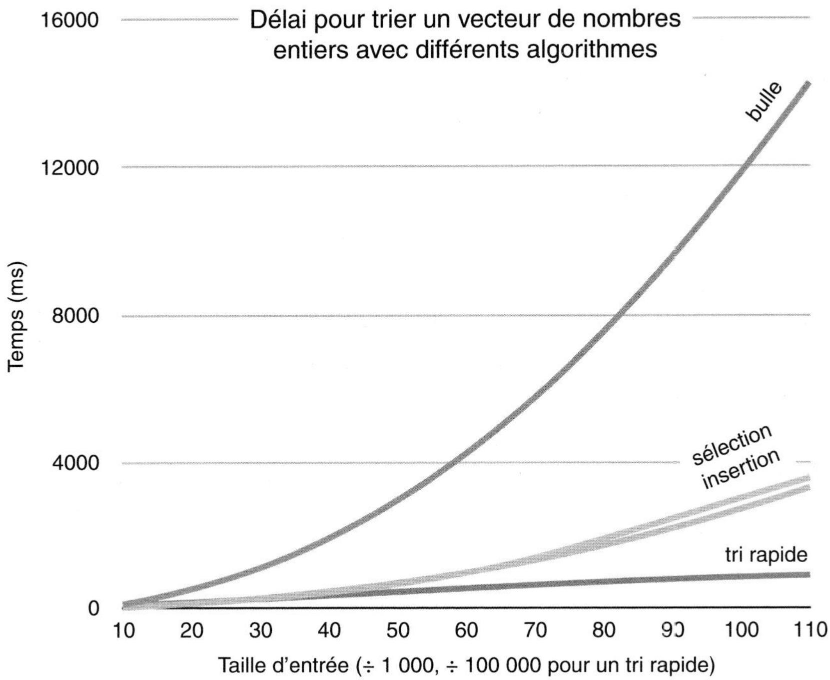

Exercice 29

Il y a plusieurs façons d'y parvenir. L'une d'entre elles consiste à retourner le problème dans l'autre sens. Si le tableau ne contient qu'un seul élément, nous n'itérons pas dans la boucle. Chaque itération supplémentaire double la taille du tableau dans lequel nous pouvons faire les recherches. La formule générale pour la taille du tableau est donc $n = 2^m$, où m est le nombre d'itérations. Si vous prenez les logarithmes en base 2 de chaque côté, vous obtenez $\lg n = \lg 2^m$ qui, par la définition des logarithmes, devient $\lg n = m$.

Exercice 30

Il s'agit probablement d'un retour en arrière aux mathématiques de l'enseignement secondaire, mais la formule pour convertir un logarithme en base a en base b est la suivante :

$$\log_b x = \frac{\log_a x}{\log_a b}$$

Comme $\log_a b$ est une constante, nous pouvons l'ignorer dans un résultat Big O.

Exercice 31

Une propriété que nous pouvons tester est qu'une commande aboutit si l'entrepôt a suffisamment d'articles en stock. Nous pouvons générer des commandes pour des quantités aléatoires d'articles et vérifier qu'un uplet "`OK`" est renvoyé si l'entrepôt a du stock.

Exercice 32

Il s'agit d'une bonne utilisation des tests de propriété. Les tests unitaires peuvent se concentrer sur les cas individuels pour lesquels vous avez obtenu le résultat par d'autres moyens, et les tests de propriétés peuvent se concentrer sur des éléments tels que :

- Deux caisses se chevauchent-elles ?
- Une partie d'une caisse dépasse-t-elle la largeur ou la longueur du camion ?
- La densité d'emballage (surface utilisée par les caisses divisée par la surface du plateau du camion) est-elle inférieure ou égale à 1 ?
- Si cela fait partie des exigences, la densité de l'emballage dépasse-t-elle la densité minimale acceptable ?

Exercice 33

1. Cette affirmation ressemble à une exigence réelle : il peut y avoir des contraintes imposées à l'application par son environnement.
2. En elle-même, cette affirmation n'est pas vraiment une exigence. Mais pour savoir ce qui est *vraiment* nécessaire, il faut poser la question magique : « Pourquoi ? »

   Il se peut qu'il s'agisse d'une norme d'entreprise, auquel cas l'exigence réelle devrait être quelque chose comme : « Tous les éléments de l'interface utilisateur doivent être conformes aux normes d'interface utilisateur de MegaCorp V12.76. »

Il se peut que cette couleur plaise à l'équipe de conception. Dans ce cas, vous devez tenir compte du fait que l'équipe de conception aime également changer d'avis, et formuler l'exigence comme suit : « La couleur de fond de toutes les fenêtres modales doit être configurable. En l'état, la couleur sera le gris. » Il serait encore mieux de formuler l'exigence de manière plus large : « Tous les éléments visuels de l'application (couleurs, polices et langues) doivent être configurables. »

Ou bien cela signifie simplement que l'utilisateur doit pouvoir distinguer les fenêtres modales des fenêtres non modales. Si c'est le cas, des discussions plus approfondies sont nécessaires.

3. Cette affirmation n'est pas une exigence, c'est de l'architecture. Lorsque l'on est confronté à une telle situation, il faut aller au fond des choses pour savoir ce que pense l'utilisateur. S'agit-il d'un problème de mise à l'échelle ? ou de performance ? de coût ? de sécurité ? Les réponses à ces questions éclaireront votre conception.
4. L'exigence sous-jacente est probablement plus proche de : « Le système empêchera l'utilisateur d'effectuer des saisies non valides dans les champs et l'avertira lorsque ces saisies sont effectuées. »
5. Il s'agit probablement d'une exigence stricte, fondée sur une limitation matérielle.

Et voici une solution au problème des quatre points :

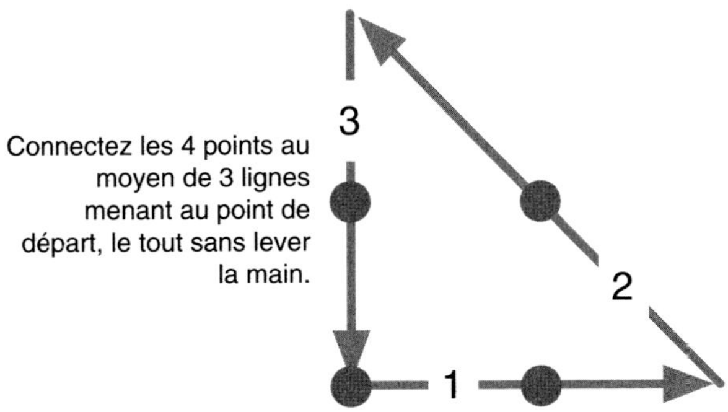

INDEX

Q

R

S